比较哲学翻译与研究丛书
丛书主编 吴根友 万百安

为什么要有道德

二程道德哲学的当代启示

（美）黄　勇　著
崔雅琴　译

Why Be Moral

Learning from the Neo-Confucian Cheng Brothers

中国出版集团
東方出版中心

图书在版编目（CIP）数据

为什么要有道德：二程道德哲学的当代启示 / (美)黄勇著；崔雅琴译. 一上海：东方出版中心, 2021.5
（比较哲学翻译与研究丛书 / 吴根友，万百安主编）
ISBN 978-7-5473-1804-1

Ⅰ. ①为… Ⅱ. ①黄… ②崔… Ⅲ. ①程颢（1032—1085）-哲学思想-研究②程颐（1033—1107）-哲学思想-研究 Ⅳ. ①B244.65

中国版本图书馆CIP数据核字（2021）第093352号

上海市版权局著作权合同登记：图字09-2021-0486号

为什么要有道德：二程道德哲学的当代启示

著　　者　〔美〕黄　勇
译　　者　崔雅琴
责任编辑　肖春茂
封面设计　周伟伟

出版发行　东方出版中心有限公司
地　　址　上海市仙霞路345号
邮政编码　200336
电　　话　021-62417400
印 刷 者　山东韵杰文化科技有限公司

开　　本　890mm × 1240mm　1/32
印　　张　15.5
字　　数　314千字
版　　次　2021年6月第1版
印　　次　2021年6月第1次印刷
定　　价　83.00元

《比较哲学翻译与研究丛书》

总　序

近四百年来，人类社会出现的巨大变化之一就是资本主义生产-生活方式的兴起与发展。一方面，资本主义的生产-生活方式的出现，给人类带来了巨大的物质财富、新的科学技术及对自然与人类自身富有广度和深度的认识视野；另一方面也给人类带来了前所未有的灾难、痛苦与极其严重的环境破坏，而且使人类陷入尝试的焦虑与困惑之中。巨大的物质财富，就其绝对数量而言，可以让全世界70余亿人口过上小康式的生活，但当今全世界的贫困人口仍然有13亿之多，其中赤贫人口有8亿之多。民族、国家之间的冲突、战争不断，文化与文明之间的矛盾冲突，也是此起彼伏。造成这种诸多极不如人意的社会生活现状的原因，无疑是多元的，根本性的原因仍然是资本主义主导的生产-生活方式。想要解决这些极不如人意的世界范围内的生活乱象，方法与途径也将是多元的，而从学术、文化加强沟通与理解，增进不同文化、文明共同体之间的合作与信任，是其中重要的方法与途径。本套《比较哲学翻译与研究丛书》，本着一种深远的学术济世宏愿，着眼于极其具体、细小的学术工作，希望能对全球时代人们的和平、幸福生活，作出一点微薄的贡献。

简要回顾中西哲学与文化比较研究的历史，大约需要从 16 世纪耶稣会传教士来华的时代算起。一方面，来华传教士将中国的社会、历史文化情况发回欧洲，引起了 17 世纪以后欧洲对于中国文化的持续兴趣；另一方面，来华传教士带来的欧洲学术、科学、思想文化成果，也引起了中国社会少数有识之士的关注。清代康熙年间的“历法之争”，是中西文化交流过程中的一股逆流，但此股逆流所反映出的外来文化与本土文化之间的关系问题，却是真实而持久的。此一问题，在佛教传入中国的过程中也曾经长期存在过，但印度与中华文明都处在农业文明阶段，不涉及文明之间的生死存亡之争的问题。因而在漫长的佛教中国化过程中，逐渐解决了此问题。耶稣会传教士带来的欧洲文化，无论是其中的一神教的思想，还是一些科学的思维方式，对于古老而悠久的中国文化来说，都是一种强有力的挑战。从 17 世纪初到 19 世纪中叶，可以被视为中国哲学、文化与欧洲哲学、文化之间比较研究的第一个历史时期。这一时期，由于政治、经济上的自主性，中国哲学与文化也保持着自己的精神主体地位。而在中国大地上进行传教的耶稣会士们，则是主动地让基督教文化向中国哲学、文化靠拢，在中国哲学、文化传统里寻找到有利于他们传教的文化因子，如坚持适应路线的传教领袖利玛窦就努力在中国传统哲学、文化里寻找与上帝相一致的“帝”观念，以证明基督教的上帝与中国儒家传统有内在的一致性。与此同时，欧洲的一些启蒙思想家，如莱布尼茨、沃尔夫、伏尔泰、魁奈等人，则努力从中国哲学与文化里寻找“自然理性”之光，以对抗基督教的“天启之光”，将遥远的中国哲学与文化视为欧洲启蒙文化的同盟军。

1840年鸦片战争以后，特别是第二次鸦片战争、甲午海战等接二连三失败以后，近代中国人在政治上的自主性迅速丧失。伴随而来的是文化上的自信心的丧失。可以说，直到1949年新中国成立以前，中国百年近代史就是一部丧权辱国史，也是一部中华民族不断丧失自己文化自信心，在精神上不断被动和主动地阉割自己的历史。哲学、文化的研究，就其主流形态而言，是一种甘当西方甚至日本哲学、文化的小学生的历史。其中也有一些比较研究的成分，但其比较的结果，就其主要的面向说，都是对自己哲学、文化中专制的、落后的内容进行反思与检讨。只有少数被称为“文化保守主义者”的学者，才努力地发掘中国哲学、文化的自身价值。早年的严复在思想上基本上属于革新派，他在1895发表的《论世变之亟》一文，深刻地反省了中国文化在近代以来失败的原因，认为其主要原因就是：在政教方面，中国历代圣贤皆未能以自由立教。[①]

新文化运动之初，还未接受马克思主义的陈独秀，曾发表过一篇有关中西哲学与文化比较的文章，文中虽然泛用“东洋”与“西洋”二词，实际上就是讨论中国哲学、文化与西方哲学、文化。

① 严复此文中的一段话很长，其要义是：“夫自由一言，真中国历古圣贤之所深畏，而从未尝立以为教者也。”（《严复全集》卷七，福州：福建教育出版社，2014年，第12页。）

陈独秀在该篇文章里一共从三个方面对中国与西方的哲学、文化作了比较，而在整体上都是从否定的角度来评价中国哲学与文化精神的。如第一个方面，“西洋民族以战争为本位，东洋民族以安息为本位”①，其最后的结论是：“西洋民族性，恶侮辱、宁斗死。东洋民族性，恶斗死、宁忍辱。民族而具如斯卑劣无耻之根性，尚有何等颜面，而高谈礼教文明而不羞愧！”第二个方面，“西洋民族以个人为本位，东洋民族以家族为本位”，其结论是：“西洋民族，自古迄今，彻头彻尾，个人主义之民族也。”“举一切伦理，道德，政治，法律，社会之所向往，国家之所祈求，拥护个人之自由权利与幸福而已。思想言论之自由，谋个性之发展也。”②“东洋民族，自游牧社会，进而为宗法社会，至今无以异焉；自酋长政治，进而为封建政治，至今亦无以异焉。宗法社会，以家族为本位，而个人无权利，一家之人，听命家长。”③而被中国传统儒家视为文明象征的忠孝伦理与道德，在陈独秀看来，是一种半开化民族的“一贯之精神”，此精神有四大害处：一是“损坏个人独立自尊之人格”；二是“窒碍个人意思之自由”；三是“剥夺个人法律上平等之权利”；四是“养成依赖性，戕贼个人之生产力”。而整个“东洋民族社会中种种卑劣不法残酷衰微之象，皆以此四者为之因”。④ 第三个方面，“西洋民族以法治为本位，以实利为本位；东洋民族以感情

---

① 陈独秀：《东西民族根本思想之差异》，《独秀文存》，合肥：安徽人民出版社，1987年，第27页。
② 同上书，第28页。
③ 同上。
④ 同上书，第29页。

为本位，以虚文为本位。”[①]而东洋民族以感情、虚文为本位的结果是：“多外饰厚情，内恒愤忌。以君子始，以小人终，受之者习为贪惰，自促其生以弱其群耳。”[②]

上述陈独秀在比较哲学与比较文化的视野里，对中国文化全面的批评与否定，可以视为激愤之词，在学术性上也有很多可以商榷之处，在当时中国处于列强环视，瓜分豆剖之际，可以激发国人深沉自省、洗心革面、奋发向上。今天，伴随着我们对西方文化的深入了解，我们可以更加客观、理性地看待中西文明的各自优劣之处。同时，对近代以来资本主义以殖民的方式对世界各国文化所造成的巨大破坏，以武力侵略的方式对整个人类所制造的各种骇人听闻的惨剧，也不应该加以掩盖。

近百年的中国历史，在政治上是受屈辱的历史，在经济上是被侵略的历史，在文化上则是新旧斗争、中西斗争最激烈的历史。一些被称为“文化保守主义者”的学者，在面对西方文化的强势冲击时，努力地维护中国传统哲学、文化的自尊。他们所要维护的有些具体内容未必是正确的，但这种“民族精神自卫”的思维方式与情感倾向，从整体上看是可取的。几乎与五四新文化运动同步，20 世纪 20 年代，一批信奉儒家思想的现代新儒家们也成长起来，其中，以梁漱溟的《东西方文化及其哲学》(1921 年)一书为标志，在中、西、印哲学与文化的比较方面，开始

---

① 陈独秀：《东西民族根本思想之差异》，《独秀文存》，合肥：安徽人民出版社，1987 年，第 28 页。

② 同上书，第 30 页。

了系统的、哲学性的思考。梁氏从精神生活、社会生活、物质生活三个方面[①]出发，对中、西、印三大文化系统的异同、优劣、未来可能的走向进行分析，并对世界文化的发展方向作出预测。他认为，"西方化是以意欲向前要求为其根本精神的"，或者说"西方化是由意欲向前要求的精神产生'塞恩斯'与'德谟克拉西'两大异采的文化"。[②] "中国文化是以意欲自为调和、持中为其根本精神的。""印度文化是以意欲反身向后要求为其根本精神的。"[③]而经过西方近代文化发展阶段之后的未来世界文化发展方向，则是"中国文化的复兴，有似希腊文化在近世的复兴那样"[④]。梁氏的具体论断与其结论，当然都有许多值得商榷的地方，但他真正从比较哲学的形上学角度思考了人类几大哲学、文化系统的异同，并对三大文明系统的走向作出了自己的论断。由梁氏所代表的现代新儒家的比较哲学与比较文化的思想表明，20 世纪的文化保守主义恰恰为保留自己民族文化的自信提供了一些有益的思想启迪。而从维护全球文化的多元化，反对现代文化的同质化方面，亦为世界文化的丰富性作出了自己的独特贡献。

在回顾 20 世纪中西比较哲学与文化研究的过程中，我们不应该忘记中国共产党人在学术与思想上所作出的贡献。作为中国共产党人集体思想结晶的《新民主主义论》宏文，虽然不是专门的比较哲学与比较文化的论著，但其中涉及的中国新文化发展的

① 梁漱溟：《东西文化及其哲学》，北京：商务印书馆，1999 年，第 19 页。
② 同上书，第 33 页。
③ 同上书，第 63 页。
④ 同上书，第 202 页。

大问题，特别是面对外来文化时，恰恰为当代中国的比较哲学与文化研究，提供一个基本的思想原则。在该文里，毛泽东说道："这种新民主主义的文化是民族的。它是反对帝国主义压迫，主张中华民族的尊严和独立的。"①面对外来文化，毛泽东说道：

> 中国应该大量吸收外国的进步文化，作为自己文化食粮的原料，这种工作过去还做得不够。这不但是当前的社会主义文化和新民主主义文化，还有外国的古代文化，例如各资本主义国家启蒙时代的文化，凡属我们今天用得着的东西，都应该吸收。②

毛泽东所代表的中国共产党人，在20世纪40年代就已经站在本民族文化的再造与创新的高度，触及了中西比较哲学、文化研究的根本方向和历史任务的大问题。当今中国学术界、思想界所从事的比较哲学与比较文化研究，也不是为了比较而比较，恰恰是为了中国当代哲学与文化创新而从事中西比较、中外比较，尽可能广泛地吸收世界上各民族创造的一切有价值的文化成果，从而为当代中国的哲学与文化建设事业服务。

实际上，在20世纪比较哲学与文化的领域里，可谓名家辈出，荦荦大者有王国维、胡适、金岳霖、钱锺书、张岱年、侯外庐，以

---

① 毛泽东：《新民主主义论》，《毛泽东选集》第二卷，北京：人民出版社，1991年，第706页。

② 同上书，第706—707页。

及整个现代新儒家群体，他们的比较哲学与比较文化的研究成果，扩大了中国人的思想视野与知识视野，丰富了中国人的精神内涵，增强了中国哲学与文化的自身活力与创新能力。自20世纪80年代以来，伴随着中国社会的改革开放，比较哲学与比较文化研究工作，一方面处在恢复发展阶段，另一方面也表现出一些新的特点。除一些学者个人凭借自己的学术兴趣、语言优势，继续从事比较哲学与文化的研究工作外，如海德格尔与中国哲学，解释学与中国的解释学等研究成果，一些大型的丛书与杂志也在持续出版，在更大的范围内影响着当代中国的学术、思想与文化。最典型的系列丛书有：乐黛云所开创并主持的比较文学研究丛书，刘东主持的《海外汉学研究丛书》，任继愈主编的《国际汉学》系列论文集等。而对于中西哲学比较研究史第一次较为系统的梳理与研究，当以许苏民的皇皇巨著《中西哲学比较研究史》为典型代表。当代中国这些新的比较哲学与比较文化研究形态与具体成果表明，伴随着中国与世界的关系越来越密切，比较哲学与文化的研究也越来越深入、越广泛。但就笔者目前所知的情况来看，比较系统、专门地介绍现代西方比较哲学与文化研究，同时又以此主题展开研究的丛书，目前似乎还未出现。因此，我们希望通过此套丛书一辑、二辑，及至多辑的出版，将当代中国的比较哲学与比较文化研究由比较分散的状态，带向一个相对较为集中、专业的方向，进而为推动当代中国哲学与文化的创新，作一点微薄的贡献。

相对于当代中国哲学与文化的创新与发展的主题而言，比较哲学与比较文化的研究只是一种学术助缘与手段。但在全球化的漫长过程中，比较哲学与比较文化研究将是一个需要有众多学人长期进行耕耘的广阔的学术领域。近四百年来西方文化在此领域所取得的成就，从整体上看要超过中国。不可否认，西方现代文化在其发轫期充满着一种对东方及其他非西方文化、文明的傲慢，而在比较哲学与比较文化研究的领域里，有些结论也带有明显的文化偏见与傲慢，像黑格尔、马克斯・韦伯等人对东方哲学、中国哲学的一些贬低性的认识与评论，在西方与国际学术界，均产生了相当不好但非常有力的影响，即使是当代中国的有些学人，还深受这些观念的影响。但我们需要全面、系统地了解现代西方学术中比较哲学与比较文明研究的成果，像李约瑟、斯宾格勒、汤因比、雅斯贝尔斯、布罗代尔等人的研究成果，就需要我们系统地研究与翻译，而马克思、恩格斯，以及法兰克福学派的一些有关全球化的反思与论述，也是我们从事比较哲学研究者需要加以认真地研读的系列作品。

正在全面走向世界，并将为世界文化作出新的、更大贡献的中国，需要有更加开放的胸怀，学习、吸纳西方哲学与文化，同时还应该放宽眼界，学习、吸纳全世界所有民族的优秀思想与文化。我们还应该对中东、非洲、南美洲的思想与文化传统有所研究与了解，未来的比较哲学与文化翻译和研究丛书中，也应该有这些地区、国家的思想、文化研究成果。中国的现代化，中华民族文化的现代化，应当是继承欧美现代化、现代文化的一切优良成果，摒弃其中的殖民主义、霸权主义、资本主义唯利是图、垄断等一切不好的内容，从人类一体化，人类命运休戚相关的高度，来发展自己民族的现代化，来创新自己民族的现代文化，为造福世界作出中华民族的应有贡献。

我们希望有更多胸怀天下的学术青年，加入到比较哲学与文化的翻译和研究的领域之中，在现在及未来的相当长的一个时间段里，这将是一个有着勃勃生机，充满希望的学术领域；但也是一个充满艰辛劳作的学术领域，因为在这一领域里工作，要比其他领域付出更多的学术努力奋斗，要有良好的外语水平，要阅读大量的文献，甚至还要深入异域文化地区进行实地了解，不只是做书斋里的学问。但通过比较哲学与文化的长期研究，我们也会不断地扩展我们的知识视野与思想视野，丰富我们每个人的内在精神，让自己在精神上真正成为文化上有根的世界公民。这或许是比较哲学与文化研究事业在造就新人方面所具有的独特魅力！

是为序！

丛书主编

2019 年 1 月 30 日

中文版序

本书出版中文版，作为作者，我不能不作一些说明。在本书的导论中，我说我在书中所做的是用中国哲学资源来解决西方哲学的问题，并将这种独特的比较哲学进路漫画化：让西方哲学来决定要讨论的问题，让中国哲学对每个问题都拥有最后的发言权。对于为什么要采用这样的进路，我作了这样的说明：

> 笔者之所以采用这种进路，主要是因为用英语写作并面向西方读者。基本想法是，向西方哲学家介绍他们不熟悉的一位中国哲学家，如果向他们展示这位中国哲学家的（某些）思想如何荒谬或与他们（西方哲学家）自己的传统相比如何低级，将毫无意义——除了帮助他们提升对自身传统的信心，而这一点他们并不需要。相反，笔者相信他们最想知道，这位中国哲学家对他们（西方哲学家）所关注的哲学议题有哪些有意义的重要观点。因此，笔者如果用中文写作并面向国内读者，可能会取相反的研究进路。笔者将试着去看看西方哲学家对中国哲学中那些重要而有争议的议题是否可以

提供更好的观点。换言之，笔者将让中国哲学决定要讨论的问题，让西方哲学对每一个所研究的问题都有最后的发言权。

简言之，本书是写给西方哲学家看的，那么现在将其翻译成中文出版有什么意义呢？也许确实没有什么意义！因为我在书中讨论的很多问题都是西方哲学的问题，也许研究西方哲学的中国学者会对本书会有兴趣？我想可能性不大。因为我在书中讨论的都是伦理学问题，也许研究伦理学的中国学者会对本书感兴趣？我也不能确定。由于本书讨论的是宋儒二程的哲学，也许做中国哲学的学者会对本书感兴趣？但我不是说我的关注点不是二程哲学，而是二程哲学如何能帮助西方哲学家解决他们（西方哲学家的）问题吗？

我在这里想就最后一点作一些说明。表明上看起来，我用中国哲学资源来解决西方哲学的问题，很显然我真正关心的是西方哲学而不是中国哲学，但其实不然。这可以从几个方面来看。

首先，为什么我们可以用中国哲学资源来解决西方哲学问题呢？这不正表明西方哲学家所关心的问题也正是中国哲学家所关心的问题吗？这里，很显然我不同意一些学者的看法，他们强调中国哲学的独特性，因此绝对不能与西方哲学挂钩，但我也并不假定，所有中国哲学家讨论的问题也都是西方哲学家所关心的问题，反之亦然。我认为不要作这样的一般的事先假设。相反，我们应从我们关心的具体问题出发。如果我们首先关心的是西方哲学中的某个问题，我们就可以去看看中国古代哲学家在这个问题上是不是有什么看法，特别是有启发性的看法，反之亦然。我自己的比较哲学研究经验告诉我，在大多数情况下，我们可以在不同的哲学传统中看到关于相应问题的讨论。这就涉及我的做法与其他比较哲学的不同。我比较侧重的是问题，而不是概念。当然，中西哲学中有些类似的哲学概念可以比较，但这样的比较可能性比较狭小。但中西哲学中可能缺乏相应的概念，却可能有相应的问题。例如在西方哲学中从苏格拉底到戴维森都讨论意志软弱这个问题，提出过很多不同的看法。中国古代哲学家中有没有讨论过这个问题呢？如果我们为此而在中国古代哲学典籍中去找"意志软弱"这个概念甚至这个词，则要么根本找不到，要么找到了，但跟西方哲学中的"意志软弱"概念根本不是一回事。但是，作为一个问题，按照戴维森的看法，意志软弱就是，你经过综合考虑后知道你最好应该做一个事情，而且也有能力去做这件事情，但是你还是没去做这件事。这实际上就是知行问题，而关于知行问题，在中国古代哲学家中有过广泛的讨论，因此很显然也是中国哲学的问题，而不只是西方哲学的问题。

其次，虽然我的研究的目的并不是解释中国哲学，但由于我强调用中国古代哲学家本来的思想来解决西方哲学家的问题，这就需要认真研读文本，从而对中国哲学的某些方面提出一些独特的解释。例如为了说明程颐对上面提到的西方哲学中讨论的意志软弱问题的贡献时，我们不能不关注他在由张载提出的闻见之知与德性之知问题上的看法。学界一般都认为，闻见之知是像关于雷鸣电闪这样的经验知识，而德性之知是一种理性的道德知识。可是我做了仔细的研究，发现张载、程颐讲的闻见之知主要也是指道德知识，只是这些知识是从老师那里听来的（闻）或者从儒家经典中看到（见）的，因此是一种间接知识，而不是一个人通过自己内心体验而获得的知识，而后者才是德性之知。因此，闻见之知和德性之知往往具有相同的形式，如我们对父母要孝。如果一个人只是从书本上或听老师说应该对父母孝，甚至理解为什么应该对父母孝，但没有从内心体验到这一点，那么这个人并不会有动机去孝父母。而如果这是一种通过内心体验而获得的知识，是自得之知，那么这个人就自然会有孝父母的动机，而这就是德性之知。所以在这种意义上，一方面你可以说闻见之知是间接知识，而德性之知则是直接（自得）之知；而在另外一种意义上，你甚至可以说闻见之知是理智之知，而德性之知反而是经验之知（只是是通过内在经验而不是外在经验获得的知识），虽然它也包含了理智的成分。关于对闻见之知与德性之知的这样一种理解，我在本书第三章有讨论，但在2020年发表于《哲学分析》第四期上的“作为动力之知的儒家体知论：杜维明对当代道德认识论的贡献”一文中作了比较详细的说明。

再次，虽然我试图用中国哲学的资源去解决那些在我看来西方哲学家没有很好解决的哲学问题，但在此过程中，我也始终从西方哲学家的角度对我所阐述的中国哲学家的思想发问，看他们是否能够回答这样的问题，而这往往会促使我看到我们不然会忽视的中国哲学家的一些洞见。例如宋明儒承袭先秦儒特别是孟子的性善论，但西方哲学家就会问，你有什么根据认为人性善呢？

我们都知道程朱的回答是由恻隐而知仁，或者说由情知性。性是形而上的，是看不见摸不着的，而情是形而下的，是可以经验到的，因此，我们可以从可经验到的善的情来知道经验不到的善的性；这里善的性是用来解释善的情的：没有善的性怎么能有善的情呢，就好像没有根怎么会有苗呢？但是站在西方哲学家的角度，我们又不能不进一步发问，既然程朱也承认人的情不总是善的，也有不好的情，那么为了解释这些不好的情，我们是否也必须假定人一定也有不好的性呢？当然我们可以回应说，好的情一定要有好的性来说明，但坏的情不一定来自坏的性，就好像从好的苗我们可以推知一定有好的根，但从坏的苗却不能断定其根一定不好，因为苗之不好有可能是别的原因引起的。但这样的回应无法完全排除坏的情来自坏的性这种可能性，就好像我们无法排除坏的苗是由于坏的根的可能性。在这个意义上，程朱的由情知性无法证明人之性善。但这是否就表明儒家性善论有问题呢？为了回答这个问题，我进一步阅读朱子的文本发现，他的这个由情知性论证是跟另一个论证紧密相连的，这就是人禽之辨。当人做了伤人的事情以后，我们会说这个人不应该伤人，但当一只老虎伤人时，我们不说老虎不应该伤人。为什么呢？应当隐含着能够！我们从经验的观察和研究可以知道老虎不能不伤人，而人可以不伤人。从这样的观察我们可以知道，伤人不属于人的本性但属于老虎的本性。当然这样的论证也不一定就对儒家性善论作了完美的证明，但这个事实说明，我们做中国哲学的学者时刻想着西方哲学家对我们讨论的观点的可能挑战，有助于我们关注我们以前没有关注的方面。我这里不是说我们先前忽略了程朱哲学中关于人禽之辨的讨论，而是说我们没有看到它与由情知性一起来论证性善论。

再举一个相关的例子。我们上面谈到了宋明儒讲人性是形而上的。事实上宋明儒在西方一般被称为新儒学，而宋明儒较之先秦儒之“新”的最重要的一个方面也许就是其形而上学，但在当代西方哲学中，特别是英美哲学中，出现了一种反形而上学潮流，认为我们已经进入了一个后形而上学时代。在这样一个时代，如罗蒂所指出的，“宗教和形上学共有的律令——给思想找一种非历史、超文化、跨时空而无物不适的基质——已经死去，不复存在。在后形上学的文化中，人们会认为，人类创造自己的生活-世界，而不是对上帝或‘实在的本性’负责，不是由上帝或‘实在的本性’告诉我们生活-世界是什么”。因此，用宋明儒学来帮助当代西方哲学家解决他们的哲学问题，我们就不能不要回应他们对宋明儒学的形而上倾向的批评。在此过程中，我就发现，当代西方哲学家所反对的是一种特定的形而上学，我称之为基础主义的形而上学。这种形而上学认为，我们首先要确立一个超经验、非历史的真理作为基础，它独立于我们的经验信念与实践信念，并可以推导出我们的经验信念与实践信念或者确定这些经验信念或实践信念之真假。但如我们上面看到，宋明儒关于人性的形而上学不是这样建立起来的。它首先假定了一些经验事实，人有恻隐之心，恶人能变善而动物则不能，等等，然后试图解释这样的事实，认为如果不存在由仁义礼智构成的人性，我们就无法解释这样的经验现象。这里，虽然在本体论上，形而上的人性是在先的（没有作为性的仁就不可能有作为情的恻隐），但在认识论上，这些经验现象是在先的（离开了恻隐这样的情就无法知道仁这样的性）。我称宋明儒的这样一种形而上学为解释性的形而上学，它可以避免当代西方哲学家对形而上学的批评。

当然这并不是说，面对西方哲学家的挑战和责疑（在更多的情况下是我们自己站在西方哲学家的立场上而提出的挑战和责疑），我们总是可以在古代中国哲学家那里找到现成的、恰当的回应。这里可以举一个例子。从上面的讨论可以看到，人性论是儒家哲学特别是儒家伦理学的一个非常重要的方面。事实上，我在试图为西方哲学中的问题提出儒家的解释方案时也往往使用儒家的人性概念。但我们如何规定人性概念呢？我们从儒家的角度也许会说，人性并非就是人与生俱来的东西，而是把人与其他存在物区分开来的东西，即人所独有的特性。加拿大多伦多大学哲学家霍卡（Thomas Hurka）认为这样的观点有问题，虽然他针对的不是儒家的观点。他说把人性理解为人所独有的特性会把人类与其他存在者共有的所有东西排除在人性之外，不管它对于人来说多么重要，同时也会把人所特有的东西都视为人性，不管它对于人来说多么微不足道。另外，当我们说某种（些）性质是人所独有的时候，事实上我们不光是在说人，而且是在说人以外的存在物：这些别的存在物没有人所有的这种（些）性质。这里的问题是：我们无法断定什么是人性，除非我们已经考察了迄今存在的所有别的存在物并确定它们都没有人所有的这些性质。即使这种工作实际上是可能的，但如果一百年后我们发现了一个新的存在物也具有人所特有的东西，我们是否就必须否定这些性质属于人性呢？那么我们把人性理解为人所必不可少的东西，即无之不足于成为人的东西是否可行呢？这种观点的一个好处是，要了解什么是人性，我们只需要研究人，看什么是人所必不可少的性质，而无需研究人以外的其他存在物。但他认为这也有问题，因为这样一来，我们的人性概念就太泛了。像自我同一、占有空间这样的特性对于人来说是必不可少的，但它们对于与人很不相同的其他存在物来说也是必不可少的。对人性的第三种理解是把上述两个方面结合起来，即人性是人所特有的而且是人必不可少的性质。但是，霍卡认为，虽然这种人性观可以克服上述两种观点的一些弊病，但上述两种观点的还有一些问题，特别是第一种观点的一些问题还是存在。例如，说人性是人所特有（并且必要）的特性，我们还是得研究人以外的存在物，这使我们的人性概念至少部分地取决于我们关于所有人以外的存在物的本性的概念。霍卡自己提出了他认为可以避免这些问题的一种人性观，我这里就不加讨论，但我认为既然人性概念对儒家哲学特别是儒家伦理学这么重要，儒家就必须认真考虑，我们到底是在什么意义上使用人性概念，并使这样的人性概念避免霍卡提出的问题。

我在上面是否成功地说明了本书中文版值得出版呢？也许没有。

致　谢

本书之成，历时甚久。我对宋明理学产生浓厚的兴趣和强烈的写作愿望，始于参加杜维明教授开设的分别讨论朱熹和刘宗周的两次研讨班。彼时，我正在构思我的博士论文，研究自由主义和社群主义关于（宗教与形而上学之）善与（政治之）公正何者优先的争论。我感觉到，宋明理学，特别是朱熹思想中的某些方面如加以发展，可以调和自由主义与社群主义两家之争，因此，我颇有将之引入博士论文的冲动。我的博士论文主要由费奥伦查（Francis Fiorenza）教授指导，导师组成员还包括韦斯特（Cornel West）教授和已故的考夫曼（Gordon Kaufman，1925—2011）教授。他们明智地劝阻我放弃这样的计划，这倒不是因为他们觉得宋明理学不重要或不相干，而是为了避免博士论文论域过宽难以驾驭。他们建议我博士论文集中在自由主义与社群主义之争，做完之后可以继续对朱熹的研究。

事实证明，这是我收到并接受的最明智的建议之一。我得以及时完成博士论文，同时也没有丢掉关于朱熹哲学与这场争论的相关性的初步思考，后者形成论文《朱熹论人性与爱：解决自由主义-社群主义之争的新儒家方案》(“Zhu Xi on Humanity and Love: A Neo-Confucian Solution to the Liberal-Communitarian Problematic,” *Journal of Chinese Philosophy* 23.2 [1996]: 213 – 215)(这是我最早发表的英文论文之一)。而且,我的博士论文有幸入选《哈佛神学研究》丛书。该丛书每年从哈佛两个宗教研究博士生项目,即神学院神学博士生项目和文理学院宗教研究委员会的哲学博士生项目的十余篇毕业论文中选择两篇,同时也包括教师著作。论文最终在几年之后的2001年出版,题为《宗教之善与政治之公正:超越自由主义-社群主义之争》(*Religious Goodness and Political Rightness: Beyond the Liberal-Communitarian Debate*)。入选丛书一个最大的好处——至少对于那时的我来说——就是无须作任何修改即可出版。这样我就可以立即开始做关于朱熹的研究。

因此,完成博士论文后我就开始读朱熹。然而在阅读过程中发现,几乎每次当我因为他的一个绝妙的想法而兴奋不已时,朱熹都会援引二程特别是程颐的话,并将这个想法归于他。我想这就是为何中国古代无“抄袭”之说,那时候的问题恰恰是倒过来的。不仅人们不习惯把自己的名字写在自己的作品上,还有人把别人的名字(比如孔子的名字)写在自己的作品上,因此,我们当代学者很幸运地得到了一点额外的工作保障:如果我们不能或者不想自己成为哲学家,我们可以尝试成为一些经典著作真实性的鉴定者或鉴赏家。

不管怎么说,这就促使我将研究重心从朱熹转向了二程。到

2008年，我以为这本书已经完成了，因为所有的章节已经写就，其中一些要么已经发表，要么已经被不同的刊物接受。然而，这些不同的章节写作时间跨度颇长，当我着手整理旧文以成书时，对其中的大部分内容已不太满意。其中一个原因在于，那时我开始对自己所运用的独特方法有所自觉，而之前还处于"日用而不知"的状态。正如我在本书导论中所作的详尽解释，所有章节的写作都意在表明，二程为何能够帮助西方哲学家更好地回答他们（西方哲学家）自己的问题，或者西方哲学家可以从二程那里学到什么。于是，我开始着手修订，或者更确切地说，重写大部分章节，而这项工作又花费了四五年时间。因此，本书与原来相比已是面目一新。比如，第二章的底本是《二程的新儒家美德伦理：德、性合一论》（"Cheng Brothers Neo-Confucian Virtue Ethics: The Identity of Virtue and Nature," *Journal of Chinese Philosophy* 30 [2003] 3－4: 451－467），但是，现在这篇文章中的一个段落都没用。又比如，第四章的底本是《儒家之爱与全球伦理：二程如何帮助回应基督教的批评》["Confucian Love and Global Ethics: How Cheng Brothers Would Help Respond to Christian Criticism," *Asian Philosophy* 15 (2005) 1: 35－36]，但是，如今的第四章似乎也看不出原先的样子了。当然，这两家刊物的编辑与出版商让我有机会发表最初的想法，对此我依然心存感激。

除了上述两章之外，导论的部分内容曾用于论文《如何在西方哲学语境中做中国哲学：介绍一种研究中国哲学的独特进路》

[“How to Do Chinese Philosophy in a Western Philosophical Context: Introducing a Unique Approach to Chinese Philosophy,” *Chinese Studies*（汉学研究）31（2013）2：117－151]；第一章在以下这篇论文的基础上作了改写与扩充：《为什么要有道德？二程的新儒家回答》[“Why be moral? The Cheng Brothers' Neo-Confucian Answer,” *Journal of Religious Ethics* 36（2008）2：321－353]；第二章较早的一个版本是《二程论美德：有德之人是以自我为中心吗?》[“The Cheng Brothers on Virtue：Is a Virtuous Person Self-Centered?,” *Journal of Sino-Western Communications* 2（2010）：12－50]；第三章的底本来自以下两篇文章：《意志软弱何以不可能：程颐论道德知识》（“How Is Weakness of the Will Not Possible? Cheng Yi on Moral Knowledge,” *Educations and Their Purposes: A Philosophical Dialogue among Cultures*, edited by Roger Ames, Honolulu：University of Hawaii Press, 2008），以及《美德伦理和道德责任：儒家的道德赏责观》[“Virtue Ethics and Moral Responsibility：Confucian Conception of Moral Praise and Blame,” *Journal of Chinese Philosophy* 40（2013）：381－399]；第四章小部分内容也曾发表，即论文《在普遍主义与特殊主义之间：二程的新儒家美德伦理学》（“Between Generalism and Particularism：The Cheng Brothers' Neo-Confucian Virtue Ethics,” *Confucianism and Virtue Ethics*, edited by Stephen Angle and Michael Slote, Routledge, 2013）；第五章早先的版本曾以《礼治：何以政治也是

私人的》(Government by Propriety：Why the Political Is Also Personal)为题刊于《全球化时代的王道文化，社会创新与永续发展》(林建甫编，台湾大学出版中心，2013 年)；第六章较早的版本为《二程对儒家价值的本体-神学阐明》["Cheng Brothers' Onto-theological Articulation of Confucian Values," *Asian Philosophy* 17 (2007) 3：187 - 211]；第七章的早期版本为《程颐对道的新儒家本体诠释学》["Cheng Yi's Neo-Confucian Ontological Hermeneutics of Dao," *Journal of Chinese Philosophy* 27 (2000) 1：69 - 92]；附录一则是以下论文的节本：《以理学诠释学解经：程颐对〈论语〉8.9 及 17.3 的哲学解释》["Neo-Confucian Hermeneutics at Work：Cheng Yi's Philosophical Interpretation of Analects 8.9 and 17.3," *Harvard Theological Review* 101 (2008) 1：169 - 201]。感谢上述诸家刊物的编辑与出版商允许我重新使用之前在他们那里发表的文字。这些论文大多数也已译成中文发表，借此机会我也对这些论文的译者、编辑与出版社表示感谢。

因为本书写作历时甚久，所以在此过程中我也从越来越多的同仁那里受惠良多。尽管难免挂一漏万，我还是要将此刻涌上心头的名字一一列出来。2013 年夏赴港之前，我是哥伦比亚大学新儒学研讨班的共同主任。同仁之间意气相投，令人难忘。我在研讨班上正式宣读过本书的两章内容，同时也以非正式的方式分享了书中的其他诸多想法。我要特别感谢定期参加研讨班的同仁在此过程中提出的评论、批评和鼓励，他们包括：

博雷尔（Ari Borrell）、张仲羽（CHANG Chung Yue）、狄培理（Teodore de Bary，1919—2017）、郑和烈（JUNG Hwa Yol）、蒋韬、伍安祖（NG On-Cho）、谢康伦（Conrad Schirokauer）、司马黛兰（Deborah Sommer）、石峰来（SOEK Bongrae）、斯蒂克勒（Richard Stickler）。

我曾以本书初稿为内容开设暑期课程：2010 年，讲授于上海师范大学，感谢陈卫平教授和乐小军教授；2010 年，我用本书部分内容于武汉大学进行了三次系列讲座，感谢郭齐勇教授、吴根友教授、丁四新教授、郝长墀教授、文碧芳教授、刘俊平教授、胡治洪教授；2011 年，讲授于台北华梵大学，感谢时任校长朱建民教授，特别是陈振崑教授；2012 年，讲授于华东师范大学，谨此对杨国荣教授、郁振华教授、颜青山教授、方旭东教授、蔡蓁教授、葛四友教授、刘梁剑教授和陈乔见教授等致以谢忱。我也曾多次受邀使用书中内容进行演讲，谨此感谢复旦大学孙向晨教授、吴震教授、张汝伦教授、已故的汪堂家教授、白彤东教授、郭晓东教授，南开大学李翔海教授、王新生教授、陈建洪教授，西安交通大学张再林教授，台北“中央研究院”中国文哲研究所李明辉教授、林月惠教授，东京大学石井刚（Ishii Tsuyoshi）教授、中岛隆博（Nakajima Takahiro）教授、林永强（Kevin Lam）教授，等等。

我也从许多其他老朋友对本书早期版本部分内容所作的评论中，抑或在与本书主题相关的非正式讨论中受益匪浅。这些老朋友包括安乐哲（Roger Ames）、安靖如（Stephen Angle）、陈卫平、成中英、弗里西纳（Warren Frisina）、范瑞平、金鹏程（Paul

Goldin)、黄俊杰、艾文贺(P. J. Ivanhoe)、李晨阳、利扎(John Lizza)、刘笑敢、梅约翰(John Makeham)、倪培民、信广来(Shun Kwong-loi)、斯洛特(Michael Slote)、萧阳、田史丹(Justin Tiwald)、童世骏、王庆节、姚新中、罗蒂(Richard Rorty, 1931—2007)、沈清松、柯雄文(Antonio Cua)、余纪元、俞吾金。

最后,我要感谢安乐哲教授有兴趣将本书纳入他们编辑的系列丛书中,感谢德拉尼(Laurel Delany)在我将本书提交纽约州立大学出版社之前阅读初稿,感谢埃勒盖特(Nancy Ellegate)监督审查过程并接受本书出版。感谢两位匿名评审专家,他们的评审报告给予了充分肯定的意见,不仅让我能够基本未作修改出版本书,而且为我注入了急需的信心。本书采用的方法是非传统的,每一章得出的结论至少可以说是有争议的。然而,评审专家给出的详尽报告不仅仔细考察了这些有争议的结论,而且对此表示赞赏。我把他们引为真正的知音,虽然我不知道他们是谁,而且我敢肯定他们不完全同意我的看法。我还要感谢杜姆(Jenn Dum)编制术语索引表和参考文献,加内尔斯(Diane Ganeles)监督出版过程,黑尔(Camille Hale)负责文本编辑,莫雷尔(Sue Morreale)负责排版和校对,感谢他们对本书的完成所给予的支持。

目　录

导论

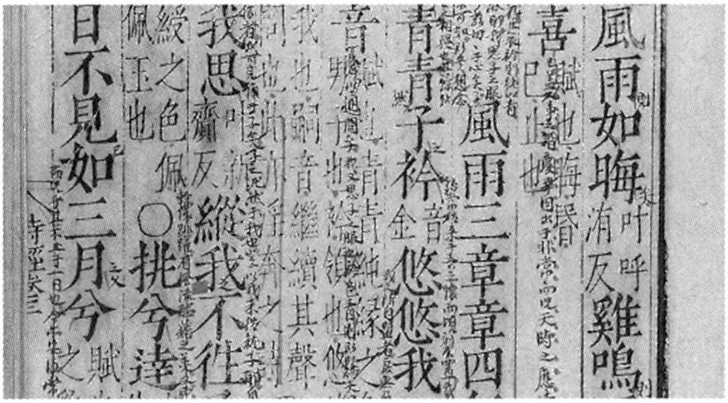

第一节　引　　言

本书以理学家程颢（1032—1085）和程颐（1033—1107）为研究对象，采用比较哲学的进路，聚焦伦理学相关问题。就此而言，这是一本相当传统的书。然而，在另一种意义上它又很不传统。不同于大多数关于二程的书籍（本书固然是研究二程的第二本英文专著，但在过去几十年中，出现了几十本关于二程的中文专著，更不用说大量的期刊文章和论著的专门章节），它并没有涵盖二程哲学的方方面面；也不同于大多数比较哲学著作，它既无意于找出二程和其他哲学传统中某位哲学家之间的异同，也无意于让二程和其他哲学家通过对话相互启发；更不同于大多数伦理学著作，其目的不是要建构一种道德观念体系，或探讨一些迄今为止尚未关注的话题。那么，本书独特之处在哪里？旨在为相关领域作出哪些可能的贡献？解释这些问题的最好方式是介绍本书所采用的独特的比较哲学进路（第三节）。不过在此之前，有必要对一般意义上的比较哲学作一说明，因为其可行性受到了一些质疑（第二节）。其余内容依次为二程生平简述（第四节）、全书概要（第五节）及结语（第六节）。

第二节　比较哲学之可能性

比较哲学最常见的类型是信广来所谓的“直接比较”，这种

比较：[1]

> 对来自两种不同传统的思想家、文本、思潮、概念或主题进行明确而直接的比较，旨在帮助我们理解两种传统中某一传统的观点。例如，比较孔子与亚里士多德、儒家与康德伦理学、儒家“耻”观念与当代西方“shame”（羞）观念、儒家与当代西方关于自我与社会之关系。通常，这样的比较研究涉及两种传统之间的同异讨论，尽管也可能不限于此。

以这种方式做比较哲学必须面对两个挑战，当然这样的挑战并不一定是无法克服的。首先是不可通约性，这一点麦金太尔（Alasdair MacIntyre）讲得最清楚。例如，在儒学和亚里士多德主义之间，虽然存在某些相似和不同之处，但是麦金太尔声称，“实际上没有共同的标准和尺度，既外在于两个体系又在两者之间保持中立。在我们所熟悉的库恩（Thomas Kuhn，1922—1996）所讲的意义上，这两种体系的思想和实践是不可通约的”[2]。尽管这两个体系可能关涉同一主题，但“在对该主题作出描述和提出问题时，在很大、很重要的程度上，它们所使用的概念的适用性蕴含着对方所运用的概念或图式的不适用性、空虚性”；这是因为“决定区分真假的标准不同。而且……在这些竞争标准之间不存在可供判断的更高标准”。[3]库恩指出两种理论的不可通约性，最初“只是意在强调没有一种共同语言可以充分表达这两种理论，可以用来对二者进行点对点的比较”[4]。因此，麦金太尔也许是对的，来自两种不同哲学传统的哲学家之间没有共同尺度。然而，这是否就意味着我们不能对这两位哲学家进行比较？正如伯恩斯坦（Richard Bernstein）所指出的，答案是否定的："库恩从未否认范式理论可以比较——事实上可以**合理地**比较和评价。在坚持不可通约性时，他的主要观点是表明范式理论**可以**进行比较的方式和**不能**进行比较的方式。"⑤不可通约的理论之间的比较之所以可能，是因为（例如）当我们比较来自两种不同哲学传统的两位哲学家时，不是将二者分别与共同尺度进行比较，然后看看他们各自与这个共同尺度的关系。如果确实在不同的哲学传统之间不存在共同尺度（我们很难证明有这样的共同尺度），这种比较从定义上说就是不可能的。相反，我们所做的是将二者进行直接的比较，这类似于翻译。正如斯托特（Jeffrey Stout）指出的，当我们把一种语言（源语言）翻译成另一种语言（目标语）时，我们不是将源语言 A 首先翻译成第三种、被假定为中立的语言 C（如世界语），由它作为源语言 A 和目标语 B 之间的共同尺度，然后再将这种中立语言 C 翻译成目标语 B。即使没有共同语言，我们仍然可以翻译不同的语言，因为我们是在两者之间进行直接翻译。⑥同样，即使两种不同的哲学传统之间没有共同尺度，我们仍然可以对分属这些哲学传统的哲学家进行比较，因为我们可以把两者直接放在一起进行比较。

做比较哲学的第二个挑战是出色的比较哲学家黄百锐（David Wong）所说的比较哲学"最明显的原罪"："草率地将假设、框架和议程引入对另一传统的解读之中，从而将此传统融入自己的传统。”[7]如果说第一个挑战是关于比较研究者用以进行比较的工具，那么第二个挑战则与比较研究者本人有关。在通常情况下，比较者所做的工作就是把自己传统中的东西和另一传统中的东西相比较。在此意义上，比较者不是中立的：比较者有意无意地倾向于使用一些自己和身处自己传统中的读者所熟悉的术语和范畴来解释相异传统中的事物。汉语术语“格义”——该词通常英译为“meaning-matching”，用以描述早期中国佛教徒利用已有的中国哲学概念将外来佛教思想引入中国传统的努力[8]——恰当地道出了在这种比较中所发生的情形。应该注意的是，“格义”不是要故意歪曲相异的传统，而是要对其进行“最佳”解释（至少对于心目中的读者来说是如此）；而且，正如黄百锐所指出的，可能是那些“对自己传统主要趋势持不同意见者”来做格义工作，以便“找到另一个‘可以纠偏’的传统”。[9]然而，无论出于何种目的，这里的危险是可能曲解另一个传统（至少从后果上讲有此可能，即便解释者并非刻意为之）。

第二个挑战似乎更为严峻，因为确实如此，比较者经常比较自己的传统和另一个传统，而且，正如伽达默尔（Hans-Georg Gadamer，1900—2002）的诠释学颇有说服力地指出的，在做比较哲学时，期待比较者没有前见是不合理的。就此而言，即使比较者比较的是不同于自己传统的两个传统，也无法避免歪曲目标传统的潜在危险。例如，一个身处中国传统的比较者比较西方哲学和印度哲学。这个比较者也许会不偏不倚地对待自己所比较的两个传统，但可能会在不自觉的情况下将自己传统的框架、概念和问题强加于所比较的两个传统，从而曲解这两个传统。[10]然而，许多敏锐的比较者最近提出了一些方法，即便不能完全避免这种潜在的危险，至少可以使其最小化。这里，不妨来看一看笔者认为似乎最有希望的三种策略。

第一，我们解释一个不同于我们自身的其他哲学传统，应该运用厚道原则（the principle of charity），尤其是经过人性原则（the principle of humanity）修正过的厚道原则。黄百锐本人和陈汉生（Chad Hansen）都有此主张。厚道原则由蒯因（Willard van Orman Quine，1908—2000）提出，并为早期戴维森（Donald Davison，1917—2003）所采用。依此原则，我们解释其他传统中的哲学家，应当追求达到我们（解释者）与哲学家（被解释者）之间"最大程度"的一致。如果我们尚未弄懂哲学家所讲的意思，那就不能简单地认为他讲的东西是错的或无意义的；相反，我们应该意识到，也许是因为我们对他的解释不完全正确。因此，在我们与这位哲学家达到最大程度的一致以前，我们不能说已经正确地理解他了。

厚道原则对于比较哲学来说甚是要紧，因为它要求我们认真对待来自其他传统中的哲学家。然而，陈汉生已指出，厚道原则：[11]

> 造成一种危险，因为在实践中，它会将我们（在迥然相异的科学和文化背景之下）所接受的大量信以为真的东西强加于另一种语言的使用者。因此，我们应该追求最大程度的合理性而非最大程度的真理……因此，人性原则允许我们把一种不

同于我们现在或历史上所接受的哲学学说看作是合理的。我们的解释理论只需说明为什么——考虑到人们的其他信念——他们接受某个特定的信念。它现在(或曾经)对于我们来说是真的这个事实并不重要。

换言之，遵循厚道原则，解释者可能会面临使被解释者看起来与解释者没有太大差别的风险。因此，厚道原则应当接受人性原则的修正。人性原则最初由格兰迪(Richard Grandy)提出，意在替代厚道原则。依人性原则，“如果一种翻译告诉我们，他人的各种信念和欲望连接起来的方式对于我们来说匪夷所思、不可理解，那么，这一翻译对我们的目的来说则是无用的。因此，作为对翻译的一种实用限制，我们要求输入的信念、欲望及世界之间的关系模式尽可能接近我们自己的模式”[12]。

表面上看，这与厚道原则似乎并无太大区别，但是，格兰迪想要强调的是，我们的解释对象就像任何人一样，都会犯错。当他们实际上出错时，我们不应该出于厚道而把他们解释为没有错误。他举了一个例子：保罗去参加聚会，看到一个人喝马丁尼酒，便断言“喝马丁尼酒的人是哲学家”，但此人实际上并非哲学家，而聚会上的确有一位保罗没有看到的哲学家在喝马丁尼酒。格兰迪说，依厚道原则，我们得说保罗所言为真；如依人性原则，我们则应该认为保罗的陈述为假。因此，人性原则允许解释者认为被解释者可能是错的，而厚道原则则不允许这样做。戴维森后来吸收人性原则的基本观点，对厚道原则作了修正，强调以**最优**

一致替代**最大程度的**一致，这样也就容许我们把他者解释为会犯错的人。黄百锐将这种修正了的厚道原则运用到比较哲学。他主张，在解释他者的过程中，"厚道要求我们尽可能地将他们与我们之间的一致'最优化'。这是说，'我们应该尽可能地让他们在尽可能多的场合下是正确的'"[13]。然而，这并没有妨碍我们认为所解释的对象可能是错的，如果我们能够确定它是错的。但是，在黄百锐看来，如果我们发现他们的信念与我们的不同，但是不能确定他们错在何处，那么，我们就不应该认为他们有错，而应该认为他们不过走了一条与我们不同的路，而且这是一条我们自己也可能会走的路。

第二，斯托纳克尔（Aaron Stalnaker）的桥梁概念。桥梁概念不是将比较者自身的传统强加给另一个传统，不是与被比较的两个传统共同的概念，也不是从一个相异的传统引入我们自己传统的概念。相反，正如本森（Mark A. Benson）所指出，"在许多情况下，跨文化比较者被迫提出一些来自所比较的传统和语言之外的术语来充当'桥梁概念'，因为如果这些术语来自某个被研究的传统或思想家中的任何一方，比较就会以一种有偏见的方式进行"[14]。因此，它们是连接被比较的传统之间的概念。为了达到这一功能，它们"可以被赋予足够多的内容，从而能够有意义地引导比较研究，但在特定的情况下仍然可以被很好地加以限定"[15]。显然，这种桥梁概念在比较之初是模糊的，在此意义上它们仅仅是一些薄概念（thin concepts）[16]，不需要必然与被比较的传统中的特定术语相对应。正是在这个意义上它们是临时概念。然而，这并不意味着“它们因此是纯粹中立的，相反，它们的提出是避免作有偏见的比较：将一方表述得光彩照人，另一方则愚不可及。换言之，桥梁概念旨在促进对概念的比较性描述与分析”[17]。因此，以这种进路进行比较的任务在于，根据被比较的传统填充这些薄的桥梁概念的细节，从而使它们变得丰厚起来。然而，由于不同的传统有不同的细节来填充这些原本薄的桥梁概念，比较工作的结果是，每一个在比较开始时薄的桥梁概念都变成了两个丰厚的概念。

第三，森舸澜（Edward Slingerland）的概念隐喻（conceptual metaphor）。斯托纳克尔视自己的桥梁概念为中介，一边是来自所比较传统之一的地方性概念，另一边是反映被比较的两种传统的深层结构的普遍性概念。同样，森舸澜也把自己的概念隐喻视为一个中介，不过这次是在个别词语和哲学理论之间的中介。换言之，在比较两种传统或这两个传统的部分内容时，比较者不应该从自身传统中的个别语言符号入手，然后在目标传统中寻找它的对应词（他将此进路称为语词拜物教，该进路主要关注两种传统中都使用的同样的语词）[18]，比如，西语中的“human nature”和儒学中的“性”。尽管这些词在词典中有相近的义项，但它们在各自的传统中可能有着明显不同的含义。然而，比较者也不应该从自身传统中拿出一种特定的哲学理论，然后把它与目标传统中的某种哲学理论进行比较（森舸澜称之为基于理论的进路），因为在这两个被比较的传统中的哲学理论几乎不可能完美配对（这被视作认知上不可通约的证据）。相反，森舸澜主张，当我们进行比较时应该着眼于概念隐喻的层面，因为这“比任何个别语言符号都更普遍，同时又比理论更为基本”[19]。借助当代认知科学，森舸澜认为随着我们的具身性心智（embodied mind）适应我们的环境，概念隐喻（它在广义上也包括明喻和类比）就产生了。概念隐喻对研究至关重要的原因在于，一方面，“世界各地的人就身体而言非常相似，而人类所面临的环境类型在最重要的方面也有共同性，我们有望在跨人类文化和跨语言的概念隐喻，特别是基本的隐喻方面找到高度的相似性”[20]；另一方面[21]，

> 这些概念结构取决于身体和物理环境，不存在依其自身就能让我们进入“物自身”的概念图式，而且在概念图式方面存在着某种程度的文化差异——这样的认识使我们能够避免那种严格的普遍主义……至少，理想的情况是，认知语言学的方法让人文学者把握一种共享的概念语法，从而能够与其他文化进行真正的对话。

笔者在这里无意评估这些策略的优缺点，只是想表明，我们可以充分应对比较者所面临的第二个挑战，即不把自身传统中的概念、框架和问题强加于目标传统。

第三节　如何做比较哲学

如果做比较哲学是可能的，那么接下来的问题就是如何做，

这与做比较哲学的目的密切相关。斯托纳克尔以建构历史语境为目的:“富有洞见的解释尽可能地回到文本被接受,因此也可能是作者传达意图之时的初始状况。”[22]在他看来,以此为目的的比较哲学不同于以“创造性、象征性的概括”为目的的比较哲学,后者可以郝大维(David Hall)和安乐哲合作的比较哲学为代表。在斯托纳克尔看来,他们的研究[23]

> 最好被解释为……一种创造性的尝试,试图阐述一种大量吸收了美国实用主义的“新儒学”。这样,孔子作为一个象征和“发射台”服务于他们[郝大维和安乐哲]自己的儒家血脉的创造性哲学。这种策略的主要优点在于用新颖的方式理解大家熟悉的材料……至于这种象征性概括的危险,则在于会脱离最初激发人们努力的历史资源。

许多学者已经强调过这两种不同的目标之间的对立,以及因此而来的两种不同类型的比较哲学。南乐山(Robert Neville)在《道:比较哲学杂志》(*Dao: A Journal of Comparative Philosophy*)创刊号上发表过一篇文章《比较哲学的两种形式》,文中他把两种形式分别称为客观主义进路和规范主义进路:[24]

> 客观主义进路将被比较的(哲学)立场视为业已完成的对象,对它们进行远距离观察,并根据立场的证据以经验的方式衡量其有关观点的比较判断。规范主义进路首先着眼于解决

当下的哲学问题，并将历史上的（哲学）立场视为当代运思的资源，把它们放到以当代为背景的比较视域之中。

近来，信广来将比较哲学的这两种类型视为文本研究和哲学建构之间的对立。前者“对来自两种不同传统的思想家、文本、思潮、概念或主题进行明确而直接的比较，旨在帮助我们理解两种传统中某一传统的观点……通常，这样的比较研究涉及两种传统之间的同异讨论”；后者[25]

旨在对我们的伦理生活提出一种说明，使这种说明与我们自己的经验密切相关，并对我们具有吸引力。尽管在现有文献中还不常见，但在讨论伦理学问题的时候，可能有的一种研究方式是借鉴两种不同伦理传统的洞见；当然，不一定直接提到这两种传统，或许只是附带提及它们。……这样做的时候，可能并没有直接引用这两种传统，尽管可能会在脚注中说明自己某些观点的来源。

因为在这样的研究活动中，“我们不再受缚于文本的、历史的考量，相反，引导我们的是与哲学上的卓越相应的卓越标准”[26]。同样，刘笑敢也区分了做中国哲学的两种取向：历史的、客观的研究与思想的创新发展。在他看来，“对于历史的客观性导向的研究来说，当然也可以参照或借用西方的视角、概念或方法，但必要性不一定很高，借用的空间也比较小”[27]；相反，在理论创新方面[28]，

> 不必借用现成的西方哲学概念来定义和解释中国哲学的术语，但可以借用西方哲学的问题意识、理论向度、命题和概念来深化中国古代固有的思想理论问题，或嫁接，或发展，或修正，或批判，或更新，从而创造出新时代的中国哲学理论、概念、命题，回答中国社会所面临的新时代的问题，丰富和充实传统思想中固有的内容。

在这种背景之下，我们更容易理解本书所进行的比较哲学研究在何种意义、何种程度上是非传统的。首先很明显的是，作为一项中西哲学比较研究，本书所论中国哲学集中于二程，但在西方哲学方面并没有固定于某家某派。这与本项比较研究的一个重要特点密切相关。正如我们所看到的，一个人所做比较哲学的类型取决于其试图通过这样一种比较哲学所达到的目标，而这个试图达到的目标至少部分地受到他所考虑的读者的影响。这本讨论二程的专著是由英语完成，并写给西方哲学家的。我们必须追问的第一个问题是，西方哲学家为何应当了解中国哲学特别是二程哲学。当然，回答这一问题有很多启发性的方式，因而中西哲学比较研究的方式也有很多。然而，笔者认为，这一问题最令人信服的答案在于，西方哲学家需要向中国哲学学习一些重要的思想。有鉴于此，并且出于可行性考虑，笔者将重点聚焦在伦理学，确定西方一些重要的、有争议的道德议题，理解这些议题的代表性立场和每个立场可能存在的问题，以及二程关于这些道德议题是否能够、为何能够提供新颖且更好的观点。这种进路要求比较者有相当大的耐心，不仅因为它要求比较者深入两个传统，更因为比较者经常可能在做了某些初步探索之后感到有必要放弃对某个特定论题的比较研究：一种情形是，西方哲学传统在这方面的阐述已经令人非常满意，或者至少比中国哲学中能找到的阐述更令人满意；另一种情形则是，虽然西方哲学中的相关论述都差强人意，但中国哲学也没有办法提供更好的说法。

这至少可以部分解释本书研究进路的两个明显缺陷。其一，在两种相关意义上的非系统性。作为二程研究专著，本书并没有涵盖二程哲学思想的所有重要方面；作为伦理学专著，它也没有包括西方传统中每一个重要的道德议题。这二者都可以用本书的主要目标来解释：向西方哲学家建议，关于那些他们认为非常重要并且一直在热烈讨论的议题，他们可以从二程那里学到一些东西。因此，本书用来选择西方哲学中的议题标准是，在这些议题上，二程的观点不仅不同于西方哲学传统，而且比西方哲学传统中那些现有的观点更好。为此，一方面，本书没有讨论的二程哲学的那些方面未必没有价值，其中一些可能极其重要。之所以未加讨论，是因为它们没有以某种有意义的方式与西方哲学传统中所提出的那些问题联系起来。另一方面，同样重要的是，本书没有讨论的道德议题并非一定不重要，有些可能与本书所讨论的一样重要。不过，其中一些议题西方哲学家已经提供了令人信服的论证，或者至少比我们在二程那里发现的论证更有说服力；而另外一些，笔者发现西方哲学史上的代表性立场令人不甚满意或者是成问题的，但二程并没有提供更好的回答。因此，本书不论及这两类议题，不管它们就其本身而言有多重要。

其二，在两个相反方向上的不对称性。一方面，本书似乎会陷入信广来所提出的中西哲学比较研究中成问题的不对称性，即“从西方哲学的视野来探讨中国思想：从西方哲学的角度，参照西方哲学讨论中的框架、概念或问题”，而不是反过来。[29]信广来列举了这种不对称性的七种不同表现方式，笔者的研究可能属于第四种或第五种。第四种方式“聚焦西方哲学讨论中提出的某些问题，思考中国思想家如何看待和解决这些问题”[30]；而第五种方式，像第四种方式一样，“也聚焦西方哲学讨论中提出的某些问题，但不仅思考中国人如何以不同的方式看待这些问题，也试图以一种借鉴中国思想洞见的方式来解决这些问题”[31]。如果说笔者的进路有特别之处，那就是试图论证中国思想家对这些西方哲学问题的看法优于西方哲学史上可以找到的观点，而这一点并未被信广来所描述的两种方式完全涵括。然而，恰因如此，笔者的进路可能有了另一种相反的不对称性：不是在比较中对所要讨论的问题不偏不倚地说明中西哲学各自的优劣；相反，基于上面提到的理由，笔者在本书所讨论的每个问题上都试图说明二程的理学立场优于西方哲学传统中的那些代表性观点，因此可能有人误以为笔者是（新）儒家原教旨主义者。诚然，信广来担心的并非某个特定学者的中国哲学研究的不对称性，而是中国哲学研究总体上的不对称性（相较于以中国为中心的研究，以西方为中心的研究占据压倒性优势）。笔者还是希望，本项研究同时呈现的这两种方向相反的不对称能够在某种程度上相互平衡，从而在本项研究的中西方之间产生一种特别类型的对称：虽然让西方哲学来决定要讨论的问题，但让中国哲学对每个问题都拥有最后的发言权。

如前所言，笔者之所以采用这种进路，主要是因为用英语写作并面向西方读者。基本想法是，向西方哲学家介绍他们不熟悉的一位中国哲学家，如果向他们展示这位中国哲学家的（某些）思想如何荒谬或与他们（西方哲学家）自己的传统相比如何低级，将毫无意义——除了帮助他们提升对自身传统的信心，而这一点他们并不需要。相反，笔者相信他们最想知道，这位中国哲学家对他们（西方哲学家）所关注的哲学议题有哪些有意义的重要观点。因此，笔者如果用中文写作并面向国内读者，可能会取相反的研究进路。笔者将试着去看看西方哲学家对中国哲学中那些重要而有争议的议题是否可以提供更好的观点。换言之，笔者将让中国哲学决定要讨论的问题，让西方哲学对每一个所研究的问题都有最后的发言权。[32]

现在，我们可以看看这种做比较哲学的方式是否属于上面概述过的两种相反的比较哲学模型中的某一种。显然，它不是文本研究。本项研究的主要目的并不是对二程进行新的阐释，而是探讨二程如何帮助西方哲学家更好地处理他们（西方哲学家）的问题。此外，根据信广来的描述，在文本研究中，从当代视域来看无论这些思想是否具有哲学上的吸引力都不应该影响研究的过程[33]；而在本项研究中，笔者恰好忽略了二程伦理学中那些对我们来说不具有哲学吸引力的方面，因为它们对于解决西方哲学中的问题并无助益。[34]不过，本项研究也不完全符合哲学建构的范畴。一方面，笔者无意在书中就任何哲学问题提出**自己的**哲学理论。毋宁说，所要做的只是思考中国哲学家二程如何帮助西方哲学家回答他们自己的问题。本书为西方哲学中的若干老问题提供了新答案，在此意义上，它确实涉及一些哲学建构。然而，只有在西方哲学语境下来看待，我们才会发现，这样的比较研究提出了新东西，然而这个新东西实际上并不新，因为它已经存在于二程哲学中。因此，如果说有任何哲学建构的话，也并非由比较者即本书作者完成，尽管很明显，比较者本人完全认可它。另一方面，旨在哲学建构的比较哲学有忽视文本研究重要性的倾向，至少在某些学者看来是如此。例如，斯托纳克尔指出，“这种进路应该被认作他们[比较者]自己的创造，而并非对经典的解读”，因为这种研究方式有脱离最初激发人们努力的历史资源的危险。[35]信广来也指出，采取这种进路，“我们不再受缚于文本的、历史的考量，相反，引导我们的是与哲学上的卓越相应的卓越标准”[36]。在这个意义上，这种进路不同于哲学建构。作为比较者，笔者在本项研究中所做的工作，是对西方传统中一些重要的伦理议题提供二程的答案，即使二程在提出本书所呈现的那些思想时并没有考虑到这些问题。当然，由于笔者本人也赞同这些观点，他们对这些问题的看法也可以说是笔者的观点，而这些观点并非全然是受二程启发形成的(尽管有时笔者确实会从他们的观点中引出他们可能赞同或不赞同的更深一层含义)。因此，笔者必须确保在这里所呈现的观点是二程的观点，而这唯有通过细致的文本研究方能实现。

因此，虽然本项研究本身不是文本研究，但在许多地方，笔者确实对二程哲学的一些普遍解释提出了质疑。当然，笔者也可能误解了二程的某些方面，倘若如此，那么这些误解应该通过进一步的考证来加以纠正，而不能因其哲学效用得到原谅甚至辩护。[37]

第四节　理学家二程

本项研究主要借鉴宋代两位哲学家程颢（号明道）和程颐（号伊川）的思想。通常，中国学界把他们兄弟二人合称“二程”，并将其与周敦颐（1016—1073）、张载（1020—1077）和邵雍（1011—1077）作为理学运动的先驱合称北宋“五子”。依照常见的分类（并非完全没有问题），宋明时期（有时也包括清代）的理学被视作儒学发展的第二期，而第一期为先秦儒学，第三期为现代新儒学。理学的主要目标之一是，在中国历史上佛教长期占据主导地位之后恢复儒学的正统地位；理学用以实现这一目标的主要工具之一是从佛教（及融入其中的道家思想）中汲取洞见，尤其是形上学方面，从而为传统儒家价值提供本体论阐释（将在第六章中讨论），最终发展出一套精微的儒家道德形上学。其最核心的根本的概念是“理”——“理”通常译为“principle”，既有形上学义，又有规范义，当然这一英译并非没有问题。因此，这一时期出现的新儒学在中国学界通常被称为“理学”。

正是在这个意义上，二程可以被视为真正的理学奠基人。一方面，北宋“五子”中，周敦颐以“太极”为核心，张载以“气”为核心，邵雍以“数”为核心，而二程则在中国历史上第一次把“理”视为宇宙的终极实在。二程对这一终极实在的独特理解在于，它并非某种特定的物，而是生成万物的活动。这与近千年后海德格尔（Martin Heidegger，1889—1976）所讲的存在者之存在颇有相通之处。二程认为人之性与理同一，并进而主张人性善，因为人性的本质是仁，而仁就是生生，就是生成万物的活动。仁也是儒家所讲的基本德性，仁者与天地万物为一体，故可感受其痛痒，如同感受自家之痛痒一般。如此，理学虽然和传统儒家哲学一样以道德生活为核心，但它却有着更为发达的形上学。他们所发展的形上学为传统儒家价值观提供一种本体论阐释，因此本质上它是一种道德形上学。

另一方面，可以毫不夸张地说，经由程门弟子的不同传承谱系，后来以各种形式发展的新儒学很大程度上都可以追溯到二程思想的某个面向。虽然二程基本观点相似，且他们的学生大都师从二人，但不同的学生注意到并有时夸大了他们不同的侧重点，从而发展出不同的理学派别。谢良佐（1050—1103）和杨时（1053—1135）为程门高弟。程颐学说经杨时、罗从彦（1072—1135）、李侗（1093—1163），四传而至理学集大成者朱熹（1130—1200）。程颢学说经谢良佐、王蘋（1082—1153）、张九成（1092—1159）传至陆九渊（1139—1193），最后传至王阳明（1472—1529），将心学推向极致。有学者认为还有第三系，即性学一系，其最重要的代表为胡宏（？—1161）。胡宏传其父胡安国（1074—1138）之学，而胡安国也受到程门高弟谢良佐的影响。从这个意义上讲，广义上的理学之三系都打上了二程的印记。

尽管理学后来的发展肯定超出了二程的视域，但他们自然很清楚学问之宗旨。众所周知，唐代重要的儒家韩愈（768—824）建立了一个自尧、舜、禹、汤、文王、武王、周公、孔子到孟子的儒家道统，并认为孟子之后道不得其传。程颐接过这一儒家道统说，并认为其兄程颢是孟子之后第一个接续道统的人。[38]这一说法可能有些夸张（程颐《明道先生墓表》中所言尤甚），但也有一些道理。

二程年龄仅相差一岁，他们出身世宦之家，生于黄陂（今湖北省内），其父程珦时任当地县尉。年轻时，两兄弟经常因父亲调动官职而搬家。1046 年，程珦调任南安军（今江西省内），结识了北宋“五子”之一周敦颐，后者也在同一地方为官。程珦欣赏周敦颐的学识和人品，便让二子师事周敦颐，为时近一年。一定程度上由于此次相遇，二程始以成圣为人生目标。1056 年，二程随父回到家乡京师洛阳，开始与表叔张载和邻居邵雍（“五子”中另两位）进行学术交流。

二程中，程颢基本上延续了家族传统，先后担任不同的中等官职。考取进士后不久，于 1057 年被任命为鄠县（今陕西省内）主簿，1060 年调任上元县（今江苏省内）主簿。1064 年，改任晋城（今山西省内）令。程颢为官，名声甚著，因为他办事高效干练，判案公正，但最为重要的是关心百姓。1069 年，他入朝任职，参与王安石变法运动，但不到一年便辞去官职，因为他的建议没有得到皇帝采纳，同时他开始不赞同王安石，成为王安石变法运动的反对者。这些年里，程颢不得不将主要精力放在政务上。唯一值得注意的学术活动是致书张载讨论“定性”问题，而这通书信成为他主要的哲学文章之一。从1071年直至去世，尽管他继续在许多不同的职位任职，但他将大部分精力投入到学术和教育活动中。他的大部分哲学思想，包括对天理的看法（他认为天理二字是自家体贴出来的，尽管他对其他很多问题显然都有贡献），著名的仁说（《识仁篇》），以及性合于道、性者生也的看法，都是在这一时期发展起来的。

相形之下，程颐的学术生涯很长，也许是因为他早年对自己的政治尝试感到失望，而在学术努力方面则取得了成功。一方面，1050年年仅十八的他上书阙下，揭露普遍存在的社会问题并提出解决办法，但上书并未引起重视，亦从未得到回复。尽管他后来收到了任职邀请，但大都谢绝了。他主要通过为权贵起草疏稿（包括给皇帝的奏疏）来表达政治观点。另一方面，1056年，程颐游太学，作策论《颜子所好何学论》，给主管太学的胡瑗留下了深刻的印象，后擢程颐的学职。因此，程颐在20多岁的时候就有了自己的第一批学生。1067年，他与一位隐士讨论《周易》，而注释《周易》是其毕生工作之一。1068年，他开始与张载通信。1077年，张载途经洛阳，与二程会晤论学。1086年，程颐受命为崇政殿说书，教年幼的皇帝读书。然而，这个职位只做了一年，主要是因为他对皇帝过于严厉。1097年，程颐完成《周易程氏传》，这部书花了他多年心血。晚年，他把大部分时间都花在《论语》《孟子》《礼记》和《春秋》等儒家经典的教学和注释上。

二程的哲学思想主要是在与学生的对话中发展起来的，许多学生都记录了他们的语录。1168 年,朱熹将语录编为《程氏遗书》二十五卷,其中四卷明确归于程颢,而十一卷归于程颐。前十卷则为二程之语录,大多数情况下没有明言究竟为哪位所说。1173 年,朱熹编纂《程氏外书》十二卷,其中包括当时在学界流传而尚未收入《遗书》的一些语录(大多数情况下没有明言究竟为哪位所说)。正如朱熹本人承认的,第二本集子即《程氏外书》中的语录可靠程度不一,所以使用时需加谨慎。在朱熹编纂这两部作品之前,二程的门人杨时用文言改写部分语录,编为《粹言》。《粹言》主要出自程颐的语录。程颢自己的著作主要包括公文、书信、诗文,收录为《文集》前四卷。程颢另有一篇文字校订《大学》,收于《程氏经说》。程颐的著作收录为《文集》八卷(第五—第十二卷),及《周易程氏传》、《程氏经说》(除了卷五所收《明道先生改正大学》及卷八未注作者)。以上文献都见于北京中华书局出版的《二程集》(上、下两册),甚是方便。具体包括以下内容:①《遗书》:二先生语十卷(卷第一—卷第十)、明道先生语四卷(卷第十一—卷第十四)、伊川先生语十一卷(卷第十五—卷第二十五),外加附录若干。②《外书》:十二卷。③《文集》:明道先生文四卷、伊川先生文八卷,及遗文、附录各一。④《周易程氏传》:四卷及两篇序。⑤《经说》:八卷。⑥《粹言》:两卷,每卷各五篇。

当然,二程不太可能在所有问题上都持完全相同的哲学观点。然而,任何试图明确区分两者的尝试都是徒劳的。这不仅是因为作为他们哲学观点主要来源的语录很大一部分在记录下来的时候就没有指明归属，而且因为那些明确标记的语录和他们自己著作中所表达的观点在很大程度上是相似的，其差异主要在于侧重点的不同。诚然，兄弟二人中一人可能说了另一人没有说的话，尤其是弟弟程颐，因为他活得更长。但这不表明二人意见相左，因为程颐在为其兄所作墓表中明确表示他基本上同意其兄的观点。或许，朱熹和王阳明，作为宋明理学中两大最重要学派的最伟大代表，分别主要受到小程和大程的影响，但这不应该被视为二程之间哲学分歧的证据，因为朱熹和王阳明之间的差异一开始就被夸大了。更重要的是，在程颢身上很容易找到朱熹所强调的东西，而在程颐身上也很容易找到王阳明所强调的东西。无论如何，由于本项研究的性质，笔者并不打算对二程之间的差异进行文本分析和哲学分析。相反，在大多数情况下，笔者把他们的观点放在一起讨论。个别章节主要援引程颐，那只是因为他在这些章节所关注的问题上有更多的话可以说。

第五节　全书概要

本书第一章，围绕“为什么要有道德”这个长期困扰道德哲学家的问题进行讨论。首先，笔者反对一些哲学家过于草率地将这个问题视为同义反复或自相矛盾。就前者而言，它实际上是在追问，一个人为什么应该是(做)人应该是(做)的，因为要有道德就要成为(做)人应该成为(做)的。[39]就后者而言，它实际上是在追问，有道德会为你带来什么好处。换言之，一个人必须无私，其自私的理由是什么；或者说，一个人必须要有道德，其非道德的理由是什么。[40] 与此不同，笔者认为，在这个问题的扩展形式“为什么我应该是（做）我应该是（做）的”中，第一个“应该”不涉及道德正当性问题，而涉及道德动机问题：提出这一问题的人知道一个人应该要有道德，但缺乏这样做的动机。笔者接着研究了西方哲学中对这一问题最具代表性的一些回答，特别是那些与以下人物和概念相关联的回答：柏拉图（Plato，前 428/427—前 348/347）《理想国》中戴了“盖奇的指环”的人、霍布斯（Thomas Hobbes，1588—1679）《利维坦》中非理性的愚人、休谟（David Hume，1711—1776）《道德原则研究》中理性的无赖，以及康德（Immenuel Kant，1724—1804）的至善观念。笔者认为这些答案中的每一个都存在着各自的问题。在此背景下，笔者提出了二程对这一问题的回答。笔者认为，它不仅比上述任何一种回答都更有说服力，而且可以避免亚里士多德（Aristotle，前 384—前 322）的回答带来的一些问题，虽然亚里士多德的回答与二程给出的答案非常相似。根据二程的说法，一个人应该有道德，因为有道德是一种快乐。有时，一个人认为有道德是一种痛苦而非快乐，仅仅是因为他缺乏必要的、真正的道德知识，这种道德知识每个普通人都能理解，只要他努力去学。一个人应该努力学习这样的知识以寻求道德的快乐，原因在于有道德是人类的一个显著标志。在这里，理学的回答似乎是利己主义的，因为其道德动机的概念仍然是基于自利：寻求一个人自己的快乐。然而，由于它强调一个人真正的自利是在人类特有的东西中寻求快乐，而人类特有的东西就是道德，自利和道德合而为一：一个人越追求自利就越有道德，反之亦然。

对“为什么要有道德”的这一回答关联着以美德伦理为自我中心的批评，此为第二章的主题。美德伦理学不同于现当代哲学中两种主要的伦理学理论，即功利主义和道义论。功利主义者说，一个人应该有道德，以便增加幸福的总量。道义论者说，一个人应该有道德，因为这是道德原则的要求。美德伦理学家说，一个人应该有道德，因为要成为有德之人。与功利主义和道义论的观点相比，美德伦理学家的观点似乎是以自我为中心：一个人行道德之事只是为了自己成为有德之人，而道德应该主要关心他人。所罗门（David Solomon）指出，表面上这是一个很容易回应的反对意见：一个人不关心他人的福祉就不可能成为有德之人，但实际上这个反对意见比这要深。有德之人确实关心他人福祉，但他/她关心的是他们的外在福祉和物质福祉。相反，有德之人关心自己的品格。在美德伦理最重要的代表亚里士多德传统中，一个人的品格比外在幸福更重要；因此，有德之人仍然是以自我为中心的。所罗门认为，针对美德伦理学有此深层自我中心之弊的指责，最好的回应只能是指控功利主义和道义论也犯了同样的错误。不过，也有一些重要的亚里士多德主义学者，如安娜斯（Julia Annas）、克劳特（Richard Kraut）、麦凯利（Dennis McKerlie，1948—2014）和特纳（Christopher Toner），认为亚里士多德的美德伦理学不存在自我中心之弊。本书第二章在阐述这些学者对亚里士多德美德伦理学的辩护为何没有成功之后，笔者主张二程的新儒家美德伦理学在深层意义上显然不是以自我为中心的，因为在二程看来,有德之人之为有德,正是因为他/她不仅关心他人的外在福祉,而且关心他人的品性。换言之,对二程来说,如果一个人只关心自己的美德而不努力使他人有道德,那么他/她就不能被视为有德之人。事实上,一个人如果不能使他人有道德,那他就不可能使自己有道德,因为使他人有道德是有德之人应有之义。

如果一个人应该有道德,那么我们必须回答另一个问题:一个人能有道德吗?这关系到意志软弱问题。本书第三章对此予以重点讨论。戴维森在其《意志软弱如何可能?》一文中将意志软弱定义为一种现象,即当行为者知道自己应该而且可以做某事时,他/她有意识不去做某事。戴维森认为,意志软弱是可能的,因为人可能是非理性的。然而,如果意志软弱是可能的,那么道德就变得不可能,至少对某些人来说是如此。正如一个人可能明知吸烟不好仍去吸烟,一个人可能明知不道德不好却依然做不道德的事。第三章将考察二程(尤其是程颐)对闻见之知与德性之知的区分,前者为浅知、常知,后者为深知、真知。这两类知识之间的关键区别在于,一个人如果对成为有德之人徒具闻见之知,他并不必然做有道德的事情,而一个人如果对成为有德之人具备德性之知,那他就必做有德之人。而且,与高级的科学知识不同,每个人只要努力就可以获得德性之知。故而,一个所谓意志软弱的人实际上是一个有过失的人,因此应该为自己的过失负责。二程关于意志软弱的观点相似于但又优于苏格拉底或亚里士多德的观点,他们也否认(至少在笔者看来是如此)意志软弱的可能性。苏格拉底认为"意志软弱"的人实际上是目光短浅之人,而亚里士多德认为“意志软弱”的人实际上是无知之人。按照苏格拉底或亚里士多德的观点，我们无法区分以下两种人：一种人知道吸烟不好但仍吸烟，另一种人不知道吸烟不好而吸烟。从二程观点来看，这两种人都没有德性之知，但第一种人有闻见之知，而第二种人没有闻见之知。这一差异并非无足轻重，因为在二程看来，闻见之知可以转化为德性之知。

在解答了“为什么要有道德”和“一个人能有道德吗”这两个问题之后，第四章进而讨论如何成为有道德的人。笔者一直采取美德伦理的进路，而美德伦理的一个独特之处在于强调特殊性。所以，笔者首先考察共性伦理学（ethics of commonality）及其问题。作为这种共性伦理的例子，笔者讨论在许多宗教和文化传统中很常见的黄金律，也讨论对黄金律提出批评的康德道德哲学，以及以康德为反面人物的罗蒂关于“平庸”共性的道德。他们都强调人类的共性，没有意识到或完全忽视差异的重要性。作为另一种极端，当代伦理学中存在着一种反理论或特殊主义的方法。这种方法最直言不讳的代表是丹西（Jonathan Dancy）。在他看来，道德情境是如此不同、如此特殊，一个人过去的道德经验只能在形式的意义上（提升一个人的道德感知能力）而非实质的意义上（对于如何行动提供实际的指导）帮助一个人在新的情境下做出道德的行为。正是在这样的背景之下，作为一条中间道路，笔者阐述二程如何以“理一分殊”的理学框架解读先秦儒学所讲的“爱有差等”。按照二程的解读，爱有差等并不像人们通常所认为的那样，爱父母胜过爱其他人；实际上，爱有差等意味着，一个人给予不同的人以同等的爱，但爱的方式各不相同，因为需要考虑到他们之间的差异。然而，除了对父母、孩子、配偶、朋友、敌人等等的爱之外并没有一种抽象的爱，就此而言，它们都是爱。因此，一个人过去的爱的经验不仅能在形式的意义上，而且能在实质的意义上帮助一个人在新的情境下找到合适的爱的方式。例如，一个人爱父母的经验可以在实质的意义上帮助他找到爱邻人之父母的恰当方式，而一个人爱孩子的经验可以在实质的意义上帮助他找到爱邻人之子的恰当方式，虽然在这两种情况下，一个人都不能简单地把前一种情境下的爱挪用到后一种情境，因为我的父母不同于邻人之父母，而我的孩子也不同于邻人之子。

以上各章所讨论的问题都属于所谓的个人伦理，而它不同于社会伦理或政治哲学（按照笔者的用法，二者可互换使用）。人们普遍认为，儒家长于个人伦理，而在政治哲学方面则相对薄弱。本书第五章便探讨二程理学如何通过突破政治之域与私人之域之间的二分法为当代政治哲学作出贡献。自由主义以此二分为基础。根据这种主导现当代西方的政治哲学，一方面，政治之域不是私人之域，因为政府只关心人们的游戏规则是否公平，而不关心玩游戏的人的品格；另一方面，私人之域不是政治之域，因为政府不管私人事务。许多女权主义思想家对这种自由主义的私人-政治二分法的第二个方面提出挑战，主张一些个人事务，特别是家庭内部发生的事务应该属于政治影响的合理范围。然而，他们保留了私人-政治二分法的第一个方面；事实上，他们提出的将家庭纳入政治之域的做法本身恰恰强化了该二分法。有鉴于此，笔者建议把注意力转向二程。在他们看来，政治之域也是私人的，因为政府为调节个体间互动所做的任何事都会影响到这些个体的品格。在二程那里，现代西方引以为豪的基于刑法的法律体系往往让人（包括那些守法的人）从有德变成无德，从邪恶变成更加邪恶。为了使人们有德，二程认为社会应该依礼而治，而礼则由圣人根据发自人性的人类情感所创造。因此，礼仪规则不仅具有确保社会和谐安宁的人际功能，而且还具有培养有德个体的内在于人的功能。

在当代伦理学的研究中，特别是在“盎格鲁-撒克逊”传统中，有一个引人注目的转向，即自然主义、经验主义甚至是实验转向，而伦理学家和经验科学家在心理学、生物学、社会学、人类学和经济学等领域的合作越来越多。与之相应，道德形上学变得进退维谷，人们对于任何决定进行形上学研究的道德哲学家，即使不是不信任，也会立即产生怀疑。这将二程理学置于一种尴尬的境地，因为与先秦儒学相比，理学的特点之一正是其道德形上学。实际上，人们认为这样的做法是幼稚的：首先建立一种形上学——由先验原则组成，完全独立于经验数据——然后从中推演出道德义务。然而，二程所建构的道德形上学在两个重要的方面有所不同。首先，二程不是先建构形上学，然后推出道德价值，而是从经验性道德情感（情）出发，弄清楚这种情感之所以道德的形上学基础（性）。就此而言，他们的道德形上学类似于泰勒（Charles Taylor）对现代价值的本体论阐释。其次，二程的道德形上学不是作为从中推出道德原则的第一前提，而是看起来更像是对道德经验的总结。虽然这样的总结有助于在我们以前不曾遇到的特殊情境中采取道德立场，但它不可能胜过我们的道德经验。就此而言，形上学与道德经验在二程那里的关系类似于正义原则与特定道德直觉在罗尔斯(John Rawls, 1921—2002)那里的关系。因此，不管是在罗尔斯那里还是在二程那里，它们都应该处于一种反思的平衡之中。本书第六章便讨论二程的道德形上学，主张这种道德形上学不仅与伦理学的自然主义转向相契合，而且是伦理学的自然主义转向不可或缺的。

西方哲学家通常主张其哲学体系的独创性，但是，中国历史上的哲学家们以否认其独创性而著称。他们倾向于宣称仅仅提供了对经典的一种解释，而他们必须说的所有内容都已包含在经典之中。二程在这方面也不例外。正因为如此，诠释学一直处于中国哲学的前沿，因此，看看二程在当代诠释学特别是在伦理层面能作出什么独特贡献应该较有意义。本书最后一章就是要做这样的工作，并把重点放在程颐那里。作为对我们解释经验的一种自觉反思，严格意义上的诠释学直到被誉为现代诠释学之父的施莱尔马赫(Friedrich Schleiermacher, 1768—1834)那里才在西方哲学中出现。[41]即使如此，诠释学在哲学上仍然处于边缘。伽达默尔的《真理与方法》把诠释学带入哲学的中心。[42]然而，当代诠释学仍然可以从程颐的理学诠释学中学到很多东西。首先，当代西方诠释学的中心论争围绕着这样一个问题展开：正确的解释应该指向经典之独立于作者和读者的客观意义，还是应该指向作者之超越经典和读者的原始意图，抑或指向读者之独立于作者和文本的前理解。然而，程颐将以上三者通过道统一起来，因为对他（儒家）来说，经典是道之载体，圣人书写经典的意图在于阐明道，而读者则把对道的前理解投射于经典。其次，西方诠释学基本上关注解释经典文本，不管是宗教的经典文本还是世俗的经典文本。即使海德格尔所倡导的所谓诠释学本体论转向，也仅仅意味着一种人类生存的诠释学。然而，诠释学在程颐那里就是本体论，因为对他来说，诠释学本质上是关于道这一宇宙终极实在的诠释学。再次，最重要的是，西方诠释学的基本目的是理解。在这方面，即使是宣称为实践哲学的伽达默尔诠释学也不例外，因为它仍然只对理解感兴趣，即使这不仅涉及读者对文本或作者的理解，而且也涉及读者对自身的理解，即他们的自我理解。然而，程颐的诠释学却将知道与行道统一起来。在他看来，一个人知道却又不能行道是自相矛盾的。就此而言，他的诠释学才是真正的实践哲学。

为了理解程颐的诠释学实际上是如何展开的，笔者在附录中考察了他对《论语》8.9 和 17.3 中两段话的独特解读，而对这两段话的解读曾让历史上的注家颇为头疼。这两段话分别是：①“民可使由之，不可使知之”；②“唯上知与下愚不移”。批评孔子的人，尤其是在 20 世纪 70 年代“文化大革命”期间的反孔运动中，常常把这两段话视作孔子提倡愚民政策的例证；而为孔子辩护的人，特别是儒学在今天中国大陆复兴之际，通常认为这两句话仅仅是孔子对人民无知（民愚）这一事实的悲叹。因此，孔子的批评者和辩护者似乎都同意一点，即孔子认为老百姓是愚昧无知的，双方的分歧只在于，究竟他认为人们原本就愚昧（民愚）还是由于政府的政策而变得愚昧（愚民）。然而，在程颐看来，这两种解释均没有捕捉到这两段话的真正旨趣，因为双方都只是提供了一种字面解释，而没有理解儒家经典所体现的规范原则。笔者把程颐对这两段话的哲学解释与更为传统的解释加以对比，证明前者优于后者。这不是替儒家致歉，而是推进儒家思想。

第六节　结　　语

本导论对作为新儒学运动先驱的二程作了简要介绍，并概述了本书诸章的内容。此外，导论的主要目的是提出一种在西方语境下做中国哲学的独特方法论。这是贯穿本书始终的方法论。根据这一方法论，做中国哲学的方法至少部分取决于作者所考虑的读者类型。一个在西方语境中做中国哲学的人一定是说给（至少也要说给）西方的哲学家听的，既然如此，就必须记住一个重要的问题，为什么西方哲学家应当关注中国哲学。笔者认为，如果跟他们说，中国哲学传统发展出了一些低级的甚或荒谬的哲学观点，那他们是没有兴趣去了解的；如果跟他们说，中国哲学家提出了一些与他们自身传统中类似的、尽管通常不那么系统的观点，特别是当这些观点在中国哲学中出现更早时，他们或许稍微有些兴趣，甚或感到惊讶；然而，他们最想知道的是可以从中国哲学中学到什么，或者中国哲学家对他们一直面对的问题有什么更有意思的说法。笔者并没有宣称这是在西方语境中做中国哲学的唯一方式，但确实认为，它至少是一种正当的方式；不过，本人也愿意进一步讲，它可能是一种更有意义、更为重要和更加富有成效的方式。

注释

① Kwong-loi Shun, "Studying Confucian and Comparative Ethics: Methodological Reflections," *Journal of Chinese Philosophy* 36 (2009), p. 468.

② Alasdair MacIntyre, "Incommensurabillity, Truth, and the Conversation between Confucians and Aristotelians about the Virtues," in Eliot Deutsch (ed.), *Culture and Modernity: East-West Philosophical Perspective* (Honolulu: University of Hawaii Press, 1991), p. 109.

③ Alasdair MacIntyre, "Incommensurabillity, Truth, and the Conversation between Confucians and Aristotelians about the Virtues," p. 110.

④ Thomas Kuhn, "Theory-change as Structure-Change: Comments on the Sneed Formalism," *Erkenntnis* 10 (1976), pp. 190 - 191.

⑤ Richard Bernstein, "Incommensurability and Otherness Revisited," in Eliot Deutsch (ed.), *Culture and Modernity: East-West Philosophical Perspective* (Honolulu: University of Hawaii Press, 1991), p. 81.

⑥ Jeffrey Stout, *Ethics after Babel: The Languages of Morals and Their Discontents* (Boston: Beacon, 1988), p. 63.

⑦ David Wong, "Comparative Philosophy: Chinese and Western," *The Stanford Encyclopedia of Philosophy*, Edward N. Zalta (ed.), URL = http://plato.stanford.edu/archives/win2009/entries/comparphil-chiwes/ (2009), § 4.

⑧ 刘笑敢注意到一个有趣的现象：西方的比较者用自己哲学传统中的术语和概念来向西方读者说明和解释中国哲学中的事物，这毕竟是他们的“格义”，完全可以理解，但奇怪的是，当代中国学者也用他们和中国读者不太熟悉的西方哲学术语来说明和解释中国哲学思想。他创造了“反向格义”这个词来描述此种现象。参见刘笑敢：《中国哲学与文化(第三辑)：经典诠释之定向》(桂林：广西师范大学出版社，2008 年)，第 108—132 页。由于中西比较者都

用西方的概念来说明和解释中国哲学，其结果就是信广来所说的不对称现象："有这样一种比较研究的趋势，即从西方哲学的视野来探讨中国思想：从西方哲学的角度，参照西方哲学讨论中的框架、概念或问题。这种趋势不仅出现在以英文出版的作品中，也出现在以中文出版的作品中。相反，在当代文献中，很少有人试图参照中国哲学讨论中的框架、概念或问题来探讨西方哲学思想。鉴于中国伦理传统与西方伦理传统同样富有洞察力和资源，或者至少我们中的许多人会这么认为，这种不对称性令人深感困惑。"参见 Kwong-loi Shun, "Studying Confucian and Comparative Ethics: Methodological Reflections," p. 470.

⑨ David Wong, "Comparative Philosophy: Chinese and Western," § 4.

⑩ 麦金太尔所讲的"双语人士"也许可以避免这个问题。所谓"双语人士"是指那些在一个传统中长大后成为另一个传统成员的人。不过，在麦金太尔看来，他们对于两种传统之间的信仰冲突也可能无能为力，尽管他们能完全理解双方的观点。参见 MacIntyre Alasdair, "Relativism, Power, and Philosophy," in *Relativism: A Contemporary Anthology*, edited by Michael Krausz (New York: Columbia University Press, 2010).

⑪ Chad Hansen, *A Daoist Theory of Chinese Thought: A Philosophical Interpretation* (Oxford: Oxford University Press, 1992), pp. 10 - 11.

⑫ Richard Grandy, "Reference, Meaning, and Belief," *Journal of Philosophy* 70.14 (1973), p. 443.

⑬ David Wong, *Natural Morality: A Defense of Pluralistic Relativism* (Oxford: Oxford University, 2006), p. 13.

⑭ Mark A. Benson, "Conceptions of Self/No-self and Modes of Connection: Comparative Soteriological Structures in Classical Chinese Thought," *Journal of Religious Ethics* 33 (2005), p. 295.

⑮ Aaron Stalnaker, *Overcoming Our Evil: Human Nature and Spiritual Exercises in Xunzi and Augustine* (Washington, DC: Georgetown University Press, 2006), p. 17.

⑯ 因此，斯托纳克尔承认他的桥梁概念承担着与南乐山"模糊范畴"类似的功能。参见 Robert Cummings Neville, *The Human Condition* (Albany: State University of New York Press, 2001), pp. 9 - 16; Aaron Stalnaker, *Overcoming Our Evil: Human Nature and Spiritual Exercises in Xunzi and Augustine*, p. 26 n 61.

⑰ Thomas A. Lewis, Jonathan Wyn Schofer, Aaron Stalnaker, and Mark A. Benkson, "Anthropos and Ethos: Categories of Inquiry and Procedures of Comparison," *Journal of Religious Ethics* 33 (2005), p. 213.

⑱ 万百安(Bryan Van Norden)则称之为"词汇谬误"(the lexical fallacy)。他举例说,在罗思文(Henry Rosemont)那里可以看到此种谬误。参见 Bryan Van Norden, *Virtue Ethics and Consequentialism in Early Chinese Philosophy* (Cambridge: Cambridge University Press, 2007), p. 22.

⑲ Edward Slingerland, "Conceptual Metaphor Theory as Methodology for Comparative Religion," *Journal of American Academy of Religion* 72, 1 (2004), p. 13.

⑳ Edward Slingerland, "Conceptions of the Self in the *Zhuangzi*: Conceptual Metaphor Analysis and Comparative Thought," *Philosophy East and West* 54,3 (2004), p. 327.

㉑ 同上文,第 336 页。

㉒ Aaron Stalnaker, *Overcoming Our Evil: Human Nature and Spiritual Exercises in Xunzi and Augustine*, p. 15.

㉓ 同上书,第 15—16 页。

㉔ Robert Cummings Neville, "Two Forms of Comparative Philosophy," *Dao: A Journal of Comparative Philosophy* 1 (2001), p. 2.

㉕ Kwong-loi Shun, "Studying Confucian and Comparative Ethics: Methodological Reflections," pp. 467 - 468.

㉖ 同上文,第 454—456 页。

㉗ 刘笑敢:《诠释与定向:中国哲学研究方法之探究》(北京:商务印书馆,2009 年),第 441 页。

㉘ 同上书,第 443 页。

㉙ Kwong-loi Shun, "Studying Confucian and Comparative Ethics: Methodological Reflections," p. 47.

㉚ 同上文,第 470 页。

㉛ 同上文,第 469—470 页。

㉜ 然而,在当代中国哲学研究中,也许正是由于信广来所认为的不对称性和刘笑敢所描述的反向格义,中国哲学在中国的处境很难与西方哲学在西方的处境相比。换言之,西方哲学不仅在西方而且在中国都定义了什么是哲学,以至于近年来在中国知识界有一个广泛参与的关于中国哲学合法性的论争:是

否存在所谓**中国**哲学这样的东西。有人怀疑中国传统只有思想没有哲学。因此，当笔者在国内一些大学介绍本项研究的一些初步成果时，惊讶地发现研究中国哲学的学者热情极高，因为他们欣慰地看到，中国哲学作为**哲学**毕竟没有那么糟糕。

㉝ Kwong-loi Shun, "Studying Confucian and Comparative Ethics: Methodological Reflections," p. 455.

㉞ 当然，这么说并不意味着我们不应该研究这些方面。实际上，只有研究了哲学家或哲学文本的各个方面，我们才能知道哪些方面具有或不具有哲学上的吸引力。

㉟ Aaron Stalnaker, *Overcoming Our Evil: Human Nature and Spiritual Exercises in Xunzi and Augustine*, p. 16.

㊱ Kwong-loi Shun, "Studying Confucian and Comparative Ethics: Methodological Reflections," pp. 455 - 456.

㊲ 当被问及做比较哲学的方法论时，笔者曾用下面这个不完美的类比来解释。二程的各种哲学观念在这里被视为工具，每种工具都以其独特的形状大小放入工具箱中为其设计的位置。其中一些工具在本项研究中被取出以解决西方哲学传统中的一些问题。当工作完成后，如果我们仍然可以将这些工具放回原初的工具箱中的指定位置，那就意味着我们在使用它们的过程中没有扭曲它们；如果我们不能再将它们放回原处，那就意味着为了完成我们的任务，我们已经以某种方式扭曲了它们。因此，当我们用中国哲学文本来回答西方哲学问题时，还有一个标准来判断我们对中国哲学文本的理解是否充分。因此，刘笑敢在讨论经典诠释的两种定向（即客观的、面向文本的定向和主观的、面向当下的定向）时指出，这两种定向并没有穷尽研究哲学经典的所有可能进路。他特别提到，笔者的比较哲学进路可能并不完全属于这两种定向中的任何一种。参见刘笑敢：《中国哲学 妾身未明？——关于"反向格义"之讨论的回应》，《南京大学学报（哲学·人文科学·社会科学）》，第 2 期（2008 年），第 87 页。

㊳ ［宋］程颢、程颐：《文集》卷第十一，《二程集》（北京：中华书局，2004 年），第 640 页。

㊴ Stephen Toulmin, *An Examination of the Place of Reason in Ethics* (Cambridge: Cambridge University Press, 1964).

㊵ F.H. Bradley, *Ethical Studies* (Oxford: Oxford University, 1935).

㊶ 参见 F. D. E. Schleiermacher, *Hermeneutics: The Handwritten Manuscripts*

(Atlanta: Scholars, 1986); Yong Huang, "The Father of Modern Hermeneutics in a Postmodern Age: A Reinterpretation of Schleiermacher's Hermeneutics," *Philosophy Today* 40.2 (1996), pp. 251－262.

㊷ Hans-Georg Gadamer, *Truth and Method*, trans by Joel Weinsheimer and Donald G. Marshall (New York: Continuum, 1993).

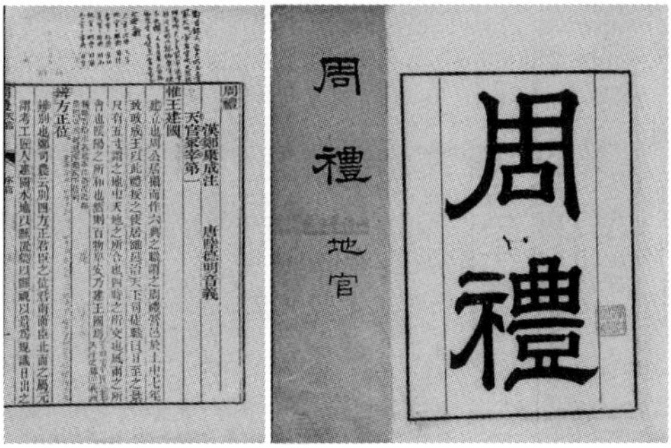

第一章

乐：为什么要有道德？

第一节 引 言

“为什么要有道德?”这个问题长期困扰着道德哲学家。之所以令人伤脑筋,是因为它不是要问“**我们**为什么要有道德”这一相对来说比较容易回答的问题:如果我们互相不道德,那么我们就将生活在霍布斯所说的自然状态下,在这种状态下每个人都处于反对其他人的战争中。这个问题要问的是:“**我**为什么要有道德?”更具体地说,如果我不对他人有道德并不会导致他人同样对我不道德,为什么我还要对他人有道德?显然,这是利己主义者(egoist)提出的问题,他首先关心的是自己的利益。[①]对于这样一个问题,我们可能想说:如果每个人都像你一样对他人不道德,认为自己的不道德行为并不会导致他人对自己不道德,那么,人人都会对别人不道德;因此,你也会被他人待之以不道德。然而,显而易见,这样的回答并不能令提出这一问题的人信服:即便如此,我对他人有道德并不能保证他人对我有道德,因此,为什么我要对他们道德?如果我对他人道德,而他们对我却不道德,这对我而言岂不更糟?[②]在本章中,笔者将首先检讨这一问题的合理性(第二节),以及西方哲学史上最具代表性的一些答案及其不足(第三节);其余各节集中探讨二程对这一问题的回答(第四节至第七节);最后,本章结语部分对这一新儒家的答案简要作结。

第二节 “为什么要有道德?”

“为什么要有道德?”这个问题可能看起来很荒谬,但它在西方哲学史中不断被严肃地提出过。在柏拉图的《理想国》中,作为魔鬼的支持者,格劳孔(Glaucon)和他的兄弟阿德曼托斯(Adimantus)以“为什么我要正义”的形式极其尖锐地表达了这一问题。格劳孔举了一个例子,即著名的盖奇的指环(Gyges' rings),一枚能够使人随心所欲隐现的指环。假如有两枚这样的指环,一枚给正义者,一枚给不义者。一方面,不义者在行不义的时候,会用这枚指环使自己隐身;而在行正义或至少在未行不义的时候,则使自己现身。这是因为,在格劳孔的例子中,不义者并非一直行不义,或是只行不义。事实上[③],

> 不义者跟聪明的工匠一样……我们可假定,一个能够巧妙地从事不义活动的人,如果他要从事这样的活动,必然能够不被发现。让人发觉的是笨蛋。不义的最高境界是在你未行正义时,人家认为你是正义的。因此,我们必须假定,最完美的不义者,就是在实施最不义的行为时,为自己获得了最正义的名声。我们还必须假定,纵然他出了破绽,也要给他补救的能力。如果他的行为败露,他一定能鼓起如簧之舌说服人家。

另一方面,正义者行正义,用这枚指环隐身,而未行正义之时用其

现身。这是因为[4]，

> 他如果被认为是正义的，就会因为这种尊敬而得到荣誉和礼物。在这种情况下，我们也就无法确定，他究竟是为了正义而正义，还是为了荣誉和礼物而正义。因此，我们必须排除他身上的一切表象，只剩下正义本身，来跟他想象的那个情形对立起来。虽然没有做什么不正义之事，却获得了最不正义的名声。这样他就受到考验，面对恶名及其带来的后果，他一点也不动摇。他这样下去，至死不变；虽然一直是正义的，却一生具有不正义的外表。

总之，如果不正义者或不道德的人能够有正义或道德的外表，而正义者或道德的人可能有不正义或不道德的外表，那么，利己主义者就会问：为什么我要是正义的或有道德？在此，正如格劳孔的兄弟阿德曼托斯所指出的，不正义似乎远比正义更有利，“人们说的是，我的正义如果不为人知，则不但不可能给我带来好处，反而会使我遭谴责、受苦楚、遇损失。相反，假如我并不正义，却挣得正义者之名，就能过上神一样的日子”[5]。

后来，霍布斯的“不负责任的愚人”(unresponsible fool)和休谟的“聪明的无赖”(sensible knave)再次提出同样的问题。在霍布斯的《利维坦》中，人们不满意自然状态中没有安全保障的生活，作为理性存在者，他们愿意遵守某些理性规则或自然法则。第一条律法是，人人都要努力实现和平；第二条律法是，人们彼此之间建立契约，彼此同意放弃某些自然权利或者自由。正是在这个阶段，“不负责任的愚人”出现了。他“心里认为根本不存在所谓的正义。有时还公开主张，既然各人自己照管自己的自我保存与满足，大家就没有理由不按照自己认为有助于这一方面的方式行动；也因此，立约与否、守约与否，只要有助于个人利益就不违反理性”⑥。愚人的问题是，他是否应该遵守与他人所订立的契约，或者不遵守这个契约是否不合理。他的回答是，只要在这两种情况下采取的行动有助于自己的利益，那么遵守或违背契约都是合理的，因为愚人所理解的“理性”“决定人们为自己谋取利益，尤其是当它能导致一种利益而使人不仅不顾他人谴责和辱骂，而且不顾他人权势”。⑦在此，愚人的推理是这样的：由于追求自身利益是合理的，我有什么理由（为什么要）遵守契约（做道德的人）呢？

休谟从利己或自爱出发主张伦理美德：⑧美德有益于拥有美德的人，而恶德则对染上恶德的人有害。例如，休谟认为，“贪婪、野心、虚荣，以及所有被庸俗地但不恰当地归在**自爱**名下的激情，在这里都被排除于我们关于道德来源的理论之外，这并不是因为它们是太弱的自爱，而是因为它们与自爱的目的背道而驰”⑨。换言之，它们被看作恶德，并不是因为它们是自爱的表现，而恰恰是因为它们达不到自爱的目的。休谟认为，诸如独身、斋戒、苦行、禁欲、自我否定、谦卑、沉默及孤独等“僧侣美德”应该置于恶德的范畴，因为它们“达不到任何目的，既不增加一个人在世界上的财富，也不使他成为更有价值的社会成员；既不增强他的社交能力，也不增加他的自娱能力。相反，我们看到，它们阻碍人们达到这些值得拥有的目的，使理解力麻痹，心灵僵硬，想象力滞涩，脾气变坏”。⑩

他继续辩说道：“仁爱友善所带来的当下情感甜蜜、平和、温柔、愉快，超脱一切财富与运气……除此以外，我们在何种激情中能找到如此多的好处：愉快的情感，悦人的意识，良好的声誉？”⑪因此，不必要去证明“那些让人当下受益或**愉快**的美德，从自我利益的观点来看是值得拥有的”⑫。休谟把这些美德视为自然之德，它们不同于正义和忠诚这些人为之德。自然之德与人为之德的主要区别在于，人们会立刻感到前者对自身有益，而对后者却没有这种感觉。例如，借钱的人并不自然而然地感到还钱是为了自身利益。因而，就人为之德而言，“无疑，自由而为而非让人诚实行事的自爱，是一切不正义与暴行的源头；如果没有修正克制那种欲望的**自然**冲动，人们绝对不能改正那些恶德”⑬。为了进行这种修正与克制，人为之德不仅“对人类福祉而言绝对必要”⑭，而且对个人福祉亦是如此。他用一个有趣的类比表达了他的观点：“由正义的社会美德及其组成部分所产生的同样的幸福，好比造一座拱顶建筑。单块石头会滚落到地面；只是由于所有石头互相支持，联合在一起，整个建筑才不会倒塌。”⑮这里每块石头作为建筑物的一部分，不仅支撑着建筑物，而且也被建筑物的其他石头支撑着。以此类推，由于正义，个人对人类利益和自身利益都作出了贡献。正是在此意义上，休谟认为，人为之德最终也能通过自爱得到证明。

然而，也是在这一点上休谟看到可能有聪明的无赖。聪明的无赖“在特定情况下会认为，不义或背信的行为会给他增加大量的财富，同时又不会破坏社会联盟与团体。诚实才是上策，这或许是一个有益的普遍原则，但却有许多例外；或许人们认为，聪明的无赖行为最为明智，既遵守了普遍原则，又利用了所有例外”[16]。换言之，聪明的无赖认为，正义与忠诚的行为通常都有助于人类福祉和个人福祉。但是，也有例外情形。一方面，休谟自己也承认，正义有时并不会对人类福祉作出贡献。例如，“从父母那里继承而来的财产在坏人手中是危害的工具。在某种情况下，继承权可能是有害的”[17]。另一方面，与此类似，有时违背正义可能更有益于自己的财富，尤其是如果这些违背行为做得神不知鬼不觉。因此，聪明的无赖决定只有在满足自身利益时才做到正义，而如果不正义可以更好地满足自身利益的话，则会抓住一切不正义的机会。

这样一来，“为什么要有道德”经常被视为可以完全忽略的荒谬问题。例如，图尔敏（Stephen Toulmin）认为，这一问题触及“伦理推理的极限，即无法再提出伦理的问题，以及从事伦理的思考”[18]。在他看来，“伦理推理应该能够表明我们为什么做出这样的行为而不是那样的行为，或倡导这种社会实践而非那种社会实践”，但是“为什么人应该做正当的事”这一问题“在伦理学**范围内**没有位置”。道德是做我应该做的，而问“我为什么要有道德”是问“我为什么应该做我所应该做的”，因而，这一问题“与‘为什么深红色的东西是红色的’这样的问题在同一层次”。[19]换言之，在图尔敏看来，“我为什么要有道德”的问题，如同“为什么深红色的东西是红色的”，属于同义反复。要回答这一问题，我们只能反问：“我们还‘应当’做别的事吗？”[20]这就像要回答“为什么深红色的东西是红色的”，我们只能反问：“深红色的东西还能是别的什么颜色？”[21]

虽然图尔敏以同义反复为由否定这个问题的合理性，但布拉德雷（F. H. Bradley，1846—1924）则认为，它不合理的原因在于自相矛盾：道德要求我们不能自私，而问“我为什么要有道德”的人显然是在为不自私寻找某些自私的理由。在他看来，如果我们问“为什么要有道德”，那我们就把道德视为达到某种更进一步目的的手段；然而，道德本身就是目的。他认为：“把美德仅仅视为达到最终目的的手段，这与道德意识的诉求直接对立。当这种意识不被自私破坏，也不被诡辩蒙蔽时，它就会知道，追问‘为什么’本身就是不道德的；为善本身而行善是美德，为某个外在目的而不是善本身而行善绝不是美德；只为了目的而不是为了善良和正当行事，是恶德的标志。”[22]

那么，“我为什么要有道德”确实如图尔敏和布拉德雷等人所认为的那样是个不合理的问题吗？这里，道德原则告诉人们应该做什么。当我们要求人们遵守道德原则时，实际上是在说“你应该遵守道德原则”；换言之，我们是在说“你应该做你应该做的”。因而，当有人问“我为什么要有道德”或“为什么我应该遵守道德原则”时，这个人实际上是在问“为什么我应该做我应该做的”。然而，这不是个同义反复的问题。笔者认为，尼尔森（Kai Nielsen）很好地区分了“应该”一词的道德用法与非道德用法。在上面这个看似同义反复的问题中，第二个“应该”确实是在道德意义上使用的，而第一个则是在非道德意义上使用的。因此，尼尔森指出：[23]

> 当问“我为什么要有道德”时，我不是在问……“我有什么样的道德理由去做道德的行为？”那的确就像在问：“为什么深红色的东西是红色的？”我是在问：“综合所有因素，当道德方面的考虑与我其他考虑发生冲突时，我能否给出足够充分的理由（很明显是非道德的理由），来说明为什么我要让道德的考虑占主导地位，并表明如果我不给道德的考虑以这样的优先地位，我就是非理性的，或者至少不那么理性？”

换言之，“我为什么要有道德”这一问题是在追问，假定做有德之人是好的，那么做这样的人是否也是合理的。然而，倘若如此，这是否意味着“我为什么要有道德”这一问题变成了自相矛盾的问题？表面看来是如此。肖（Bill Shaw）和科尔维诺（John Corvino）同意尼尔森对“应该”一词所作的道德用法与非道德用法之区分。在他们看来：[24]

> 当人们问“我为什么要有道德”时，他们不是在问：“我为什么（道德上）应当做我（道德上）应当做的事？”这样的问题显然是循环的。相反，他们是在问：“为什么做我（道德上）应当做的事对我有利？”“道德行为的（非道德）理由是什么？”或者

> “简单地说，为什么道德要求应该对我有约束力?”(这里的“应该”是在非道德意义上用的)。采用这样一些表达方式，“我为什么要有道德”这个问题是很容易理解的。

根据肖与科尔维诺的看法，第一个“应该”是问我有何种**利己**的理由去做我应该做的事。由于我所应该做的事并非利己，“我为什么要有道德”这一问题，即“我有何种利己的理由去做不利己的事”就变成了自相矛盾的问题。不过，科普(David Copp)并不同意这一看法。在他看来，问“我有何种利己的理由去有道德(即不利己)”，就是在问：“到底是道德居于自我利益之上，还是自我利益居于道德之上?”在这里，科普假定“在某些情况下，道德与自身利益很可能相冲突”。他指出：“在其发生相互冲突时，这种在道德与自身利益之间的冲突是一种规范性冲突，是不同规范性标准的总体决定之间的冲突。我认为，道德是否居于自身利益之上这一问题就是道德决定是否比利己决定**具有更重要的规范价值**的问题。”[25]笔者同意尼尔森与科普的观点，认为“我为什么要有道德” 这一问题既非同义反复，也非自相矛盾，而是一个合理的问题。然而，提出这一问题的人显然不具备做出道德行为的倾向。基于这一简单的事实，笔者认为区分提供道德理由(moral justification)与提供道德动机(moral motivation)至关重要。在“我为什么要有道德”的扩展表达式即“为什么我应该做我应该做的(遵守道德原则)”中，第一个“应该”并不是要为第二个“应该”(道德原则)提供理由。不然的话，道德原则就仅有工具价值。“我为什么要有道德”这个问题，或其扩展表达式中的第一个“应该”，真正关注的是道德动机。提出这个问题的人并非道德怀疑论者。他清楚地知道应该成为有德之人，但却缺乏这样做的动机。一个有道德动机的人绝不会问“我为什么要有道德”这样的问题。如此看来，这一问题真正所问的是：“我有或我能有何种动机成为有德之人？”在笔者看来，这是一个完全合理的问题。

第三节　西方哲学史上的代表性回答及其不足

在西方哲学史上，对于“为什么要有道德”这一问题人们作了许多尝试，试图给出一个令人满意的答案。这一问题由柏拉图、霍布斯和休谟著作中的反面角色提出，因此，不妨看看这些哲学家自己是如何应对的。

首先，我们来考察柏拉图在《理想国》中对格劳孔的回答。从我们上面的讨论中可以清晰地看到，在提出“为什么我要正义”这一问题时，格劳孔知道一个人应当是正义的；他所关注的是这个人并不一定有做正义的事情的动机。作为回应，柏拉图指出，道德或正义是值得的。这一回应始于对人的正义的定义，而这个定义又建立在与国家正义的类比之上。国家有三个阶层——经济的、军事的及统治的阶层，与之类似，人的灵魂也有三个部分——欲望的、意志的及理性的部分。对营养的和生殖的渴望属于灵魂的欲望部分。[26]有时人们有某种欲望却拒绝满足这种欲望，这表明我们的灵魂拥有主宰这些欲望的某种东西，那就是理性部分，灵魂依靠它来进行思考与推理。[27]人的愤怒的情感属于灵魂的意志部分，当理性与欲望相冲突时，意志应与理性结盟。[28]正如国家的正义意味着每一阶层只做各自的工作一样，柏拉图认为，“我们每个人也都如此，灵魂的每一部分只做各自的工作——那就是个正义者”[29]。

有了这样一个正义的概念，柏拉图继续论证为什么正义对正义的人有利，或者在何种意义上正义者比不正义者更幸福。与灵魂的三方面相关联，柏拉图提出有三种快乐：① 当欲望部分控制了灵魂（这是不正义的，因为欲望部分本应听从理性部分），就有物质利益带来的快乐。与之相比，“受到尊敬的快乐和学习的快乐是无价值的，除非它们也能变出金钱来”[30]。② 当意志部分控制了灵魂（这也是不正义的，因为意志应帮助理性去控制欲望），则仅有受到尊敬的快乐。与之相比，金钱带来的快乐是庸俗卑鄙的，“而学问带来的快乐，除非能带来敬意，否则也只是无聊的瞎扯”[31]。③ 当理性部分控制了灵魂（这是正义，因为这是理性的正当工作），“与认识真理及现实所带来的快乐相比”，别的快乐“远非真正的快乐”，只宜称之为“必然的快乐”。[32]在这三种快乐之中，柏拉图认为，最后一种快乐即正义者的快乐才是真正的快乐，因为[33]

> 我们的一切行动和言论应当为了让我们内部的人性［即灵魂的理性部分］能够完全主宰整个人，管好那个多头的怪兽［即

灵魂的其他部分]——像一个农夫栽培浇灌培养出来的禾苗而铲除杂草一样——而他还要把狮子变成自己的盟友，一视同仁地照顾好大家的利益，使各个成分之间和睦相处，从而促进它们生长。

另一方面，非正义的快乐不是真正的快乐，因为接受这种快乐，一个人要"使自己最善的部分受役于最恶的部分，让自己最神圣的部分受役于最不神圣、最可憎的部分"[34]。

萨克斯(David Sachs)认为，柏拉图的论点有一个严重的问题。在他看来，即使柏拉图意义上的正义者确实是快乐的人，我们也不清楚，这样一个正义者，一个灵魂的各个部分履行各自职责的人，是否属于格劳孔心目中通常或世俗意义上的正义者：[35]绝不会实施抢劫神殿、绑架、诈骗、挪用、偷盗、背叛、渎神、违背诺言、通奸、疏忽父母等行为的人。因此，萨克斯声称柏拉图的论证犯了逻辑上的"不相关谬误"(a fallacy of irrelevance)。在他看来，为了证明正义有利，以反对格劳孔认为一个人不正义才对己有利的论断，第一，柏拉图"必须证明，他的正义者的概念中排除了通常被判定为不道德的或犯罪的行为；也就是说，他必须证明他的正义者的行为也符合通常或世俗的正义原则。第二，他还必须证明，他的正义者的概念适用于所有的一般意义上的正义者，并从这些人得到例证"[36]。萨克斯认为，柏拉图"没有满足任何一个要求，也不可能假定他能满足其中任何一个要求"[37]。

在这一点上，笔者同意许多别的柏拉图学者的看法。[38]他们认为，虽然柏拉图没有提供严密的论证，但他确实主张他的特定意义上的正义者一定也是通常意义上的正义者。例如，柏拉图在《理想国》第四卷中提出正义的概念是灵魂三部分之和谐运作，紧接着就把这一概念与正义这个概念的“通常或世俗”定义联系起来。他说，他的特定意义上的正义者，如果受人之托保管金银财宝不会“鲸吞盗用”，不会“渎神、偷窃，在私人关系中出卖朋友、在政治生活中背叛祖国”，“无论如何不会不信守誓言或别的协约”，也不会与“通奸……疏忽父母、不履行侍奉神的义务”有关。[39]柏拉图在列举了这些之后明确指出，这一切的原因在于，“他灵魂的各个部分，或主或从，各行其[当行之]事”[40]。换言之，人们在世俗的意义上做到正义，是由于他们在柏拉图的意义上做到了正义。[41]此外，柏拉图在第九章的结尾处更直接地反驳了格劳孔认为正义对自己不利的观点：一个人逃避做错事应得的惩罚对他并没有益处，因为不正义“行为不被发现的人，只会越来越坏；被发现和惩罚的人，却可以平服驯化天性中野性的部分，而释放心中温柔的部分，他的整个灵魂，在确立其最善部分的天性时可以获得节制、正义和智慧，从而达到一种难能可贵的状态”[42]。

柏拉图的问题另在别处。柏拉图认为，他所讲的正义者也是通常意义上的正义者。即便这一观点是真的，而且他也提供了令人信服的论证，我们仍会碰到以下问题：一个人怎么才能成为柏拉图意义上的正义者？也就是说，一个人如何才能达到灵魂的和谐？克劳特认为，这种正确的心理状态“在于接受独立存在于自身之外的有益之物”[43]。所谓有益之物，克劳特指的是柏拉图所说的“形式——那些永恒的、不变的、不可感知的、无形的事物，对这些事物的理解即为哲学家的教育目的……正是由于哲学家与这些抽象事物的关联才使得哲学生活高于别的生活”[44]。换言之，哲学家是“正义者的典范”[45]。如果是这样的话，要做到正义就要成为哲学家。那么，问题在于每个人是否都能成为哲学家，因为我们期望每个人都是正义的。恰恰在这一点上我们发现柏拉图是有问题的。正如弗拉斯托斯（Gregory Vlastos，1907—1992）所指出的，“如果柏拉图认为灵魂的和谐是道德正义情感的一个必要条件，那么他一定认为这只有他的理想国中的人，以及现实世界中柏拉图式的哲学家及其道德信徒才能具备，这样就把我们常人中的绝大多数排除在外了，而所有这些人都应当是正义的”[46]。这正是柏拉图所一再主张的。例如，他认为“完美哲学家”的天赋“是很难在人身上生长出来的，即使有，也只是在很少数人身上生长出来”[47]；“大多数人不可能成为爱智慧的哲学家”[48]。而且，在柏拉图看来，这不是仅仅靠教育或环境能够解决的问题，因为，哲学家不仅要受过良好教育，还要出身高贵。[49]如果是这样的话，我们不能认为柏拉图对格劳孔的问题“为什么我要正义”提供了恰当的答案，因为问这个问题的人显然不是哲学家，而且不大可能成为哲学家，因此也绝不可能享受到柏拉图式的正义者所能享受的快乐。

我们接下来看一下霍布斯如何回应不负责任的愚人。在论述愚人观点那段文字的结尾处，霍布斯说，愚人“似是而非的推理是错误的”[50]。换言之，愚人认为，只要有助于自己的利益，违背契约也是合理的；而霍布斯认为，这与理性相冲突。事实上，霍布斯对愚人的观点的讨论是在他试图建立第三条自然法则即“人们履行既定契约”时。[51]由于他的自然法则是人们依据理性会自然遵守的律法，那么，如果遵守律法是依据理性，违背契约就违反了理性。在罗德（Rosamond Rhodes）看来，霍布斯实际上在这里区分了小写的理性（reason）和大写的理性（Reason）。愚人说违背契约是合理的，指的是小写的“理性”；而霍布斯说履行契约是理性的，则指的是大写的“理性”。笔者认为这是一个重要的区分，类似于罗尔斯所讲的“合乎情理”（reasonable）与“合理”（rational）之别。[52]愚人违背契约是“合理的”（在手段能够有效地达到其目的的意义上），但是人们履行契约则是“合乎情理的”（在能够考虑他人利益的意义上）。不过，霍布斯试图论证，愚人不履行契约不但不合理（不符合小写的“理性”），而且不合情理（不符合大写的“理性”）。罗德认为霍布斯的论证很成功[53]，笔者则持相反观点。

首先，霍布斯主张，“当一个人去做一件足以导致他自身毁灭的事情时，不论有什么他所不能预计的偶然事物出现使之有利于他，都不能使他做上述事情是理性的或明智的”[54]。霍布斯认为，愚人在违背契约时，是在有意做某种可被预见会导致自己毁灭的事（被抓获），虽然偶然也有可能给他带来益处（没被抓获）。因此，愚人并不是理性的或明智的。这个论证显然没有说服力，因为不仅愚人不认为不履行契约是在做某种导致自己毁灭的事，而且事实上，正如博克西利（Bernard Boxill）有力论证的那样，一个

人的不道德行为往往给他带来益处。[55]其次，霍布斯认为：[56]

> 在战争状态下，由于缺乏一个共同的权力使大家畏服，每个人对每个其他的人都是敌人。任何人没有联盟的帮助便很难期望凭借自己的力量或智慧来保卫自身，免于毁灭之祸；在这种联盟中，每个人都和别人一样指望通过联合得到相同的防卫；这样说来，要是有人宣称他认为欺骗那些帮助他的人是合理的行为，那么，他有理由能够期待的保障安全的手段便只是从他一个人单独的力量中所能获得的手段。

这里，霍布斯的论证也不能成立。显然，霍布斯说愚人不合大写的"理性"，因为他只希望得到别人的帮助，而不想去帮助别人；相反，他还要对他人造成伤害。然而，愚人持有的是一个工具理性的概念，对他来说，得到他所欺骗的人的帮助是"理性的"（小写的"理性"）或者"合理的"（在罗尔斯的意义上），只要他能够做到（即用他的手段达到他的目的）。

霍布斯提出另一个理由来论证，愚人不履行契约无论在大写的意义上还是在小写的意义上都是不理性的：[57]

> 因此，破坏盟约之后又宣称自己认为这样做是理性的人，不可能被任何因和平与防御之故而结群的社会所接受，除非接纳他的人看错了人；即使被接纳，也不可能被收留，除非接纳他的人没有看到他们的错误所蕴藏着的危险；按理来说，一

> 个人不能指靠这样的错误作为保障自身安全的手段。因此，如果他被遗弃或被逐出这一社会，他就会毁灭；如果他在这社会中生活下去，则是由于别人的错误，但别人的错误他既不能预见，也不能指靠；这样便违反了他自我保全的理性；因此，所有那些没有促使他遭到毁灭的人之所以容忍他，只是因为大家对真正对自己有利的东西的无知。

这里霍布斯的主要观点是，愚人的成功（即他的手段——违背契约——能服务于他的目的——为自己带来利益）完全取决于他违背契约时没有被发现。在霍布斯看来，愚人在此高估了自己欺骗他人的能力，而低估了他人识破其骗局的能力，这是不理性的，他们[58]

> 每每易于因狡诈欺骗其侪辈而犯罪，因为他们认为自己的企图十分巧妙，难以察觉。这一切我认为都是妄自依恃自己的智慧所产生的结果……那些因希冀不被察觉而进行欺骗的人通常都欺骗了自己（他们自以为隐藏在黑暗中，其实只是由于自己看不见）；他们并不比那些稚童高明——蒙上自己的眼睛，便以为大家都蒙上了眼睛。

当然，如果愚人只做不道德的事，而仍然希望不被别人发现，那么他确实不仅不合情理，而且也不合道理。然而，愚人显然并不总是违背他所订立的契约，他只是在确信自己不被发现的情况下才这样做。

现在让我们来考察休谟如何回应聪明的无赖。起初，休谟似乎认为聪明的无赖提出的问题不值得回答："如果有人认为这种推理也需要答案，那么，要找到一个令他满意和信服的答案会有些困难。如果他的心灵不抗拒如此有害的信条，如果他对接受罪恶或卑鄙的思想毫不勉强，他确实已经失去了追求美德的动力。"[59] 不过，休谟还是提供了几个答案。首先，休谟认为，无赖"凭借所有伪装的狡诈与才能，被他们自己的信条所出卖；当他们试图小心诡秘地行骗时，诱惑出现了，人性是脆弱的，他们陷入圈套之中；由此，他们深陷其中不能自拔，名誉完全扫地，失去以后人们对他的信任"[60]。可以说，这一回答不太有说服力。如我们所见，聪明的无赖在一般情形下都遵循道德原则，只有在做不道德的事情时才例外。显然，这些例外发生在那些他在做不道德的事情时不被发现的安全场合，因而不会造成"任何对社会的联盟和同盟的重大破坏"。这样，他们不可能失去名誉及他人的信任。休谟的回答假定了人只要行不义就会被发现，但实际情况显然并非如此。[61]

休谟对聪明的无赖的第二点批评也有同样的问题。在休谟看来，聪明的无赖[62]

自己最终是最大的受骗者，他们为得到毫无价值的玩偶和华而不实的东西，至少失去了人格尊严的无价欢悦。有多少东西是维持身体的需要所必需的呢？从快乐的观点来看，怎样能与交谈、社交、学习甚至健康与大自然的美丽，尤其是对我

> 们行为所作的平静反思所带给我们的无限满足感相比呢？我是说，怎么把这些跟奢靡空虚的珠光宝气和花天酒地之乐相比呢？这些自然的快乐确实是无价的；这既是因为得到它们时付出的代价最少，也是因为它们带给人的快乐超出了它们的代价。

这里，休谟试图论证，与交谈、社交、学习甚至健康与大自然的美丽，以及对我们行为所作的平静反思相比，聪明的无赖靠不道德所获取的不过是毫无价值的玩偶以及奢侈与消费所带来的狂热的、空虚的欢娱。这一论证也是成问题的。一方面，对聪明的无赖来说，他通过不道德的行动所获得的肯定并非如休谟所认为的毫无价值的东西，否则他不会有动力去做不道德的事。另一方面，由于聪明的无赖对自己不道德的行动秘而不宣，所以仍然有道德的外表，因而他可能仍然能有休谟讲的有德之人所能拥有的一切有价值的东西。也许例外的是最后一项，"对自身行为的平静反思"，这一点笔者要与休谟的下一个批评联系起来讨论。

休谟认为，聪明的无赖还有第三个问题："在所有真挚本性中，对背信弃义和欺骗狡诈的厌恶非常强烈，以至于对金钱或利益的考虑都无法抵消。心灵宁静、正直意识，对自身行为的满意审视，所有这些对于幸福而言都是非常必要的境况，而且会被每个感到它们重要性的诚实之人所珍爱和培育。"[63] 在此，休谟列举了另一些对幸福来说必要的善物，但它们对不道德的人来说是不可能的：心灵宁静、正直意识，对自身行为的满意审视。这些确实与休谟第二个批评中所列举的有很大不同。正如我们所看到的，通过隐藏不道德行动而表现出道德的外表，聪明的无赖仍然能够得到上一个批评中所列举的快乐。相形之下，这里所列举的东西，聪明的无赖得不到，因为这些都与他的内在生活有关。虽然无赖能对别人隐藏不道德的行动，他却不可能对自己隐藏。正是在这一点上，笔者不同意波斯特玛（Gerald J. Postema）的观点：成功的无赖也可以享受这些与内在生活有关的快乐。[64]在笔者看来，休谟此处批评的问题在于，他假定了聪明的无赖关心这些东西，但人只有在还有点良知的时候才会关心这些东西。然而，休谟自己也承认，聪明的无赖无心抗拒有害的信条，因而对卑鄙邪恶的思想并不感到犹豫勉强。

西方哲学史上，除了柏拉图、霍布斯以及休谟，当然还有许多其他哲学家也试图回答“为什么要有道德”这一问题。其中，最具代表性的是亚里士多德和康德。本节接下来先简要考察康德所提供的答案，而亚里士多德留待第五节讨论。对康德而言，道德动机是特别紧迫的问题。这是因为他对道德与偏好（inclination）作了明确区分，偏好的满足就是幸福。[65]在他看来，行动的道德价值完全独立于人的偏好。因此，他认为[66]，

> 有一些富有同情心的人……他们也对在周围传播幸福而感到一种内在的喜悦，如果别人的满足是他们引起的，他们也会为之感到高兴……但是，我认为，在这样的情形下，这样的行动，不管多么正当和令人羡慕，还是没有真正的道德价值。假定

> 那位慈善家的心灵被他自己的悲痛所笼罩，这种悲痛消解了其对他人命运的一切同情，而他总是还有能力施惠于其他处于困境中的人，虽然他这样的行动不再是由别人的需要而引发的，因为他自己的困境就已经够他应付了。而现在，在没有任何偏好再鼓动他去施惠的时候，他却从这种死一般的麻木中挣脱出来，没有任何偏好地、仅仅出自义务地做出这种行动；在这种情况下，这个行动才具有真正的道德价值。

康德提供了两种与义务相关的行动图景：一种是从自然偏好而非责任感出发的行动；另一种是从责任感而非偏好出发的行动。因为他认为只有出自责任感的行动才有道德价值，那么，道德价值显然来自责任感而非偏好。当然，康德允许既出于偏好也出于责任感的行动具有道德价值，但是，即使如此，道德价值仍然出于责任感而非偏好。与责任感一致的偏好所增加的只不过是履行道德行动时所感到的喜悦。[67]

因此，在康德这里，对于那些具有同情心的人来说，道德动机的问题并不存在：他们想要做的正是他们道德上应当做的。然而，对于大多数人来说，他们道德上应当做的并非他们想要做的，而他们想要做的往往不是他们道德上应当做的。对于这样的人，"我为什么要有道德"就成了一个非常自然的问题。如果这个问题没有得到回答，即使人们知道他们应该做什么，他们也不会有动力去做道德的事。因此，康德提出了"至善"概念，至善既包括道德又包括幸福（偏好的满足）。然而，无论是在综合意义上还是在分析意义上，道德并不蕴含幸福，幸福也不蕴含道德，因此，康德不得不假定上帝存在，以达到幸福与道德之间的和谐；又假定灵魂不朽，以使这种和谐可以得到维持。关于这一点，康德说得很清楚："没有上帝，没有一个现今看不到但却能寄予希望的世界，崇高的道德观念就只是赞成与羡慕的对象，而非目标与行动的源泉。"[68]

康德的回答并不能令人满意。正如许多哲学家所看到的，一个问题在于他对上帝存在的假设是有问题的。对此，尼尔森作了最激烈的批评：[69]

> 光是让一个受过教育的现代人去相信上帝就已经越来越困难了，更不用说把他当作一位及时出现的万能救星（a deau ex machine）……然而，为立论起见，让我们假设……我们有关于"上帝"的正确理解，让我们假定我们有某种证据去证实存在一个X，而X即上帝。即使在做这些假设时，也确实需要极端的虚荣心与自欺来相信这样一种存在能够关心我们的祸福。**因为**实际需要而假设上帝存在，或是假设灵魂不朽来确保道德合理性，实在是太方便了。[70]

然而，在笔者看来，康德更严重的问题在于，即使在他的"至善"观念中，幸福与道德仍然是二分的：一个行道德的人可能仍然不幸福，依然需要克服他与道德相反的偏好。在这一点上，对于一个没有道德偏好的人而言，允诺将来的幸福能否成为强有力的道德动机仍然是个问题。

前文检讨了对“为什么要有道德”这一问题的一些具有代表性的回答。鉴于并没有一种回答是充分的，人们很可能认为，这个问题虽然合理却无法回答。例如，梅尔登（A. I. Melden，1910—1991）认为，“对一个完全缺乏道德感的人而言，原则上不存在任何理由可以**诱导**他接受任何道德责任。形而上学的论辩，逻辑的证明，经验的归纳与证据，以及一切具有丰富、复杂和巧妙的说服手段的道德话语都是完全不充分的。任何理由都是不可能的”[71]。科普也同意这一看法。我们已看到，科普认为“为什么要有道德”这个问题实际上关乎自利与道德的关系。然而他指出，“道德并不居于自利之上，反之亦然……没有一种立场可以声称具有高于其他规范性立场的优越性，从而可以最终决断，道德理由和自利理由何者具有优先性”[72]。尽管尼尔森努力论证“为什么要有道德”是一个合理的问题，但最终，他对能否有令人满意的答案也是持悲观态度：“我们未能证明理性需要道德，也未能证明所有不受神话或意识形态蒙蔽的、理性的人究竟是个人利己主义还是经典的非道德论者。理性在此不能作决定。”[73]相反，他主张，这完全取决于一个人的生存决定。本章接下来将讨论在笔者看来更为合理的二程的新儒家回答。

第四节　二程的新儒家回答：有德之乐

儒学是关于道德修身的学问。然而，这种自我修身的最高目标是“乐”。《论语》开篇就说道：“学而时习之，不亦乐乎？有朋自远方来，不亦乐乎？”[74]二程开创的新儒学有时也称作道学。著名的中国哲学史家冯友兰说得好：“道学不是给人一种知识，而是予人一种受用。”[75]例如，君子是儒家传统中的人格典范。程颐认为，“非乐则亦未足以语君子”[76]。儒家修身以成圣为宗旨，而程子说：“学至涵养其所得而至于乐，则清明高远矣。”[77]程颢认为，“学至于乐则成矣。笃信好学，未知自得之为乐。好之者，如游佗人园圃；乐之者，则己物尔”[78]。问题是如何找到“乐”。程子自述为学经历：“昔受学于周茂叔，每令寻颜子、仲尼乐处，所乐何事。”[79]因此，二程努力（特别是通过内在体验）去理解《论语》中的“不改其乐”、“乐在其中”，以及《孟子》中的“乐莫大焉”究竟何意。

“不改其乐”出现在孔子称赞颜回的一段文字中：“贤哉，回也！一箪食，一瓢饮，在陋巷，人不堪其忧，回也不改其乐。贤哉，回也！”[80]在陋巷过穷日子，常人看来，苦不堪言，为什么颜子乐在其中？为什么孔子称赞他乐在其中呢？根据程颐的看法：“颜子之乐，非乐箪瓢陋巷也，不以贫宴累其心而改其所乐也，故夫子称其贤。”[81]在另一处，程子说：“颜子箪瓢，非乐也，忘也。”[82]这是说，不会因贫穷而快乐，这一点颜子和其他人并无不同。颜子之乐在别处，而且难能可贵的是，过穷日子并没有减损他在别处得到的快乐。程颢也认为：贫穷“非可乐，盖自有其乐耳。‘其’字当玩味，自有深意”[83]。颜子到底因何而乐？程子说，是儒家的最高美德，也就是仁：“仁者在己，何忧之有？”过穷日子，“在他人则忧，而颜子独乐者，仁而已”。[84]二程对《论语》“乐在其中”章的解读也确证了以上理解。

"乐在其中"章，孔子述己之乐："饭疏食饮水，曲肱而枕之，乐亦在其中矣。不义而富且贵，于我如浮云。"[85] 在这里，孔子明确把"乐"和"义"联系起来。为了更好地加以理解，不妨关注下《论语》另外一篇："富与贵，是人之所欲也。不以其道得之，不处也。贫与贱，是人之所恶也，不以其道得之，不去也。"[86] 显然，孔子在贫贱中感到快乐的原因在于，他由于不去回避贫贱而能坚守道德原则。程颐认为，孔子"虽疏食饮水，不能改其乐，故云'乐亦在其中矣'，非乐疏食饮水也"[87]。在二程看来，让孔子快乐的是他坚守道德原则。虽然孔子说他的乐在疏食饮水，但这并不意味着疏食饮水本身是令人快乐的事情。一个人快乐的真正源泉在于遵守道德原则。在这种特殊情况下，要想摆脱贫穷就要违背道德原则，因此要想得到真正的快乐，就要面对贫穷。一个人只要遵循道德原则，不论处境如何都能找到快乐。孟子曰："养心莫善于寡欲。"[88] 程颐在回答学生对这个观点的提问时答道："此一句浅近，不如'理义之悦我心，犹刍豢之悦我口'，最亲切有滋味。然须是体察得理义之悦我心，真个犹刍豢始得。"[89] 在说"养心莫善于寡欲"之前，孟子还说："口之于味也，有同嗜焉；耳之于声也，有同听焉；目之于色也，有同美焉。至于心，独无所同然乎？心之所同然者，何也？谓理也，义也。"[90] 这里，孟子强调儒家之乐来自道德之理所滋养的人心，而不是来自受喜好之物所影响的感官。因此，程颐评论孟子这段话时说道："然穷理亦当知用心缓急，但苦劳而不知悦处，岂能养心？"[91] 所以，重要的是不仅要按照道德原则行事，而且要在此过程中找到快乐。

除了“孔颜之乐”，二程也对孟子所讲的“乐莫大焉”情有独钟：“万物皆备于我。反身而诚，乐莫大焉。”[92]程颢作有名篇《仁说》，开篇即主张“学者须先识仁。仁者，浑然与物同体”。《仁说》释“乐莫大焉”：[93]

> 若反身未诚，则犹是二物有对，以己合彼，终未有之，又安得乐？……“必有事焉而勿正，心勿忘，勿助长”，未尝致纤毫之力，此其存之之道。若存得，便合有得。盖良知良能元不丧失……既能体之而乐，亦不患不能守也。

笔者认为，这里的“诚”接近“realization”，兼有“认识”、“实现”二义。一方面，通过自我反省，我们认识自身，或者说，认识我们自身中的性或理；另一方面，我们实现或成就自性。因为在程子看来，我们自身的性或理等同于万物的性或理，成己就是成物。相反，程颢指出，“不诚则逆于物而不顺也”[94]。在他看来，孟子正是在此意义上说“反身而诚，乐莫大焉”的。程颐也是这样的看法。有人问他，如何理解“尽人道谓之仁，尽天道谓之圣”，他回答说：“安有知人道而不知天道者乎？道一也，岂人道自是人道，天道自是天道？”进而证之以《中庸》：“尽己之性，则能尽人之性；能尽人之性，则能尽物之性；能尽物之性，则可以赞天地之化育。”[95]

重要的是要看到，作为儒家修养最高目标的乐，如何与我们通常意义上的乐既相似又有所不同；换言之，萨克斯认为柏拉图在回答“为什么要有道德”这一问题时犯了不相关谬误，那么，“乐”这一新儒家答案是否也犯了同样的谬误。一方面，儒家的“乐”是什么意思？对二程而言，首先，“乐”指的是不忧不疑的状态。程颐曾说：“为人处世间，得见事无可疑处，多少快活。”[96]因此，他一再赞赏隋代名儒王通（584—617）的一句话：“天下皆忧，吾独得不忧；天下皆疑，吾独得不疑。”[97]在程子看来，快乐的人是达到不忧不疑境界的人。其次，乐意味着率性而动，不假人为。我们应在义理中找到乐，但程子说：“今志于义理而心不安乐者，何也？此则正是剩一个助之长。虽则心操之则存，舍之则亡，然而持之太甚，便是必有事焉而正之也。”[98]换言之，如果你需要付出特别的努力去做某事，你不会感到快乐。只有自然和自发的行为才能让你感到快乐。前一种情形就像是你用木棒去捡东西，你不免要感到不自然，而后一种情形就像是你用自己的手去捡东西，没有什么不舒服。[99]正是从这个意义上说，在儒学中“乐”（快乐）与“乐”（音乐）紧密联系在一起。《论语》中，孔子说一个人的道德是“兴于诗，立于礼，成于乐”[100]。在诗、礼与乐中，孔子把乐放在最高的位置。程子解释说：“‘兴于《诗》，立于礼’，自然见有著力处；至‘成于乐’，自然见无所用力。”[101]无所用力，是因为音乐带给我们快乐。孟子说得很清楚：“乐之实，乐斯二者[仁与义]，乐则生矣。生则恶可已也，恶可已，则不知足之蹈之，手之舞之。”[102]程颢把《论语》8.8 和《孟子》这段话联系起来。他在解释了兴于诗、立于礼之后指出：[103]

乐者所以成德，乐则生矣，生则恶可已也？恶可已，则不知手之舞之，足之蹈之也。若夫乐则安，安则久，久则天，天则神，天则不言而信，神则不怒而威。至于如此，则又非手舞足蹈之事也。

显然，儒家所讲的乐与我们通常所讲的乐并无二致：毫不犹豫、不受阻碍、自然而然地做事。

但另一方面，在什么使人快乐这一点上，儒家显然与常人迥然不同。正是在此意义上，程颐说，“今世之人，乐其所不当乐，不乐其所当乐；慕其所不当慕，不慕其所当慕；皆由不思轻重之分也”[104]。通常，财富给人带来快乐，贫穷给人带来痛苦。然而，尽管儒家不否认财富是快乐的源泉，但一个人快乐不能来自不道德的行动；相反，道德行动是快乐的主要源泉，而这种快乐不应受到贫富的影响。事实上，道德行动往往需要人忍受某种肉体的痛苦，甚至牺牲生命。程颐曾说到农夫真正具有恶虎危害的知识，他进而说：[105]

须是有“见不善如探汤”之心，则自然别……得之于心，是谓有德，不待勉强，然学者则需勉强。古人有捐躯殒命者，若不实见得，则乌能如此？须是实见得生不重于义。

诚然，贫穷与舍身并不是带来快乐之事。它们给人痛苦，在这一点上，儒家所讲的圣人与常人无异。然而，如果只有违背道德原则才能避免贫穷与牺牲的话，那么，对儒家圣人而言，避免贫穷和牺牲将更加痛苦。相反，如果一个人必须忍受贫穷与牺牲才能遵守道德原则，他会在忍受贫穷与牺牲中感到快乐。在此意义上，儒家的乐与通常的乐极为不同。这里的根本之点，诚如麦克道威尔（John McDowell）所言："任何回报，如果无视卓越要求，无论其多么可取……都不能算作真正的益处；相反，卓越生活所必需的牺牲，无论由此错过什么……都不能算作真正的损失。"[106]在这里，麦克道威尔强调"处境"，在不同的处境下，这些益处或损失可能是真实的益处或损失。例如，"在通常处境下，挨饿是真正的损失；但是，如果避免挨饿有损于美德，那么，挨饿就不是真正的损失"[107]。

第五节　乐与知

"我为什么要有道德?"对二程而言，有道德带给一个人的快乐。然而，对于那些提出这一问题的人来说，这显然不是一个恰当的回答。虽然儒家圣人或君子可以在履行道德行动中找到快乐，但也许并非所有人都是如此。大多数人在履行道德行动中没有或不能找到快乐。如果这样，（新）儒家的回答是否也存在着波斯特玛认为休谟的回答所存在的类似问题：听起来难以置信的清高，对那些缺乏道德动机的人来说它不会起作用，因为他们缺乏道德动机，而这正是因为他们在道德中找不到快乐。这里，我们必须弄清，为什么有些人不能在道德中找到快乐。从上一节最后一段引文中可以看到，对程颐来说，一个人在道德行动中感到痛苦而非快乐，是因为他没有真知。因为没有真知，他在履行道德行动时(如果一个人还是能够履行这样的道德行为的话)必然感到勉强。因此,“学者须是真知,才知得是,便泰然行将去也”[108]。第三章将专门讨论二程特别是程颐的道德知识观,本节只关注他们对以下二者关系的看法:一是使我们采取行动的真知,二是这些行动带给我们的快乐。

在分析“我为什么要有道德”这个问题时,我们曾假定,提出这个问题的人不仅知道什么是道德,而且知道他们应该有道德。他们只是缺乏道德的动机。因此,表面看来,知识似乎并不具有二程所认为的促使人有道德的力量。但在程子看来,那些人所有的知识只是常知、浅知,或闻见之知,而道德行动所需要的知识是真知、深知,或德性之知。要得到常知,只需要运用心的知性功能;而要得到德性之知,则需要依赖心的情感功能。

在二程看来,一个人一旦掌握了真知,就自然会履行道德行动。程颐在评论《孟子》著名的一段话时指出[109],“得之于心,谓之有德,自然‘睟然见于面,盎于背,施于四体,四体不言而喻’,岂待勉强也”[110]。当然,程子并不是说获得德性之知以前不能履行道德行动,或是不能避免不道德行动,关键是能否在道德中或是在避免不道德中找到快乐。没有德性之知,一个人仍然可以通过遵守一些外在的礼仪或法则来履行道德行动或避免不道德行动。因为他们从内心并不情愿这样做,他们在其中找不到快乐;相反,他们可能会感到痛苦。因此,程颐指出,“学者固当勉强,然不致知,怎生行得?勉强行者,安能持久?除非烛理明,自然乐循理”[111]。在二程看来,没有真知,一个人的行为好像是用圣人的教导作为外在的尺度。这样在某种程度上人们被迫去行动，因此在道德行为中也就感受不到快乐。所以，当问及是否能依据礼在君臣、父子、夫妇、兄弟和朋友的角色中找到快乐时，程颐回答道："此固是。然怎生地乐？勉强乐不得，须是知得了，方能乐得。故人力行，先须要知。"[112]

为了更好地理解道德中知与乐的关系，我们看一下程子根据所拥有的知识深度，对常人、君子和圣人所作的区分：[113]

> 为常人言才知得非礼不可为，须用勉强，至于知穿窬不可为，则不待勉强，是知亦有深浅也。古人言乐循理之谓君子，若勉强，只是知循理，非是乐也。才到乐时，便是循理为乐，不循理为不乐，何苦而不循理，自不须勉强也。若夫圣人不免而中，不思而得，此又上一等事。

在这里，程子描述的第一类是常人。虽然他们无须特别努力就做得到不去偷盗（或许甚至能因不偷盗而得到快乐），但在遵循礼仪规则方面还是犹豫勉强的。换言之，虽然他们遵循这些礼仪，但他们感到这样做很痛苦；他们希望能做违背礼仪之事，即使他们实际上并没有这样做。从康德哲学角度来看，这些人可以说是典型的遵守道德的人，因为他们能够克服自己内心的意愿去遵守道德原则。然而，对程颐来说，这表明他们的知识是浅知：他们也许从圣人那里知道应该遵守道德原则，但是并不知道为何应该遵守，也不知道遵守原则有何益处。第二类是君子。他们不仅能在遵守道德原则中找到快乐，而且违反原则时会感到痛苦。因此他们毫不犹豫地遵循道德原则。这表明他们的知识是深知：他们不仅知道应该遵守道德原则，而且知道为何应该如此，以及这样做有何益处。第三类是圣人。圣人当然不会做任何违反礼仪之事，而且不论做什么都感到快乐。然而，严格来说，圣人不是**遵守**道德原则。正是在这个意义上，程颐强调了孟子对“行仁义”与“由仁义行”所作的区分。[114]在前者，仁与义仍是人所努力实践的外在原则；然而，在后者，仁与义是内在于主体的。孟子说，“大而化之为圣”[115]。在程颐看来，“‘大而化之’，只是谓理与己一。其未化者，如人操尺度量物，用之尚不免有差，若至于化者，则己便是尺度，尺度便是己”[116]。在另一处，程子没有用尺度，而是用了权衡的比喻，“人无权衡，则不能知轻重。圣人则不以权衡而知轻重矣，圣人则是权衡也”[117]。程颐之所以声称圣人是尺度与权衡，是因为对他来说，“圣人与理为一”[118]。

至此，我们从二程那里学到了什么？如果有必要的知识，就能在道德行为中找到快乐。当然，对那些问“我为什么要有道德”这一问题的人来说，这还不够充分。从内在体验获得道德知识的人会在道德中感到快乐，而在不道德中感到痛苦，这是真实的。当然，这样的人应该是道德的。然而，由于我没有这样的知识，因此会在道德中感到痛苦，而在不道德中感到快乐。这样，“我为什么要有道德”这个问题似乎还是没有得到回答：让有德性之知的人不道德是荒谬的，与此相同，让缺乏这种知识的人道德也是荒谬的。

在此，对二程来说，推动人们去履行道德行为的知识，与科学、历史知识不同。这一点很重要。在某种意义上，一个人获得道德知识比获得科学知识更加困难，因为前者需要心智功能与情感功能二者，而后者只需心智功能。然而，与此同时，获得道德知识比获得科学知识容易，因为并非人人都具有与生俱来的掌握科学知识的能力，而人人都具有与生俱来的获得道德知识的能力。因此，虽然并非人人都可以成为像爱因斯坦（Albert Einstein，1879—1955）那样的大科学家，但二程认为，人皆可以成圣。在他们看来，在获得道德知识的能力上，君子与小人并无区别：[119]

> 唯君子为能体而用之。不能体而用之者，皆自弃也。故孟子曰："苟能充之，足以保四海；苟不充之，不足以事父母。"夫充与不充，皆在我而已。

换言之，君子与小人的区别仅仅在于，前者通过内心来努力获得道德知识，而后者则不做这种努力。而且，存在这一区别并不是因为君子有这种天赋而小人则没有，原因只在于小人放弃了自己的天赋。因此，程颐这样解释为什么会有不可化之人：[120]

> 人苟以善自治，则无不可移者，虽昏愚之至，皆可渐磨而进也。唯自暴者，拒之以不信；自弃者，绝之以不为；虽圣人与居，不能化而入也，仲尼之所谓下愚也。

在程子看来，自暴与自弃是道德修养中的两大劲敌。对二程而言，一个人只要有必要的道德知识，就能在道德行为中找到快乐。不仅如此，只要愿意努力，人人都可以拥有这种道德知识。

在我们对二程的儒学回答作进一步的探讨之前，有必要反思一下可能存在的康德的反对意见。二程对这个问题的回答是，行道德是我们与生俱来的天性，满足这种天性就可以带来快乐。我们知道，在康德看来，行动的道德价值不能建基于人的自然倾向，因为人与生俱来的自然倾向只是偶然的自然事件；就道德价值而言，像同情心这样的性情跟其他性情，如嫉妒，并没有不同。然而，在笔者看来，二程的回答可以避免这一问题。一方面，二程像孟子那样主张人性善，也就是说，人人天生具有道德心。因此，向善的倾向并非偶然。另一方面，正如孟子一样，二程也认为人的向善倾向可能会被私欲遮蔽。这就是为什么他们极为强调要努力去获得真知，真知将帮助我们充分发展自己的天性，或是恢复丢失的天性。严格说来，君子所依循的天性并非与生俱来的天性（我们对这个天性缺乏自我意识），而是君子用真知来修养的天性（自己能意识到这个天性），即使这个通过修养获得的天性和与生俱来的天性在内容上并没有质上的差异。这种获取道德知识与修养自然天性的努力显然既不是偶然的，也不是与道德无关的。

第六节　成德与成人

让我们回顾一下上述讨论的成果。关于“为什么要有道德”这一问题，二程告诉我们，行道德是快乐的；有些人在道德行动中没有找到或找不到快乐，原因在于他们没有必要的知识；他们之所以没有必要的知识，不是因为他们不够聪明，而是因为他们放弃了自己，不愿努力去学。这一回答是否足够推动那些提出“为什么要有道德”这一问题的人去讲道德呢？在一种意义上，答案是肯定的：努力获取道德知识当然是合理的，这种知识在每个人的能力范围之内，它是行道德的必要条件；行道德是完全合理的，因为这样做是件乐事。然而，在另一种意义上，答案又是否定的。提出这一问题的人会说：是的，通过道德修养，我能在道德中感到快乐；然而，我不需要经过道德修养就能在不道德中感到快乐。所以问题仍然存在：“我为什么要有道德？”换言之，如果我能在财富、名誉和别的非道德欲望中找到快乐，我为什么要去寻找道德中的快乐呢？

儒学不主张禁欲，不反对人们去寻求非道德之事中的快乐。我们看到，孔子说：“富与贵，是人之所欲也。”[121]孟子也说，生，人之所欲，它是好的；死，人之所恶，它是恶的。[122]一个人在求生避死这样的事情上寻求快乐是没有问题的，只要他没有因此违背道德原则。《论语》公西华侍坐章是名篇。孔子问学生有什么样的抱负。有学生说，要治理一个受到侵略的大国，让老百姓有勇而知方；有学生说，要治理一个小国，让老百姓丰衣足食；又有学生说，要做服务于宗庙祭祀与君主聚会的小相。这些人说完之后，还在鼓瑟的曾点表达了自己的志向：“莫春者，春服既成，冠者五六人，童子六七人，浴乎沂，风乎舞雩，咏而归。”听完之后，孔子说了一句多少有些令人吃惊的话：“吾与点也。”[123]后世儒者对孔子的“吾与点也”津津乐道。程颢也告诉我们：“某自再见茂叔后，吟风弄月以归，有‘吾与点也’之意。”[124]只有在下述情形中，问题才会出现：在非道德之事中寻求快乐导致违背道德原则，或是在道德之事中寻求快乐破坏了对非道德之事的欲求。我们知道，在这些情形中，儒家明确称颂道德中的快乐，而不是非道德中的快乐。[125]程子也说：“于义理无害，虽贫亦乐，有害则慊慊，不乐。”[126]利己主义者可能会问：如果寻求快乐是合理的，那么，当道德的快乐与其他快乐发生冲突时，我们为什么应该追随孔孟选择道德的快乐而非其他快乐？

二程对这一问题的新儒家回答简单得令人吃惊：道德是人之为人的特性。程颐说：“君子所以异于禽兽者，以有仁义之性也。苟纵其心而不知反，则亦禽兽而已。”[127]这一观点无疑合乎孟子：“无恻隐之心非人也，无羞恶之心非人也，无辞让之心非人也，无是非之心非人也。”[128]孟子还说：“人之所以异于禽兽者几希，庶民去之，君子存之。”[129]有学生问孟子是否认为君子与庶人之别就在于放弃还是保存人禽之间那么一点点区别，程颐肯定地回答道：“固是。人只有个天理，却不能存得，更做甚人也？泰山孙明复有诗云：‘人亦天地一物耳，饥食渴饮无休时。若非道义充其腹，何异鸟兽安须眉？’”[130]紧接着，学生问到唐代大儒韩愈的以下评论：即使有人形如蛇，首如牛，口如鸟喙，而心则不同于禽兽，如何能把他当作非人？另一方面，即使有人面色红润，貌似人，而心则禽兽，如何能把他看作人呢？虽然程颐说他记不清原文了，但他承认，“人只要存一个天理”[131]；而天理“小失则入于夷狄，大失则入于禽兽”[132]。在二程看来，“圣人初恐人入于禽兽也，故于《春秋》之法极谨严”[133]。

因为你是人！此为二程对“我为什么要有道德”这个问题的最终回答。人寻求快乐是合理的。的确，可以通过遵循道德原则得到快乐，也可以通过做不道德的事得到快乐。但是，因为人之为人的特质在于道德心，人在本质上是道德的存在，人应该在道德中寻找快乐。[134]

由此我们可以把儒家的回答与亚里士多德的回答进行一个富有成效的比较。二程与亚氏的观点惊人地相似。首先，同二程一样，亚氏认为我们不能把人的幸福与单纯的快感相等同，因为这不能把人与动物区分开来。[135]幸福作为人生的最高目标是“合乎德性的灵魂的活动”[136]。在他看来，“不管人们对儿童所感兴趣的东西多么感兴趣，谁也不愿使自己的理解力一生都保持在儿童的水平；即使人们也许不会因做不光彩的事而感到痛苦，谁也不愿做这样的事情”[137]。

其次，与二程一样，亚里士多德也不是禁欲主义者，并不认为快乐是件坏事。快乐作为一种不受阻碍的活动，对幸福生活是必要的：[138]

> 即使某些快乐是坏的，但这并不表明，至善就不能是某种快乐……而且如果[人的]每种自然取向得以实现的活动都不受阻碍，那么不管快乐指的是无拘无束地实现所有这些自然取向的活动，还是指这样去实现其中某些自然取向的活动，

快乐必然是最好的选择，而快乐就是这种无拘无束的活动。即使多数快乐，如果不是在特定的意义上说，都是坏的，至善还是某种快乐。这就是为什么所有的人都承认，幸福就是快乐的生活，而且很有道理地把快乐编织到幸福中去；因为受到拘束的活动都不是完满的，而幸福是完满的。

按照亚里士多德的观点，幸福作为人类生活的至善，与纯洁、持久的快乐密不可分。[139]重要的是要认识到，每一种动物，比如马、狗、人，都有与其正当活动相一致的正当快乐。因为人类生活的至善是幸福，而幸福是与美德相一致的灵魂的活动，适合人类的纯粹快乐一定与美德活动相关联。因此，就像二程一样，亚里士多德认为美德行动对有德之人是快乐的，“马使爱马的人快乐，戏剧使爱戏剧的人快乐，同样公正使爱公正的人快乐。一般说来，合乎德性的行为，使爱德性的人快乐”[140]。

再次，也与二程一样，亚里士多德说，这样的美德行动不仅对有德之人来说是快乐的，而且它们本身就是令人快乐的：[141]

对许多人来说，他们的快乐是相互冲突的，那是因为它们不是在本性上令人快乐的东西。只有那些对爱好崇高事物的人来说的快乐，才是本性上令人快乐的东西。这就是永远合乎德性的行动。所以美德行动不仅对这些人[爱好崇高事物的人]来说是令人快乐的事情，而且它们在本性上是令人快乐的事情……不能在崇高的行为中找到快乐的人，甚至不能称为善良；因为一个不能在公正行动中找到快乐的人不能称为公正，一个不能在慷慨行动中找到快乐的人，不能称为慷慨，其他方面亦复如此。这样说来，美德行动就是本身令人快乐的事情。

换言之，对亚里士多德而言，因为美德行为本身既是令人快乐的，它们就不仅对道德的人来说是快乐的，而且对所有的人来说也应该是快乐的。[142]

最后，同二程一样，在亚里士多德看来，感到行恶事快乐而行善事痛苦的人与禽兽趣味相同，因而与禽兽无异。正是由于这个原因，亚里士多德说："从小就培养承担起对所应做之事的快乐和痛苦。这才是正确的教育。"[143]良善之人既在应该愉悦的事中感到愉悦，又在应该痛苦的事中感到痛苦。在他看来，这样的人"总是为了朋友，为了祖国而尽心尽力，必要时甚至不惜自己的生命。他鄙弃金钱、荣誉，总之那些人们竞相争夺的好东西，为自己他只求得高尚。一个短时的极大快乐胜过多日的温吞享受，一年的高尚生活胜于多年的平庸时光，一次高尚伟大的行动胜于多次琐碎活动"[144]。

至此，我们看到，亚里士多德的观点与二程的儒学观点非常相似。一个人可能在善事或恶事中寻找快乐，但是，他应该在善事中寻找快乐，因为与美德相一致的灵魂的活动是人之为人的独特标志。[145]然而，亚里士多德补充道，"如若幸福就是合乎美德的活动，那么，就很有理由说它应该是合乎最高美德的活动，这就是我们所拥有的最好的东西……合乎严格意义上美德的活动就是完满的幸福。它就是我们所说的沉思活动”[146]。在亚里士多德看来，人类所特有的理性灵魂具有实践部分与理论部分，每部分有各自的德性：伦理德性与理智德性。在此他清楚地指出，与沉思活动相关的理智德性是最高的："理性的活动，即沉思，无论是就其自身价值而言，还是就其没有比自身更高的目的而言，都具有至高的地位，而且它有着合乎自身的快乐……结论就是，这就是人完满的幸福。"[147]亚里士多德解释说：[148]

> 首先，这种活动最好（因为不仅理性是我们拥有的最好的东西，而且理性的对象也是我们所可知的对象中最好的东西）；其次，它持续得最久，因为我们对真理的思辨可以比从事任何行为持续更久。我们认为幸福伴随着快乐，而德性活动中的最大快乐公认为是哲学智慧的活动。所以，在任何情形下，对哲学智慧的追求，以其纯洁和持久，具有惊人的快乐。有理由认为，认知的人比探索的人更为快乐。这里所说的自足，最主要须归于沉思活动。……公正的人还需要其公正行为的承受者和协同者。节制的人和勇敢的人以及其他的人，也都是如此。而哲学家，即使是在独自一人时，也能够进行沉思，而且越是能够独自思考，他的智慧就越高。

由于这三个原因，最好，最持久，以及最自足，亚里士多德认为遵循理性的生活是最幸福的。与之相比，"合乎其他美德的活动是第二位的，因为合乎这种美德的活动与我们人类的状况相适合。公正、勇敢以及其他美德行为，都涉及我们之间的相互关系。他们要求我们，在契约方面，在服务与各种行动方面，甚至在情感方面，都严格履行各自的义务。这一切似乎都是人所特有的”[149]。

对于如何解释亚里士多德道德美德与理智美德的关系，学者们的看法并不一致。克劳特采取了单一论的解释。按照他的观点，哲学沉思是幸福生活的唯一目标；任何别的东西，只有有益于沉思才是善的和值得选择的。[150]与之相反，欧文（Terence Irwin）与阿克里尔（J. L. Ackrill）采取了包容论，主张人类生活的最高目标包含了一系列善物，其中有哲学沉思与美德行动。[151]李尔（Gabriel Richardson Lear）对这两种观点持批评态度。他说单一论不能解释亚里士多德的以下主张，即一个人应当为了道德上的美德行动本身之故（除为了沉思之外）选择美德行动；而包容论不能解释亚里士多德所说的沉思是至善。李尔提出了一种近似论的解释取代两者：道德行动因哲学沉思的缘故是值得选择的，因为前者在目的论的意义上接近或者类似后者。[152]

笔者无意加入这一争论。但依笔者之见，不论采取何种解释，我们都不能忽略以下事实：亚里士多德本人清楚地说过，哲学沉思是人类生活的最高目标，而道德上的美德行动只具有次要地位。换言之，虽然道德上的美德行动确实也是人类独有的（所以，应因道德美德行为本身的缘故履行道德行为），但最能体现人的独特功能的是哲学沉思。作为对“我为什么要有道德”的回应，这种观点存在双重困难（当然，亚里士多德在提出其美德理论时心里并不考虑这个问题)。一方面,为了成为真正的人,人真正需要去做的是哲学沉思,而不是美德(道德)行为;而且因为哲学沉思是最自足的,一个人似乎不做德行也能进行哲学沉思:哲学家越是能够在不做德行与其他行为时进行哲学沉思,就越有智慧。[153]诚然,亚里士多德承认哲学家"如果有同伴也许能做得更好些"[154],而这可以这样解释:如果人们具有美德地与同僚相处,人们就会把哲学做得更好。然而,亚里士多德也清楚地说过,美德行为并不是悠闲的,而哲学沉思则依赖于闲暇。这可以解释成:美德活动甚至有害于哲学沉思。如果是这样,亚里士多德对"为什么要有道德"的问题就不能给我们提供一个合适的答案:如果我不使自己区别于别的动物,那么我可以寻求身体上的快乐,因而不必讲道德;如果我想要成为真正的人,我需要有闲暇以进行哲学沉思,因而不必讲道德(或甚至不能讲道德,因为讲道德会使我无法悠闲)。[155]另一方面,即使我们能忽略哲学沉思与美德行动之间的潜在紧张,亚里士多德关于人的幸福的观点似乎遇到了与柏拉图观点同样的困难:尽管亚里士多德强调人的幸福一定是所有的人都可以达到的,让所有的人都在亚里士多德所讲的意义上得到幸福显然是不可能的,或至少是不现实的:有多少人有智力去做亚里士多德的哲学沉思?即使人人都有所需的能力,多少人有进行哲学沉思所必需的闲暇?

恰恰是在这里,我们可以看到二程新儒家进路的优势,它可以避免亚里士多德进路的双重困难。我们看到,在二程对这个问题所提供的儒家答案中,人在本质上是道德的存在,而非知性的存在。换言之，人之为人的特性是道德。为了成为真正的人，必须成为有道德的人。同时，虽然他们承认不同的人所被赋予的智力能力与其他能力可能各不相同，但不同的人所被赋予的道德能力是相同的。[156]具有较高智力的有道德的人，与智力较低的有道德的人相比，当然能做更多的道德之事。然而，前者并不比后者更道德。他们是同样的真正的人。与此类似，智力高的不道德的人，与智力低的不道德的人相比，能做更多的不道德之事。然而，前者并不比后者更邪恶：他们都如禽兽。不道德的人可能比道德的人智力更高，他做的不道德之事会多过道德之人所做的道德之事。然而，正是因为此人不道德，他/她就不是真正的人，道德的人则是真正的人。

第七节　结　　语

上文中，笔者说明了“我为什么要有道德”是个有关道德动机的问题，并考察了二程关于这一问题所作的新儒家回答。笔者试图表明，二程的回答高出了包括柏拉图、亚里士多德、霍布斯、休谟和康德在内的最有代表性的西方哲学家所提供的答案。根据二程的观点，人应该有道德的动力，因为履行道德行动是一种快乐。有时，人们履行道德行动时不是感到快乐而是感到痛苦，或是履行不道德的行动时不感到痛苦反而感到快乐，这是因为人们缺乏必要的道德真知。然而，这种真知与先进的科学知识或抽象的哲学知识不同，因为后者超出了许多人的智力能力，而道德真知是每一个普通人都可以得到的，只要你努力去学，也就是说用心体验。二程认为，人们应该努力学习这种知识，从而寻求道德行动中的快乐，而不是寻求不道德行动中的快乐，这是因为道德是人之为人的鲜明标志。正是在此，二程的新儒家进路变得尤为独特，因为在西方，人与动物的区别常常是在理性方面。二程对这个问题的回答确实看起来好像是利己主义的，因为道德动机的概念仍然建立在个人利益上：寻求个人自己的快乐。下一章，笔者将在当代美德伦理讨论的背景下，探讨二程伦理学如何证明自己不是利己主义伦理学。

注释

① 范因根（John van Ingen）对唯我利己主义（personal egoist）、普遍利己主义（universal egoist）及个人利己主义（individual egoist）作了有用的区分。他认为，我们这里所讨论的问题是由唯我利己主义者提出的，"① 普遍利己主义者认为，当自己的利益与他人的利益相冲突时，人人应该追求自己的利益而不顾他人利益；② 个人利己主义者认为，人人都应该追求（个人利己主义者）自我的利益；③ 唯我利己主义者则认为，我（唯我利己主义者）应该只追求我自己的利益，他人的利益仅仅在以下意义上具有工具价值，即帮助我追求我自己的价值"。参见 John van. Ingen, *Why Be Moral? The Egoistic Challenge*（New York: Peter Lang, 1994）, p. 39.

② 除了"谁"应该有道德这个问题之外，拜尔斯（Michael D. Bayles）还指出了"为什么要有道德"的其他复杂情况：什么是有道德（比如，采取道德行动还是成为一个道德的人），"道德"是什么意思，等等。参见 Michael D. Bayles, "The Complexity of 'Why Be Moral?'" *The Personalist* 54 (1973), pp. 309 - 317.

③ Plato, *Republic*, in Edith Hamilton and Huntington Cairns (eds.), *The Collected Dialogues of Plato* (Princeton: Princeton University Press, 1963), 361a - b.

④ 同上书，361c.

⑤ 同上书，365b.

⑥ Thomas Hobbes, *Leviathan*, ed. by J. C. A. Gaskin (New York: Oxford University Press, 1998), 15.4.

⑦ 同上。

⑧ 参见 Jason Baldwin, "Hume's Knave and the Interest of Justice," *Journal of History of Philosophy* 42 (2004), pp. 277-296.

⑨ David Hume, *An Inquiry Concerning the Principles of Morals* (New York: Liberal Arts, 1957), pp. 92-93.

⑩ 同上书，第 91 页。

⑪ 同上书，第 102 页。

⑫ 同上书，第 100 页。

⑬ David Hume, *A Treatise of Human Nature*, ed. by L. A. Selby-Bigge (Oxford: Oxford University Press, 1978), p. 480.

⑭ David Hume, *An Inquiry Concerning the Principles of Morals*, p. 121.

⑮ 同上书，第 121 页。

⑯ 同上书，第 102 页。

⑰ 同上书，第 121 页。

⑱ Stephen Toulmin, *An Examination of the Place of Reason in Ethics* (Cambridge: Cambridge University Press, 1964), p. 160.

⑲ 同上书，第 162 页。

⑳ 同上书，第 162 页。

㉑ 戴维斯(W. H. Davis)的观点与此类似。他认为，对这个问题不存在非道德的答案："在很重要的意义上，道德意识携带着它自身的权威与合理性。为了回答'为什么要有道德'，我们可以直接说：'因为你**知道**你应当这样做。'我们当然知道应当去做看起来正当的事，这是不容置疑的。道德责任感本身包含了遵守责任的合理性、权威性及理由，它们都是'责任'的题中应有之义。"参见 W. H. Davis, "Why Be Moral?" *Philosophical Inquiry: International Quarterly* 13 (1991), p. 8；亦参见第 19 页。

㉒ F. H. Bradley, *Ethical Studies* (Oxford: Oxford University, 1935), pp. 61-62. 事实上，布拉德雷确实找到了一个目的，即自我实现："'作为无限的整体来实现你自己'，这句话意味着，'通过在你自身中实现那个整体，把自己实现为无限整体中具有自我意识的一员'。如果那个整体真正无限，当你的个人意志完全与之合一，你也就在这之中达到了同质性与独特性的极致，达到了

完美的自我实现。”参见 F. H. Bradley, *Ethical Studies*, p. 80. 然而，布拉德雷并不认为自我实现是道德的目的。在他看来，作为最终目的的自我实现是“道德与之同一的某种东西，或者说是将道德涵摄其中的某种东西”。参见 F. H. Bradley, *Ethical Studies*, p. 81. 关于“为什么要有道德”这个问题的荒谬性，斯坎隆(Thomas Scanlon)也认为：“试图回答‘为什么要有道德’这个问题面临严重的困境。任何看起来像是认真对待道德的道德理由的东西，都是不能令人满意的，因为它们似乎预设了道德的合理性是受到质疑的。另一方面，大多数答案显然是非道德的，它们也不能令人满意。尤其是，任何证明道德是为了个人私利的企图将面临双重负担。首先，它们提出了一个显然不可信的主张，因为在自利和道德要求之间存在明显的冲突。其次，如果它们是成功的，那么，它们似乎提供了一种错误的道德理由。一个人之所以接受道德，是因为在他看来这样做可以带来自利，那么，在我们看来，这样的人与其说是具有美德，倒不如说是善行权宜之计。”参见 T. M. Scanlon, “Self-Anchored Morality,” in J. B. Schneewind (ed.), *Reason, Ethics, and Society* (Chicago & La Salle, Illinois: Open Court, 1996), p. 197.

㉓ Kai Nielsen, *Why Be Moral* (Buffalo: Prometheus Books, 1989), pp. 286 - 287.

㉔ Bill Shaw & John Corvino, “Hosmer and the ‘Why Be Moral?’ Question,” *Business Ethics* 6 (1996), p. 374.

㉕ David Copp, “The Ring of Gyges: Overridingness and the Unity of Reason,” *Social Philosophy and Policy* 14 (1997), p. 86.

㉖ Plato, *Republic*, 436a.

㉗ 同上书，439d.

㉘ 同上书，440b.

㉙ 同上书，441e.

㉚ 同上书，581d.

㉛ 同上书，581d.

㉜ 同上书，581e.

㉝ 同上书，589a - b.

㉞ 同上书，589d - e.

㉟ 同上书，442d - 443b.

㊱ David Sachs, “A Fallacy in Plato’s Republic,” *The Philosophical Review* 72 (1963), pp. 12 - 153.

㊲ 同上文，第 153 页。梅尔登持相同的看法：柏拉图认为“一个人在做了非公正的事之后不可能逃脱。他可能会逃离通常的社会惩罚，但他不可能逃脱灵魂必须担当的代价。但是，除非人们关心彼此的需求与满足，否则，就不会有灵魂所应得的痛苦。盖奇对道德漠不关心，他完全不关心他人的福祉，除非他自己的福祉受到影响。为什么盖奇不能因为灵魂的另一种和谐而沾沾自喜呢？这种和谐也得自于对欲望的控制，但控制这种欲望的，[不是理性，而是]**他的**将来，而对他人的命运他还是漠不关心”。参见 A. I. Melden，“Why Be Moral?” *The Journal of Philosophy* 45（1948），p. 451.

㊳ 参见 Gregory Vlastos，“Justice and Happiness in the *Republic*，” in his *Platonic Studies*（Princeton：Princeton University Press，1981）. Timothy A. Mahoney，“Do Plato's Philosopher-Rulers Sacrifice Self-Interest to Justice?” *Phronesis* 37，3（1992），pp. 265 - 282. Norman O. Dahl，“Plato's Defense of Justice，” *Philosophy and Phenomenological Research* 51（1991），pp. 809 - 834. Raphael Demos，“A Fallacy in Plato's Republic?” *The Philosophical Review* 73（1964），pp. 395 - 398.

㊴ Plato，*Republic*，442e - 443a.

㊵ 同上书，443b.

㊶ 当然，正如弗拉斯托斯所说，“在柏拉图那里，人的所作所为只不过是他之所是的‘影像’；他的‘外在’行为只不过是他的‘内在’生活的显现，他的‘内在’生活也就是灵魂才是‘真正的’人的生活。因此，当他问自己正义真正何在时，他感到必须去看一个人的内心即他的灵魂是怎么运行的”。参见 Gregory Vlastos，“Justice and Happiness in the *Republic*，” p. 126.

㊷ Plato，*Republic*，591B.

㊸ Richard Kraut，“The Defense of Justice in Plato's Republic，” in Richard Kraut（ed.），*The Cambridge Companion to Plato*（Cambridge：Cambridge University Press，1992），p. 329.

㊹ 同上书，第 317 页。

㊺ 同上书，第 332 页。

㊻ Gregory Vlastos，“Justice and Happiness in the *Republic*，” p. 138.

㊼ Plato，*Republic*，491a - b.

㊽ 同上书，494a.

㊾ 同上书，496b.

㊿ Thomas Hobbes，*Leviathan*，15.4.

㊿ 同上书,15.1.

(52) 参见 John Rawls, *Political Liberalism* (New York: Columbia University Press, 1996), pp. 48 - 54.

(53) 参见 Rosamond Rhodes, "Hobbes's Unreasonable Fool," *The Southern Journal of Philosophy* 30 (1992), pp. 93 - 102.

(54) Thomas Hobbes, *Leviathan*, 15.5.

(55) 参见 Bernard Boxill, "How Injustice Pays," *Philosophy and Public Affairs* 9 (1980), pp. 359 - 371.

(56) Thomas Hobbes, *Leviathan*, 15.5.

(57) 同上书,15.5.

(58) 同上书,27.16.

(59) David Hume, *An Inquiry Concerning the Principles of Morals*, pp. 102 - 103.

(60) 同上书,第 103 页。

(61) 波斯特玛的以下观点不无道理:休谟在此"似乎把假设当成了论据。因为,融于社会似乎取决于人们愿意信任某一人,而这只取决于此人遵循正义的**外表**而非**实在**。无赖可能会同意,欺诈并非人人都做得到,因为它需要特殊的狡诈与技巧"。参见 Gerald J. Postema, "Hume's Reply to the Sensible Knave," *History of Philosophical Quarterly* 5 (1988), p. 35.

(62) David Hume, *An Inquiry Concerning the Principles of Morals*, p. 103.

(63) 同上书,第 103 页。高希尔(David Gauthier)赞同休谟此说:"真正聪明的无赖仍然搞错了他的真正利益。因为,作为一个无赖,他使得自己不合于社会——他会被社会提供的互利安排所排除而非接纳。"参见 David Gauthier, "Three Against Justice: The Foole, the Sensible Knave, and the Lydian Shepherd," in *Midwest Studies in Philosophy* 7 (Morris: University of Minnesota Press, 1982), p. 24.

(64) Gerald J. Postema, "Hume's Reply to the Sensible Knave," p. 34.

(65) Immanuel Kant, *Groundwork of the Metaphysics of Morals*, trans. by H. J. Paton (New York: Harper & Row), pp. 75 - 76.

(66) Immanuel Kant, *Critique of Practical Reason*, trans. by Lewis White Beck (New York: Macmillan, 1956), p. 66.

(67) 维克(Victoria S. Wike)仔细研究康德伦理学的幸福概念,认为康德允许幸福在伦理学中发挥更为积极的作用。第一,"康德清楚地把幸福等同于人类自然的和不可避免的目的。康德在作为一种自然目的的幸福概念中看到幸福的价值。它不可被否认。它不是恶”。参见 Victoria S. Wike，*Kant on Happiness in Ethics*（Albany：State University of New York Press，1994），p. 83. 第二，康德认为幸福是道德义务的手段，因而，幸福也是一种间接的道德义务。维克引述康德："保证自己的幸福是一种义务(至少在间接的意义上)；因为，在忧虑的压迫与不可满足的需要中所产生的对现状的不满，可能很容易**诱发一个人违背道德义务**。"参见上书，第 91 页。第三，"至善，作为道德目的，确实是最高的道德目的，而幸福是它题中的应有之义。因为幸福包含在至善之中，在伦理学中研究幸福的作用就必须考虑至善在伦理学中的作用"。参见上书，第 115 页。

⑱ Immanuel Kant，*Critique of Pure Reason*，trans. by Norman Kemp Smith（New York：St. Martin's Press，1965），p. 640. 肖和科尔维诺也指出，康德的至善概念是为了处理道德动机的问题："虽然行道德是因为这是正确的事，然而我们做道德之事时，却'渴望'能在来生得到报偿。这种报偿不是道德行为的理由，但它却在某种程度上使我们去关注真正的理由，即道德义务与理性。"参见 Bill Shaw & John Corvino，"Hosmer and the 'Why Be Moral?' Question，" p. 376.

⑲ Kai Nielsen，*Why Be Moral*，p. 177.

⑳ 与尼尔森不同，戴维斯试图捍卫康德的至善观念。在他看来，康德的至善必须同主观愿望区分开来。主观愿望"应该受到谴责，不是因为它是不道德的，而是因为它行不通，也不能促进人类福祉。但是，我们可以很好地说明，对善之最终获胜的信念，较之其他'现实的信念'，更能促进人类福祉"。参见 W. H. Davis，"Why Be Moral?" p. 15. 然而，对于提出"我为什么要有道德"这个问题的人，促进人类福祉当然不能成为道德的动机；否则的话，他根本就不会提出这个问题了。

㉑ A. I. Melden，"Why Be Moral?" p. 455.

㉒ David Copp，"The Ring of Gyges：Overridingness and the Unity of Reason，" pp. 86–87.

㉓ Kai Nielsen，*Why Be Moral*，p. 299.

㉔ 杨伯峻(译注)：《论语》(北京：中华书局，1980 年)，1.1。

㉕ 冯友兰：《中国哲学史新编》第 5 册(北京：人民出版社，1995 年)，第 131 页。

㉖ [宋] 程颢、程颐：《遗书》卷第十七，《二程集》(北京：中华书局，2004 年)，第 181 页。

㉗ [宋] 程颢、程颐：《粹言》卷第一，《二程集》，第 1189 页。

⑱ [宋] 程颢、程颐：《遗书》卷第一，《二程集》，第 127 页。
⑲ [宋] 程颢、程颐：《遗书》卷第二上，《二程集》，第 16 页。
⑳ 杨伯峻(译注)：《论语》，6.11。
㉑ [宋] 程颢、程颐：《经说》卷第六，《二程集》，第 1141 页。
㉒ [宋] 程颢、程颐：《遗书》卷第六，《二程集》，第 88 页。
㉓ [宋] 程颢、程颐：《遗书》卷第十二，《二程集》，第 135 页。
㉔ [宋] 程颢、程颐：《外书》卷第一，《二程集》，第 352 页。
㉕ 杨伯峻(译注)：《论语》，7.16。
㉖ 同上书，4.5。
㉗ [宋] 程颢、程颐：《经说》卷第六，《二程集》，第 1145 页。
㉘ 杨伯峻(译注)：《孟子译注》(北京：中华书局，2008 年)，7b35。
㉙ [宋] 程颢、程颐：《外书》卷第十二，《二程集》，第 425 页。
㉚ 杨伯峻(译注)：《孟子译注》，6a7。
㉛ [宋] 程颢、程颐：《遗书》卷第三，《二程集》，第 66 页。
㉜ 杨伯峻(译注)：《孟子译注》，7a4。
㉝ [宋] 程颢、程颐：《遗书》卷第二上，《二程集》，第 17 页。
㉞ [宋] 程颢、程颐：《遗书》卷第十一，《二程集》，第 129 页。
㉟ [宋] 程颢、程颐：《遗书》卷第十八，《二程集》，第 182—183 页。
㊱ [宋] 程颢、程颐：《遗书》卷第十八，《二程集》，第 193 页。
㊲ [宋] 程颢、程颐：《遗书》卷第十八，《二程集》，第 220 页。
㊳ [宋] 程颢、程颐：《遗书》卷第二上，《二程集》，第 42 页。
㊴ 参见[宋] 程颢、程颐：《遗书》卷第二上，《二程集》，第 22 页。
⑩⓪ 杨伯峻(译注)：《论语》，8.8。
⑩① [宋] 程颢、程颐：《遗书》卷第一，《二程集》，第 5 页。
⑩② 杨伯峻(译注)：《孟子译注》，4a27。
⑩③ [宋] 程颢、程颐：《遗书》卷第十一，《二程集》，第 128 页。
⑩④ [宋] 程颢、程颐：《遗书》卷第二十五，《二程集》，第 317 页。
⑩⑤ [宋] 程颢、程颐：《遗书》卷第十五，《二程集》，第 147 页。
⑩⑥ John McDowell, *Mind*, *Value*, *and Reality* (Cambridge, MA: Harvard University Press, 1998), p. 17.
⑩⑦ 同上书，第 17 页。霍斯珀不同意这一观点。他认为，即便接受道德是幸福必要条件这一成问题的主张，道德也不是幸福的充分条件：“不论他多么道德，当他在拷问架上被折磨，或者遭受骨癌的痛苦，抑或家人落入虎口时，他不会

感到幸福。”参见 John Hosper, *Human Conduct: An Introduction to the Problems of Ethics* (Ithaca: Cornell University Press, 1961), p. 179. 我们已经看到,儒家并不认为遭受痛苦是好事。应该避免痛苦。只有当避免痛苦会违背道德原则时,才不应该去避免痛苦,而我们应该为此感到快乐。因此,贫穷甚至死亡是痛苦的,但通过违背道德原则来避免贫穷和死亡则更加痛苦。从而,一个人身陷贫穷或接受死亡都感到快乐,因为他没有违背道德原则。

⑩⑧ [宋] 程颢、程颐:《遗书》卷第十八,《二程集》,第 188 页。

⑩⑨ 杨伯峻(译注):《孟子译注》,7a21。

⑪⓪ [宋] 程颢、程颐:《遗书》卷第十五,《二程集》,第 147 页。

⑪① [宋] 程颢、程颐:《遗书》卷第十八,《二程集》,第 187—188 页。

⑪② [宋] 程颢、程颐:《遗书》卷第十八,《二程集》,第 187 页。

⑪③ [宋] 程颢、程颐:《遗书》卷第十八,《二程集》,第 186 页。

⑪④ [宋] 程颢、程颐:《遗书》卷第三,《二程集》,第 61 页;参见杨伯峻(译注):《孟子译注》,4b19。

⑪⑤ 杨伯峻(译注):《孟子译注》,7b25。

⑪⑥ [宋] 程颢、程颐:《遗书》卷第十五,《二程集》,第 156 页。

⑪⑦ [宋] 程颢、程颐:《外书》卷第六,《二程集》,第 384 页。

⑪⑧ [宋] 程颢、程颐:《遗书》卷第二十三,《二程集》,第 307 页。这三个层次与孔子所提到的知、好及乐相对应,“知之者不如好知者,好知者不如乐知者”。参见杨伯峻(译注):《论语》,16.20。在程子看来,“知”在此显然是指由见闻而知,而非由内在心性体验而得之德性之知。程颐在注此段时说,“知之者,在彼而我知之也。好之者,虽笃而未能有之。至于乐之,则为己之所有”。参见[宋] 程颢、程颐:《外书》卷第二,《二程集》,第 361 页。

⑪⑨ [宋] 程颢、程颐:《遗书》卷第二十五,《二程集》,第 321 页。

⑫⓪ [宋] 程颢、程颐:《周易程氏传》卷第四,《二程集》,第 956 页。

⑫① 杨伯峻(译注):《论语》,4.5。

⑫② 杨伯峻(译注):《孟子译注》,6a10。

⑫③ 杨伯峻(译注):《论语》,11.26。

⑫④ [宋] 程颢、程颐:《遗书》卷第三,第 59 页。

⑫⑤ 杨伯峻(译注):《论语》,4.5。

⑫⑥ [宋] 程颢、程颐:《外书》卷第三,《二程集》,第 369 页。

⑫⑦ [宋] 程颢、程颐:《遗书》卷第二十五,《二程集》,第 323 页。

⑫⑧ 杨伯峻(译注):《孟子译注》,2a6。

⑫⑨ 同上书，4b19。

⑬⓪ [宋] 程颢、程颐：《遗书》卷第十八，《二程集》，第 214—215 页。

⑬① [宋] 程颢、程颐：《遗书》卷第十八，《二程集》，第 215 页。

⑬② [宋] 程颢、程颐：《遗书》卷第十七，《二程集》，第 177 页。

⑬③ [宋] 程颢、程颐：《遗书》卷第二上，《二程集》，第 43 页。

⑬④ 在某种意义上，儒家的人禽之辨与密尔（J. S. Mill, 1806—1873）所表达的观点颇为类似。有批评说，功利主义视快乐为人类生活的最高目的，因而看不到人与动物的不同。密尔对此回应，快乐有不同的种类，"与纯粹感觉的快乐相比"，功利主义者"赋予知性的快乐、情感与想象的快乐，以及道德情感的快乐更高的价值"；因为"没有人愿意为了禽兽所能得到的最大快乐而变成低等的动物；没有聪明的人愿意成为愚人；没有一个受过教育的人会自私邪恶，即使他们承认愚人、傻瓜或是恶棍比他们自己更满意自己的命运"。参见 John Stuart Mill, *Utilitarianism*, *On Liberty*, *Consideration on Representative Government*, ed. by H. B. Acton（London: Everyman's Library, 1972）, pp. 8 - 9.

⑬⑤ Aristotle, *Ethica Nicomachea*; *Ethica Eudemia*; *and Magna Moralia*, in W. D. Ross（ed.）, *The Works of Aristotle*, vol. 9（Oxford: Oxford University Press, 1915）, 1095b15 - 20.

⑬⑥ Aristotle, *Ethica Nicomachea*; *Ethica Eudemia*; *and Magna Moralia*, 1098a16 - 17.

⑬⑦ 同上书，1174a1 - 4.

⑬⑧ 同上书，1153b8 - 18.

⑬⑨ 同上书，1177a23 - 28.

⑭⓪ 同上书，1099a9 - 12.

⑭① 同上书，1099a13 - 20.

⑭② 然而在另外一处，亚里士多德似乎允许美德行动有令人不快乐的可能性，"有许多事情还是需要认真去做，尽管不会带来快乐，如观看、记忆、认知或具有德性。也许这些事情必然伴随着快乐，但这并不两样。即使它们也许不生成快乐，我们还是要选择它们"。参见上书，1174a4 - 8.

⑭③ 同上书，1104b8 - 13.

⑭④ 同上书，1169a18 - 25. 亚里士多德在这一问题上的观点并非完全一致。例如，他也声称："有的人说，只要一个人是善良的，即或贫困以致陷入灾难，他都是幸福的，这种话，不论有意还是无意，都是胡说。"参见上书，1153b7 - 20. 当代

新亚里士多德主义者赫斯特豪斯不同意前文讨论过的麦克道威尔的观点："我并不认为我们有的幸福、利益、伤害、灾难等概念，会使我们以为由美德导致的必要的牺牲都不算作损失；我也不认为这是因为我们在德性上都不完满。"参见 Rosalind Hursthouse, *On Virtue Ethics* (Oxford: Oxford University Press, 1999), p. 185.

⑭⑤ 从这个意义上说，赫斯特豪斯认为，非道德的人是有缺陷的人："'一匹自由散漫的狼不参加狩猎却要吃猎物，一只蜜蜂发现蜜源却向其他蜜蜂隐瞒'，这里有不对劲的地方；同样，一个人如果缺乏慈善和正义也是有问题的……有缺陷的狼或蜜蜂，由于它们的缺陷，可能比同类中更完美的样本活得更久。就狼而言，生活中更少伤害和痛苦。但它们都不能过一匹狼或一只蜜蜂的好生活……同样地，一个有道德缺陷的人，一个没有美德的人，可能会活得很长很愉快，但他仍然不可能过一种好的人的生活。"参见 Rosalind Hursthouse, "On the Grounding of the Virtue in Human Nature," in Jan Szaif (ed.), *What is Good for a Human Being?: Human Nature and Value* (Berlin & New York: Walter de Gruyter, 2004), p. 264.

⑭⑥ Aristotle, *Ethica Nicomachea*; *Ethica Eudemia*; *and Magna Moralia*, 1177a11 - 18.

⑭⑦ 同上书，1077b18 - 24.

⑭⑧ 同上书，1177a20 - 35.

⑭⑨ 同上书，1178a5 - 14.

⑮⓪ Richard Kraut, *Aristotle on the Human Good* (Princeton: Princeton University Press, 1989), pp. 202 - 203, pp. 211 - 213.

⑮① 参见 Terence Irwin, "The Structure of Aristotelian Happiness," *Ethics* 101 (1991), pp. 382 - 391; J. L. Ackrill, "Aristotle on Eudaimonia," in A.O. Rorty (ed.), *Essays on Aristotle's Ethics* (Berkeley, CA: University of California Press, 1980).

⑮② Gabriel Richardson Lear, *Happy Lives and the Highest Good: An Essay on Aristotle's Nicomachean Ethics* (Princeton: Princeton University Press, 2004), chapter 5.

⑮③ Aristotle, *Ethica Nicomachea*; *Ethica Eudemia*; *and Magna Moralia*, 1177a34 - 35.

⑮④ 同上书，1177a35 - 1177b1.

⑮⑤ 为了解决这个问题，余纪元把沉思生活(c-life)和沉思活动(c-activity)作了区

分:“尽管沉思活动是沉思生活的主要方面,但它不能是沉思生活的唯一内容。它们之间的区别在于……各种各样的善是沉思活动的障碍,但对沉思生活是必要的。”参见 Jiyuan Yu, *The Ethics of Confucius and Aristotle: Mirrors of Virtue* (New York and London: Routledge, 2007), p. 198. 在我们讨论的背景下,道德行为可能是沉思活动的障碍,但对于沉思生活来说,道德行动是必要的。这是一个有趣的区别,也许可以解决亚里士多德伦理学的内部问题。然而,我们的问题仍然存在:因为它把沉思看作人类的一个标志,它不能为“为什么要有道德”这个问题提供适当的答案。

⑯ 后来,明代哲学家王阳明以金作喻,极为生动地表达了这一概念:“圣人之所以为圣,只是其心纯乎天理,而无人欲之杂。犹精金之所以为精,但以其成色足而无铜铅之杂也。人到纯乎天理方是圣,金到足色方是精。然圣人之才力,亦是大小不同,犹金之分两有轻重。”参见王阳明:《王阳明全集》(上海:上海古籍出版社,1992 年),第 27 页。

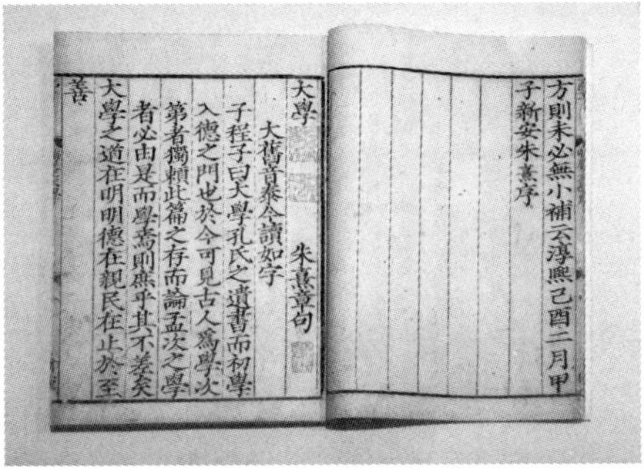

方則未必無小補云淳熙己酉二月甲
子新安朱熹序

大學　朱熹章句
大舊音泰今讀如字
子程子曰大學孔氏之遺書而初學
入德之門也於今可見古人為學次
第者獨賴此篇之存而論孟次之學
者必由是而學焉則庶乎其不差矣
大學之道在明明德在親民在止於至
善

第二章

德：有德之人以自我为中心？

第一节　引　　言

在第一章中，我们考察了二程对“为什么要有道德”这一问题的回答。二程认为，一个人应该有道德因为它让人快乐，而它之所以让人快乐，是因为道德是人类的独特标志。有道德就是实现自己的真正本性。在此意义上，二程的新儒家伦理学基本上是一种美德伦理学，这种伦理学关注的是人的品格的发展而非约束人的行动的道德原则。这是本章的主要关注点。笔者将简要讨论美德伦理学的主要特征，特别是它不同于其他伦理学说的地方，并着眼于沟通儒学与美德伦理学（第二节）。不过本章的主要任务是，探讨二程可以对当代美德伦理学所作的独特贡献，那就是他们更充分地回应了针对美德伦理学的一个核心驳难：美德伦理学有以自我为中心之弊。笔者认为，至少在第一个层次上二程可以相对容易地回应这一驳难，因为有德之人以个人的美德为中心，而这要求其以他人为中心（第三节）。虽然西方美德伦理学的主要流派亚里士多德美德伦理学也可以作出这一回应，但笔者认为，二程对美德的论述更佳，因此可以更好地解释为什么人之为人应该具备关心他人的美德（第四节）。笔者进而考察了两个更深层次的自我中心驳难：① 一个有德之人，当涉及他人的幸福时只关心不那么重要的外在物质利益，而当涉及自己的幸福时却关心更为重要的内在品格；② 有德之人之所以关心他人幸福，且不论是外在幸福还是内在幸福，归根结底是因为想要发展他自己的美德。笔者认为，虽然亚里士多德的美德伦理学没有足够的能力来回应这两个更深层次的驳难，但二程的新儒家美德伦理学不仅可以避免这样的驳难，而且可以说明为什么美德伦理学比其他伦理理论更好（第五节、第六节）。最后，简要作结（第七节）。

第二节　美德伦理学与儒家伦理

近几十年来，美德伦理学蓬勃复兴，试图提出一种不同于道义论和后果论这两种现当代道德话语主导形态的伦理学说。美德伦理学有多种形式。大多数当代美德伦理学家是新亚里士多德主义者，而另一些哲学家则从斯多亚学派、休谟、尼采和杜威那里汲取最初的灵感。美德伦理学的独特之处及各种美德伦理学的共同之处在于，关注行为者的品格，而不是像道义论和后果论那样关注行动的本质。就道德评价而言，美德伦理学并不总是与道义论和后果论相抵触，甚至持相同的道德认同或道德反对意见；但是，它的判断建立在不同于道义论和后果论的基础之上。为了说明这一点，我们可以采用赫斯特豪斯（Rosalind Hursthouse）的例子。这三种伦理学可能全部同意应该对需要帮助的人施以援手，至于为什么要这么做，它们的理由则并不一致："功利主义者强调以下事实，这样做的后果将使幸福最大化；道义论者强调以下事实，这样做在于遵循诸如'己所欲，施于人'这样的道德法则；而美德伦理学家则强调以下事实，即帮助他人才会成为仁者。"①

我们说美德伦理学关注行为者的美德而不是行动的正确性，

这并不意味着道义论和后果论是反美德的，也不意味着美德伦理学必须反对行为的正确性。例如，后果论可以给予美德以重要位置。所谓的动机功利主义，或者直接地说品格功利主义尤其如此。动机功利主义最重要的倡导者亚当斯（Robert Merrihew Adams）认为，动机"主要是需求和欲望，它们将引起或倾向于引起行动"[②]。虽然看到了欲望和品格特征之间的区别，但他还是强调，"一种欲望，如果强烈、稳定，且为了一个相当普遍的目标……就可能构成品格特征"[③]。依其动机功利主义，"道德上完美的人……将拥有最有用的欲望，且在最有用的力量中拥有欲望；他拥有最有用的对人类而言具有因果关系的动机模式"[④]。因为动机功利主义所讲的道德上完美的人所拥有的不仅仅是欲望或动机，还有这种欲望和动机的**模式**，这样的人可以被视作有德之人。然而，动机功利主义或品格功利主义仍然不同于美德伦理学，因为道德品格不具有内在的善，而只具有工具意义上的善：它之所以是善的，仅仅是因为它有助于产生所期望的后果。[⑤]

同样，道义论尤其是康德的道义论，也把美德置于突出地位。一些康德学者甚至主张，康德本人就是美德伦理学家。兹举一例。1984 年，奥尼尔（Onora O'Neill）撰文讨论康德的准则（maxim）概念。在她看来，"准则是让行为者各种特定的意图变得有意义的基本原则（principle）"，因此"与特定类型行为的正确或错误无关，而更多地关系到生活的根本道德品格或生活的各个方面……拥有道德上恰当的准则，就等于过上某种生活，或者成为某种人"。[⑥]义务（duty）固然在康德伦理学中占据中心位置，但奥尼尔认为，它们是“按照一定的准则行事的义务，也就是说，按照一定的基本路线构建我们的道德生活，或者说，拥有某些美德”[7]。然而，我们必须牢记，准则在康德伦理学中并不是最基本的概念。有时一个人必须克制自己不按某些准则行事，有时一个人必须按自己不愿接受的某些准则行事。正是道德原则告诉我们，我们应该遵循哪些准则。[8]因此，在五年后撰写的该文“后记”中，奥尼尔本人意识到，早先认为康德提供了一种美德伦理学的看法是一种误导。她承认，“康德的基本概念是道德价值原则，它不仅为外在的正当和义务问题提供指导，而且也为良善的品格和制度提供指导”[9]。总之，道德品格只有在道德原则的指导下才是善的。

因此，无论在后果论中还是在道义论中，美德都具有非常重要的有助于促进良善结果或依道德规则行事的工具价值，而在美德伦理学中，美德具有内在的善。有一些激进或极端的美德伦理学家，即所谓主张取代的美德伦理学家[10]，认为行动对或错的概念不可理解，并想用行为者的美德或恶德取而代之。不过，现今仍在进行研究的大多数美德伦理学家是还原论者。他们不一定否认道义论者和后果论者所关注的行动对错概念之恰当性，但他们认为这些概念可以归结为或溯源于对行为者道德品格的判断。例如，赫斯特豪斯认为，“美德伦理学完全不关心正确的行动或我们应该做什么”这样的说法是错的[11]；因为根据美德伦理学，“一个行动是正确的，当且仅当它是一个有美德的行为者在特定情境中基于其品格而做出的行为”[12]。换言之，为了知道何为正确的行动，我们需要做有德之人会做的事情。从这个意义上讲，尽管斯洛特声称，与单纯的以行为者优先（agent-prior）的美德伦理学和以行为者为中心（agent-focused）的美德伦理学相比，他的基于行为者（agent-based）的美德伦理学是最激进的美德伦理学形式，但它仍然是一种还原的而非取代的美德伦理学。根据斯洛特的观点，基于行为者的美德伦理学"认为行动的道德或伦理地位完全来自动机、品格或个人的伦理特征，后者是独立的，且基本上是关乎美德的（而非关乎道义的）"[13]。因此，斯洛特并不认为行动的正确性不可理解。他只是认为，行动的正确性必须源于善良的品格。他之所以认为他的美德伦理学较之人们更熟悉的美德伦理学类型（包括亚里士多德美德伦理学）更为激进，是因为在基于行为者的美德伦理学中，行动正确性所由之而来的品格本身是最基本的，它并不源自其他任何东西，包括柏拉图所讲的灵魂健康和亚里士多德所讲的幸福。

因此，就美德而言，美德伦理学之所以不同于道义论及后果论，是因为美德在美德伦理学那里具有内在的善，而在道义论和后果论那里仅仅具有工具意义上的善。在这两种立场之间，霍卡对美德作了一种递归描述（recursive account）。该描述始于他所讲的关于善物的基本子句（善物包括"快乐、知识和成就具有内在的善"[14]），以及关于恶物的基本子句（恶物包括"痛苦、错误的信念和追求成就的失败具有内在的恶"[15]）。这些被视为具有内在的善或恶的实际事态也可以被其他东西所取代。然后，增加两个递归子句，其中一个子句说明，对于善物与恶物的某些态度具有内在的善，另一个子句则说明，对于善物与恶物的另一些态度具有内在的恶。某些事态具有内在的善，而另一些事态具有内在的恶；因此，爱前者、恨后者的态度也具有内在的善，而恨前者、爱后者的态度具有内在的恶。这样，我们就把美德界定为具有内在善的对待善物和恶物的态度（即爱具有内在善的东西，恨具有内在恶的东西），把恶德界定为具有内在恶的对待善物和恶物的态度（即爱具有内在恶的东西，恨具有内在善的东西）。[16] 由于美德是具有内在善的态度，故而具有内在的善；由于恶德是具有内在恶的态度，故而具有内在的恶。然而，霍卡认为，由于美德具有内在善只是因为它是一种爱具有内在善的东西或恨具有内在恶的东西的态度，这样一种具有内在善的对待善物与恶物的态度，合乎美德的态度，或者简单地说，美德，在工具意义上可善可恶；同样，具有内在恶的对待善物与恶物的态度，邪恶的态度，或者简单地说，恶德，在工具意义上可善可恶。他解释说："B 出于好心努力提升 A 的快乐，但是，虽然不是他的过错，却造成了 A 的痛苦。B 的善行，虽然具有内在的善，但在工具意义上却是恶的。如果它给 A 带来的痛苦足够大，那么它从总体来看就是恶的。同样，如果 B 出于恶意想造成 A 痛苦，但实际上却给 A 带来了快乐，那么它在工具意义上就是善的，甚至可能从总体来看是善的。"[17]

本章将关注美德伦理学家对美德的理解。根据这一理解，道德品格比行动正确更加重要，而成为有德之人就是在人之为人的意义上成为人。因此，有德之人的德行是"'自然而然的'，不必与情感、倾向或品性作斗争，也不必在‘精神’与‘肉体’或‘理性’与‘激情’之间发生任何冲突”[18]。换言之，有德之人喜欢做有德之事。正是在这个意义上，我们可以说儒家伦理首先是一种美德伦理学。正如我们在前一章所看到的，儒家认为，有道德的人做有道德的事，因为做有道德的事让他快乐，而这样做能让他快乐是因为他拥有道德知识，知道做一个真正的人就必须有道德。因此，将儒家与美德伦理联系起来的努力便不足为奇，这种努力最惊人的成就是几乎同时出版的三部比较研究专著：万百安的《早期中国哲学中的美德伦理学和后果论》、余纪元的《孔子与亚里士多德的伦理学》，以及沈美华（May Sim）的《经由亚里士多德与孔子重勘道德》。[19]这些比较研究几乎完全集中于先秦儒家，而本章的讨论聚焦于宋明理学家二程。更为重要的是，这些比较研究主要是探究儒学与西方美德伦理学之间的异同，但笔者的兴趣则是寻找儒学是否可能为当代美德伦理学作出某种贡献。美德伦理学固然蓬勃复兴，但也已经有学者提出严肃的驳难。当今主要的美德伦理学家已经令人信服地回应了其中一些，特别是关于无法提供行为规范（uncodifiability）的驳难，即美德伦理学无法为人们提供实际的行动指南。然而，美德伦理学面临的核心驳难之一，即所谓的自我中心驳难，尤其是它所提出的深层次问题，尚未得到充分的回应，而且在笔者看来，如果我们画地为牢，将自己局限在西方哲学传统，那就很难作出充分的回应。相反，笔者认为，我们可以在二程的新儒家思想中找到一种具有重要哲学意义的回应。

第三节　自我中心驳难：第一层次

关于自我中心驳难，所罗门概括如下：[20]

> 美德伦理学倾向于过分关注行为者……这些理论要求关注个体行为者的品格。获得美德任务的关键在于，人们认为自己应该成为一种特定的人……这一观点要求道德行为者在实践中把自己的品格作为关注的重心……[而]道德反思的重点实质上是关心他人。

所罗门本人并没有明确指出究竟是谁提出了这一自我中心驳难，但他认为这种驳难，或者至少其精神，可以在康德和当代康德哲学家中找到。例如，我们确实发现康德说过，“凡把选择的决定基础放在从任何事物的现实中所得到的快乐或不快中的物质原则都完全属于同一类。它们无一例外地属于自爱原则或自己幸福的原则”[21]。在另一处，康德认为[22]，

> 在古希腊学派中，在这个问题上只有两派对立。不过，就最高善的概念的定义而言，他们遵循的是同一种方法，因为两者都不认为美德和幸福是最高善的两种不同要素，而是在同一性规则下寻求原则的统一。但他们又有不同之处，因为他们选择了不同的原则作为基本原则。伊壁鸠鲁学派说：意

识到自己的准则能带来幸福就是美德。斯多亚学派说：意识到自己的美德就是幸福。对前者而言，审慎等同于道德；对为美德选择了更高术语的后者而言，只有道德才是真正的智慧。

总之，在康德看来，伊壁鸠鲁学派和斯多亚学派都认为道德等同于幸福，而这在他看来似乎是一种以自我为中心的道德观。[23]

初看起来，这种批评也适用于二程的新儒学。正如我们在第一章所见，他们对“为什么要有道德”的回答显然是利己的（self-regarding）而非利他的（other-regarding）：一个人应该有道德，因为他可以从中得到快乐。换言之，有道德符合一个人的利益，或者对这个人来说是值得的。事实上，作为黄金时代的崇拜者，孔子主张“古之学者为己，今之学者为人”[24]。然而，重要的是要明白孔子所说的“为己”和“为人”为何意。在二程看来，孔子所谓“为己”是指修身养性，所谓“为人”是指在他人面前用学问来装点门面。在上面的论述中，孔子并不是说他所崇拜的“古之学者”只关心自己的利益而忽视他人的利益；也不是说他看不起的“今之学者”只关心他人的利益而忽略自己的利益；否则，他会赞美“今之学者”而非“古之学者”。

“为己”和“为人”这两种不同的含义，在二程对比“学者”和“仕者”时表现得最为明显。这一点特别有启发性，因为孔子的学生子夏曾说，“学而优则仕”[25]。在引用“古之学者为己，今之学者为人”之后，程子说了一句类似的话：“古之仕者为人，今之仕者为己。”[26]显然，程子在这里使用了两种不同含义的“为己”和“为人”来形容学者和仕者；否则，我们无法理解为什么学者应该为己，而仕者应该为人。在二程看来，学者应该旨在修身，而不是在他人面前卖弄学问；而仕者应该关心他人的利益，而不仅仅是自己的利益。这里，重要的是要看到古代学者的“为己”与古代官员的“为人”相应，而当代学者的“为人”与当代官员的“为己”统一。在这一儒家传统中，修身养性（为了自己的利益）是指培养一个人天生但被私欲扭曲的利他倾向。因此，一个人越为自己着想，就越为他人着想。另一方面，在他人面前卖弄学问（为人）就是关心自己的利益（名声）。所以，在这个意义上，一个人越为他人着想，就越为自己着想。正是在此意义上，程颐说：“‘古之学者为己’，其终至于成物。”[27]与之相反，“今之学者为人，其终至于丧己”[28]。换言之，如果学者把注意力集中在炫耀自己的学问上，而忽视了修身，那么他们天生的道德心就会丧失。

由此我们可以看到，对二程来说，有德的行为者要为自己着想，就此而言，这种新儒家立场可以说是以自我为中心。然而，这种以自我为中心有两个特别之处。首先，虽然儒家的回应也说，成为有德之人符合个人利益，但这种“个人利益”并不是“个人利益”一词通常被理解的、与个人道德行动无关的东西。例如，在当代商业伦理学中，霍斯默（LaRue Tone Hosmer，1927—2014）曾问道：“对活跃于管理领域的现代盖奇，我们有什么话好说呢？”[29]柏拉图《理想国》提到神秘的盖奇指环，它可以使人在做不道德的事情时隐形。霍斯默的回答是：“用大家认为‘正确’‘公正’和‘公平’的方式行事对于公司在长期竞争中获得成功至关重要。”[30]暂且忽略那些认为这种进路无效的批评[31]，我们可以看到，有道德之所以是值得的，是因为这样的道德行动迟早会给商业人士带来物质利益。在这种情况下，商人并不认为有道德是一种快乐。事实上，一个人可能会因为有道德而感到痛苦。然而，他选择有道德以寻求其道德行动可能带来的好处。换言之，一个人履行道德行动不是为了道德行动本身，而是为了这些行动可能伴随的利益。人们仅仅出于审慎的原因才采取道德行动。同样，在当代美德伦理学中，赫斯特豪斯认为，美德对于其拥有者来说也有类似的好处。赫斯特豪斯承认，美德并不总是有益于行为者使其能够幸福[32]，因此她认为，对于行为者的幸福而言，美德既非必要条件亦非充分条件："它不是必要的，因为人们普遍承认，恶人可能会像青翠月桂树那样繁茂。它不是充分的，因为美德也会导致一些令人讨厌的情况。"[33]即便如此，赫斯特豪斯仍然认为，总体来说，美德对其拥有者有利。她作了一个类比：虽然谨遵医嘱对于保持健康来说既非必要也不充分，但谨遵医嘱却是保持健康的最佳选择。同样，虽然美德对于一个人的幸福来说既非必要也不充分，但它对这个人获得幸福最为稳妥。[34]如果二程与霍斯默和赫斯特豪斯所主张的一样，认为有道德是一种快乐，那么这种说法的确是以自我为中心的。然而，我们看到，在二程看来，一个人通过履行道德行动所寻求的利己是内在于道德行动的：一个人因为有道德而感到快乐，不是因为它能为自己赢得名誉、赞扬或财富等利益，而是因为他通过有道德实现了自己的本性（self-nature）——作为一个道德的人。

其次，虽然我们所熟悉的自我利益本身是与道德相冲突的（尽管在某些情况下，一个人的自我利益可能会激发他做道德的事，而一个人有道德可能会有利于他的自我利益），但在儒家那里，并不存在这样的冲突。尽管二程认为，一个人应该有道德因为这是一件快乐的事，但他们并不认为一个人应该做任何能够带来快乐的事。换言之，一个人应该有道德，因为有道德符合自己的利益，但一个人不应该做所有符合自己个人利益的事。一个人首先必须弄清楚自己真正的利益：找到人之为人的快乐，就在于做有德之事。在此，个人利益和道德之间的冲突消失了，因为一个人恰当的个人利益恰恰就是关心他人的利益。就此而言，一个人越是能够实现其个人利益，他就越有道德。正如克劳特所言，古代的利己主义“首先提出一个关于善的具体概念，然后敦促我们每个人最大限度地发挥自己的、如此构想的善……它并不主张，一个人应该追求自己的利益，而不管这会对他人造成什么影响；相反，它主张根据美德的行动与好的行动是一致的，从而动摇一种日常的假设，即认为自我与他人在根本上一定会发生冲突”[35]。

好像是对上述二程观点的本质作总结，所罗门认为针对美德伦理学的自我中心驳难是可以回应的，至少在这个层面上，如果我们[36]

考虑美德伦理学两个特性之间的重要区别。第一个特性驳难者已经注意了：在与美德伦理学相关的实践思维中，一个

> 人自己的品格扮演着核心角色。但是，美德伦理学中也有一套美德，每个行为者都力图在他的品格中把它们体现出来。虽然美德伦理学的第一个特性可能会使其过于以自我为中心，但第二个特性肯定能够抵消这种危险。美德伦理学特有的美德可能就是我们期望的那样关心他人。虽然美德伦理学可能期望每个行为者在实践中把注意力主要放在培养自己的品格上，但是这种注意力可能要求把行为者变成一个从根本上关心他人福祉的人。

换言之，尽管行动的道德理由可能看起来是利己的——为了培养自己的美德，但是，你需要拥有的美德（至少其中一些）是利他的。一个人不关心他人的利益，就不可能培养自己的美德。正如威廉斯（Bernard Williams，1929—2003）所说，有德之人"常常意欲做各种有德之事"，而人们可能会说"任何由欲望驱使的事都指向快乐，而对快乐的追求是利己的"。[37] 然而，正如威廉斯也指出的那样，重要的是要看到"我的一些欲望是针对那些根本不涉及我的事态……这些是超越自我的欲望"[38]。换言之，我们不能仅仅因为有德之人总是试图满足他自己的欲望就认为他是以自我为中心的。我们需要看一看，这个人想要满足的欲望究竟是什么。作为有德之人，他通常想要满足的欲望是帮助他人的欲望。就此而言，有德之人根本不是以自我为中心。[39]

在这方面，二程的新儒学与亚里士多德的观点相当一致。我们已经看到，赫斯特豪斯提出了一个有争议的论点，即美德有益于它的拥有者，这一观点很可能会受到自我中心驳难。然而，作为一名优秀的亚里士多德主义者，她强调这个论点仅仅是她整个论点的一部分，因此必须结合她的其他论点来理解，那就是美德使它的拥有者成为一个典型的人。在这个论点中，有德之人做有道德的事并不是因为他们相信这是他们获得更多物质和外在利益的最佳选择。相反，他们做有德之事，是为他人着想。因此，他们经常牺牲自己的物质利益，甚至自己的性命。有德之人的自我利益是通过服务他人的利益来实现的，因为他们从使他人幸福的行动中获得快乐。亚里士多德关于真正自爱者的观点最清楚地表明了这一点。在亚里士多德看来，真正的自爱者并不会“给自己分配更多的财富、荣誉和肉体的快乐”[40]，而总是渴望自己“应该公正、有节制地行动，或依照任何其他美德行事”，并且一般来说“总是试图确保自己品格高尚的行动方向”[41]。原因在于，后一种类型的人“将最高贵和最好的东西分配给自己，并用最权威的部分满足自己……因此，热爱并满足于此的人首先是一个自爱者”[42]。接着，他得出了与二程完全相同的结论：“好人必定是一个自爱者（因为做高尚的事情既有益于自身又有利于他人），坏人则不是一个自爱者，因为按照他的邪恶情感，他必定既伤害自己又伤害他人。”[43]

第四节　美德与人性

由上可知，儒家和亚里士多德的美德伦理学都可以很好地对自我中心驳难予以初步的回应。有德之人确实关心自己的品格。然而，有德之人所关心的品格是美德。这些美德通常是利他的，虽然也不只是利他的。[44]一个人越是关心自己（自己的美德），就越是关心他人。因此，对于自我中心驳难的初步回应，关键一点在于，是什么决定一个品格是美德而非恶德。例如，为什么仁爱是美德而非恶德？为什么贪婪是恶德而非美德？显然，如果仁爱是恶德而贪婪是美德，那么，美德伦理学就无法回应自我中心驳难。因此，任何美德伦理学都必须有一个关于美德的理论或者至少有一个关于美德的论述：是什么使一种品格成为美德？正是在这里，笔者认为亚里士多德美德伦理学遇到一个问题，而这个问题儒家美德伦理学可以避免。儒学和亚里士多德主义虽然都用人性解释美德，但它们对人性的理解却大相径庭。赫斯特豪斯为美德提供了一个审慎的论证，认为美德是有益于它的拥有者的东西。笔者认为这是成问题的，并且明显难以回应自我中心驳难。然而，正如我们所提到的，她明确表示，这种审慎的论证必须和另一个论证合观，那就是美德使人成为合乎人性之人。这与亚里士多德著名的功能论证相关。亚里士多德认为，任何具有功能或活动的事物的善（good）和"好"（well）必定在其功能之中。所以，人类的善和"好"也必定在人类的功能之中，它是人类的特性，或者用麦克道威尔的话来说，它是人类的事。亚里士多德将人类的这一功能定义为灵魂"根据理性原则的积极生活"[45]。因此，美德就是使一个人成为好人的东西，而好人就是可以出色地从事理性活动或过理性生活的存在者。

如此论述美德，尤其是我们这里关切的道德美德，会有几个问题。我们先简略看一下其中两个问题，然后聚焦与这里的讨论最相关的第三个问题。首先，亚里士多德按照层级顺序区分了理智理性和实践理性，认为理智理性高于实践理性，那么我们就不清楚，成为一个合乎人性的人是否必须具有与实践理性相应的道德美德，因为一个人不需要成为有德之人就可以很好地（如果不是更好地）在沉思中运用理性。其次，即使道德美德对于人类理性的良好运作是必要的，我们也不清楚，亚里士多德伦理学是否可以被恰当地视作一种美德伦理学。我们看到，美德伦理学将美德放在第一位，从而有别于那些只允许美德在其体系中处于次要地位的其他类型的伦理学。然而，如果美德在亚里士多德那里服务于理性，那么，这就和美德在功利主义那里服务于最大利益、美德在道义论那里服务于义务无甚区别。[46]换言之，仅有这样的次要功能美德不能使一种伦理学成为美德伦理学。

然而，亚里士多德美德伦理学中更为严重的问题是美德与理性的关系。虽然大多数人都认同亚里士多德将理性作为人类特性的观点，以及他关于道德美德的实质性观点[47]，但是，已经有学者提出了严肃的质疑——亚里士多德的美德是否可以从他关于人性是理性的观点中推出来，而这些质疑尚未得到充分的回应。例如，威廉斯一直怀疑从后者推出前者的可能性。他在早期论著中指出，"如果运用理智和工具来改造环境是人的标志，那么运用理智为所欲为和运用工具摧毁他人同样是人的标志"[48]。在他的主要著作《伦理学与哲学的限度》一书中，威廉斯依然认为在亚里士多德的人性论和美德论之间存在断裂:“很难相信一个有关人性的论述——如果它本身还不是一种伦理理论——将充分决定一种道德生活与其他生活的对立。”[49] 努斯鲍姆(Martha Nussbaum)撰写了一篇长文,试图代表亚里士多德回应威廉斯的挑战。在上述引文中,威廉斯补充了一个条件句,“如果它本身还不是一种伦理理论”;有鉴于此,努斯鲍姆的目标之一便是要证明,亚里士多德对人性的论述在道德上不是中立的。他在分析了亚里士多德的功能论证之后总结说:“除非生活首先对**我们**来说是一种生活,否则对我们来说不能算作好的生活;而且我们的生活一定是以某种方式由实践理性组织起来的生活,所有功能都由理性的组织活动赋予和注入;因此,幸福(eudaimonia)必须从这样的生活内部寻找,而不是从完全被无理性的身体快乐所取代的生活中寻找,不是从睡眠者自发的消化功能的生活中寻找。”[50] 根据这一表述,没有理性指导的生活确实如努斯鲍姆所讲的那样不能被视为人的生活;然而,它并没有证明,邪恶的生活一定是一种没有理性指导的生活,因此也一定不能被认为是一种人的生活。威廉斯显然没有被说服:“然而,正如努斯鲍姆所指出的,邪恶或自我放纵之人的生活同样是一种由理性建构的生活;这也是一种典型的**人**的生活。到目前为止,我们仍在等待一些说法,告诉我们‘由理性建构’的生活为何可以向有节制的生活这个特定方向发展。”[51]

麦克道威尔与威廉斯一样持怀疑态度。在一篇关于亚里士多德幸福观的文章中,麦克道威尔首先假设了一场甲与乙之间的论争。甲认为,一个人应该发扬一定的美德,包括那些关心他人的美德；而乙认为，美德生活只适合可鄙的弱者，而真正的人自己照顾自己，并不践行那些关心他人的美德。然后，麦克道威尔着眼于亚里士多德关于功能论证的著名段落，认为这段话“可以这样解读，它的结论（到目前为止）是中立的，介乎以下两者之间：一是亚里士多德自己（关于美德）的实质性观点，一是与论争中乙的立场相应的幸福观”[52]。在麦克道威尔看来，“人的功能（ergon）在于理性活动的论题，显然排除了可以想象的有些幸福观，如认为一种不假思索满足欲望的生活为幸福的生活的观点；根据功能论证的精神，我们可以说，这样的生活并没有体现一种为人类所特有的卓越的概念。但是，这一论题的这种排除性论证没有将其他可能的选项清楚地排除在外”[53]。在另一篇关于亚里士多德道德心理学的文章中，麦克道威尔进一步解释了亚里士多德的功能论证可以排除的生活类型和不可能排除的生活类型：[54]

> 关于人性的事实限制了关于好的人类生活的事实，在这个问题上，亚里士多德实际上只提出了两点实质性的看法……其一，好的人类生活必定是一种积极的、有理性（logos）的生活[55]；这排除了在柏拉图的《高尔吉亚篇》中苏格拉底让卡利克具有的无节制地满足自己欲望的理想。其二，人天生具有社会性[56]，这排除了独居生活。很显然，这两点远远不足以充分确证亚里士多德的伦理学。

为了进一步说明他的观点，即理性并不一定引向美德，麦克道威尔在另一篇反对亚里士多德自然主义的文章中假设了一匹理性的狼。没有理性的时候，这匹狼很自然地在与狼群合作狩猎的活动中扮演自己的角色。然而，“在获得理性之后，它可以考虑其他选择；它可以从自然冲动中退一步，直接对其进行批判性审视……然后提出这样一个问题：‘我为什么要这样做？’……盘算着是否可以在狩猎过程中游手好闲却依然拿到自己的那份猎物”[57]。在麦克道威尔看来，即使狼的自然本性是做美德可能要求它所做的，加上理性可能会使它质疑自己的自然行为。然后，麦克道威尔总结说：“即使我们承认人类天生需要美德——在某种意义上，这与狼在狩猎中天生需要合作的感觉是相似的——但对于那些怀疑理性是否真的要求道德行为的人来说，这样的需要不起作用。”[58]

人们可能会想，威廉斯和麦克道威尔对理性的看法是否恰当，而如果恰当理解理性的话，就会看到理性必然要求道德美德。另一位批评理性需要道德美德这种观点的学者霍卡主张，事实并非如此。在霍卡看来，亚里士多德的功能论证根本上是说：第一，人类的幸福在于培养对人性来说根本的东西；第二，理性是对人性来说根本的东西；第三，道德美德之所以能体现理性，是因为它们“把实践理性应用于不同的行动领域，因此对于幸福生活是至关重要的”[59]。霍卡认为，问题出在第三点。它不一定是错的，但它容易将人引入歧途。为了理解这一点，霍卡请我们考虑我们对理性的定义。在他看来，我们既可以在形式上也可以在实质上定义理性。根据理性的形式表述，“如果行为包含更合理的信念，即它们将实现目标，而这些目标的范围更广，且被安排在更复杂的手段-目的等级系列之中，那么，这样的行动在一个更高的层次上表达了实践理性”[60]。霍卡认为，这个形式定义存在两个问题。第一，美德在这里的价值不是作为美德本身，而是作为发挥行为者的理性的工具。第二，也是更重要的一点，“这些标准并不能成功地区分美德行动和中立行动甚至恶德行动；下棋和拷问也可以扩展一个人的目标，并涉及复杂的手段-目的推理”[61]。霍卡接着让我们想象两种情况：一种情况是，一个人或者挽救另一个人的生命，或者继续进行理论活动；另一种情况是，救人一命会分散他对一些更具挑战性、更为复杂的活动的注意力，比如下棋或拷问。[62]在霍卡看来，这种理性的形式解释并不能表明，一个理性的人会实施拯救一个人生命的道德行动，因为在这两种情况下，较之道德意义上的美德行动，选择另一种行动更能拓展行为者的理性。倘若如此，霍卡认为我们可能需要接受一个关于理性的更实质性的解释，根据这个解释，理性“包括理性推理、识别，以及成功追求善。正如真理是信念的正确目标一样，善也是欲望的正确目标，而实践理性则指向这一目标。以此为目标，理性就特别通过美德得以体现”[63]。如果形式解释使美德服务于理性，那么这种实质解释则使理性服务于美德。倘若如此，道德美德而非理性（无论是实践理性还是理论理性），都将成为人类幸福的核心。当然，这与亚里士多德的观点并不一致。然而，笔者认为，这正是二程新儒学所主张的观点。

二程的儒家美德观也跟他们的人性论密切相关，因此，美德使其拥有者成为一个合乎人性的人（a good human being）。然而，由于他们的人性论基础不同，所以可以避免在亚里士多德那里碰到的美德与人性之间的鸿沟。正如我们在第一章中看到的，人与禽兽的区别不是理性，而是道德：人性是善良的，而人的美德是合乎本性的。换言之，美德是人性的美德（性之德），而人性也总是善良的天性（即德性）。程颢告诉我们，"'德性'者，言性之可贵，与言性善，其实一也；'性之德'者，言性之所有"[64]。"德性"指的是"天赋天资"[65]。因为人性是善的，而人的美德来自人性，所以儒家经常讨论天德。程颢告诉我们：[66]

> 圣贤论天德，盖谓自家元是天然完全自足之物，若无所污坏，即当直而行之；若小有污坏，即敬以治之，使复如旧。所以能使如旧者，盖为自家本质元是完足之物。

众所周知，仁、义、礼、智、信在儒家的美德清单中占据中心位置。对二程来说，"仁、义、礼、智、信五者，性也。仁者，全体；四者，四支"[67]。程颐还说，"仁义礼智信，于性上要言此五事，须要分别出"[68]。这种将人性与人的美德等同的观点，自然与儒家的性善论点密切相关。因此，程颐说：[69]

> 自性而行，皆善也。圣人因其善也，则为仁义礼智信以名之；以其施之不同也，故为五者以别之。合而言之皆道，别而言之亦皆道也。舍此而行，是悖其性也，是悖其道也。而世人皆言性也，道也，与五者异，其亦弗学欤！其亦未体其性也

欤！其亦不知道之所存欤！

在这里，程颐所谓“道”，就是人与人相互联系之道。因此，他在另一处告诉我们，“孔子曰：‘父子之道天性也。’此只就孝上说，故言父子天性。若君臣兄弟宾主朋友之类，亦岂不是天性？”[70]

以人性为善或以美德为本质的儒家观点很有意义。如我们所见，赫斯特豪斯等亚里士多德主义美德伦理学家试图宣称，“美德使其拥有者成为一个合乎人性的人（人类需要美德才能过上人的幸福生活，才能过上一种合乎人性的美好、幸福、人的生活）”[71]。然而，因为他们认为人的独特性是理性活动，所以不仅难以坚持亚里士多德伦理学是一种美德伦理学（因为在他们的伦理学中，美德之为善，只是因为它有为理性活动服务的功能），而且难以表明合乎人性的善的生活需要美德，或者美德会使拥有它的人过上合乎人性的善的生活。儒家的性善论可以避免这一问题。在这里，美德之为善，也是因为美德有助于拥有者成为一个人，但另一方面，人性本身又是由美德所定义。所以，在儒家伦理中，美德是内在的善，而不仅仅是工具上的善。同时，由于人性本善，美德自然会使它的拥有者成为一个合乎人性的人。正是在此意义上，二程的新儒家伦理学也可以避免沃森（Gary Watson）所讲的美德伦理学困境。沃森所讲的两难问题是，“该理论对人性（或人类特有的生活）的关键论述要么在道德上是不确定的，要么缺乏客观基础”[72]。赫斯特豪斯对这一困境的阐述更加清晰：“或者，我们从中立的角度，对人性作一种科学的论述——此时我们很难[从人性引出美德];或者,我们从后天习得的道德观出发——此时我们不会验证我们的道德信仰,而只是加以重述。”[73]赫斯特豪斯本人试图论证,亚里士多德的自然主义可以避免这一困境。但我们上面的论证表明,作为一种客观的、有根据的、中立的人性论,它在道德上是不确定的:将理性作为人之为人的特征,这并不能决定一个人应该成为有德之人。

因此,如果亚里士多德的伦理学陷入沃森的两难困境之一(对人性的论述是客观的,但却无法从这种客观的论述中引出美德),我们需要看看二程的儒家伦理在避开这一困境的同时是否陷入了另一困境。换言之,通过避免这个道德不确定性的问题,它是否只是重述美德,因此缺乏客观依据?答案是否定的。二程主张人性善。然而,这并不意味着这种观点仅仅是理论内部的,因而不是客观的。对于二程来说,我们知道人性善,因为我们可以从经验中知道,在自己和他人身上有四种道德情感。例如,“因其恻隐之心,知其有仁”[74]。同样,因其羞耻之心,知其有义;因其恭敬之心,知其有礼;因其是非之心,知其有智。那么对这种人性论的一个可能的驳难是,倘若如此,岂不是不会有邪恶之人?事实上,二程新儒学及一般意义上的儒学,确实主张没有邪恶之人,因为那些失去了善良本性的人就不再被视为人了。然而,他们也主张,那些失去了善良本性的人毕竟不同于禽兽,他们仍然可以重新拥有本善之性,重新成为人。要理解这一点,我们需要明白,儒家对美德的解释既不只是外在的(用赫斯特豪斯的话来说,则是“中立的”),也不完全是内在的(用赫斯特豪斯的话来说,则是

"后天习得的道德观")。相反,用黄百锐的话来说,它是内在于人性的(因此,所有人且只有人可以是善的),但它并不必然内在于特定的个体行为者(因此,可能有些个体是不善的)。[75]用特纳的话来说,这些美德是自然规范。[76]它们是自然的,因为所有人且只有人可以拥有它们,尽管事实上不是每个人都拥有它们。就此而言,儒家对美德的这种论述亦有其客观基础,因此不仅仅是重述规范性的德性。然而,与此同时,它们是规范,因为并非人天生拥有的一切都被视为美德。不仅有许多人类与动物共享的东西(诸如探索的欲望)[77],而且有一些人类独有的东西(如理性和社会性),在儒家思想中都没有被视为美德。因此,儒家关于美德的论述,虽然以自然为基础,但在道德上并不是不确定的。

第五节　自我中心驳难:第二层次

综上所述,我们可以看到,有德之人关心自己,是关心自己的美德,而美德尤其是那些涉他的美德使有德之人关心他人的利益。就此而言,美德伦理学并不是道德上应该谴责的那种自我中心主义。然而,正如所罗门所指出,对自我中心驳难的这一回应,可能会遇到更深层次上的自我中心驳难:[78]

> 行为者对自己品格的关注与对他人品格的关注之间存在着一种不对等。这里提出的问题有这样一种形式:既然美德伦理学要求我首先关注自己的品格状态,这难道不表明我必

须把自己的品格视为自己最重要的道德特征吗？但是，如果是这样，如果我适当地关心他人，我对他们的关心不应该超出仅仅关心他们的需求和欲望得到满足，而包括对**他们的**品格的关心吗？我难道不应该像关心我自己的品格一样关心我邻居的品格吗？

所罗门举了一个例子，那就是基督教把爱或慈善视为一个人的主要美德。这样一个人会把以下这一点作为自己的任务：成为一个能够向他人展示爱或慈善之德的人。但这种美德并不要求他把周围的人也变成有德之人："基督教的爱要求我关注他人的要求、需求和欲望。但这难道不意味着，我把他人视为在道德上不如我重要的人？满足他们的需要对他们来说已经足够好了，但我要求自己成为一个有爱心的人。"[79]

由于这种驳难听起来有点奇怪，人们可能会问谁会提出这样的驳难。所罗门本人没有明说，只是说它也可以追溯到某些康德主义的学说。或许如此。然而，笔者能找到的最接近这种驳难的例子是威廉斯，但很难说他是康德主义者。我们看到，威廉斯反对因为主张有德之人渴望在履行美德行动时获得快乐就认为美德伦理学是利己主义的观点，因为他们所做的行动是利他的。然而，他认为，即使我们消除了这种误解，"似乎仍有一些东西留给了利己主义的指责"，这"涉及行为者对这些自然倾向本身的**考虑**，并将它们与幸福生活联系起来。即使这些自然倾向本身不是指向自我的，苏格拉底式反思中的行为者考虑的仍是自己的幸福。利己主义似乎又回来了”。[80]威廉斯所想到的利己主义类型，显然是所罗门所讲的在更深层次上针对美德伦理学的自我中心驳难：有德之人只关注他人的外在幸福，而主要关注自己的内在幸福，同时又清醒地意识到，内在幸福比外在幸福更为重要，并且更是人的构成部分。威廉斯指出，苏格拉底“好人不可能被伤害”（可以伤害他的身体，但不能伤害他的真正自我，即灵魂）的观点存在问题，这里他的想法就表达得更清楚了：“在描述道德动机时，他对自己的利益采取了非常精神性的观点，但伦理学的主题要求他对他人的利益持一种不那么精神性的观点。如果肉体的伤害不是真正的伤害，为什么美德如此强烈地要求我们不伤害他人的身体呢？”[81]（这里可以增加一句：如果肉体的快乐不是真正的快乐，为什么美德如此强烈地要求我们给他人带来这种快乐呢？）亚里士多德并不认为肉体的伤害和快乐不是真正的伤害和快乐，但仍然认为不如灵魂的伤害和快乐要紧。然而，恰恰对于灵魂的伤害和快乐，亚里士多德所讲的有德之人只关心自己。此外，有德之人很大程度上是通过给他人提供身体上的快乐和消除或减少他们身体上的伤害，从而获得自己灵魂上的快乐并避免了自己的灵魂受到伤害。因此，威廉斯认为，“当亚里士多德似乎最远离现代伦理观念时，通常是因为受人尊敬的行为者对自己的关心令人不安”[82]。

威廉斯所想的一定是本章前面提到的亚里士多德关于有德之人作为真正的自爱者的论证。亚里士多德将这种真正的自爱者与一般意义上的自爱者作了对比。后者是“那些将更多的财富、荣誉和肉体上的快乐分配给自己的人”[83]。这种自爱者应该受到谴责。然而，一个真正的自爱者是这样的人，“总是渴望自己应该公正、有节制地行动，或依照任何其他美德行事”；这样的人是一个真正的自爱者，因为“无论如何，他在自身和遵循这一准则的一切事物中给自己分配了最权威的部分”。[84]这样一个真正的自爱者显然不是以自我为中心，因为当他行善从而给同伴带来益处时，他这样做是“为了朋友和国家的利益，如果必要的话为他们而死”[85]。然而，亚里士多德的自爱者是所罗门所讲的更深层次上的自我中心者。尽管人们的道德行为将同时有益于自己及其同伴，但这两种益处之间存在着一种不对等：他们的同伴从他们的美德行为中获得财富、荣誉和肉体的快乐，他们从自己的美德行为中获得的是高贵。而亚里士多德明确指出，高贵远比财富、荣誉和肉体的快乐更加重要：真正的自爱者“为了为自己赢得高贵，会抛弃财富和荣誉，以及那些通常成为竞争对象的好东西”[86]。这里对美德伦理学的自我中心驳难恰恰在于：尽管亚里士多德的美德行为者确实因他人之故而关心他人，但只关心他人的外在利益，而不关心他人更重要的内在利益（美德或高贵）；虽然他们牺牲了自己的外在利益，但他们这样做，至少部分地是为了获得自己的内在利益。

所罗门本人是美德伦理学的倡导者，他承认，在美德伦理学内部难以消除这个更深层次的自我中心驳难。在他看来，对这种驳难唯一合理的反应是寻找共犯（他补充说如果这确实是一种犯罪），即表明美德伦理学的主要竞争对手特别是道义论和功利主义都犯了同样的罪。例如，康德伦理学要求行为者从义务感出发行事，而不要求行为者努力让他人也从义务感出发行事。康德认为，我们有不完全义务去促进我们的道德完善和推进他人的幸福，但我们并没有相应的不完全义务去促进我们的幸福和他人的道德完善；对于前者，因为我们没有相应的不完全义务去做我们总是自动希望去做的事情；而对于后者，因为“作为一个人，另一个人的完美恰恰在于**他自己**有能力按照他自己的义务观念来达到自己的目的，而要求我做（我有义务做）只有他人自己能做的事是自相矛盾的”[87]。因此，在所罗门看来，“康德这里的口号可能是，‘我的正直，你的幸福’”[88]。功利主义的情况稍微复杂一些，因为所罗门承认，古典功利主义要求行为者不仅要使自己仁慈，而且要试图使他人仁慈。然而，这种不对等仍然存在：行为者对他人仁慈的关心仅仅是工具意义上的关心（人类幸福最大化），行为者对自己仁慈的关心不仅仅是工具意义上的关心。可以说，行为者的仁慈“是一种视角，由此出发，他人的仁慈获得一种（工具性的）道德意义；但他（行为者的）自身的仁慈却无法从这种视角获得道德意义，因为它**就是**这种视角。这样，即便对功利主义者来说，他自己的品格也有一种他人所不具备的特殊地位”[89]。

尽管如此，一些亚里士多德学者试图超越这种共犯论证，证明亚里士多德的幸福论可以在更深层次上避免自我中心驳难。[90]对他们来说，最有力的证据是亚里士多德在一段文字中讨论了他们所认为的道德竞争：“那些人，以非凡的程度忙于所有人都赞同和赞美的高尚行动的人；如果**所有人**都为高尚的事物而奋斗，竭尽全力去做最高尚的事情，那么一切都将是为了共同的福利，而每个人都将为自己获得最伟大的东西，因为美德是最伟大的东西。”[91]例如，克劳特认为，亚里士多德在这里讨论的是道德行为者之间的道德竞争。这种竞争“不同于其他形式的竞争之处就在于：通常当人们试图超越他人时，一个人的所得就是另一个人的所失；但当有道德的个体‘为了好的东西而竞争’时，每个人都会以某种方式获益”[92]。为了说明这一点，克劳特用了一个独奏音乐家之间竞争的类比：“对每个人来说，演奏得越好获胜的可能性就越大；人人得益于每个人都在努力做到最好这一事实。”[93]

尽自己最大努力演奏会让他人尽他们最大的努力演奏，因为大家都想赢得比赛。因此，在这种有德之人之间的道德竞争中，自己越努力培养道德品格，就越是在努力培养他人的道德品格。安娜斯也提出了类似的观点。在她看来，由于亚里士多德将自爱重新界定为对道德品格的爱[94]，

> 毫不奇怪，真正的自爱者之间的竞争也被重新界定了，结果它与人们对竞争的通常理解完全不同。通常情况下，竞争是为了有限的利益，因此会损害他人的利益；我多得，你就会少得。但是，当人们“争先成为有德之人”时，他们所做的并不是以牺牲他人为代价。亚里士多德主张，**每个**人都能得到最大的好处，因为“美德就是这样的东西”。美德是用之不竭的善，我多得，你也不会因此少得。

所以，尽管克劳特和安娜斯都没有明说，道德竞争与其他形

式的竞争之间的显著差异可能在于，虽然后者通常只有一个赢家，但前者中的每个人都可以成为赢家，仿佛比赛的裁判员用了不同于其他竞争形式所用的标准。例如，在正常的比赛中，胜者是跑得最快的人。然而，在亚里士多德的竞赛中，胜者是尽其所能者。因此，一方面，胜者可能跑得比他人慢（因为跑得比胜者快的那些人可能并没有尽力）；另一方面，也有可能每个人都是胜者（如果每个人都尽力了）。或许，正是在此意义上克劳特认为，“当亚里士多德的行为者相互竞争以达到最佳状态时，每个人都更强调尽其所能做到最好，而不是比其他人做得更好”[95]。

这确实是一个有意思的解释。然而，作为对自我中心驳难的回应，至少存在三个严重的问题。其一，我们能在多大程度上理解有德之人之间的道德竞争？为了说明笔者之意，我们且看亚里士多德的一段文字，以及亚里士多德学者在道德竞争语境下解释这段文字时使用的几个例子。亚里士多德说，真正的自爱者“会为朋友而牺牲（从事）某个行动的机会，因为让朋友从事这个行动可能比让自己从事这个行动更好。因此，在任何值得称赞的事情上，卓越的人都会用好的东西奖励自己”[96]。特纳用这样一个场景来说明自爱者美德行动的自我牺牲：我们俩是从事危险侦察工作的朋友和同伴。需要有一名志愿者首先穿过开阔地带。我有意做志愿者，但我想起你不公平地获得了懦弱的名声并且想要洗清它。因此我保持沉默，好让你成为第一个冲上去的人。[97]克劳特提供了类似的例子：假设我认为我的朋友有能力监督重大的市政项目，但他的机会太少，无法展示自己的价值。因此，我说服监督这类项目的政府官员为他争取机会。[98]

上面两个示例中，有德之人牺牲美德行为，这样他的朋友就可以从事美德行为。在这种情况下，有德之人会奖励自己好的东西，而他的朋友有机会行善。然而，这里存在一些问题。在这两种情形下，有德之人的朋友已经是有德之人。在特纳的例子中，勇敢的朋友只是有一个懦夫的坏名声，而有德之人牺牲勇敢的行动帮助他的朋友恢复荣誉。然而，这并没有使他的朋友更有美德，因为对于亚里士多德来说，荣誉和金钱、财富属于同一范畴，都是在俗世意义上的自爱者所爱之物。真正的有德之人只关心是否有德，而不关心是否因有德而为人所知。事实上，正如柏拉图在《理想国》中所说，完美的有德（公正）之人，“尽管他没有做错事，但他必须享有最大不公的名声，这样他才可能在正义方面得到考验，而不因坏名声及其后果而软化。但是，让他坚持他的道路，甚至不改变直到死亡，他的一生看起来都是不公正的，尽管是公正的”[99]。在克劳特的例子中，有德之人为了朋友而牺牲自己的美德行动，这样朋友就有机会展示其价值。这是假设，一个有较多机会去做有德之事的人比一个有较少机会去做有德之事的人更有美德。这一假设是错误的，它过于注重行动。有德之人是在有需要他做有德之事的情景出现时就会去做有德之事的人。此外，正如霍卡所指出，“尽管一个人当然可以合乎道德地行动，他也可以有道德的欲望和情感，而这些欲望和情感从未在行动中表现出来——比如，同情那些他无法减轻其痛苦的人”[100]。毕竟，亚里士多德本人也说，美德既关乎行动又关乎情感。

其二，正如特纳和克劳特的例子所示，道德竞争中的那些人一定已经以某种方式成为有德之人或真正的自爱者。只有有德之人才愿意参加道德竞争，只有有德之人才愿意和有德之人竞争。这导致了一个紧迫的问题，针对美德伦理学的自我中心驳难恰恰关系到，美德行为者没有兴趣使他人具有美德。有德之人不需要关心另一个有德之人的品格，因此我们需要知道，在亚里士多德意义上的有德之人是否也关心或能够使不道德的人具有美德。一方面，在关于友爱的讨论中，亚里士多德明确指出这是基于品格的友爱，即有德之人之间的友爱。[101]此外，正如克劳特所指出的，如果一个有美德的朋友变成了坏人，那么，这位有德之人如果与之绝交似乎并不奇怪。[102]这说明，亚里士多德那里的美德之人并不关心不道德的人的品格。另一方面，亚里士多德那里的有德之人的行动不能使不道德的人具有美德。假设在特纳的例子中，有德之人为之作出牺牲的那个人实际上是个懦夫。有德之人在这一特定情形中牺牲自己的行动会使他的朋友变勇敢吗？一个懦夫之所以是懦夫，并不是因为他从来没有遇到过危险的情况，而是因为每次遇到危险的情况时，他都会感到害怕。所以，恰恰相反，有德之人避免执行勇敢行动，只会让这位懦弱的朋友不会因为成为懦夫而内疚，因为他会看到，别人的行为跟他并无二致：那些像他一样的懦夫，作为懦夫，不会前进；而那些有勇敢美德而不像他一样的人，则会决定对懦夫牺牲自己的勇敢行动。如果一个勇敢（有美德）的人可以通过牺牲自己的勇敢（有美德）行动来让一个懦夫（有恶德的人）变得勇敢（有美德），那么一个懦夫

(有恶德的人)也可以完成这样的事,因为一个懦夫自然会作出这样的“牺牲”。此外,如果这种消极的牺牲(放弃美德行动)有助于使一个有恶德的人变善,我们甚至可能不得不承认这种(通常被认为是恶的)积极的行动是善的。例如,不停地骚扰一个人可能有助于培养这个人的耐心这种美德。这当然是荒谬的,因为它意味着有恶德的人是真正的有美德之人,因为他们不仅“无私地”将现存的机会给他人,甚至还“无私地”为他人创造机会,使他人从事有德的行动。[103]

其三,即使在已经以某种方式具有美德的人之间的道德竞争中,一个人尽可能充分发展自己美德的努力,可能确实会引起他的竞争对手们作出同样的努力以尽可能充分发展自己的美德。然而,这使得它看起来像是有序的市场经济竞争中为个人贪婪作辩护的那只无形之手:一个人越为自己的利益奋斗,就越能为他人的利益作出贡献。在这样的竞争中,就结果而言,每个人以自我为中心的行动确实都会对竞争中的他人有利,但一个人加入竞争是为了自己的利益,而不是为了他人的利益。一些亚里士多德主义者对此持不同意见,他们认为,有德之人不仅在后果意义上因为有德而使得他人成为有德之人,而且使他人成为有德之人还是有德之人的意图。然而,支持这一观点的,往往是亚里士多德一些模棱两可的文字。例如,亚里士多德说,“某种美德的训练也源于善的陪伴”[104],以及“好人的友爱很好,他们被相互的友爱增强;他们也被认为通过他们的活动和相互改进变得更好;因为他们从彼此身上接受他们认可的品格模型”[105]。克劳特由此推论说，有美德的“朋友帮助彼此培养品格，彼此纠正”[106]。很明显，亚里士多德在这些文字中所讲的美德之改进，也可以用一种完全与无形之手的论证相一致的方式来解读。

麦凯利作了一些类似的推断。亚里士多德说，“他（好人）与朋友的关系如同他与自己的关联”[107]。麦凯利由此推出，对亚里士多德而言，“在这种友爱之中，我们应该感到一种对他人的关心，这种关心在本质上与我们对自己的关心没有重要区别……我们应该关心朋友实现幸福，就像我们关心自己实现幸福。因此，朋友的幸福几乎应该像我们自己的幸福一样是基本目标”[108]。亚里士多德还说，“每个人自身的存在对他自己来说都是可欲的，因此，他的朋友的存在也是如此，或者差不多如此”[109]。对麦凯利而言，这段话“可能意味着，好人对朋友的存在几乎与他对自己的存在重视程度相同，或者他如何珍视自己的存在，就如何珍视朋友的存在……论证的要点是认为朋友是另一个自我……我应该以关心自己幸福的方式关心朋友的幸福”[110]。然而，在这两种情况下，我们也可以把亚里士多德的意思理解为，有德之人应该只和有德之人交朋友。

笔者并不否认，有可能通过这样的推论来证明亚里士多德的有德之人对他人的美德感兴趣（尽管这些“他人”很显然局限于那些已经以某种方式获得美德的人），以便从亚里士多美德伦理学出发回应自我中心驳难。然而，如果我们转向二程的新儒学，我们将看到一幅更清晰、更直接、更明亮的图景。在二程看来，一个人之为君子，不仅仅是因为他倾向于给需要帮助的人提供物质的和外在的帮助，还更是因为他倾向于让他人具有美德。这一点最为清晰地体现在他们对《大学》开篇“大学之道，在明明德，在新民，在止于至善”的解释。与我们这里的讨论特别相关的是“明明德”和“新民”。按照通常的解释，“明明德”和“新民”是两个不同的术语，前者与自己有关——照亮自己原本光明的美德；而后者与他人有关——爱（这里的“新”解释为“亲”，即爱）人。倘若这样理解，它也可能遇上更深层次的自我中心驳难，特别是如果我们在通常的意义上把爱人理解为向人们提供物质的和外在的善物。然而，二程解释说，“明德新民，岂分人我？是成德者事”[111]。在他们看来，“‘在明明德’，先明此道；‘在新民’者，使人用此道以自新”[112]。这意味着，如果一个人没有让他人用这个道来改造他们自己，让他们也能成为有德之人，那么这个人就没有美德，或者没有理解道。

由于这个原因，二程经常引用孟子所讲的“先知觉后知”[113]。在二程看来，有德之人就是先觉者，就是首先理解道的人。因此，程颐认为，“君子之学也，‘使先知觉后知，使先觉觉后觉’，而老子以为‘非以明民，将以愚之’”[114]。在程颐看来，那些认为自己已经获得知识因而实现自性，却无意启发别人的人是“自贼其性”[115]。换言之，觉的意义就已经隐含了要让未觉者觉醒，而实现自己本性的意义就已经隐含了要实现他人的本性。一个人看起来已经觉悟，却不去帮助他人觉悟，这样的人并没有真正觉悟；一个人看起来是有美德的，却没有让他人有美德，这样的人并不是一个真正有美德的人。因此，对于二程来说，“既为先觉之民，岂可不觉未觉者?”[116]程颐在解释《论语》14.42“修己以安百姓”的时候也说道:“苟以为吾治己足,则便不是圣人。”[117]

因此,在二程看来,一个人只有也倾向于使他人有德才可能被认为具有美德。一个人的修身和他人的道德修养就是同一个过程。“心具天德,心有不尽处,便是天德处未能尽,何缘知性知天?尽己心,则能尽人尽物。”[118]换言之,充分实现一个人的美德,实现他人的美德,使自己成为有德之人,以及使他人成为有德之人,都是同一件事。例如,程颢认为,“振民育德”是君子培养自己和他人美德的方式。[119]显然,程颢并不认为,君子只有在完成自身美德的培养之后,培养他人美德才是他能够或者应该做的事情。相反,培养他人美德内在于一个人培养自身美德的过程之中。换言之,有德之人不可能不关心他人的美德。二程的这一主张受到了质疑,因为它似乎提供了一条不切实际的捷径:只要一个人变得有德,其他人都会自动变成有德之人。[120]不过,二程的意思是,一个人如果不关心他人的美德,就不可能成为有德之人。因此,程颐在解读《中庸》时指出:“思成己,必思所以成物”[121],“一修身而知所以治人。”[122]

然而,必须指出,他们解释《大学》“新民”,不是说用此道新人,而是说“使人用此道以自新”。在解读《孟子》“以先觉觉后觉”时也强调说,“及彼之觉,亦非分我之所有以予之,皆彼自有此义理,我但能觉之而已”[123]。有德之人可以试着帮助他人意识到自身的美德,但他不能把他的美德强加于他人。二程认为,一个人最终要靠自己成为有德之人。美德作为道德知识不能像传授科学知识那样传授给他人，因为获得道德知识不仅要通过理智，更重要的是要通过内心体验。正因为如此，二程非常重视自得。然而，这并不意味着，美德作为道德知识完全不能教，一个人应该只关心自己的美德。因此，当二程的学生王彦霖说“人之为善，须是他自肯为时，方有所得，亦难强”时，程颢回应道：“此言虽是，人须是自为善，然又不可为如此却都不管他，盖有教焉。”[124]尽管程颐指出，“君子之于人也，当于有过中求无过，不当于无过中求有过”[125]，但他并不是说我们不应该对沾染了恶德的人采取任何行动。门人问：“吾与人居，视其有过而不告，则于心有所不安，告之而人不受，则奈何?”程子回答说，“与之处而不告其过，非忠也。要使诚意之交通在于未言之前，则言出而人信矣”[126]；而“责善之道，要使诚有余而言不足”[127]。

然而，在二程看来，有德之人关心他人美德最重要的方式就是树立个人榜样，就是自己要做有德之人。因此，程颐认为：“君子之治人，治其不及人者使及人而已。将欲治人，必先治己，故以忠恕自治。责子之孝，而自知乎未能事父；责臣，责弟，责朋友，皆然。”[128]正是在此意义上，程子强调孟子提出的“大人”，即“正己而物正者也”[129]。在上述特纳所描述的那种情况下，儒家传统中有德之人不会“无私地”给他人机会去履行勇敢行动，因为只有通过树立在这种危险的情况下践行勇敢行动的范例，有德（勇敢）之人才能让他人在未来类似情况下以同样的方式行动。因此，自己做有德之人当然意味着，他做一切恰当的事，给需要帮助的人提供物质的和外在的帮助。然而，在二程看来，有德之人这样做不仅仅是为了给他人提供物质的和外在的帮助，同时也是为了让他人像自己一样有德。因此，程颐说，“诚能动人也。君子所过者化”[130]。二程相信这种道德教育的感人力量。例如，程颐在解释《论语》首章“有朋自远方来，不亦乐乎”时说道，这是因为有德之人“以善及人，而信从者众，可乐也”[131]。

第六节　自我中心驳难：根本层面

美德伦理学倡导者所罗门讨论了美德伦理学所遇到的表层和深层的自我中心驳难，上文就二程儒学与此相关的回应作了考察。有德之人渴望做有德之事，当这种愿望得到满足时便会感到快乐。然而，这并不意味着有德之人以自我为中心。其一，有德之人想要做的事是有德之事，这些事要求其关心他人的利益和福利。其二，有德之人所关心的他人的利益和福利不限于他们外在的物质利益，还包括他们的品格。我们看到，儒家和亚里士多德都为第一点提供了资源，而第二点只有在儒学中才能找到明确的证据。

然而，自我中心驳难比所罗门所讲的还可以更进一层。笔者想到的是霍卡的驳难：美德伦理学从根本上讲是以自我为中心的。这一驳难可以同意，有德之人关心他人的利益；它也可以同意儒家的观点，即有德之人所关心的他人的利益包括他们的品格；它甚至可以同意，有德之人关心他人的利益，无论是外在利益还是内在利益，都是为了他人自身的利益，而不只是为了行为者本人的利益。然而，它认为，美德伦理学仍然是以自我为中心或利己主义的：有德之人之所以为了他人自身而关心他们的利益，包括他们的品格，最终却是因为有德之人关心自己的利益，那就是充分实现其美德。在霍卡看来，美德伦理学[132]

> 关于规范性理由，预设了一种利己主义的理论，即一个人一切行动的理由都来源于他的幸福。由此产生的美德-伦理理论，在其关于行动的实质主张方面不必是利己主义的；它可以告诉人们去促进他人的快乐和知识［我们还可以加上美德］，甚至包括以牺牲自己的快乐和知识［及美德］为代价。就动机而言，它也不必是利己主义的：它可以说，要想合乎道德地行动，必须为了他人的快乐、知识［及美德］而关心它们。但这就是我想说的根本层面上的利己主义，因为他们采取行动和以这些方式获得动力的理由**归根结底**来自他们自己的幸福。

霍卡之所以提出这一深层驳难，部分原因是为了回应安娜斯对自我中心驳难的辩护。安娜斯在回应中区分了内容上的自我中心和形式上的自我中心。她认为，有德之人在内容上并非以自我为中心，但在形式上可以被视作以自我为中心：[133]

> 为了成功实现我的终极善，我必须培养的是**美德**……但是所有的美德都是做正确之事的倾向。要做到这一点，美德都要以独立于我自身利益的方式得以建立。因此，我以自

己的终极目的为目标这一事实，使古典伦理学成为形式上的行为者中心论或自我中心论，但并没有成为内容上的自我中心论……实现我的终极善，即幸福，无论结果如何，将涉及尊重他人的善，也许还包括促进他人的善。

安娜斯主张，有德之人因其有德，为了他人利益之故而尊重并促进他人利益，而不仅仅是把它们作为实现他的利益或目的的工具。不过，安娜斯还是认为，美德伦理学在形式上是以自我为中心的，因为有德之人努力尊重并促进他人的善以实现他自己最终的利益。在霍卡看来，这意味着“它们[美德理论]将一个人的所有行动理由与他自己的幸福联系起来。如果他的幸福是他的一种状态，那么，这就使得这些理论在我所讲的基本层面上是利己主义的”[134]。虽然霍卡认为有德之人为了他人而尊重和增进他人的利益，但他这样做归根结底是为了自己。换言之，有德之人关心他自己的利益，但由于这个利益（美德）的特殊性质，有德之人必须关心他人的利益，并且为了他人的利益而这样做。用克劳特的话来说，有德之人为了他人而造福他人，这恰恰是为了自己。虽然克劳特本人觉得谈论“为了自己而为了他人而造福他人”是不可理解的[135]，但我们可以看到这正是霍卡试图表达的要点。从某个层面来说，不同于审慎之人，有德之人确实为他人的利益着想。如果一个人为了自己的利益（无论是外在的还是内在的）去帮助他人，他都不是有德之人。然而，在更高的层面上，有德之人这样做是为了他自己：成为有德之人。这样，按照霍卡的说法，

"主要出于对自身美德的关注而采取行动,不是美德,而是道德上的自我放纵。因此,受该理论关于理由的主张所激励的人,将不是在道德上被激励,而是以一种不受欢迎的、自我放纵的方式受到激励"[136]。

为回应这种根本层面的自我中心驳难,一个办法是说,有德之人在基本、最终或者根本层面上是利他的。有德之人诚然追求自己的目标,但他为自己设定的目标是尊重和促进他人的利益。就此而言,有德之人为了他自己的利益而行动,这仅仅是在以下意义上说的:他所追求的是实现自己的目标,即尊重和促进他人的利益。[137]换言之,有德之人关心他人的利益。尊重和促进他人利益的目标是他自己的目标而不是其他人的目标,只有在此意义上有德之人才会为了自己而有美德。然而,除了自己的目标,没有人能追求别的目标。当一个人追求他人的目标时,他会把这些目标视为自己的目标。因此,效仿克劳特的说法,可以说也许是为了他人而为了自己而造福他人。克劳特肯定会认为这也是难以理解的,但这里隐含的观点是,虽然(如安娜斯所说)有德之人以自己的幸福为目标,"只是在以下意义上,即他过的是他的生活而不是我的生活"[138],但他过的生活是尊重和促进他人的善。因此,有德之人本质上是利他的。如果说自我中心驳难认为美德伦理学把他人的善化约为行为者的善,那么这一回应似乎主张,把有德的行为者的善化约为他人的善。然而,就此而言,霍卡认为,美德伦理学的结果不是自我放纵,而是一种自我消解(self-effacing),美德伦理学家[139]

会说一个人要幸福或体现美德，就必须从真正的道德动机出发，例如为了他人的快乐本身追求他人的快乐。相反，如果他以自己的幸福或美德为目的，那么，他就没有从所要求的动机出发行事，因此也就不会达到作为其目标的幸福或美德。这就需要帕菲特（Derek Parfit，1942—2017）所讲的**自我消解**理论，告诉行为者不要将他们关于行动理由的来源的想法作为其行动的动机，甚至连想都不要去想其行动的理由的来源。

霍卡指出，这颇具讽刺意味，因为“美德伦理学的一些支持者直言不讳地批评后果论存在自我消解的问题……但是他们自己的理论也有同样的特点，没有什么比这更令人不安的了”[140]。

为了避免这种自我放纵和自我消解之间的两难，我们需要正确理解美德尤其是儒家美德的本质，既不把它看作从根本上讲是自我放纵的（为了自己的利益），也不把它看作从根本上讲是自我消解的（为了他人），而是“既利人又利己”。此外，也不是像克劳特所说的那样把它们看作两个独立的理由[141]，仿佛有德之人可以只要其中一个理由而不要另一个理由，或者可以先要其中一个理由，然后再要另一个；相反，我们需要把它们看作同一理由的两面。我们看到，儒家传统中的有德之人不可能只是利他主义者（为他人的利益服务），而无须照顾孟子所讲的自己的“大体”。就此而言，利他主义者必须是“利己主义者”。然而，一个人如果不为他人的利益服务，就不可能成为一个“利己主义者”（照顾自己的“大体”）。就此而言，“利己主义者”必须是利他主义者。因此，这两个明显对立的观点，利己主义和利他主义，或利己和利他，就结合在一起了。而且，它们的结合方式，并不是有德之人部分利己部分利他，而是既完全“利己”又完全利他：有德之人完全为了真正的自我而行动，因此是完全利己的；然而，这只是因为有德之人意识到他真正的自我是一个关心他人利益的人，因此又是完全利他的。我们不能说，有德之人主要或从根本上讲是“利己主义者”，仿佛他照顾他人的利益只是作为一种手段服务于他自己的真实自我；我们也不能说，有德之人主要或从根本上讲是利他主义者，仿佛他照顾自己真正的自我只是一种服务他人的方式。利他主义和利己主义在这里完全重合。正如维特根斯坦在《哲学研究》中所画的“鸭兔”图，从一个角度看像鸭子，从另一个角度看又像兔子[142]，有德之人从这一角度看像利己主义者（他服务于自己的目标），从另一个角度看又像利他主义者（他把目标设定为服务他人的利益）。

就此而言，我们不能问，有德之人做有德之事是因为这样做符合他的利益，还是因为这样做就是正确的事。康德主义者可能会提出这样一个伪问题。在康德主义者看来，如果是前者，这个人出于错误的原因做了善事；只有后者，这个人的行动才有真正的道德价值。然而，在儒家美德伦理学中，利己和利他不仅不矛盾，它们甚至不是碰巧完全重合的两件事：它们实际上是同一件事。如果一个人追求自己真正的利益，他一定是在做有德之事；如果一个人做了有德之事，他一定是在追求自己真正的利益。因此，我们可以说，一个人追求他人的利益（是利他）恰恰是为了追求自己的利益（是利己）；我们也可以说，一个人追求自己的利益（是利己）恰恰是为了追求他人的利益（是利他）。在此意义上，利己与利他完全相同。促进他人利益的行动，恰恰在它促进他人利益时因为它促进他人利益才促进了自己的利益，正如一个人的利己恰恰促进了他人利益。因此，一个人越是有德（越是关心他人的利益），就越是有助于他的自我利益；反之亦然。

在这方面，笔者认为法兰克福（Harry Frankfurt）对爱的分析非常有意思。根据法兰克福的观点，爱有两个方面。一方面，"爱的内在重要性恰恰源于这样一个事实，即爱本质上在于我们对所爱者幸福的投入。对爱人的爱的价值来源于他对所爱之人的奉献。被爱者的重要性在于，爱人关心他所爱者完全是为了其所爱者之故"。然而，另一方面，"所爱者对他来说必然具有工具价值，因为这是他享受爱其所爱者这一具有内在重要性的活动的必要条件"。[143]法兰克福认为，这两个方面紧密地结合在一起，因此追问爱一个人是为了所爱之人，还是为了享受爱一个人的乐趣是愚蠢的。他用下面的例子来表明自己的观点："一位男士告诉一位女士，他对她的爱给予他的生命以意义和价值……这位女士不太可能感觉到，这位男士对她说的话意味着他根本不爱她，他关心她只是因为这样让他感觉良好。他说他对她的爱满足了他生活的一个深层次需求，这样的话肯定不会让她得出结论，他在利用她。"[144]因此，一般意义上的美德伦理学尤其是儒家美德伦理学最显著的特点就是，当有德之人关心他人的利益时，他不需要克服自己的自然倾向。相反，一个人乐于关心他人，因为通过关心他人，一个人满足自己的愿望，达到自己的目标，实现真正的自我，并因此感到快乐。这确实是美德伦理学的独特性质之一。

然而，有人可能会问，为什么一个人仅仅有道德还不够，他还需要以此为乐。这或许也是针对美德伦理学的自我中心驳难背后的原因。当被问及为什么有德之人应该利他时，美德伦理学最终可能会说，“这将使他的生活变得更好或令人钦佩，但直觉告诉我们，这并不是正确的解释。正确的解释是它会让对方的生活更美好”[145]。对此，我们可以回应说，首先，很显然，美德伦理学所推荐的道德生活对于行为者来说肯定比其他伦理理论所推荐的生活更好。例如，斯托克(Michael Stocker)问道：“如果一个人履行了自己的职责，却从未或很少想要这样做，他过的是怎样的生活？”[146]显然，且不论这样的生活对于道德行为者履行道德职责所涉及的他人来说是否为好，它对于道德行为者来说不可能是好的生活，因为他为了从事道德行动，必须作出巨大的努力来克服他的自然倾向，因此不可能乐于这样做。这一点在康德那里最为明显不过了，因为他将德福分开了。当然，批评美德伦理学的人会说，道德生活对行为者是否有益，这至少不是我们在谈论道德时需要系心的最重要的事情；要紧的是，它是否对道德对象有益。然而，与我们通常的想法相反，美德伦理学之外的伦理理论所推荐的道德行动也不一定对道德对象有益。斯托克假设的场景可以很好地说明这一点：[147]

> 假设你在一家医院，从一场长病中恢复过来，你感到非常无聊和不安。这时，史密斯又一次来访。你现在比以往任何时

候都更确信他是一个好人，一位真正的朋友——花那么多时间，从大老远赶来，让你高兴起来，等等。你的赞美和感谢溢于言表，以至于他抗议说，他总是努力去做他认为是他的义务的事，以及他认为最好的事……你们俩聊得越多，以下一点就越清晰……他来找你，实际上并不是因为你，不是因为你们是朋友，而是因为他认为这是他的义务，或者仅仅是因为他知道没有人比你更需要振作起来，没有人比你更容易振作起来。

这个例子清楚地表明，只有当有德之人的利他行动让他自己的生活变得更好时，他才能让别人的生活变得更好。

第七节　结　　语

本章主张，二程的新儒家思想及一般意义上的儒家思想是一种美德伦理学。在过去几十年间，美德伦理学已在西方哲学界兴起或者说复兴。然而，笔者的兴趣并不在于证明这一主张的合理性，而在于探索儒家对当代美德伦理学可能作出的贡献。基于此，笔者关注的是针对美德伦理学的自我中心驳难。这一驳难认为，由于美德伦理学要求我们关注自己的美德，所以它有以自我为中心之弊。笔者的回应是，对二程来说，有德之人所关心的自我正是使他关心他人利益的美德。虽然亚里士多德美德伦理学也可以提供这样的回答，但笔者认为二程新儒学可以更好地回应上述驳难。首先，亚里士多德主义幸福论美德伦理学家认为，美德使它的拥有者具有人之为人的特性，那就是理性活动。然而，他们未能证明，一个理性的存在者何以必须具有道德意义上的美德。相形之下，二程新儒学主张，人之为人，在于有德。因此，它以一种更令人信服的方式证明，美德可以使它的拥有者具有人之为人的特性。其次，自我中心驳难进而主张，正如在幸福论美德伦理学中，有德之人关心他人外在的、物质层面的善，但他却关心自己的品格。由于美德伦理学认为人的品格比物质利益更重要，因此，美德伦理学在这一更深层次上是以自我为中心的。笔者认为，不同于亚里士多德的有德之人，二程新儒学中的有德之人具有美德，是因为他不仅关心他人的物质幸福，而且也关心他人的品格特征。再次，自我中心驳难在根本的层面主张，有德之人促进他人的利益，不管是内在利益还是外在利益，归根结底都是为了他自己的利益。二程新儒学也可以对此作出回应。笔者认为，在二程新儒学中，一个人对自己的关心和对他人的关心是不可分割的，因此不能说何者更基本或更高。

注释

① Rosalind Hursthouse, *On Virtue Ethics* (Oxford: Oxford University Press, 1999), p. 1.

② Robert Merrihew Adams, "Motive Utilitarianism," *Journal of Philosophy* 73 (1976), p. 467.

③ 同上文，第 467 页。

④ 同上文，第 470 页。

⑤ 因此，沃森指出，在品格功利主义中，“拥有和践行某些品性所带来的结果的

价值是其他一切价值的最终标准。它与行动功利主义都认为，最基本的概念是好的结果或好的事态，即人的幸福”。参见 Gary Watson，“On the Primacy of Character,” in Daniel Statman（ed.），*Virtue Ethics: A Critical Reader*（Washington，D.C.：Georgetown University Press，1997），p. 61.

⑥ Onora O'Neill，“Kant after Virtue,” in her *Constructions of Reason: Exploration of Kant's Practical Philosophy*（Cambridge：Cambridge University Press，1989），p. 152.

⑦ 同上书，第 153 页。

⑧ 有关康德准则这一理解的其他问题，可参见 Robert B. Louden，“Kant's Virtue Ethics,” in Daniel Statman（ed.），*Virtue Ethics: A Critical Reader*（Washington，DC：Georgetown University Press，1997），pp. 290－292. 劳登（Robert Louden）本人也认为，康德至少在一定程度上是一位美德伦理学家。然而，劳登所关注的不是准则，而是康德的善良意志（good will）。在他看来，善良意志是“一种成为一个人一切行动基础的品格状态”；由此劳登推断，“在他（康德）的伦理学中，最重要的不是行为而是行为者”；就此而言，康德伦理学也是一种美德伦理学，因为“康德将美德定义为……‘与反对我们意志的道德态度的力量相关的坚毅’。因此，康德的美德行为者，由于他的‘坚毅’，能够抵制反对道德律的冲动和倾向”。参见上书，第 289 页。然而，劳登本人也承认，将康德理解为美德伦理学家存在一个问题，因为在康德那里，“善良意志和美德都是从服从道德法则的角度来定义的……既然人类的美德是按照符合法则和绝对律令来定义的，看来康德伦理学中最主要的不是为了美德而美德，而是服从规则。美德是康德伦理的核心……但是康德的美德本身是以最高道德原则来定义的”。参见上书，第 290 页。

⑨ Onora O'Neill，“Kant after Virtue,” p. 162.

⑩ 参见 Elizabeth Anscombe，“Modern Moral Philosophy,” *Philosophy* 33（1958），pp. 1－19.

⑪ Rosalind Hursthouse，*On Virtue Ethics*（Oxford：Oxford University Press，1999），p. 26.

⑫ 同上书，第 31 页。

⑬ Michael Slote，*Morals from Motives*（Oxford：Oxford University Press，2001），p. 5.

⑭ Thomas Hurka，*Virtue*，*Vice*，*and Value*（Oxford：Oxford University Press，2001），p. 12.

⑮ 同上书，第 15 页。

⑯ 同上书，第 20 页。

⑰ 同上书，第 21 页。

⑱ Daniel Statman, "Introduction," in Daniel Statman (ed.), *Virtue Ethics: A Critical Reader* (Washington, D.C.: Georgetown University Press, 1997), p. 16.

⑲ Bryan Van Norden, *Virtue Ethics and Consequentialism in Early Chinese Philosophy* (Oxford: Oxford University, 2007); Jiyuan Yu, *The Ethics of Confucius and Aristotle: Mirrors of Virtue* (New York and London: Routledge, 2007); May Sim, *Remastering Morals with Aristotle and Confucius* (Cambridge: Cambridge University Press, 2007). 沈清松（Vincent Shen, 1949—2018）认为，这种对儒家伦理的研究进路迥异于之前的当代新儒家，"如牟宗三及其追随者运用康德的绝对律令来解释儒家伦理，忽视了伦理实践的重要性"。参见 Vincent Shen, "CHEN Daqi," in Antonio Cua (ed.), *Encyclopedia of Chinese Philosophy* (New York and London: Routledge, 2002), p. 31. 此说不无道理。不过，牟宗三把儒家伦理与康德伦理联系起来，主要不是认为二者不同于美德伦理学，而是认为二者不同于如基督教伦理学那样的他律伦理学。牟宗三认为，康德伦理学的核心思想是道德行为者的自律或自我立法，而这是反叛基督教把上帝作为人类行动的立法者。牟宗三认为，正是这一自律概念与儒家伦理相契，因为在他看来，儒家伦理也主张自律而非他律。就此而言，牟宗三未必反对将儒家伦理解释为一种美德伦理学，因为美德伦理学显然也主张自律而非他律。

⑳ David Solomn, "Internal Objections to Virtue Ethics," in Daniel Statman (ed.), *Virtue Ethics: A Critical Reader* (Washington, D. C.: Georgetown University Press, 1997), p. 169.

㉑ Immanuel Kant, *Critique of Practical Reason*, trans. by Lewis White Beck (New York: Macmillan, 1956), p. 22.

㉒ 同上书，第 111 页。

㉓ 要详细考察康德对这种以自我为中心的道德概念的批判，可参阅 Terence H. Irwin, "Kant's Criticism of Eudaemonism," in Stephen Engstrom and Jennifer Whiting (eds.), *Aristotle, Kant, and the Stoics: Rethinking Happiness and Duty* (Cambridge: Cambridge University Press, 1996).

㉔《论语》，14.24。

㉕《论语》,19.13。

㉖ [宋] 程颢、程颐:《遗书》卷第六,《二程集》,第 90 页;亦见《粹言》卷第一,《二程集》,第 1214 页。

㉗ [宋] 程颢、程颐:《遗书》卷第二十五,《二程集》,第 325 页;亦见《粹言》卷第一,《二程集》,第 1197 页。杜维明在讨论儒家“为己之学”时指出,“儒家坚持为己之学是基于这样一种信念:修身本身就是目的,而非达到目的的手段。那些为了修身而修身的人,可以为自我实现创造内在的资源,这对于那些仅仅把修身看作诸如社会进步或政治成功等外部目的的工具的人来说是不可想象的”。参见 Weiming Tu, “Happiness in the Confucian Way,” in Leroy S. Rouner (ed.), *In Pursuit of Happiness* (Notre Dame, Indiana: University of Notre Dame Press, 1995), p. 105. 在杜维明看来,如果儒家学者“不认同学习主要是为了自我提升的观点,那么社会服务的需求将会破坏修身本身作为一种崇高目的的完整性”。参见上书,第 106 页。虽然笔者认为杜维明对儒家“为己”思想的解释是正确的,但他对“为己”(自我道德修养)和“为他”(对他人的美德行动)之间的密切关系甚至同一性关注不够。

㉘ [宋] 程颢、程颐:《遗书》卷第二十五,《二程集》,第 325 页;亦见《粹言》卷第一,《二程集》,第 1197 页。

㉙ LaRue Tone Hosmer, “Why Be Moral: A Different Rationale for Managers,” *Business Ethics Quarterly* 4. 2 (1994), p. 191.

㉚ 同上文,第 192 页。

㉛ 例如,肖和科尔维诺认为,霍斯默并没有仔细考虑柏拉图的盖奇指环:“我们无法判断,在创造企业成功的过程中,真正的道德是否比纯粹的道德表象作用更大。而且,我们看不出有任何办法可以检验真正的道德是否作用更大……如果管理者相信他们可以对冲风险,通过恶德而非美德来获得同样或更大的成功,我们怎么能指望他们表现出道德呢?”参见 Bill Shaw & John Corvino, “Hosmer and the ‘Why Be Moral?’ Question, ”*Business Ethics* 6 (1996), p. 378.

㉜ 因此,她认为,“有这样一种场合,如果我大胆说出我应该说的话,我就会被关进精神病院,接受强制麻醉;有另外一种场合,做勇敢的事使我终身残疾;还有另外一种场合,如果我做善事就很可能会死。在这些场合下,对是否要有美德的回答不能是‘如果你想要快乐,过一种成功、幸福的生活,你应当做**此时此地**诚实、勇敢或慈善的事情——你会发现它是值得的’”。参见 Rosalind Hursthouse, *On Virtue Ethics*, p. 171.

㉝ 同上书,第 172 页。

㉞ 同上书,第 173 页。科普和索贝尔(David Sobel)不同意这一观点:“尽管我们有异议,但‘大多数情况下,总的来说’,诚实、慷慨、善良和关心他人会让人受益,这也许是真的。但就我们所见而言,‘大多数情况下,总的来说’,自私、漠然、审慎对一个人有益也可能是真的。”参见 David Copp and David Sobel, “Morality and Virtue: An Assessment of Some Recent Work in Virtue Ethics,” *Ethics* 114 (2004), p. 531. 不过,他们也承认,“赫斯特豪斯的建议的优点之一……是它不依赖于一种关于幸福的道德化概念。例如,她承认,美德所需要的牺牲可以算作幸福的损失”。参见上书,第 531 页。

㉟ Richard Kraut, “Egoism and Altruism,” in *Routledge Encyclopedia of Philosophy* (New York and London: Routledge, 1998), § 4.

㊱ David Solomon, “Internal Objections to Virtue Ethics,” in *Virtue Ethics: A Critical Reader*, ed. by Daniel Statman (Washington, D.C.: Georgetown University Press, 1997), pp. 171 - 172.

㊲ Bernard Williams, *Ethics and Limits of Philosophy* (Cambridge, MA: Harvard University Press, 1985), p. 49.

㊳ 同上书,第 50 页。

㊴ 在这方面,赫斯特豪斯也作了一个有意思的观察:“完全具有美德的人通常知道自己应该做什么,她做这样的事,并渴望做这样的事。她的欲望与她的理性‘完全和谐’;因此,她做她应该做的事,就是在做她想做的事,并且收获满足欲望的回报。因此,‘德行使爱美德的人得到快乐’(1099a12);完全具有美德的人高兴地去做他们(依其品格要做)的事。”参见 Rosalind Hursthouse, *On Virtue Ethics*, p. 92.

㊵ Aristotle, *Ethica Nicomachea*; *Ethica Eudemia*; *and Magna Moralia*, in W. D. Ross (ed.), *The Works of Aristotle*, vol. 9 (Oxford: Oxford University Press, 1915), 1168b15 - 16.

㊶ 同上书,1168b26 - 28。

㊷ 同上书,1168b29 - 33。

㊸ 同上书,1169a12 - 15。

㊹ 当然,并不是所有的美德都是涉他的。有些美德是自涉的,有些美德既涉他又自涉。然而,即使是那些仅仅自涉的美德,比如节制(在饮酒、饮食、玩耍等方面),至少也不是要去伤害他人的自私品质。

㊺ Aristotle, *Ethica Nicomachea*; *Ethica Eudemia*; *and Magna Moralia*, 1098a3.

㊻ 例如，霍卡就说道，“一种理论如果实际上将幸福视为具有核心解释力的特性，那么它在多大程度上具有美德伦理学的鲜明特征？……如果这一理论把美德作为导向幸福的原因，作为产生独立存在的幸福的手段，那么，它就不可能是鲜明的美德伦理”。参见 Thomas Hurka, *Virtue*, *Vice*, *and Value*, p. 233.

㊼ 有关亚里士多德伦理学作为一种美德伦理学的一些严肃批评，可参见 Gerasimos X. Santas, "Does Aristotle Have a Virtue Ethics," in Daniel Statman (ed.), *Virtue Ethics: A Critical Reader* (Washington, D. C.: Georgetown University Press, 1997).

㊽ Bernard Williams, *Morality: An Introduction to Ethics* (New York: Harper, 1971), pp. 73 - 74. 余纪元在回应这一质疑时指出：“人类的美好生活必须涉及对这一人类特性(理性)的实践和表现。如果一个人的生活被欲望主宰，那么他的生活就‘完全是奴性的’，‘是一种放牧动物的生活’(*NE*, 1095b19 - 20)。”参见 Jiyuan Yu, *The Ethics of Confucius and Aristotle: Mirrors of Virtue*, p. 66. 欲望是一种没有理性的生活，但它不一定违背理性。它可以由理性所引导。以理节欲的生活显然不是放牧动物的生活而是一种合理的人类生活，一种实践理性的生活。当然，对亚里士多德来说，合理的人类生活不仅仅是以理节欲的生活；它还包括理智生活。宽泛地说，欲望的生活大致是肉体生活。如果欲望的生活即使由理性引导也不是一种合理的人类生活，那么，具有美德的生活也都不能算作合理的人类生活，因为有德之人对他人所做的，在大多数情况下，是提升他人的肉体生活。

㊾ Bernard Williams, *Ethics and Limits of Philosophy* (Cambridge, MA: Harvard University Press, 1985), p. 52.

㊿ Martha C. Nussbaum, "Aristotle on Human Nature and the Foundation of Ethics," in J. E. J. Altham and Ross Harrison (eds.), *World*, *Mind*, *and Ethics: Essays on the Ethical Philosophy of Bernard Williams* (Cambridge: Cambridge University Press, 1995), p. 116.

51 Bernard Williams, "Replies," in J. E. J. Altham and Ross Harrison (eds.), *World*, *Mind*, *and Ethics: Essays on the Ethical Philosophy of Bernard Williams* (Cambridge: Cambridge University Press, 1995), p. 199. 除了功能论证，努斯鲍姆也讨论了亚里士多德关于人是政治动物的论证。参见 Martha Nussbaum, "Aristotle on Human Nature and the Foundation of Ethics," pp. 102 - 110. 这同样没有说服威廉斯：“格劳孔和阿德曼托斯认为，人类本质

上或通常是理性的，且本质上或通常生活在社会中。但是，格劳孔和阿德曼托斯仍然可以否认说，在让人根据社会的限制性要求生活时，理性被误置了，没有得到最有效的发挥。”参见上书，第 199 页。

52 John McDowell, *Mind*, *Value*, *and Reality* (Cambridge, MA: Harvard University Press, 1998), p. 12.

53 同上书，第 13 页。

54 同上书，第 35—36 页。

55 *N. E.*, 1098a3 - 4.

56 *N. E.*, 1097b11, 1069b18 - 19.

57 John McDowell, *Mind*, *Value*, *and Reality*, 第 171 页。

58 同上书，第 173 页。

59 Thomas Hurka, *Virtue*, *Vice*, *and Value*, p. 236.

60 同上书，第 237 页。

61 同上书，第 237 页。

62 同上书，第 238 页。

63 同上书，第 238 页。

64 [宋] 程颢、程颐：《遗书》卷第十一，《二程集》，第 125 页。

65 [宋] 程颢、程颐：《遗书》卷第二上，《二程集》，第 20 页。

66 [宋] 程颢、程颐：《遗书》卷第一，《二程集》，第 1 页。

67 [宋] 程颢、程颐：《遗书》卷第二上，《二程集》，第 14 页。

68 [宋] 程颢、程颐：《遗书》卷第十五，《二程集》，第 168 页。

69 [宋] 程颢、程颐：《遗书》卷第二十五，《二程集》，第 318 页。

70 [宋] 程颢、程颐：《遗书》卷第十八，《二程集》，第 234 页。

71 Rosalind Hursthouse, *On Virtue Ethics*, p. 167.

72 Gary Watson, “On the Primacy of Character,” p. 67.

73 Rosalind Hursthouse, *On Virtue Ethics*, p. 193. 赫斯特豪斯认为，“威廉斯……基本上已经指出了相同的困境。如果‘合乎人性的人’(如现代自然主义研究中所描述的那样)像‘符合狼性的狼’一样，是一个生物学/行为学/科学的概念，那么它在客观上是可以的，但它不会在伦理方面产生太多东西；它的道德意义在很大程度上是不确定的……在我们的伦理观中形成的人性概念可能会给我们带来相当多的财富——但是，当然，这些财富不会在客观上有充分的根据，而仅仅是对伦理观中所涉及的观点的再重复”。参见 Rosalind Hursthouse, “On the Grounding of the Virtue in Human Nature,” in Jan

Szaif (ed.), *What is Good for a Human Being?: Human Nature and Value* (Berlin and New York: Walter de Gruyter, 2004), p. 165.

⑭ [宋] 程颢、程颐:《遗书》卷第十五,《二程集》,第 168 页。

⑮ David Wong, *Natural Morality: A Defense of Pluralistic Relativism* (Oxford: Oxford University,2006), p. 188. 汤普森(Michael Thompson)提出了本质上相同的观点:"我们可以说,在个体中仅仅'应该是'的东西,在它的形式之中乃真正的'是'。"参见 Michael Thompson, "Representation of Life," in Rosalind Hursthouse, Gavin Lawrence, and Warren Quinn (eds.), *Virtues and Reasons* (Oxford: Clarendon Press, 1998), p. 295.

⑯ 通过他对第一自然和第二自然的独特理解,特纳提出了"自然规范"说。普遍的人性可以看作第一自然,而美德可以看作第二自然。然而,"第一自然和第二自然的关系必须是,第二自然是第一自然的自然产物,因此在我们给定的结构中,(第一)自然产生出伦理上成熟的第二自然"。参见 Christopher Toner, "Sorts of Naturalism: Requirements for a Successful Theory," *Metaphilosophy* 39, 2 (2008), p. 236.

⑰ 同上文,第 236 页。

⑱ David Solomon, "Internal Objections to Virtue Ethics," p. 172.

⑲ 同上文,第 172 页。

⑳ Bernard Williams, *Ethics and Limits of Philosophy*, p. 50.

㉑ 同上书,第 34 页。

㉒ 同上书,第 35 页。

㉓ Aristotle, *Ethica Nicomachea*; *Ethica Eudemia*; *and Magna Moralia*, 1168b15 - 17.

㉔ 同上书,1068b25 - 30.

㉕ 同上书,1069a19 - 20.

㉖ 同上书,1069b20 - 21.

㉗ Immanuel Kant, *Doctrine of Virtue*, ed. by M. Gregor (New York: Harper, 1964), p. 44.

㉘ David Solomon, "Internal Objections to Virtue Ethics," p. 172. 斯洛特的美德伦理学强调行为者和行为对象之间的对称性,正是试图避免这种康德式的不对称,尤其是在他早期的著作中:"从常识上讲,我们既钦佩一个人能够做些什么来促进自己或他人的幸福,也钦佩一个人能够做些什么来促进自己或他人的可敬之处。我们通常钦佩他人拥有自涉和涉他的美德……我们也钦

佩那些帮助他人培养令人钦佩或具有美德的品格……因此，我认为人们应该关心幸福和美德……包括**他人的和自己的**，这是美德伦理学的常识。"参见 Michael Slote，*From Morality to Virtue*（Oxford：Oxford University Press，1992），p. 111. 然而，最近斯洛特并不坚持严格的对称性，即有德之人不必同等地关注自己和他人的幸福，尽管他仍然认为，有德之人应该同时关注自己和他人的美德。参见 Michael Slote，*Morals from Motives*，pp. 77－78.

⑧⑨ David Solomon，"Internal Objections to Virtue Ethics，" p. 173.

⑨⓪ 麦凯利区分了利己主义幸福论和利他主义幸福论："一个回答称，亚里士多德赋予每个行为者一个基本目标，就是让他自己的生活实现幸福。我将此称为'利己主义幸福论'解释。另一种解释认为，亚里士多德属于利他主义幸福论。他认为，除了在我们自己的生活中应该以幸福为目标外，我们还应该有一个至少使其他一些人实现幸福的基本目标。"参见 Dennis McKerlie，"Friendship，Self-Love，and Concern for Others in Aristotle's Ethics，" *Ancient Philosophy* 11（1991），p. 85. 我们会看到，麦凯利本人主张第二种理解亚里士多德的方式。

⑨① Aristotle，*Ethica Nicomachea*；*Ethica Eudemia*；*and Magna Moralia*，1169a6－12.

⑨② Richard Kraut，*Aristotle on the Human Good*（Princeton：Princeton University Press，1989），p. 117.

⑨③ 同上书，第 117 页。

⑨④ Julia Annas，*The Morality of Happiness*（Oxford：Oxford University Press，1993），p. 297.

⑨⑤ Richard Kraut，*Aristotle on the Human Good*，p. 119.

⑨⑥ Aristotle，*Ethica Nicomachea*，1169a33－36.

⑨⑦ 参见 Christopher Toner，"The Self-Centeredness Objection to Virtue Ethics，" *Philosophy* 81（2006），p. 611.

⑨⑧ Richard Kraut，*Aristotle on the Human Good*，p. 126.

⑨⑨ Plato，*The Republic*，in Edith Hamilton and Huntington Cairns（eds.），*The Collected Dialogues of Plato*（Princeton：Princeton University Press，1963），361c.

⑩⓪ Thomas Hurka，*Virtue*，*Vice*，*and Value*，p. 8.

⑩① 正如安娜斯所指出，"最好或最完美的友谊是，每个人都因对方的善特别是他的好品格而成为朋友——事实上这种友谊通常被称为基于品格的友谊"。参

见 Julia Annas, *The Morality of Happiness*, pp. 249 - 250.

⑩② Aristotle, *Ethica Nicomachea*, 1165b13 - 21;参见 Richard Kraut, *Aristotle on the Human Good*, p. 111.

⑩③ 程颐也清楚地看到了这一情形的荒谬性。有人说,明道者与未明道者之间、君子与小人之间都是彼此促进的;对此,程颐明确说道,"岂不欲人人尽为君子哉? ……若然,则人类之存,不赖于圣贤,而赖于下愚也"。参见[宋] 程颢、程颐:《遗书》卷第二十一上,《二程集》,第 272 页。

⑩④ Aristotle, *Ethica Nicomachea*; *Ethica Eudemia*; *and Magna Moralia*, 1170a11 - 12.

⑩⑤ 同上书,1172a12 - 14.

⑩⑥ Richard Kraut, *Aristotle on the Human Good*, p. 121.

⑩⑦ Aristotle, *Ethica Nicomachea*; *Ethica Eudemia*; *and Magna Moralia*, 1166a31 - 32.

⑩⑧ Dennis McKerlie, "Friendship, Self-Love, and Concern for Others in Aristotle's Ethics," p. 88.

⑩⑨ Aristotle, *Ethica Nicomachea*; *Ethica Eudemia*; *and Magna Moralia*, 1170b7 - 8.

⑪⓪ Dennis McKerlie, "Friendship, Self-Love, and Concern for Others in Aristotle's Ethics," pp. 96 - 97.

⑪① [宋] 程颢、程颐:《遗书》卷第六,《二程集》,第 84 页。

⑪② [宋] 程颢、程颐:《遗书》卷第二上,《二程集》,第 22 页。

⑪③《孟子》,5a7。

⑪④ [宋] 程颢、程颐:《遗书》卷第二十五,《二程集》,第 322 页。

⑪⑤ [宋] 程颢、程颐:《遗书》卷第二十五,《二程集》,第 322 页。

⑪⑥ [宋] 程颢、程颐:《遗书》卷第一,《二程集》,第 5 页。

⑪⑦ [宋] 程颢、程颐:《遗书》卷第十五,《二程集》,第 169 页。

⑪⑧ [宋] 程颢、程颐:《遗书》卷第五,《二程集》,第 78 页。

⑪⑨ [宋] 程颢、程颐:《遗书》卷第十四,《二程集》,第 140 页。

⑫⓪ 参见[宋] 程颢、程颐:《遗书》卷第十,《二程集》,第 115 页。

⑫① [宋] 程颢、程颐:《经说》卷第八,《二程集》,第 1161 页。

⑫② [宋] 程颢、程颐:《经说》卷第八,《二程集》,第 1157 页。与之相联系,将《论语》6.30 中著名的"己欲立而立人,己欲达而达人"引入我们的讨论很有意思。这段话通常被理解为儒家金律的正面表达(与金律在《论语》12.2 中的负面表

达相反："己所不欲，勿施于人。"）。然而，清代学者毛奇龄在其《四书改错》一书中解释说，这段话说的是，没有立人则无法立己，没有达人则无法达己。换言之，立人是立己的内在内容，达人是达己的内在内容。因此，毛奇龄不仅将这段话与我们已经讨论过的《中庸》的"成己""成物"联系起来，而且与《大学》开篇的"明明德""亲民"，《孟子》7a9 的"独善其身""兼善天下"，《论语》14.42 的"修己""安人"等联系起来。参见程树德：《论语集释》（北京：中华书局，1990），第 429 页。依其理解，这些成对概念中的每一项都离不开另一项：一个人不成物则无法成己，不亲民则无法明明德，不兼善天下则无法独善其身，不安则无法修己；反之亦然。

⑫③ [宋] 程颢、程颐：《遗书》卷第一，《二程集》，第 5 页。

⑫④ [宋] 程颢、程颐：《遗书》卷第一，《二程集》，第 2 页。

⑫⑤ [宋] 程颢、程颐：《遗书》卷第二十一下，《二程集》，第 272 页。

⑫⑥ [宋] 程颢、程颐：《遗书》卷第四，《二程集》，第 74 页。

⑫⑦ [宋] 程颢、程颐：《遗书》卷第四，《二程集》，第 75 页。二程还提到君子进行道德教育的一些细节。例如，"君子之教人，或引之，或拒之，各因其所亏者，成之而已"（[宋] 程颢、程颐：《遗书》卷第四，《二程集》，第 70 页）；"君子教人有序。先传以小者近者，而后教以大者远者"（[宋] 程颢、程颐：《遗书》卷第八，《二程集》，第 102 页）。

⑫⑧ [宋] 程颢、程颐：《经说》卷第八，《二程集》，第 1155 页。

⑫⑨《孟子》，7a19。参见[宋] 程颢、程颐：《遗书》卷第九，《二程集》，第 105 页；亦见《遗书》卷第十一，《二程集》，第 119 页。

⑬⓪ [宋] 程颢、程颐：《遗书》卷第十八，《二程集》，第 203 页；亦见《遗书》卷第十八，《二程集》，第 185 页。亚当斯也强调了道德感化力量的重要性："伦理信念的形成不能完全独立于伦理情感和欲望的形成，如果后者很糟，前者就不会好。"参见 Robert Merrihew Adams，*A Theory of Virtue: Excellence in Being for the Good*（Oxford：Oxford University Press，2006），p. 213.

⑬① [宋] 程颢、程颐：《经说》卷第六，《二程集》，第 1133 页。

⑬② Thomas Hurka，*Virtue*，*Vice*，*and Value*，p. 232. 黑体系引者所加。

⑬③ Julia Annas，*The Morality of Happiness*，p. 223.

⑬④ Thomas Hurka，*Virtue*，*Vice*，*and Value*，pp. 232 - 233，note 28.

⑬⑤ Richard Kraut，*Aristotle on the Human Good*，p. 136.

⑬⑥ Thomas Hurka，*Virtue*，*Vice*，*and Value*，p. 246. 必须指出，在讨论反对美德伦理学的自我中心驳难时，我们主要关注的是美德伦理学的幸福主义版本

而非其他。斯洛特所倡导的卓越主义的美德伦理学认为自己不受这种驳难的影响,因为它的关注点在于可令人钦佩之处。然而,霍卡认为,他所批评的根本层面上的利己主义也适用于这种美德伦理学,因为“卓越理论同样给出了一种利己的解释,即行动对于行为者来说是令人钦佩的,而这也是不正确的解释。因为他们如此集中于行为者的美德,美德伦理学理论在自身中找到了理由的最终来源,由此美德行动对他的幸福或可令人钦佩之处具有意义”。参见上书,第 248 页。

⑬⑦ 例如,斯旺顿(Christine Swanton)认为,“为了捍卫幸福,人们可能会主张,‘类型或范围 X’的理由属于作为一种美德的 X,而这反过来又由目标 X 所构成。例如,如果 X 是友谊这一美德,那么类型 X 的理由就必须通过爱慕行为来表达友谊,促进朋友的利益,等等。这里似乎没有隐藏的或隐蔽的利己主义。简而言之,类型 X 的理由来源于目标 X,这些理由本身并不是声称‘X 是一种美德’的理由”。参见 Christine Swanton, *Virtue Ethics: A Pluralistic View* (Oxford: Oxford University Press, 2003), p. 79.

⑬⑧ Julia Annas, “Virtue Ethics,” in David Copp (ed.), *Oxford Handbook of Ethical Theory* (Oxford: Oxford University Press, 2006), p. 522.

⑬⑨ Thomas Hurka, *Virtue*, *Vice*, *and Value*, p. 246.

⑭⓪ 同上书,第 246 页。

⑭① Richard Kraut, *Aristotle on the Human Good*, p. 137.

⑭② Ludwig Wittgenstein, *Philosophical Investigation* (New York: Macmillan, 1958), p. 194.

⑭③ Harry Frankfurt, *Reason of Love* (Oxford: Oxford University Press, 2003), p. 59.

⑭④ 同上书,第 60 页。除了父母对孩子的爱之外,富特还以友谊为例提出了同样的观点:“友谊需要为朋友做事,这可能确实很麻烦,甚至还要献出生命。但是,因为友谊所做的事是乐意去做的。”参见 Philippa Foot, *Natural Goodness* (Oxford: Oxford University Press, 2001), p. 102.

⑭⑤ Thomas Hurka, *Virtue*, *Vice*, *and Value*, p. 249.

⑭⑥ Michael Stocker, “The Schizophrenia of Modern Ethical Theories,” in Roger Crisp and Michael Slote (eds.), *Virtue Ethics* (Oxford: Oxford University Press, 1997), p. 67.

⑭⑦ 同上书,第 74 页。

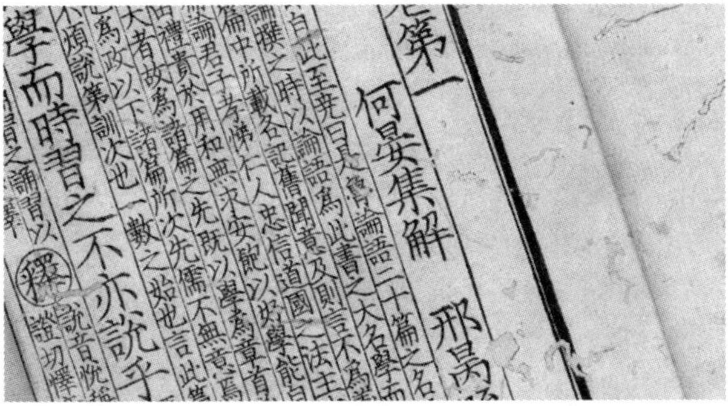

第三章

知：意志软弱何以不可能

第一节　引　　言

“我为什么要有道德？”第一章对这一问题的回答是：因为你是人！第二章表明，这样一个美德伦理的答案并不是以自我为中心的。假设这是一个恰当的答案，现在可以继续讨论一个相关问题：“我能成为有德之人吗？”尽管前面两章的讨论已经触及这个问题，本章且把它跟意志软弱（*akrasia*，weakness of the will）联系起来加以详论。意志软弱问题属于广义的行动理论，我们主要关注它的道德面向。我们经常听到有人说，“我知道何为道德，但我就是做不到”，或者“我知道这不对，但我就是忍不住要去做”。本章旨在为这种说法提供充分的回应，并表明：① 如果有真正的道德知识，一个人就不可能不根据这样的知识行事；② 一个人只要努力就能够获得这样的真知。

1970 年，戴维森发表了颇具影响力的文章《意志软弱何以可能？》，该文重新激发并彻底逆转了古人关于 *akrasia* 问题的讨论。希腊文 *akrasia* 除了译为“意志软弱”（weakness of will），有时也译为“无法自制”（incontinence）、“放纵”（unrestraint）等。戴维森下了一个定义：“行动者以无法自制的方式做事情 x，当且仅当：① 行动者有意做事情 x；② 行动者知道还有另一种可能性，那就是做事情 y；③ 综合考虑各方面因素，行动者判断做事情 y 比做事情 x 要好。”[①] 例如，某人综合考虑各方面因素之后知道最好还是戒烟，而且他相信自己能够戒烟，但仍然有意抽烟，那么他的行为就是意志软弱的行为。自古以来，哲学家们就试图理解意志软弱是否可能。如果可能，何以可能？如果不可能，如何来解释日常生活中常见的那种人们知而不行的现象？

为了让问题更加聚焦，我们需要把依照戴维森的方式界定的意志软弱现象与其他一些类似的情形区分开来。史密斯（Michael Smith）讨论了意志软弱的行为如何有别于以下两类行为：鲁莽行为（recklessness）或放纵行为（intemperance）和强迫性的非自主行为（compulsion）。他以一位有意喝酒的妇女为例：她不应该再喝，因为再喝就无法履行某些职责，但还是继续喝酒。"在第一种情形［鲁莽或放纵］下，她知道自己在做什么，并且接受行为的后果。她的选择是喝醉或冒喝醉的风险，她依据自己的判断行事。在第二种情形［意志软弱］下，她（明）知道不喝更好，但还是自己要喝；她缺乏自我控制的原因是意志软弱。在第三种情形［强迫］下，她（明）知道不喝更好，但还是自己要喝；不过，这次她是强迫的（不可抗拒的）喝酒欲望的受害者。"[②]黑尔（R. M. Hare，1919—2002）进一步把意志软弱区别于虚伪（hypocrisy）：一个人做了（或没有做）他嘴上说的自己不应该（或应该）做的事，但他嘴上所说实非心中所想。[③]除此之外，笔者也认为应该进一步将意志软弱和另外三种情形区别开来不无裨益。其一，无知。比如，一个人抽烟，因为不知道抽烟不好且不应该抽烟。其二，疏忽。一个人也可能出于无知而行动，但这时的无知是由这个人的疏忽导致的：他本可以而且本应该知道正在做什么，以及是否应该这样做。其三，理性选择。下面这个例子可以很好地说明何为理性选择：一个人可能知道抽烟有害身体健康，就此而言，他知道不应该抽烟；另一方面，他也知道抽烟能够带来很多乐趣。因此，他面临两难困境：要么不吸烟，这样可以活得长一些，但生活的乐趣显然也要少一些；要么吸烟，虽然活得短一些，但生活本身更带劲。几经权衡，他选择了前者。

以上六种与意志软弱不同的现象都很容易理解，没有人会问它们是否可能，在我们的日常生活中肯定能找到很多这样的例子。然而，意志软弱的问题则不同。它试图描述以下情形：一个人有意去做他真诚地认为可以不做且不应该做的事（或有意不去做他真诚地认为能做且应该做的事）。由于这个原因，许多古代哲学家认为，在这个意义上不仅没有意志软弱的人，而且意志软弱根本不可能。任何被视作意志软弱的情形都只是上述六种现象中某一种的伪装。因此，任何认为意志软弱可能的（甚至是真实的）人都有责任证明意志软弱是可能的。下面，笔者首先简单考察一下西方哲学如何讨论意志软弱问题（第二节）；接着讨论二程（特别是程颐）的知行观（第三节），以及他们对闻见之知与德性之知的区分（第四节）。由他们的知行观及两种知识的区分出发，二程不仅表明意志软弱是不可能的，并且阐明了意志软弱如何不可能。这一看法与当代西方哲学主流观点截然相反，后者在很大程度上受到戴维森的影响。与之相应，这一看法显然更接近于苏格拉底和亚里士多德的观点。不过笔者认为，在很多重要的方面，二程关于意志软弱的看法不仅不同于而且优于苏格拉底和亚里士多德的观点（第五节、第六节）。最后，对本文作简要总结（第七节）。

第二节　西方哲学中的意志软弱问题

柏拉图《普罗泰戈拉篇》中的苏格拉底可能是最早直接讨论这个问题的哲学家了。苏格拉底明确认为，意志软弱是不可能的："如果一个人知道或者相信有别的、比他所做的更好的事情，而且如果这个人可以选择做这件更好的事情，那么他就决不会继续做他在做的事情。'成为自己的奴隶'是纯粹无知的结果，而'成为自己的主人'就是智慧。"④我们所讲的抽烟的例子，根据苏格拉底的观点，一个人知道不应当抽烟，因为抽烟将来会很有害，但又决定抽烟，因为抽烟会给他当下带来快乐。如果一个人真的知道今后长久的幸福比现在短暂的快乐更重要，他就不会抽烟，因此意志软弱是不可能的。当然，一个人也可能选择抽烟，但这是因为他错误地认为，现在短暂的快乐比今后长久的幸福更重要。苏格拉底认为，这样的错误判断很容易理解，这表明这个人对真相是无知的，而不是意志软弱，就好像"有两个同样大小的东西，离我们近的比离我们远的那个在我们看来更大……或者有两个同样大小的声音，离我们近的那个比离我们远的那个更响"⑤。因此，在苏格拉底看来，所谓的意志软弱只是假象，实乃无知或误判，属于上文提及的第四种情形即无知。⑥

后来，亚里士多德继续讨论这个问题，尤其是在其《尼各马可伦理学》第七卷第三章里。亚里士多德是反对苏格拉底的立场还是仅仅解释之，不同的学者对此持不同的看法。笔者倾向于认为，二人的观点基本相似。亚氏在讨论伊始便提到苏格拉底的观点，紧接着又说，“这样一种观点显然与我们所观察到的事实相矛盾”[7]。这已经被一些学者当作最强有力的证据，表明亚氏反对苏格拉底的看法。[8]但是，在笔者看来，他们忽略了几个重要因素。首先，“所观察到的事实”对应的希腊语原文是“*phainomena*”，它也可以译作“常见”（common opinion）。倘若这样理解，那么亚里士多德就只是说，苏格拉底关于意志软弱的看法与常人不同，而不是与事实不符。[9]其次，亚里士多德讲苏格拉底的看法不同于常见，紧接着他又说，“因此我们必须弄清，这样一个人到底是怎么回事。如果他的行动确实是由于无知，这是什么样的无知”[10]。这里，亚氏似乎接受了苏格拉底的观点，认为这个人的行动源于无知；而他所要做的只是对这种无知的方式进行解释。（值得注意的是，他没有提到另一种可能性：“如果他的行动不是由于无知……”）再次，最重要的是，讨论到最后，亚里士多德认为，“看来苏格拉底所努力证成的立场事实上是可以成立的；因为，当一个人不能自制时，呈现给他的知识不是确切的知识（也不是受到感情‘扭曲’的知识），而只是感觉的知识”；进而总结说，“这已经足以回答有关行动是否具有知识的问题，以及具有知识却不能自制如何可能的问题”。[11]

因此，在笔者看来，亚氏在这里集中讨论意志软弱的主要任务基本上是解释苏格拉底所说的无知的方式。亚氏一开始就明确说，所谓的意志软弱者肯定没有实践智慧，因为说一个人“既有实践智慧又不能自制”是荒唐的，“我们前面已经表明，具有实践智慧的人是依据自己意志行动的人”。[12]然而，倘若如此，这个人到底发生了什么？亚氏提供了两种解释。第一种解释与他对拥有知识和使用知识所作的区分有关。[13]关于这个区别，亚氏举例说，一个睡着了的、发了疯的或者喝醉了的人仍然拥有其清醒时有的知识，但显然并不能使用这样的知识；而处于这类状况中的人可能仍然能够说着科学的论证，背诵恩培多克勒的诗篇，但显然他并没有在使用这样的知识。接着，亚氏指出[14]，

> 这正是激情影响之下的人的状况；因为愤怒和性欲及其他一些类似的激情的爆发显然实际上改变了我们的身体状况，在一些人身上甚至疯癫发作。显然，我们可以说不能自制的人处于与睡着了的、发了疯的和喝醉了的人类似的境遇。这些人使用源自知识的语言，但这样的事实证明不了什么。

如果我们接受这样一种解释，那么意志软弱并不存在；它实际上就是本章开头提到的第二种现象，即强迫性的非自主行为。亚里士多德的第二种解释则与他的实践三段论有关。由于亚氏关于这一点的讨论不是很明确，不少学者力图弄清楚他究竟想说什么。大致清楚的是，从亚氏的观点来看，所谓意志软弱的人缺乏实践三段论的小前提。例如（并非亚氏自己的例子），一个人知道不应该偷盗（大前提），但因为不知道自己的这个行动属于偷盗（小前提），所以不知道不应该实施这个行动（结论）。[15]根据这种解释，意志软弱也不存在；而这里所谓意志软弱者类似于前面所

讲的第四种情况，即无知，因为这样做的人并不具备行动所当具备的全部知识。[16]

在亚里士多德之后，斯多亚学派、奥古斯丁（Augustine of Hippo，354—430）、阿奎那（Thomas Aquinas，1225—1274）、笛卡尔（René Descartes，1596—1650）、莱布尼茨（Gottfried Leibniz，1646—1716）、斯宾诺莎（Baruch Spinoza，1632—1677）、洛克（John Locke，1632—1704）和休谟等哲学家也都直接或者间接地讨论过意志软弱问题。几乎所有哲学家或者明确赞成苏格拉底和亚里多德的看法，或者与此相差不远。唯一的例外是奥古斯丁，在一定程度上还包括休谟。[17]在戴维森发表《意志软弱何以可能?》的前几年，黑尔再次论证意志软弱是不可能的，当然他的论证主要从他的规范伦理学角度出发。他认为，不同于"意欲"（want）一词，"应当"（ought）一词兼具普遍性（universality）和规范性（prescriptivity），它的作用类似于康德的绝对律令。因此，如果一个人知道自己不应当抽烟，他就一定不抽烟；如果他继续抽烟，那就说明他并没有真正知道自己不**应当**抽烟。[18]

在这样一种背景下，我们就可以更好地理解戴维森《意志软弱何以可能?》一文的意义。在该文中，戴维森驳斥各种否定意志软弱的努力，明确肯定其可能性。他的主要任务就是要说明意志软弱**如何**可能。他用阿奎那在解释亚里士多德的实践三段论时所用的关于私通的例子来说明，意志软弱者实际上是在从事两种不同的实践三段论。[19]一方面，这位意志软弱者想到，"私通是不合法的；这是私通行为；因此，这一行为是不合法的"。另一方面，他又想到，“我们应当追求快乐；私通行为是快乐的；因此，我应当私通”。[20]这里意志软弱者面临着从两个不同的实践三段论得出的两个相互矛盾的结论。根据戴维森关于意志软弱的界定，如果这个人做了私通之事，尽管他相信他能够避免私通，而且也相信，综合考虑所有因素避免私通更好，那么，我们说他是一个意志软弱的人。这如何可能？戴维森引入一个区分：一是绝对的判断，一是把所有因素考虑进来的判断。不能自制者“出于原因 r 而做 x，但他还有包括 r 在内的原因 r'，基于 r'，他判断做 y 比做 x 更好”。[21]这里，r 是绝对判断的理由，而 r' 是把包括 r 在内的所有因素考虑进来所作判断的理由。不能自制者或意志软弱者根据他的绝对理由（私通行为是快乐的）而行动（私通）；因此，他不是出于无知而行动，但他应该按照把所有因素考虑进来的判断而行动（尽管那是快乐的，但它是违法的，而且避免违法行动比寻找快乐的行动更为重要），因为这也包含了他的绝对理由。因此，在戴维森看来，“意志软弱者的错误就在于，他作出了非理性的行动和判断。对于一个违背自己最佳判断的人我们只能这么说”[22]。换言之，对戴维森而言，意志软弱之所以可能，是由于人们的非理性。他在后来的一篇文章中进一步提出了心灵分隔说（mind-partitioning）来解释这种非理性：对于意志软弱者来说，“心灵被分隔成两个半独立的部门，其中一个认为，在综合考虑各种因素之后，某一种行动是最好的，而另一个则激发另一种行动”[23]。

戴维森发表于 1970 年的大作重新激发了当代哲学家讨论意志软弱问题的兴趣。自那以后，研究者发表大量相关论著。不过，除了极少数例外（如沃森、帕格迈尔）[24]，绝大多数论者同意戴维森的看法，主张意志软弱是可能的，甚至是实际存在的，尽管许多人尝试以不同的方式解释意志软弱何以可能。[25]有些哲学家比戴维森走得更远。例如，虽然戴维森认为意志软弱是可能的，但他仍然视之为非理性。然而，麦金太尔（Alison McIntyre）认为，意志软弱不一定是非理性的。我们之所以认为某人意志软弱，那是因为他有意去做有别于他们有更好理由去做的事情，但麦金太尔认为，需要区分两种理由，一是一个人**相信**他具有的理由，一是他实际上**具有**的理由："如果在某个特定场合一个人对其行动的理由不是非常清楚，那么在他考虑在他看来是所有有关的理由时，其所作出的实践判断表达了他**相信**自己最有理由去做的事情，但他也许没有表达他实际上**具有**最多理由去做的事情，或者对他来说最为合理的事情。"[26]麦金太尔认为，在这样的情况下，一个人没有去做他有最好理由去做的事情就不一定是非理性的。[27]此外，戴维森对意志软弱的讨论只局限于行动。奥迪（Robert Audi）认为，意志软弱的范围更为广泛：它"不仅表现于行动中，而且还表现于意向和欲望中"[28]。换言之，如果我有我认为我不能有或不该有的意向或欲望，那么我同样是意志软弱。

第三节　知行：意志软弱何以不可能

正如我们所看到的，将意志软弱与本章开头提到的其他相关现象区别开来的是，行动者在做事的时候，**知道**自己不应该做这样的事，也**知道**自己能够不做这样的事。因此，意志软弱问题的核心是知行关系；而意志软弱之可能性的看法的核心，在于主张一个人知而不行是可能的。正是在这样的背景下，把儒家传统引入我们对意志软弱问题的讨论中将大有裨益。尽管严格说来儒家并没有提出意志软弱问题，但知行关系是儒家传统的核心关注点，而儒家在知行问题上的一个典型观点是知识导致行动。意志软弱是否可能？儒家的回答将是否定的。儒家的观点与苏格拉底的观点非常相似：不能行动的人一定是近视的。例如，孟子认为，不道德的人近视甚至愚蠢，因为他们舍弃安宅和正路："仁，人之安宅也；义，人之正路也。旷安宅而弗居，舍正路而不由，哀哉！"[29]有人知道把丢失的家禽找回来却不关心丢失的本心："人有鸡犬放，则知求之；有放心而不知求。学问之道无他，求其放心而已矣。"[30]有人懂得去呵护树木却不懂得呵护自身："拱把之桐梓，人苟欲生之，皆知所以养之者。至于身，而不知所以养之者，岂爱身不若桐梓哉？弗思甚也。"[31]有人"舍其梧槚，养其樲棘"[32]。有人关心自己的手指胜过关心自己的心："今有无名之指屈而不信，非疾痛害事也，如有能信之者，则不远秦楚之路，为指之不若人也。指不若人，则知恶之；心不若人，则不知恶，此之谓不知类也。"[33]

接下来，笔者将重点关注二程特别是程颐，其知行观突出知识之于行动的优先性，并明确否认意志软弱之可能性。这一立场虽然与西方传统中苏格拉底和亚里士多德否认意志软弱之可能性的立场一致，但笔者想要说明的是，它能更好地回应戴维森进路的当代哲学家们的立场。后者认为，意志软弱不仅在逻辑上是可能的，而且还是现实存在的。

在二程看来，知先于行。首先，先有知然后才有行。程颐说，“故人力行，先须要知”㉞。这是因为，知好比指路明灯，“须是识在所行之先，譬如行路，须得光照”㉟；又说“如行道涂，涉暗阻，非日月之光，炬火之照，则不可进矣”㊱。当然，程颐并非认为，一个人在有知识之前就完全不能行动。但是，如果没有知识，一个人的行动或者盲目如在黑暗中行走一般危险，或者勉强如生拉硬拽一样无法持久。关于盲目行动的危险，程颐指出，“君子以识为本，行次之。今有人焉，力能行之，而识不足于知之，则有异端出，彼将流宕而不知反。内不知好恶，外不知是非，虽有尾生之信，曾参之孝，吾弗贵矣”㊲。关于勉强行动的问题，程颐说道：“若不知，只是觑却尧学他行事。无尧许多聪明睿知，怎生得如他动容周旋中礼？”㊳

这里有一个问题：如果一个人在行动之前需要先有知识，那么他的知识来自哪里？事实上，二程追随孟子，接受了良知（道德知识）思想。例如，程颢认为，一个人的良知“乃出于天，不系于人”㊴。换言之，它是一个人与生俱来而非后天获得的东西。程颐也说，“‘致知在格物’，非由外铄我也，我固有之也”㊵。然而，我们需要记住两件事。第一，良知只是道德知识，即关于对错善恶的知识。关于特定事物的知识，包括圣人在内的所有人都不可能生而知之。在二程看来，即便是孔子崇拜的周公，也不能预先知道管叔会发动叛乱。㊶孔子被视作生而知之的圣人，但正如程颐指出，孔子仍然需要“问礼于老聃，访官名于郯子”㊷。第二，虽然人人生而具有道德知识，但除了圣人之外，人们并没有意识到道德知识，就像睡觉的人意识不到他们清醒时所知道的东西。这是因为，良知即内在的道德知识为私欲所蔽，正如太阳为乌云所障。然而，乌云消散则烈日当空；同样，私欲祛除则良知呈现，全然自足不待外加。[43]

因此，为了恢复内在的道德知识，二程强调学习的重要性。程颐认为，为学有多方："或读书，讲明义理；或论古今人物，别其是非；或应接事物而处其当，皆穷理也。"[44]又说："学者有所得，不必在谈经论道间，当于行事动容周旋中礼得之。"[45]在这里，程颐虽然不认为行动是我们获得知识的唯一来源，但他确实把按礼行事视为理解天理的多种途径之一。他甚至强调行动之于知识的重要性："其理须是用则知，不用则不知。"[46]然而，这里我们似乎陷入一个循环论证：程子既说知先行后又说行先知后。庞万里试图给出一个合理的解释，认为在程颐那里学习明显分为两个阶段：知与行。第一阶段，实践是为了知，且以知为中心；第二阶段，知是为了实践，且以实践为中心。[47]且不论这样一种解释是否真的消除了我们所察觉到的程颐思想中的循环之处，但程子显然不认为，在第一阶段（假定有这么两个明确区分的阶段），行动的唯一作用是获得知识。知而行当然最好，而且每个人都能够获得行动必需的知识。但在二程看来，总是有人没有努力去获得必要的知识。对这样的人来说，依照圣人所制订的礼仪行事仍然很重要。当然，这不是一种自觉的行为，但还是胜过不依礼而行或违礼而行。正是在这一背景下，我们才能更好地理解程颐对《论语》

中颇具争议的8.9“民可使由之，不可使知之”这句话所作的极富创造性的解释：“圣人非不欲民知之也。盖圣人设教，非不欲家喻户晓……盖圣人但能使天下由之耳，安能使人人尽知之？此是圣人不能，故曰‘不可使知之’。”[48]程颐的解释不管是否符合《论语》的原意，都对我们这里的讨论具有两点重要启发。[49]第一，圣人知道他们无法让百姓知礼，但依然制礼使民由之。圣人设教让人们循礼而行，至少不全是为了让人们获得“知”。毕竟，动容周旋中礼即使有些勉强、盲目，也比不依礼而行或违礼而行要好。第二，更重要的是，为什么圣人可以设教，可以使其教家喻户晓，可以使人们据此行动，却还是说不能“使知之”呢？我们将会在下一节看到，程颐认为，这并非因为人们愚不可及，而是因为这里的知，也即知先行后的知，不是闻见之知，而是德性之知。[50]虽然圣人可以使人获得闻见之知，但不能使人获得德性之知。根据定义，德性之知只能由自己获得。

其次，程颐认为知较之行更困难，但更重要。这一主张显然与儒家经典《尚书》相悖。程颐自己也清楚地看到这一点。他解释说：[51]

> 故人力行，先需要知。非特行难，知亦难也。《书》曰，“知之非难，行之惟艰。”此固是也，然知之亦自艰。譬如人欲往京师，比知是出那门，行那路，然后可往。如不知，虽有欲往之心，其将何之？自古非无美材能力行者，然鲜能明道，以此见知之亦难也。

这里，一方面，程颐讲知比行重要，因为离开了知，我们就不知道要行什么，如何行，以及为什么要行。正是在此意义上，他说，“学以知为本，取友次之，行次之，言次之”[52]；“君子以识为本，行次之”[53]。另一方面，他也认为知易行难。虽然在上面这段引文中，程颐的主张很温和，认为知艰行亦艰。但很显然，他这样说只是因为不想与《尚书》中的话直接相矛盾。但事实上，既然他认为有知的人比能行的人更难得，他显然认为知难行易。他在另一段文字中说得更明白了：“如眼前诸人，要特立独行，煞不难得，只是要一个知见难。人只被这个知见不通透。”[54]一个人无知仍能行，只要有法律、有礼仪，或者只要有某种特定的动机。因此，他认为，“今时非无孝弟之人，而不能尽性至命者，由之而不知也”[55]。换言之，由于某种外在压力或某种自私的动机（比如邀誉乡里），一个缺乏孝悌之知的人仍可以行孝悌。因而，知比行难是因为一个人可以勉强去行，却不能勉强去知。我们在前面讨论其对“民可使由之，不可使知之”的解释实际上也表明知难行易：圣人可以使人从事某种行动，却无法使其获得知识。

再次，知之必行。在程颐看来，虽有无知而行者，但无有知而不能行者。因此，虽然一个人不必等知了再去行，但“勉强行者，安能持久”[56]。真正重要的是要有知：“知之深，则行之必至，无有知之而不能行者。知而不能行，只是知得浅。饥而不食乌喙，人不蹈水火，只是知。人为不善，只是不知。”[57]在这里，程颐认为，不能恰当践履的人缺乏恰当的知识，而具有恰当知识的人必能恰当践履。在他看来，说一个人有知却不能去行是矛盾的说法：“人知不善而尤为不善，是亦未尝真知。若真知，决不为矣。”[58]程颢的看法也是如此。他主张“如心得之，则‘施于四体，四体不言而喻’”[59]。“得之于心，谓之有德，自然‘睟然见于面，盎于背，施于四体，四体不言而喻’，岂待勉强也？”[60]此处，程颢不仅仅是在利用双关语。汉语“德”与“得”密切相关。它们主要的区别在于，“德”字从“心”。因此，程颢认为，一个人从自己的内心所获得的是德性。因为这是德性，所以它自然会在一个人的行动中表现出来，正如孟子在程颢引用的这段话中所描述的那样。[61]

一个知道什么是善的人必会行善，而作恶仅仅因为不知道。二程的这一看法似乎与我们的常识不符，因为明知故犯和知而不行的情形似乎在我们日常生活中很普遍。因此之故，中国哲学史家冯友兰（1895—1990）也认为，这样一种知之必行的观点“在理论上有讲不通的地方，在实践上也有行不通的地方”，因为“增进人对于客观上各个具体事物的知识是一回事，提高人在主观上的精神境界又是一回事。两者虽有相通之处，但基本上是两回事”。[62]这里冯友兰提出两个问题。一方面，理论上讲不通与意志软弱有关。例如，我们不难想象一个人知道撒谎不对却仍去撒谎。我们熟悉的解释是，这里涉及一个人两种不同的能力：理智决定某事是什么，意志决定做什么。因此，一个人可能对某事有完全的了解，但却决定不按照这个知识行事，甚至违背这一知识行事。另一方面，所谓实践上行不通则与道德责任有关。我们要求一个人为其所作所为负责，只是因为我们认为他知道做什么事情是对的却决定不去做。我们通常并不要求动物、精神病患者或梦游者为其所作所为负责，就是因为他们缺少必要的知识。因此，如果程颐的说法是对的，那么我们似乎不能要求任何人为其不道德行动负责了，因为从事不道德行动的人缺乏必要的道德知识。第四、第五节将讨论程颐如何解决第一个明显的困难，而第六节则探讨第二个明显的困难。

第四节 德性之知与闻见之知：意志软弱如何不可能

我们看到，二程知而必行的看法明确否定了意志软弱的可能性。但是，在日常生活中确实存在很多反例，似乎表明意志软弱是存在的。为了解释这样的现象，程颐以三种不同的方式区分了两类知识。首先，他区分了深知与浅知。例如，他认为“人非不知，终不肯为者，只是知之浅，信之未笃”[63]。因此，程颐在这里承认存在知而不行的可能性。但在他看来，这里的知是一种浅知，且信之不笃。一个人深知且信之笃，就不可能不根据这种知而行动。对程颐而言，这种浅知不是严格意义上的知。

其次，他区分了真知与常知：[64]

> 真知与常知异。常见一田夫，曾被虎伤，有人说虎伤人，众莫不惊，独田夫色动异于众。若虎能伤人，虽三尺童子莫不知之，然未尝真知。真知须如田夫乃是。故人知不善而尤为不善，是亦未尝真知。若真知，决不为也。

真知与常知之别，实乃深知与浅知之别的另一种说法。程颐在另一个地方同样举了这个老虎的例子。他先说“知有多少般数，煞有深浅”，接着讲了老虎与田夫的故事，然后总结道，田夫“真知虎也。学者深知亦如此……学者须是真知，才知得是，便泰然行将去也。某年二十时，解释经义，与今无异，然思今日，觉得意味与少时自别”。[65]由于程颐经常用这个老虎与田夫的例子来解释真知，学者们常常将他对真知与常知的区别看作直接经验之知与间接经验之知的区别。[66]然而，在程颐看来，虽然真知确实来自直接经验，但并非所有来自直接经验的都是真知。真知来自一种特定的直接经验，即内在经验。在上面那段引文中，程颐谈到学者的真知，谈到自己解释经义的经验，从中我们便可以清楚地看到真知来自内在经验。只是针对这种意义上的知识，他才说，“若夫真知，未有不能行者”[67]。

然而，程颐所作的最重要、也最常见的区分，则是前一节中提及的闻见之知与德性之知的区分：“闻见之知，非德性之知。物交物则知之，非内也，今之所谓博闻多能者是也。德性之知，不假闻见。”[68]闻见之知与德性之知的区分首见于张载，程颐借以更好地说明“真知”或“深知”的含义。闻见之知是外在知识（无论是直接经验还是间接经验），而德性之知则是内在的直接经验。程颐说道：“大凡学问，闻之知之，皆不为得。得者，须默识心通。学者欲有所得，须是笃，诚意烛理。上知，则颖悟自别；其次，须以义理涵养而得之。”[69]这样的知识由于是内在的，必须靠自得，而不能靠外面的灌输，因为它不可能通过语言来交流。[70]

因此，对于二程来说，自得是一个重要概念。[71]这一概念来自孟子："君子深造之以道，欲其自得之也。自得之，则居之安；居之安，则资之深；资之深，则取之左右逢其原，故君子欲其自得之也。"[72]程颐用孟子自得于道的思想解释德性之知。圣人当然可以教我们道德原则，不过除非我们真正从自己内心理解它，否则它对我们来说（虽然不是对圣人来说）仍然只是闻见之知，而闻见之知并不能激发我们按照这样的道德原则行事。因此，在他看来，"学莫贵于自得，得非外也，故曰自得"[73]。程颢也认为，"学要在自得"，因为只有自得才能成为自己的东西。[74]他用自得解释《论语》5.13为什么讲人们听不到孔子谈论性与天道："性与天道，非自得之则不知，故曰'不可得而闻'。"[75]程颢也用自得来解释《论语》6.20为何孔子说"知之者不如好之者，好之者不如乐之者"："学至于乐则成矣……好之者，如游佗人园圃；乐之者，则己物尔。"[76]

因此，自得很重要，但它要求一个人内心体验的积极努力。程颐认为，"学为易，知之为难。知之非难也，体而得之为难"[77]。"体"这个词对于儒家尤其是二程来说极其重要：一个人能够自己通过"体"来获得德性之知。近年来，杜维明对"体知"的论述颇多。[78]"体"的字面义是身体，正如杜维明已正确地指出，它的含义并不是英文中的"body"一词所能表达的。诚然，孟子早已看到，德性之知必呈现于身体。[79]这也是程颐所讲的"有诸中者，必行诸外"[80]。不过，这依然与二程的一个人知而必行的看法相关。我们这里要讨论的，则是一个人借以获得这种德性之知的"体"。杜维明指出，“体认、体察、体证、体会、体味、体玩、体究及体知和一般的认识、考察、证实、品尝及理解也大不相同”[81]。杜维明告诫我们，不要把从“体”获得的知识理解为一个人从自己身体获得的东西。然而，他并没有明确告诉我们，“体”究竟意味着什么。在笔者看来，二程之“体”既是一个名词，又是一个动词。其一，作为名词，它指的是我们的心，也就是孟子所说的与“小体”相对的“大体”。[82]正因为此，程颐才说“得者，须默识心通”。程颐解《中庸》，把德性之知和闻见之知对立起来，指出“闻见之知，非心知也”[83]。其二，作为动词，“体”表示的是“心”之活动。极其关键的是，我们要理解“心”要获得德性之知需要其中“heart”的部分发挥作用。闻见之知不仅仅是从感官获得的东西。这种知识也要求“心”的“mind”层面发挥其作用，因为它是人们需要理解、辩护和证明的东西。然而，只有当知识被“心”的“heart”部分所把握时才能成为德性之知，一种一个人不仅拥有而且也会依之而行的知识。[84]

第五节　二程与苏格拉底及亚里士多德之比较

从以上讨论可以看出，深知、真知及德性之知是一个人通过内心体验而获得的知识，为“心”之“mind”层面所理解，为“心”之“heart”层面所把握，因此是使一个人倾向于按照其行动的知识，而浅知、常知及闻见之知则是一个人通过外在经验而获得的知识。这种知识即使被“心”之“mind”层面所理解，也不为“心”之

“heart”层面所把握，因此是不会使一个人倾向于按照其行动的知识。就这点来看，所谓的意志软弱者，是一个只有浅知、常知和闻见之知的人。严格地说，既然这种意义上的知识不能被称为知识，那么我们可以说意志软弱者因无知而行动。正是在这一意义上，正如一些学者所观察到的，二程所代表的新儒家立场与苏格拉底和亚里士多德所代表的立场类似。[85]然而，笔者认为，程颐与苏格拉底和亚里士多德相比更能解决意志软弱的问题。这可以从四个不同的方面来看。本节先讨论前三个方面，第四个方面则留待下一节。

第一，程颐的“自得”具有深刻的哲学意义。正如我们所看到的，“自得”为“民可使由之，不可使知之”这句原来很成问题的话提供了一种创造性解释。因为知识倾向于使人行动，深知、真知及德性之知便是那种一个人必须从自己的内心获得的知识。即使圣人也无法使人获得这样的知识，尽管他们可以使人获得闻见之知。“自得”对于解决苏格拉底在《普罗泰戈拉篇》结尾处提及的明显的悖论也很重要：苏格拉底一方面主张美德即知识，另一方面又认为美德不可教。人们通常认为，美德不同于知识，因而在此意义上美德不可教。然而，知识是可教的，既然根据苏格拉底的观点——美德即知识，为何它不可教呢？苏格拉底并没有给我们提供一个令人信服的答案，至少没有二程所能提供的答案那么令人信服。对二程而言，德性之知不同于闻见之知。闻见之知可教，但德性之知不可教。一个人必须通过自己的内心体验来获得德性之知。

第二，亚里士多德认为，意志软弱是因为一个人暂时失去了知识，随后还可以把它找回来。因此他说，“关于如何消除无知，关于不自制的人如何重新获得知识，不需要什么特别的解释，因为这与喝醉了或睡着了的人如何重新获得知识一样；我们需要向自然科学家请教”[86]。这种解释是成问题的。它似乎意味着，“意志软弱”者得而复失的知识与有德之人所拥有的知识没有什么不同。它们之间唯一的区别似乎在于，意志软弱者在需要知识时会失去知识，而有德之人则不会；而且，一旦意志软弱的人重新获得所失去的知识，他就和有德之人一样了，就像一个醉汉一旦恢复了理智就和正常人一样了。倘若如此，我们需要知道为何同样的知识总是某些人会失去而其他人则不会。在这里，二程对闻见之知和德性之知所作的区分提供了一个更好的解决方案。在程颐看来，“意志软弱”者与有德之人的区别不在于前者失去了知识而后者没有，而在于他们各自拥有不同类型的知识。如果一个人在需要的时候忘记自己的知识，那就说明，他所拥有的知识仅仅是闻见之知，而不是一旦获得就永远不会失去的德性之知。因此，解决办法不是帮助人们恢复失去的闻见之知，而是鼓励人们努力获得德性之知。[87]

第三，人们（包括许多已经就意志软弱问题做过重要工作的当代哲学家）认为苏格拉底关于意志软弱问题的看法过于简单且与我们的常识相矛盾，之所以如此，原因在于当苏格拉底主张美德即知识，而一个人不能行善仅仅是出于无知时，他未能区分两种人：例如，两个人都吸烟，但一个人不知道吸烟有害身体，而另一个人有这样的知识。在苏格拉底看来,这两种人并无区别:一个人只要吸烟,我们就可以确定他不了解吸烟的危险。然而,常识和直觉似乎告诉我们,这两种人之间一定有一些不同。笔者认为,这是大多数当代哲学家倾向于拒绝苏格拉底的解决方案的主要原因。然而,程颐对闻见之知和德性之知的区分维护了苏格拉底式的立场,即“意志软弱”者的行为出于无知,同时又恰当地回应了采取戴维森进路的哲学家的关切,他们认为意志软弱是可能的。在二程看来,这两种人的共同点在于,他们都缺乏德性之知;因为德性之知是唯一的真知,我们可以说,正如苏格拉底所认为的,他们都是无知的。然而,这两个人的区别在于,一个人有闻见之识,另一个人缺乏这种知识。这里我们可能会认为,既然闻见之知不是真知,那么一个人是否拥有这些知识似乎无关紧要。上文着重讨论了程颐如何看待这两种知识之间的差别,但他也认为二者之间存在一些联系。由于他的这一观点相当复杂,学者们的解读也不尽相同,因此笔者在本节余下部分将较为详细地讨论这一问题。

我们看到,程颐跟张载一样,认为德性之知不假闻见。由此有些学者便认为,在程颐那里,“两者彼此隔绝,没有联系”[88]。然而,在笔者看来,至少尚不清楚程颐是否真的认为闻见之知与德性之知没有任何联系;如果程颐真的认为德性之知可以不假闻见,那么我们需要清楚其确切意义究竟何在。值得注意的是,程颐将闻见之知和德性之知进行对照的那段文字,基本上是在复述张载。张载最先作了以下区分:“闻见之知,乃物交而知,非德性所知;德性所知,不萌于见闻。”[89]毫无疑问,程颐基本上赞成这个区分，不过要理解程颐的确切看法，我们有必要结合他在其他文字中的讨论。最明显的是，对于程颐来说，闻见之知并不限于来自直接经验的知识，也包括阅读经典或与人交谈所获得的间接知识。在前面的引文中，虽然程颐基本上在复述张载的话，但他还是补充说，“今之所谓博闻多能者”的知识是闻见之知。博闻多能者的知识至少部分来自阅读书本。程颐认为，这种意义上的闻见之知，“若耳闻口道者，心实不见”[90]。

更重要的是，程颐虽然认为德性之知可以不假闻见，但两种意义上的闻见之知（直接经验和间接经验）都很重要，因为它可以帮助人们获得德性之知或把闻见之知发展成德性之知。这是因为这两种知识并非不同：区别在于，一种只是理智的，而另一种同时也是情感的。如果我们记得程颐说过，获得道德知识有很多不同的途径，那我们就可以更加清楚地看到这一点了。在这多种途径中，通过读经研史所间接获得的知识属于闻见之知，通过格物处事所获得的直接知识也属于闻见之知。这两种知识都不同于只有通过“察诸身”才能获得的德性之知：“格物之理，不若察之于身，其得尤切。”[91]程颐认为，两种闻见之知都与德性之知有关。如果一个人在读经时，努力在心中体验圣人于作经时内心所体验到的东西，那么，他就能将第一种闻见之知（来自一个人读经研史的间接经验）转化为德性之知。例如，程颐就说，“但将圣人言语玩味久，则自有所得。当深求于《论语》，将诸弟子问处便作己问，将圣人答处便作今日耳闻，自然有得”[92]。虽然程颐确实认为第二种闻见之知（来自格物处事所获得的直接经验）不同于德性之知，但他并不认为我们应该完全放弃这样的知识："有谓欲屏去闻见知思，则是'绝圣弃智'。"[93]可见，程颐并不认为闻见之知完全是消极的，并非是我们为获得德性之知就必须摒弃的东西。[94]对他而言，格物处事的目的，不在于获得关于自然现象或社会现象的具体知识，而是要把握体现于其中的理。一方面，不运用耳目视听就不能把握事中之理，但另一方面，光靠耳目视听也不能把握万物之理，因为理本身无声、无色、无臭。正是在此意义上，程颐指出，"心无目则不能视，目无心则不能见"[95]。

通过上面的讨论，我们对德性之知与闻见之知的关系有了更好的理解。闻见之知，不管是通过读书或听人言说而间接获得，还是通过对外物的感知直接获得，确实是德性之知的一个源头。温伟耀甚至表示：一切致知功夫的起始点皆属"闻见之知"，包括阅读圣人经典，考察历史人物，在日常生活中与人交接，以及观察天地万物，这些不同的进路都引至德性之知，而后者是道德生命的提升。[96]在此意义上，我们确实可以说，德性之知非闻见之知，尽管前者可能来自后者。然而，在什么意义上我们可以说德性之知不假闻见呢？第一，虽然德性之知可以来自闻见之知，但德性之知所知之理却并不存在于闻见之知。第二，虽然德性之知可以来自闻见之知，但一个人也可能独立于闻见之知而获得德性之知。温伟耀仅仅看到闻见之知可以转化为德性之知，却没有看到，对程颐而言德性之知不一定来自闻见之知；德性之知也可以直接来自内在体验，而内在体验是二程提到的把握理的多种途径之一。闻见之知可以引至德性之知，但一个人并不是非得从闻见之知才能获得德性之知(如果他能够从内心体验获得德性之知)。因此,笔者认为,温伟耀关于一切致知功夫的起始点皆属"闻见之知"的看法是错误的。[97]杜维明所持观点与此有所呼应:"闻见之知是经验知识,而德性之知是一种体验,一种体知,不能离开经验知识,但也不能等同于经验知识。"[98]因此,真正可以获得德性之知的途径有两种:① 通过直接的内心体验;② 通过闻见之知,而闻见之知又有两个来源:一是通过格物处事获得的直接的外在经验;二是通过读经研史获得的间接经验。不过,仅仅从闻见之知无法发展出德性之知;闻见之知必须运用内心体验。我们可以用下图来表示这样一种有点复杂的关系:

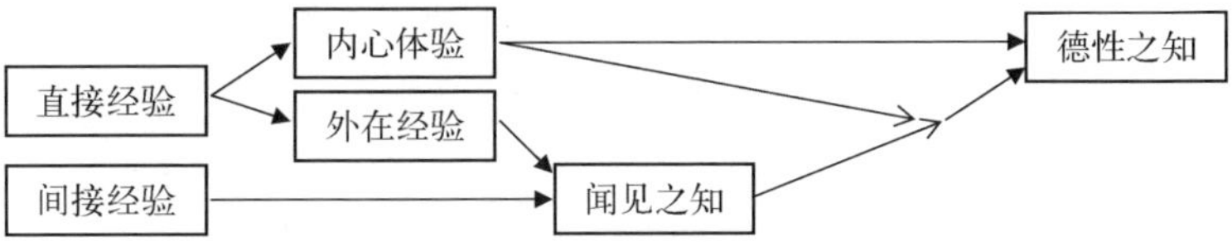

现在回到二程对意志软弱问题的第三个独特贡献的要点,我们看到,他们比苏格拉底和亚里士多德能更好地说明所谓的意志软弱者区别于无知者的地方:他们虽然没有德性之知,却有闻见之知,而这种闻见之知可以成为德性之知的起点。一个人固然可以在没有闻见之知的情况下获得德性之知,但大多数人还是在闻见之知的帮助下获得德性之知,因为完全从一个人的内心体验中获得德性之知更为困难。二程在解决意志软弱问题上的第四个独特贡献与道德责任有关,下一节我们转向道德责任问题。

第六节　并无意志软弱，唯有道德责任

意志软弱的问题能引起古代和当代哲学家的兴趣，不仅仅是因为它确实具有智力上的挑战性（一个人如何能相信更好的事情，并且有能力做更好的事情，却又决定做更坏的事情），更主要的原因还在于它涉及道德责任问题。通常我们认为，一个人要为其行动负责需要满足两个条件：① 这是他自由的行动。也就是说，他可以选择做出或不做出这样的行动。如果他不能**不**做出这样的行动，那么我们就不能要求他为其行动负责。② 他应该知道自己的行动。因此，我们通常不会要求儿童、痴呆症患者或精神病患者对自己的行动负责。[99]虽然道德责任不同于法律责任，但与法律责任相关的两个基本概念，将帮助我们更好地理解我们在此关注的道德责任问题。第一个概念是内心状态（*mens rea*）：我们认为一个人能够对他的犯罪行动负法律责任，仅当其对自己的犯罪行动有一种负罪感。虽然这是一个有争议的问题，因为人们普遍认为，对法律的无知不能成为借口，但它仍然被认为是一个适当的标准。[100]即使那些反对这个概念的人，也主要是出于实际的考虑：我们无法确定一个人的内心状态。倘若如此，那么这个概念即使不适用于法律责任，运用于道德领域肯定是有效的。[101]第二个概念是罪犯的精神失常（criminal insanity）。1843年，英国上议院颁布著名的麦克诺登裁决（M'Naghten Rules）。它规

定，一个人不应当对其违法行动承担法律责任，仅当“在其做出该行动时，被告处于某种理性的缺陷状况，其理智出了毛病，以至于不了解所做事情的性质，或者即便对此有所了解，仍不知道自己的所作所为是错误的”[102]。笔者认为，这两个法律实践中的概念基本上符合道德责任的两个条件。

现在，如果我们接受这样一种道德责任的观念，那么坚持认为意志软弱不仅可能而且实际存在的哲学家将主张，意志软弱的人要为其行动负责，因为在他们从事他们的行动时，他们知道自己在做什么，而且能够决定不做出这样的行动。相反，如果我们像苏格拉底那样，认为人们作恶只是因为无知，那么我们似乎就不能让任何人为其任何不道德行动负责了；如果我们像亚里士多德那样，认为所谓的意志软弱者在从事其不道德行动时，其心理状态与睡着了的、喝醉了的和发了疯的人无异，那么，他们也应该被免除任何道德责任，因为他们的行动是不自由的。[103]这可以说明，为什么关于意志软弱的怀疑论观点往往不受重视，因为一个人知道某件事是好的，但却违背了这样的知识似乎是一种普遍现象，而且我们的道德直觉告诉我们，这样的人应当为其行动负责。

就此而言，笔者依然认为，二程能够为这一问题提供更好的答案。我们已经看到，西方哲学所讨论的意志软弱者，从二程的新儒家视角来看，实际上就是只具有闻见之知而缺乏德性之知的人。一个具有“不应该偷盗”这种闻见之知的人还是可能会偷盗，因为这种闻见之知不是其从内心体验到的，因此还不是真知。那么这个只具有闻见之知而不具有德性之知的人是否要为其不道德行为负责呢？二程的回答是肯定的。这不是因为他们认为闻见之知满足了道德责任的两个条件之一，而是因为二程已经明确指出，这种知不是真正的知。为了理解他们的观点，我们需要记住，道德责任在二程那里不是一个最终状态的概念，而是一个历史的概念。换言之，在我们看一个人应不应当为其行动负责时，我们不能只看他在从事该行动的那一刻（在德性之知的意义）知道他的行动是不道德的，我们知道他们并没有这样的知识。我们需要进一步了解，为何这个人没有这样的知识。在二程看来，一个人做错事而不知道这是错的，就此而言他不必为此行动负责。但是，这个人应当直接为其缺乏这种必要的知识负责，因而间接地要为其因无知而从事的不当行动负责。

问题是，二程在何种意义上可以说一个人应该为自己的无知负责。我要为缺乏爱因斯坦所拥有的知识负责吗？我们需要记住，道德行为所需要的知识不同于科学、历史知识。首先，正如我们已经看到的，我们的知识对象，即道或理在二程那里内在于我们每个人，所谓“知者吾之所固有”[104]。正是在此意义上，程颢认为，“学在知其所有，又养其所有”[105]。其次，不同于艰深的科学理论、哲学沉思或诗歌写作的能力，这里需要的求知能力也内在于我们每个人，那就是心，人之为人的标志。因此，程颐说：[106]

> 人皆有是道，唯君子能体而用之。不能体而用之者，皆自弃也。故孟子曰：“苟能充之，足以保四海；苟不充之，不足于事父母。”夫充与不充，皆在我而已。

一方面，程颐指出，君子与小人之别在于前者能对自身所有之道体而用之，而后者不能；另一方面，他又明确指出，君子与小人之别，不是因为君子聪明或被赋予了小人所没有的特殊能力。出生之顷，君子与小人、圣人与常人无别。君子之为君子，圣人之为圣人，是因为他们努力发展与生俱来的东西；而小人之为小人，是因为他们放弃发展自身禀赋的努力。正因为此，程颐在引用孟子（孟子认为真正的人和“非人之人”的区别在于他们是否发展了先天的四端）之后又补充说，是否发展“四端”完全取决于我们自身。这无疑与孟子是一致的，后者在讲到“四端”时还说，“有是四端而自谓不能者，自贼者也”[107]。在此意义上，正如笔者在前一章所言，一方面，获得德性之知比获得科学知识要容易，因为每一个人都天生具有获得德性之知的能力，但并不是每一个人天生都有获得科学知识的能力；另一方面，获得德性之知比获得科学知识更难，因为获得德性之知同时需要心之“mind”和“heart”的面向。不过，程颐指出，“圣人未尝言易，以骄人之志；亦未尝言难，以阻人之进”[108]。因此，二程始终强调学习的重要性。

正是在这一背景下，我们才能明白程颐对《论语》17.3“唯上知与下愚不移”的解读意义。程颐既然如此强调学习，他当然不会同意有天生愚蠢的人，更不用说这些人不会变。因此，在程颐看来，孔子“非谓不可移也，而有不移之理。所以不移者，只有两般：为自暴自弃，不肯学也。使其肯学，不自暴自弃，安不可移哉？”[109]所以，根据程颐的解释，孔子说的“不移”者只是这样一个道理：如果你自暴自弃，不肯学习，那么你就不会有智慧；如果你肯保持学习，那么你就一定可以有智慧。程颐在另一处评曰："时者圣人所不能违，然人之智愚，世之治乱，圣人必示可易之道。"[110]且不论程颐的解读是否合乎《论语》原意，真正重要的是，在程颐看来，一个人缺乏必要的知识，不是因为天生愚蠢，而是因为不肯学习。因此，他强调，"故君子莫大于学，莫害与画，莫病于自足，莫罪于自弃。学而不止，此汤、武所以圣也"[111]。总之，我们获得智慧的真正障碍在于我们自己：自暴自弃。因此他说："行之失，莫甚于恶，则亦改之而已矣。事之失，莫甚于乱，则亦治之而已矣。苟非自暴自弃者，孰不可与为君子？"[112]

由上述讨论可知，为什么程颐一方面认为所有作恶或者不行善的人都是出于无知，而另一方面又认为这样的人要为自己所犯的错误负责。前文论及，程颐的道德责任观是一种历史的而非最终状态的观点。一个人之所以无知，不是因为缺乏认识的能力，因为这是人人与生俱有的能力，而是由于疏于发展自己的先天潜能。[113]因此，所谓的意志软弱者，实乃本章一开始提到的第五种现象，即与无知有关的疏忽。这个人确实不具备从事想要做的行动所必需的知识，但他仍然要对其所做的一切负责，因为如果不是因为疏忽，他本可以并且应该具备所必需的知识。归根结底，这里的问题，不是我们是否可以成为有德之人，因为我们当然可以成为有德之人，而是我们是否愿意成为有德之人。这就是孟子所讲的"不能"与"不为"之别。一个人之所以不道德，不是因为他不能有道德，而是因为他不愿有道德。虽然有些事情诸如"挟太山以超北海"[114]是人类无法做到的，但成为有德之人并非这种无法做到的事情。用孟子对齐宣王说的话来讲，说一个人不能成为有德之人，就好像说一个人举不起一片羽毛或看不见一车柴草。[115] 这是因为，在孟子看来，人生而有四肢，亦生而有四端：恻隐之心、羞恶之心、恭敬之心和是非之心。孟子认为，有了这四端：[116]

> 夫人岂以不胜为患哉？弗为耳。徐行后长者谓之弟，疾行先长者谓之不弟。夫徐行者，岂人所不能哉？所不为也。尧舜之道，孝弟而已矣……夫道，若大路然，岂难知哉？人病不求耳。

程颐接受了孟子关于“不为”与“不能”的区分。有时我们把学习比作登山：一个人在容易时大步前行，困难时则放弃。然而，程颐认为这是一个不恰当的类比：“山高难登，是有定形，实难登也；圣人之道，不可形象，非实难然也，人弗为耳。”[117]

那么，我们最后的问题是如何避免疏忽或如何承担起我们获得所需知识的责任。因为所需的知识是德性之知，我们所需的不仅是心之“mind”层面的理智努力，而且也是心之“heart”层面的道德修养。正是在这里我们看到了程颐著名的双管齐下修养法：“涵养须用敬，进学则在致知。”[118]

初看起来，这一修养法似乎表明涵养和进学是两回事：增长知识所提升的，是我们在理智层面的学识而非道德修养；正如用敬有助于我们的道德修养，但对于我们在理智层面的学识无所助益。[119] 然而，这是一种误解。我们可以从两个不同的方面来看涵养与进学的关系。一方面，本章第三节已指出，程颐显然并不认为知识的增长与道德修养无关，因为他明确说，一个人如果知道什么是正确的就必然会依之而行。为了看得更清楚一点，我们有必要考察一下作为道德修养基础的“敬”在程颐那里到底指的是什么。首先，敬指的是虚静：“敬者自虚静。”[120]所谓虚静，也就是排除所有人为的欲望，从而使心保持绝对的纯粹平和，不受任何外界的干扰。因此，程颐说“敬则无己可克”[121]，因为所谓克己就是要克私欲，而敬者之所以是敬者，是因为其已经排除了所有可克之己，因而就无己可克。这样一种由虚静讲敬的方式似乎有入佛道之嫌，故而程颐又加了一句：主一之谓敬。如何使内心保持虚静？有意思的是，程颐认为，这不是要使我们的内心如空瓶一般。相反，我们应该使自己的心完全为唯一的主人（主一）即道或者理所占有。[122]在程颐看来：[123]

> 有主则虚，虚谓邪不能入。无主则实，实谓物来夺之。今夫瓶罂，有水实内，则虽江海之浸，无所能入，安得不虚？无水于内，则停注之水，不可胜注，安得不实？大凡人心，不可二用，用于一事，则他事更不能入者，事为之主也。事为之主，尚无思虑纷扰之患，若主于敬，又焉有此患乎？

换言之，私欲之所以能进入人心是因为心中无主，就好像海水之所以能进入瓶子，是因为这个瓶子还没有装满。很显然，一个人不理解道，则人心无主；人心无主，则私欲搅乱人心；人心一旦被搅乱，一个人的道德品质就会退化。故而，道德修养也有待于对道的认识，没有这样的认识就做不到敬。关于这一点，程颐说道，“不知格物而先欲意诚心正身修者，未有能中于理者”[124]。程颢同意这一观点并从不同的角度指出，“知至则便意诚，若有知而不诚者，皆知未至尔”[125]。

然而，另一方面，没有对道的理解就不可能有道德修养，因而程颐并不认为致知可以离开道德修养。程颐将进学（有待致知）与涵养（有待用敬）相对照，但这并不意味着他认为致知可以离开涵养。如果一个人心中充满私欲，那么他就很难对道有明确的理解，就像如果一个人没有对道有明确的理解，他就很难倾空心中的私欲。我们在上面看到，程颐认为，就涵养涉及诚意、正心、修身而言，一个人就必须格物致知。他甚至指出，“未致知，便欲诚意，是躐等也”[126]。如何格物致知？程颐说，“格物亦须积累涵养”[127]，并要我们“立诚意去格物”[128]。我们也看到，程颐认为涵养须用敬，敬在于主一，而主一在于明理。如何明理？程颐告诉我们，“入道莫如敬，未有能致知而不在敬者”[129]；又说，“但存此涵养，久之自然天理明”[130]。因此，致知（关于道的知）与涵养相互促进：知识积累愈多，涵养道德愈容易；涵养愈精进，增长知识愈容易。

第七节　结　　语

在二程看来，每个有道德知识的人都能够有道德，而每个人都有能力获得必要的道德知识。换言之，一个人不可能仅仅因为缺乏必要的道德知识而有道德；一个人缺乏必要的道德知识仅仅是因为其无知，即没有努力获得其应有的道德知识。由此可见，对二程而言，理智与意志、知识与修身，以及善与真从来不是可以截然分开的。道德修养总是建立在道德知识的基础上，然而没有道德努力则不可能具有道德知识。这一认识揭示了二程对解决意志软弱的问题具有更大意义。正如我们看到，在二程看来，意志软弱就是一个人疏于养护大体之心。然而，努力获得道德知识，不仅有助于我们避免疏忽问题——我们在本章一开头所提及的与意志软弱接近的第五种现象，同时也有助于我们避免那里提及的其他诸种现象。如果我们努力运用大体之心去获取德性之知，那么我们做事就不会放纵或鲁莽；我们就能够“性其情”，抗拒“不可抗拒”的欲望，因此也就不会有强迫性的非自主行为；当然，我们也不会成为伪君子；德性之知不同于科学技术知识，只要我们不疏忽都可以获得，因此，没有人可以说我们的无知是由于我们具有天生的某种机能或者由于我们缺乏某种天生的机能。二程的讨论似乎唯一没有触及的是第六种现象，即理性选择。不过，这也可能表明，这种现象本身就没有什么问题，因为不同的人可能有不同的偏好。这个关于不同的人可以理性地具有不同偏好的问题将是下一章关注的核心。

注释

① Donald Davidson, “How Is Weakness of Will is Possible?” in his *Essay on Actions and Events* (Oxford: Clarendon, 1969), p. 22.

② Michael Smith, “Rational Capacities, or: How to Distinguish Recklessness,

Weakness, and Compulsion," in Sarah Stroud and Christine Tappolet (eds.), *Weakness of Will and Practical Irrationality* (Oxford: Clarendon, 2003), pp. 17 - 18.

③ 参见 R. M. Hare, *Freedom and Reason* (New York: Oxford University Press, 1963), pp. 82 - 83.

④ Plato, *Protagoras*, in Edith Hamilton and Huntington Cairns (eds.), *The Collected Dialogues of Plato* (Princeton: Princeton University Press, 1963), 358b - c.

⑤ 同上书,356c - d.

⑥ 在《理想国》(Plato: *Republic*, in Edith Hamilton and Huntington Cairns [eds.], *The Collected Dialogues of Plato* (Princeton: Princeton University Press, 1963, 430e - 431b)等柏拉图后期对话中,苏格拉底又讨论了意志软弱问题。关于苏格拉底在这些对话中的观点,不同的学者有不同的看法。有些学者认为,后期对话中苏格拉底的观点与《普罗泰戈拉篇》相合[参见 Kenneth Dorter, "Virtue, Knowledge, and Wisdom: Bypassing Self-Control," *Review of Metaphysics* 51 (1997), p. 315; W. K. C. Guthrie, *A History of Greek Philosophy*, volume 2 (Cambridge: Cambridge University Press, 1975), pp. 435 - 436],还有一些学者则认为相左。参见 Lloyd Gerson, "Platonic Dualism," *Monist* 69 (1986), p. 359; Glen Lesses, "Weakness, Reason, and the Divided Soul in Plato's *Republic*," *History of Philosophy Quarterly* 4 (1987), p. 148. 笔者在此无意介入该问题的讨论。

⑦ Aristotle, *Ethica Nicomachea*; *Ethica Eudemia*; & *Magna Moralia*, in W. D. Ross (ed.), *The Works of Aristotle*, vol. 9 (Oxford: Oxford University Press), 1145b27.

⑧ 参见 Kenneth Dorter, "Virtue, Knowledge, and Wisdom: Bypassing Self-Control," p. 313.

⑨ 事实上,苏格拉底自己也意识到,他关于意志软弱的看法不同于常见,故而对普罗泰戈拉说:"我想你知道大多数人不相信我们。他们坚持认为,有许多人都知道什么事情最好却不愿意做这样的事情。"参见 Plato, *Protagoras*, 352d.

⑩ Aristotle, *Ethica Nicomachea*; *Ethica Eudemia*; & *Magna Moralia*, 1145b27 - 30.

⑪ 同上书,1147b15 - 19.

⑫ 同上书,1146a5 - 9.

⑬ 后来，阿奎那认为，这是潜在知识与实际知识之间的区分，或者说消极知识与积极知识之间的区分。参见 Thomas Aquinas, *The Summa Theologica*, in *The Great Books of the Western World*, vols. 19 – 20 (Chicago: University of Chicago Press, 1952), part 1 of the Second Part, Q.77 A.2.

⑭ Aristotle, *Ethica Nicomachea*; *Ethica Eudemia*; & *Magna Moralia*, 1147a14 – 19.

⑮ 同上书，1146b5 – 1147a9. 在这一段话中，亚氏似乎还说，在"意志软弱"者的头脑中，有两个不同的实践三段论，它们导致相反的结论(行动)。但是，他没有列举这两个三段论的所有前提。不少学者试图补足亚氏没有列举的前提。在笔者看来，阿奎那的方案最为成功。下文对戴维森观点的讨论将会提到它。

⑯ 斯图尔特(Helen Steward)认为，亚里士多德此处的观点当作此解，但亚里士多德在《尼可马可伦理学》《欧德谟伦理学》《大伦理学》的很多段落中似乎持有不同的观点。参见 Helen Steward, "Akrasia," *Routledge Encyclopedia of Philosophy* (London and New York: Routledge, 1998), § 2. 不过，依笔者之见，在这些地方，亚里士多德主要是试图解释意志软弱的概念(就像我们可能试图解释"独角兽"或"方的圆")，而不必断定它事实上存在或可能存在。这一点在斯图尔特从《欧德谟伦理学》所引的文字中可以看得很清楚。亚里士多德说："没有人希望自己的想法是错的；但可以肯定的是，做出不自制行为的人并非做他希望做的事，因为做出不自制行为乃受到欲望的驱使，而这个欲望跟他所认为最好的东西相反。"参见 Aristotle, *Ethica Nicomachea*; *Ethica Eudemia*; & *Magna Moralia*, 1223b7 – 9. 亚里士多德显然是在告诉我们，意志软弱或不自制是什么意思，因为他紧接着说，"它导致的结果是，同一个人在同一时间的行动既情愿又不情愿；但这是不可能的"。同上书，1223b9 – 11.

⑰ 奥古斯丁在一个极为不同的背景下讨论意志软弱。他似乎认为，自人类堕落之后，不是有些人在有些时候，不是所有人在有些时候，也不是有些人在所有时候意志软弱，而是所有人在所有时候意志软弱；而且，如果没有上帝的恩惠，没有人可以克服意志软弱。关于奥古斯丁观点的详细讨论，可参见 Ann Pang-White, "The Fall of Humanity: Weakness of the Will and Moral Responsibility in the Later Augustine," *Medieval Philosophy and Theology* 9 (2000), pp. 51 – 67; "Augustine, *Akrasia*, and Manichaeism," *American Catholic Philosophical Quarterly* 77, 2 (2003), pp. 151 – 169. 如果要概览从

亚里士多德到近代对意志软弱问题的哲学讨论，可参见 J. C. B. Gosling，*Weakness of the Will*（London：Routledge，1990），chapters 5－7. 关于在戴维森之前当代哲学家对这个问题的讨论，可参见 William Charlton，*Weakness of Will*（Oxford：Basil Blackwell，1935），chapters 4－6.

⑱ 参见 R. M. Hare，*Freedom and Reason*，pp. 67－85.

⑲ 参见 Thomas Aquinas，*The Summa Theologica*，part 1 of Second Part，Q. 77 art.2；*Commentary on Aristotle's Nicomachean Ethics*（Notre Dame：Dumb Ox Books，1993），Book 7，Lecture 3.

⑳ 参见 Donald Davidson，"How Is Weakness of the Will Possible?" p. 33.

㉑ Donald Davidson，"How Is Weakness of the Will Possible?" p. 40.

㉒ Donald Davidson，"How Is Weakness of the Will Possible?" p. 41.

㉓ Donald Davidson，"Paradoxes of Irrationality，" in Richard Wollheim and James Hopkins（eds.），*Philosophical Essays on Freud*（Cambridge：Cambridge University Press，1982），p. 300.

㉔ 参见 Gary Watson，"Skepticism about Weakness of Will，" *The Philosophical Review* 86，3（1977），pp. 316－339；David Pugmire，"Motivated Irrationality，" *Proceedings of the Aristotelian Society* 56（1982），pp. 179－196. 但即便是沃森和帕格迈尔（David Pugmire）也赞同戴维森，认为有人有意去做有别于他们有最好理由去做的事。他们对意志软弱的怀疑，主要是因为在他们看来，这些人的行为更多的是出于欲望而非理性，故而他们的行动不是自由的。参见 Gary Watson，"Skepticism about Weakness of Will，" pp. 323－326；David Pugmire，"Motivated Irrationality，" pp. 188－189. 倘若如此，他们并没有肯定意志软弱的可能性或实在性，而只是肯定了本章开头提到的第二种现象，即强迫性的非自主行为。

㉕ 沃克（Arthur Walker）对迄至 1989 年的文献作了很好的综述。参见 Arthur F. Walker，"The Problem of Weakness of Will，" *Noüs* 23，5（1989），pp. 653－676.

㉖ Allison McIntyre，"Is Akratic Action Always Irrational?" in Owen Flanagan and Amelie Rorty（eds.），*Identity，Character，and Morality: Essays in Moral Psychology*（Cambridge，MA：MIT Press，1990），p. 386.

㉗ 参见 Robert Audi，"Weakness of Will and Rational Action，" *Australasian Journal of Philosophy* 68（1990），pp. 270－281.

㉘ Robert Audi，"Weakness of Will and Practical Judgment，" *Noüs* 13（1979），

p. 185.

㉙《孟子》,4a10。

㉚《孟子》,6a11。程颐在评论这一段时指出:"心至重,鸡犬至轻。鸡犬放则知求之,心放则不知求,岂爱其至轻而忘其至重哉? 弗思而已矣。"参见[宋] 程颢、程颐:《遗书》卷第二十五,《二程集》,第 317 页。

㉛《孟子》,6a13。

㉜《孟子》,6a14。

㉝《孟子》,6a12。

㉞[宋] 程颢、程颐:《遗书》卷第十八,《二程集》,第 187 页。

㉟[宋] 程颢、程颐:《遗书》卷第三,《二程集》,第 67 页。

㊱[宋] 程颢、程颐:《粹言》卷第一,《二程集》,第 1190 页。

㊲[宋] 程颢、程颐:《遗书》卷第二十五,《二程集》,第 320 页。

㊳[宋] 程颢、程颐:《遗书》卷第十八,《二程集》,第 187 页。

㊴[宋] 程颢、程颐:《遗书》卷第二上,《二程集》,第 20 页。

㊵[宋] 程颢、程颐:《遗书》卷第二十五,《二程集》,第 316 页。

㊶[宋] 程颢、程颐:《遗书》卷第四,《二程集》,第 71 页。

㊷[宋] 程颢、程颐:《遗书》卷第十五,《二程集》,第 152 页。

㊸[宋] 程颢、程颐:《遗书》卷第二上,《二程集》,第 32 页。

㊹[宋] 程颢、程颐:《遗书》卷第十八,《二程集》,第 188 页。

㊺[宋] 程颢、程颐:《外书》卷第十,《二程集》,第 404 页。

㊻[宋] 程颢、程颐:《遗书》卷第三,《二程集》,第 65 页。就此而言,笔者不赞同陈荣捷将程颐跟王阳明对立起来的观点:"程颐只说真知会导致行动,而不像阳明那样主张行动将导致知识。"参见 Wing-tsit Chan, *A Source Book in Chinese Philosophy*, ed. And trans. by Wing-tsit Chan (Princeton: Princeton University Press,1963), p. 558;类似的观点见蔡方鹿:《程颢程颐与中国文化》(贵阳:贵州人民出版社,1996 年),第 114 页;庞万里:《二程的哲学体系》(北京:北京航空航天大学出版社,1992 年),第 170 页。

㊼庞万里:《二程的哲学体系》,第 169—170 页;亦见第 151 页。

㊽[宋] 程颢、程颐:《遗书》卷第十八,《二程集》,第 220 页。

㊾附录将详论程颐对《论语》该章的解读。

㊿笔者将"德性之知"译为"knowledge of/as virtue"(关于/作为德性的知识)。柯雄文教授对本章初稿作了非常详尽的评论。他建议,应该把"德性之知"译成"knowledge from virtue"(来自德性的知识),以便相应于笔者对"闻见之

知”的英译“knowledge from hearing and seeing”（来自闻见的知识）。在笔者看来，这一新的翻译很有意思，但它似乎意味着，先有德性，然后才有从德性而来的知识，但在程颐那里，知识和德性是同时发生的：无知则无德，无德则无知。

51 [宋] 程颢、程颐：《遗书》卷第十八，《二程集》，第 187 页。

52 [宋] 程颢、程颐：《遗书》卷第二十五，《二程集》，第 324 页。

53 [宋] 程颢、程颐：《遗书》卷第二十五，《二程集》，第 320 页。

54 [宋] 程颢、程颐：《遗书》卷第十七，《二程集》，第 181 页。

55 [宋] 程颢、程颐：《遗书》卷第十八，《二程集》，第 225 页。

56 [宋] 程颢、程颐：《遗书》卷第十八，《二程集》，第 187 页。

57 [宋] 程颢、程颐：《遗书》卷第十五，《二程集》，第 164 页。

58 [宋] 程颢、程颐：《遗书》卷第二上，《二程集》，第 16 页。李晨阳教授和吴光明教授在评论本章初稿时都提出，这里可能存在循环推理的问题：一方面，闻见之知是肤浅的常识，德性之知是深刻的真知，而德性之知之为德性之知，在于它能够引导我们行动；另一方面，与盲目或受强制的行动相比，恰当的行动之为恰当的行动，在于是由深刻而真正的德性之知所引导。对此，笔者的回应是，从观察者的角度来看，确定一个人的知识是否真知，除了观察这个人是否有相应的行为之外，别无他法。然而，行动者本人甚至在他根据自己的知识采取行动（或没有采取行动）之前就清楚地知道他拥有的知识属于何种类型，因为获得德性之知不仅要过脑而且还要用心，而获得闻见之知仅仅需要过脑。

59 [宋] 程颢、程颐：《遗书》卷第二上，《二程集》，第 20 页。

60 [宋] 程颢、程颐：《遗书》卷第十五，《二程集》，第 147 页。

61 《孟子》，7a21。

62 冯友兰：《中国哲学史新编》第 5 册（北京：人民出版社，1995 年），第 177—178 页。

63 [宋] 程颢、程颐：《遗书》卷第二十三，《二程集》，第 305 页。

64 [宋] 程颢、程颐：《遗书》卷第二上，《二程集》，第 16 页；亦见《遗书》卷第十八，《二程集》，第 188 页。

65 [宋] 程颢、程颐：《遗书》卷第十八，《二程集》，第 188 页。

66 例如，庞万里就认为，真知来自直接经验且源于心，而常知则是得自间接经验。真知从生活经历、实践中来的，常知是根据传闻来的。参见庞万里：《二程的哲学体系》，第 152 页。

⑰ [宋] 程颢、程颐:《外书》卷第六,《二程集》,第 388 页。
⑱ [宋] 程颢、程颐:《遗书》卷第二十五,《二程集》,第 317 页。
⑲ [宋] 程颢、程颐:《遗书》卷第十七,《二程集》,第 178 页。
⑳ [宋] 程颢、程颐:《粹言》卷第二,《二程集》,第 1253 页。考普曼(Joel Kuppermann)是少有的从儒学角度讨论意志软弱的学者之一。他强调道德知识与数学、科学及历史知识之间的区别。在他看来,虽然后者"被同化为能够陈述、解释和证明一个正确答案"的知识,但前者用柏拉图的话来说,"并不像其他知识那样可以诉诸言语;但是,在师生之间持续了很长一段时间的交流之后……它在灵魂中诞生,且直接滋养自身"。参见 Joel Kuppermann, "Confucian Ethics and Weakness of Will," *Journal of Chinese Philosophy* 8, 1 (1981), p. 1. 考普曼很好地描述了程颐的德性之知,尽管程颐所讲的德性之知与闻见之知的区分并非道德知识与非道德知识的区分[就此而言,蒙培元误将二者视为同一种区分。参见蒙培元:《理学范畴系统》(北京:人民出版社,1998 年),第 374 页。]尽管程颐经常用非道德知识(如田夫与老虎的故事所示)来解释二者之别,但他所感兴趣的德性之知与闻见之知都与道德有关。
㉑ 狄培理在其新儒家的研究中,用了专著《为自己学习》一书一整章的篇幅讨论自得。他将"自得"翻译为"getting it by or for oneself"(通过自己或为了自己而获得)。在他看来,自得有两个重要的意义:"其一,在较低的层面上,为自己学习或体验某种真理,并从中获得内在的满足。自得在这里意谓'自足''知足''自有'。其二,在更深的层面上,自得意味着'获得它或在自己身上找到出路'"[参见 Wm. Theodore De Bary, *Learning for One's Self: Essays on the Individual in Neo- Confucian Thought* (New York: Columbia University Press, 1991), p. 43];而且他将自得的第二种意义与孟子的用法(《孟子》,4b14)联系起来。
㉒《孟子》,4b14。
㉓ [宋] 程颢、程颐:《遗书》卷第二十五,《二程集》,第 316 页。
㉔ [宋] 程颢、程颐:《遗书》卷第十一,《二程集》,第 122 页。
㉕ [宋] 程颢、程颐:《外书》卷第二,《二程集》,第 361 页。
㉖ [宋] 程颢、程颐:《遗书》卷第十一,《二程集》,第 127 页。
㉗ [宋] 程颢、程颐:《遗书》卷第二十五,《二程集》,第 321 页。
㉘ 参见杜维明:《杜维明文集》第 5 卷(武汉:武汉出版社,2002 年)相关文章。
㉙《孟子》,7a21。
㉚ [宋] 程颢、程颐:《遗书》卷第十八,《二程集》,第 185 页。

⑧① 杜维明：《杜维明文集》第 5 卷（武汉：武汉出版社，2002 年），第 331—332 页。

⑧② 《孟子》，6a15。很有意思的是，在西方哲学传统中，身体（body）和心灵（mind）通常被看作相互独立的两个实体，而在儒家哲学中，它们都是"体"，一个是小体，一个是大体。

⑧③ ［宋］程颢、程颐：《经说》卷第八，《二程集》，第 1154 页。

⑧④ 姜新艳在讨论意志软弱的论文中也认识到了这两种知识的区别。然而，在她看来，二者是程度之别。参见 Xinyan Jiang, "What Kind of Knowledge Does a Weak-Willed Person Have? —A Comparative Study of Aristotle and the Ch'eng-Chu School," *Philosophy East & West* 50 (2000), pp. 242 - 253. 但在笔者看来，二者是种类之别。无论一个人的闻见之知多么丰富完善，这种知识本身都不能使他倾向于行动。

⑧⑤ 因此，姜新艳在详细比较了亚里士多德和程朱理学之后总结说，他们"都认为，意志软弱者的实践知识，即关于应当做什么的知识，是有缺陷的"（参见上文，第 247—248 页）；而多尔特（Kenneth Dorter）则比较了王阳明与苏格拉底对意志软弱的看法，认为"王阳明关于知行合一的悖论性的看法隐含了苏格拉底德性即知识的悖论。因此，王阳明的论证也可以支持苏格拉底的学说。同苏格拉底一样，王阳明也主张知善就会行善"。参见 Kenneth Dorter, "Virtue, Knowledge, and Wisdom: Bypassing Self-Control," p. 333.

⑧⑥ Aristotle, *Ethica Nicomachea*; *Ethica Eudemia*; & *Magna Moralia*, 1147b6 - 9.

⑧⑦ 程颐的德性之知更接近于亚里士多德所讲的实践智慧。我们已经看到，亚里士多德认为，有实践智慧的人必然可以根据其实践智慧行动。如果是这样，那么亚氏所讨论的意志软弱者会失去的知识则肯定不是实践智慧；而如果是这样，那么要解决这样的人的无知问题，就不是像亚氏所建议的那样去帮助他们寻找其失去的知识，因为这样的知识，即使找得回来，在需要用的时候还是会失去。所需要的是让这些人获得一旦拥有就不再会失去的实践智慧。如果亚氏采用这样的途径解决意志软弱问题，那他就跟程颐做同样的事情了。

⑧⑧ 蔡方鹿：《程颢程颐与中国文化》（贵阳：贵州人民出版社，1996 年），第 111 页。

⑧⑨ 张载：《张载集》（北京：中华书局，1978 年），第 24 页。

⑨⓪ ［宋］程颢、程颐：《遗书》卷第十五，《二程集》，第 147 页。

⑨① ［宋］程颢、程颐：《遗书》卷第十七，《二程集》，第 175 页。

⑨② ［宋］程颢、程颐：《遗书》卷第二十二上，《二程集》，第 279 页。

⑨③ [宋] 程颢、程颐：《遗书》卷第十五，《二程集》，第 168 页。

⑨④ 冯日昌错误地走到了另一个极端，认为闻见之知是程颐最看重的知识。参见冯日昌：《二程格物致知论》，载项维新、刘增福编《中国哲学思想论集·宋明篇》（台北：水牛出版社，1991 年），第 175—177 页。

⑨⑤ [宋] 程颢、程颐：《遗书》卷第六，《二程集》，第 90 页。

⑨⑥ 温伟耀：《成圣之道：北宋二程修养功夫论之研究》（台北：文史哲出版社，1996 年），第 158 页。钱穆也指出，程颐在这里"并不是不要闻见。但闻见之上更有一番重要功夫则是思"。参见钱穆：《宋明理学概述》（台北：兰台出版社，2001 年），第 68 页。

⑨⑦ 温伟耀：《成圣之道：北宋二程修养功夫论之研究》，第 158 页。

⑨⑧ 杜维明：《杜维明文集》第 5 卷，第 344 页。因此，最终我们需要获得德性之知；二程无疑认为德性之知优于闻见之知。在此意义上，笔者认为卢连章的以下观点不能成立：闻见之知是通过感官取得的外来的感性知识，容易为外物所迷惑；德性之知是先天固有的，来源于内心的，也容易产生主观的偏见，二者各有利弊，需要取长补短，才能得到"真知"。参见卢连章：《程颢程颐评传》（南京：南京大学出版社，2001 年），第 142 页。这一观点由陈钟凡首先提出。他认为，德性之知可能被主观偏见所遮蔽，而闻见之知则可能被外物所迷惑。二者各有利弊。因此，只有二者相互补充才能获得更深的知识。参见陈钟凡：《两宋思想述评》（北京：东方出版社，1996 年），第 104 页。

⑨⑨ 这一看法可以追溯到亚里士多德。亚氏认为，我们只能称赞或责备自愿的行动和激情。换言之，我们只能要求人们为自己自愿的行动和激情负责。他进而解释说，"在强制或无知的情况下所做的事情是非自愿的行动"。参见 Aristotle, *Ethica Nicomachea*; *Ethica Eudemia*; & *Magna Moralia*, 1109b35 - 1110a1.

⑩⓪ 例如，摩尔斯（Stephen J. Morse）认为，"只要我们主张，我们是具有意向性、具有潜在理性能力的动物，是人而不是机器，那么内心状态（mens rea）的要求在刑法中就不仅不可避免，而且是可取的"。参见 Stephen Morse, "Inevitable Mens Rea," *Harvard Journal of Law & Public Policy* 27 (2003), p. 51.

⑩① 在这一关系问题上，洛克提出一个很有道理的观点："虽然惩罚跟人格相关，人格跟意识相关，而醉汉可能没有意识到他所做的，但是，人类的法官可以正当地惩罚他；因为我们可以证明其所从事的行为，但我们无法证明其在从事其行为时的无意识。也许有朝一日，每个人的内心状态都可以大白于天下，那么我们就可以合理地认为，人们不应当为其无意识的行为负责。"John

Locke, *An Essay Concerning Human Understanding* (London: George Routledge and Sons), Book 2.27.22.

⑩② House of Lords, "The M'Naghten Rules," in Joel Feinberg and Jules Coleman (eds.), *Philosophy of Law*, 6th ed. Belmont (CA: Wadsworth/Thompson Learning, 2000), p. 668. 与之相应,美国法律研究所在1956年所作的"精神失常辩护"也主张:"一个人在从事其违法行为时,由于精神疾病或者缺陷,他对其行为之有罪性质的理解能力,或者使其行为与法律要求相符合的能力严重受损,以至我们无法正当地要求他对自己的行为负责;在此情形下,他不对其犯罪行为负责。" American Law Institute, "The Insanity Defense," in Joel Feinberg and Jules Coleman (eds.), *Philosophy of Law*, 6th ed. Belmont (CA: Wadsworth/Thompson Learning), p. 669.

⑩③ 因此,杜维明认为,苏格拉底的立场"无法说明道德主体必须承担责任的有意的不道德行为这一核心问题,因为苏格拉底主张,'错误的行为包含着实践智慧的缺乏,也就是说,必然包含着对什么是善的无知'。另一方面,从孟子的视角来看,亚里士多德的做法又是片面的,因为亚氏试图把意志软弱之根源归结为性格因素"。参见 Weiming Tu, "Akrasia and Self-Cultivation in Mencius," in Venant Cauchy (ed.), *Philosophy and Culture* (Montreal: Ed-Montmorency, 1983), p. 222.

⑩④ [宋] 程颢、程颐:《遗书》卷第二十五,《二程集》,第316页。

⑩⑤ [宋] 程颢、程颐:《外书》卷第一,《二程集》,第351页。

⑩⑥ [宋] 程颢、程颐:《遗书》卷第二十五,《二程集》,第321页。

⑩⑦《孟子》,2a6。杜维明在讨论孟子这段话时也指出:"我们完全可以理解,一个令人尊敬的人也许不知道其自身还没有实现的潜能,如科学和艺术才能,但在孟子看来,我们不能想象,我们社会的一个成熟的成员竟然不知道其具有的四端,因而竟然不能作为行为主体为其行为负责。"参见 Weiming Tu, "Akrasia and Self-Cultivation in Mencius," pp. 222 - 223.

⑩⑧ [宋] 程颢、程颐:《遗书》卷第十八,《二程集》,第209—210页。

⑩⑨ [宋] 程颢、程颐:《遗书》卷第十九,《二程集》,第252页。

⑪⓪ [宋] 程颢、程颐:《遗书》卷第十一,《二程集》,第122页。

⑪① [宋] 程颢、程颐:《遗书》卷第二十五,《二程集》,第325页。

⑪② [宋] 程颢、程颐:《遗书》卷第四,《二程集》,第69页。

⑪③ 笔者讨论过道德责任这一问题,包括道德奖惩,详见 Yong Huang, "Virtue Ethics and Moral Responsibility: Confucian Conception of Moral Praise and

Blame," *Journal of Chinese Philosophy* 40 (2013), pp. 381 – 399.

⑭《孟子》,1a8。

⑮《孟子》,1a7。

⑯《孟子》,6b2。

⑰ [宋] 程颢、程颐:《遗书》卷第十八,《二程集》,第 193 页。

⑱ [宋] 程颢、程颐:《遗书》卷第十八,《二程集》,第 188 页。

⑲ 例如,张君劢就认为,强调理智过程而非价值过程的重要性,程颐可谓宋儒中第一人。参见 Carsun Chang, *The Development of Neo-Confucian Thought*, vol.1 (New Haven: College and University Press, 1963), p. 219.

⑳ [宋] 程颢、程颐:《遗书》卷第二十五,《二程集》,第 157 页。

㉑ [宋] 程颢、程颐:《遗书》卷第二十五,《二程集》,第 157 页。

㉒ 诚然,程颐未曾明言,"主一"所讲的"一"就是道或理。劳思光也认为,"所谓'主一'即心合于理,不为外物所引之意"。参见劳思光:《新编中国哲学史》卷三上(台北:中正书局,2003 年),第 238 页。庞万里也持类似的看法。参见庞万里:《二程的哲学体系》,第 246 页。

㉓ [宋] 程颢、程颐:《遗书》卷第十五,《二程集》,第 169 页。

㉔ [宋] 程颢、程颐:《遗书》卷第二十五,《二程集》,第 316 页。

㉕ [宋] 程颢、程颐:《遗书》卷第十一,《二程集》,第 133 页。

㉖ [宋] 程颢、程颐:《遗书》卷第十八,《二程集》,第 187 页。

㉗ [宋] 程颢、程颐:《遗书》卷第十五,《二程集》,第 164 页。

㉘ [宋] 程颢、程颐:《遗书》卷第二十二上,《二程集》,第 277 页。

㉙ [宋] 程颢、程颐:《遗书》卷第三,《二程集》,第 66 页。

㉚ [宋] 程颢、程颐:《遗书》卷第十五,《二程集》,第 169 页。

第四章

爱：在理论与反理论之间的伦理学

第一节　引　言

在第二章中，我们把二程伦理学看作一种美德伦理学。不过，我们还没有关注美德伦理学的一个重要特征，那就是强调特殊性。正如赫斯特豪斯所言，在美德伦理学中，“一个行动是正确的，当且仅当它是一个有美德的行为者在特定**情境**（circumstances）中基于其性格而做出的行动”[①]。这里笔者对“情境”一词作了强调。这意味着，有德之人不是简单地将普遍的道德原则运用于一切情境。相反，正如斯洛特在论述亚里士多德时所言，有德之人是“在特定情境下**看到**或**察觉到**何为善、好或对的人”[②]。在一种情境或状况下正确的事在另一种情境或状况之下可能并非如此。本章将聚焦美德伦理学所强调的特殊性。首先，我们简单考察一下道德普遍主义（ethical generalism）或者笔者所说的共性伦理学（常识所讲的“金律”和康德义务论都以此为特征），指出它不足以处理个体性道德行为对象的独特性（第二节）。接着，笔者将考察儒家著名的爱有差等说，一种不同于道德普遍主义的伦理思想。二程通过“理一分殊”将之阐发为差异伦理学（ethics of difference）：爱有差等，主要并不是像通常所理解的那样，爱你的家人胜过其他人，而是以不同的方式爱不同的人，也就是说，要考虑到所爱对象之间的差异（第三节）。因此，这种差异伦理学与当代伦理学中的道德特殊主义（moral particularism）或反理论（anti-theory）有着显著的相似性，丹西是这一伦理学倾向最为热心的倡导者。不过,笔者将论证,二者之间在某个重要方面存在重大差异:丹西强调,不同的情境之间无可通之处;二程则主张,道德行为者不仅能够在形式层面,而且能够在实质层面从他们过去的爱的经验中获益,因为二程认为,道德是一种逐渐外"推"的努力,将自己对家人的自然情感逐步推扩至他人、其他生物乃至非生物(第四节)。笔者进而论述,正是由此出发,二程解释了家庭之爱为行仁(儒家最基本的德性)之本的儒家观念,因为向外推扩之爱是一种真正的情感,人们首先在家庭中自然地感受到它(第五节)。本章最后作一简要总结(第六节)。

第二节　共性伦理学及其困境

大多数我们熟悉的伦理学理论都可视为共性伦理学,因为它们都假定道德行为者和道德行为对象在道德方面具有相似性。例如,通常称为"金律"的道德律令"己所欲,施于人",以及它的消极形式、有时被称为"银律"的"己所不欲,勿施于人",都是基于以下观点:作为道德行为者的我和作为道德行动对象的他人具有共同的好恶。作为"金律"(包括积极形式与消极形式)的基础,这一观点是有问题的。格维斯(Alan Gewirth,1912—2004)指出:"行为者假设自己作为行为接受者而产生的自我期望,可能与真正的行为接受者关于如何被对待的愿望不一致……因此……这可能让接受者遭受无端的痛苦……例如,如果一个人喜欢别人与他争吵或钩心斗角,那么,按照'金律',这个人就可以和他人争吵或者让他人卷入阴谋之中，而不管对方本人对此事的意愿如何。”[③]

由于“金律”的困境显而易见，许多当代哲学家已尝试以不同的方式予以修正。例如，辛格(Marcus Singer，1926—2016)用他的“一般原则”提出一种解释：对于一个人来说是正确的事情，必须在同样或类似的情境下对任何人来说都是正确的。因此，我对他人的行动是否在道德上恰当，其标准并不取决于我是否希望别人以同样的方式对待我。相反，它要求“从一个‘公正合理的旁观者’视角出发来判断每一个人的行为，包括自己的行为”[④]。这样，“金律”可以理解为“按照公正合理的旁观者的指示对待他人”。格维斯则建议用他所谓的通用一致性(generic consistency)来使道德“金律”合理化，以避免他所指出的问题：**“根据你的行为接受者以及你自己的通用权利(generic rights)来行动**。”[⑤]为避免同样的问题，黑尔提出了“想象的角色转换”：让自己站在行为对象的立场上。但是，他的角色转换不是为了理解行动对象的真实感受，而是要从一个具有同情心的、公正的观察者视角出发去认识行为者和行为对象的“应然感受”。他认为，任何一个道德推理都必须满足这一普遍性要求：我们的行动必须“作为能在相似情境下指导他人的行动准则的一个范例而被接受”[⑥]。

值得注意的是，辛格、格维斯与黑尔都是康德主义者，因此，他们重构“金律”的策略自然以康德伦理学为指导，而康德伦理学可以说是最具代表性的共性伦理学。在康德看来，伦理学必须基于道德原则，而道德原则不应当考虑任何实际的和潜在的道德行为者与行为对象的特殊情况。康德认为，“义务的基础既不在于人的自然本性，也不在于他所处世界的情境，而仅仅在于先验的纯粹理性概念……当义务运用于某人时，并不借助任何对他的了解（在人类学意义上），而是将先验法则运用于作为理性存在者的他”[7]。我们已经看到，“金律”的根本问题在于，道德行为者可能把他的特殊兴趣也作为道德行为对象的兴趣。要避免“金律”的上述危险，道德义务的源泉只有从理性意志中寻找，而不是从“人的特殊倾向”或“某种感觉癖好”中探究；前者对每一个理性存在者都是相同的（所有人都是理性存在者），而后者因人而异。[8]这样就不难理解，为什么这么多试图拯救“金律”的当代哲学家被康德理论所吸引。

然而，康德理论有一个明显的问题：如果道德原则完全源自普遍的理性意志，而且完全与道德行为者和道德行为对象的特性无关，那么它怎么可能有实际的用途？毕竟，一个行动之所以被认为是道德的或不道德的，是因为它对作为经验存在者而不只是理性存在者的行为接受者造成了某些或好或坏的影响。由于道德行为者遵循的道德原则来源于“无知之幕”（康德主义者罗尔斯的用语），他的行动缺乏处理道德行为对象之特殊性的能力。[9]就此而言，黑格尔对康德的批评仍然有效，而这个批评还未得到当代康德辩护者的充分回应：在康德理性意志的自我决定中，“留给义务本身的一切，就其是只在自身之内、只与自身相关的道德自我意识的本质要素或普遍要素而言，具有抽象普遍性，确定这种普遍性的是**无内容的同一性**或抽象的**肯定性**，即不确定性”[10]。黑格尔对康德批评的核心在于，康德的道德原则内容空洞，陷入了形式主义，因此在决定我们影响他人利益的行动的道德价值时是不确定的。

尽管康德的伦理学仍然具有影响力，但它还是受到了当代许多哲学家尤其是所谓的后现代哲学家的攻击，其中罗蒂无疑最为突出。罗蒂在反康德主义立场上走得很远，对他来说，阅读康德《道德形而上学奠基》的恰当反应，“要么嫌恶，要么一通咯咯笑”⑪。不过颇为讽刺的是，罗蒂所提出的替代方案也仍然是一种共性伦理学。根据罗蒂的观点，只有提高“我们的能力，认识到越来越多的人与人之间的差异与道德无关……即能够认识到人们在宗教、性别、种族、经济地位等方面的差别与互惠合作的可能性无关，与减轻痛苦的需求无关”⑫，道德进步才有可能。在罗蒂看来，道德进步就是扩大“我们”的范围，即那些可以确定为“我们”而非“他们”的人的范围，对他来说，这可以通过情感的进步来实现，而情感的进步“包括提高一种能力，即越来越认识到在我们和不同于我们的人之间相似之处比差异之处更为重要”⑬。诚然，为了将自己的伦理学区别于康德伦理学，罗蒂谨慎地指出，“重要的相似之处不是分享了体现真正人性的深层的真实自我，而是像珍爱我们的父母和孩子那样微小的表面的相似之处——这些相似之处不能以任何有意义的方式将我们和其他动物区别开来”⑭。例如，其他人“在被刺伤时同样会流血……他们也担心自己的孩子和父母；他们同样会自我怀疑，以及在被羞辱时失去自信”⑮。

罗蒂试图指出，如果我们忽视共性而只关注差异，就不能将“他们”确定为“我们”，而这可能会有分离主义的危险。不过在笔者看来，除非罗蒂持一种严格意义上的消极自由论，认为一个人要想成为道德的人，所要做的就是不给他人造成任何伤害，否则这种对共性的强调必须伴随着对差异的同等重视。罗蒂时常讨论的一个平淡无奇的共性是没有人愿意蒙受痛苦。然而，正如布希米（William I. Buscemi）所指出，痛苦本身并不是一个赤裸裸的事实。某些痛苦可能只对具有特殊宗教和哲学世界观的人来说才清晰可辨。[16]例如，所有饥饿的人都想要吃东西。但如果我们忽视了人与人之间的潜在区别，则可能会做一些不恰当的事情：我们可能会向一位素食主义者提供肉食，而当饥饿的素食主义者拒绝我们提供给他的肉食时我们可能会感到被冒犯。在这里，罗蒂把认识差异视为一种新需求，以区别于认识共性的旧需求，并且认为“新需求比旧需求更难满足，我不确定有什么好的理由从更简单的需求转变为更严格的需求”[17]。

有意思的是，罗蒂所认为的新的、难以满足的、没有必要的需求，即“关注并尊重个体特性”的需求，完全不是新的。对这种需求的明确表达，已见于儒家的爱有差等观念，尤其是二程从“理一分殊”出发对它的阐发。下一节将会指出，儒家思想可以发展出不同于共性伦理学的差异伦理学。差异伦理学关注人们在观念与理想、欲望与偏好及习惯与风俗等方面的差别，承认它们具有相等的价值，并且要求我们充分考虑我们道德行为对象在这些方面的独特性。差异伦理学要求我们，当我们实施某种影响他人的行为时，要考虑我们实际的行为对象的喜恶，而不是以我们自己喜好的方式来行动，包括假设我们身处其位希望自己被如此对待的方式。换言之，当我们对影响他人的行动是否适当作出决定时，在道德上真正重要的，不是我们作为行为者或主体的欲求，而是那些作为我们行动的对象或接受者的欲求。

第三节　爱有差等

“仁”是儒家最基本的美德。有时它被视为影响所有其他美德的首德。正是在此意义上，二程将它比作头，而将其他四种重要美德即义、礼、智、信比作四肢。有时它被视为涵摄所有其他美德的全德。正是在此意义上，二程把它看作整个身体，而其他四种美德看作身体的四肢。“仁”的基本含义是爱人。因此，当一个学生问什么是“仁”时，孔子回答说“爱人”。[18]孟子同样明确地说，仁者爱人。[19]但是，儒家关于爱的学说的独特之处在于，它把家庭之爱视为爱的典范。《论语》有言，“孝弟也者，其为仁之本与”[20]。《中庸》有一句相似的表述：“仁者人也，亲亲为大。”[21]孟子的观点完全一致：“事孰为大？事亲为大。”[22]正是在此意义上，孟子直接将“仁”与家庭之爱联系起来：“亲亲，仁也。”[23]

这里的问题不在于儒家把家庭之爱作为“仁”的发端，因为这样的看法未必与普遍之爱相冲突。孔子说，“弟子，入则孝，出则弟，谨而信，泛爱众，而亲仁”[24]。同样，孟子也说，“老吾老以及人之老，幼吾幼以及人之幼”[25]。因此，儒家显然并不仅仅主张家庭之爱。相反，他们要求我们从家庭做起，然后将家庭之爱逐渐推扩至所有其他人。就此而言，儒家之爱也是一种以家庭之爱为出发点的普遍之爱。反对儒家的墨家和批评儒家之爱的基督教神学家孔汉思(Hans Küng)也会认可这一爱的概念。例如,墨者夷子曾把儒家之爱解释为“爱无差等,施由亲始”[26]。孔汉思则认为,基督教之爱也是“一种与自己近邻之间的爱,而不是与一般意义上的人、一个跟我们无关的遥远的人之间的爱”[27]。

这里真正的问题在于如何理解儒家的爱有差等。人们通常认为,爱有差等意味着对不同的人要有不同程度的爱:对家庭成员有较强的爱,对外人有较弱的爱;对自己的近邻有较强的爱,对陌生人有较弱的爱;对有德之人有较强的爱,对恶人有较弱的爱;以及对人类有较强的爱,对其他生物有较弱的爱。例如,即便当今著名的儒家学者杜维明也认为,“照顾自己家庭、宗族、亲属、邻里、乡村、县、社会、国家、世界及宇宙的责任,强度各不相同”[28]。这种解释似乎在孟子与墨家的论争中可以找到一些文本依据。在孟子看来,“墨氏兼爱,是无父也”[29]。因此,孟子在回应夷子“爱无差等”的墨家概念时问道:“夫夷子信以为人之亲其兄之子,为若亲其邻之赤子乎?”[30]正是在这里,我们有了儒家“爱有差等”观念的经典表述。虽然孔子未能在有生之年看到这场辩论,但他肯定会同意孟子的观点,例如,一个人对自己父母的爱事实上并且也应当有别于对他人的爱。此外,孔子认为,对有德之人的爱应当不同于对恶人的爱。因此,有人问是否应当以德报怨,如基督徒所提倡的那样,孔子的回答是,倘若如此,“何以报德”?在孔子看来,应当“以直报怨,以德报德”[31]。

从基督教的角度来看,这样一种爱有差等的观念是成问题的。[32]例如，孔汉思认为，在此意义上，儒家之爱不如基督教的普遍之爱："相比之下，在耶稣那里，**每**个人——像在撒玛利亚人的寓言中——都可以成为邻人，成为**我的**邻人。耶稣想要在家人和陌生人之间、自己宗教的信徒和别的宗教的信徒之间、同道和非同道之间，克服血肉区别。"[33]这样一种激进的爱生动地体现在耶稣的以下教导之中："爱你们的仇敌，善待恨你们的人。诅咒你的，要为他祝福；凌辱你的，要为他祷告。有人打你这边的脸，连那边的脸也由他打；有人夺你的外衣，连里衣也由他拿去。"[34]因此，从表面上看，儒家的爱有差等似乎是偏而不全的，因而不如基督教的普遍之爱。针对这种批评通常有两种回应，在笔者看来它们都是不恰当的。

第一种回应强调，儒家所提倡的爱与普遍之爱没有本质区别。例如，爱莲心（Robert Allinson）指出，儒家之爱在从家庭推扩至其他人时并不是一种逐渐弱化的爱。但是，为了论证这一正确的观点，他却错误地认为，儒家之爱和普遍之爱没有区别。在他看来，儒家的家庭之爱作为一种实现更高价值的手段被提出来，"不能被看作所要提倡的最高价值：因此它是一种假言价值（严格来说，它是一个假言律令）。这并不意味着它不具有任何价值，而是说它的价值是次要的"[35]。《论语》讲孝是仁之本，"本就是本源，但不是结果。如果结果或目标是孝之外的东西，那么这里真正要说的是，孝是一种人们学习如何实现其他目标的方式"[36]。这里，爱莲心正确指出，孝只是儒家的一个起点而非终点。然而，他混淆了"终点"的两个含义：停止点和目标。在儒家那里，孝是起点，爱他人和他物是停止点而非目标。若非如此，我们就不得不认为，家庭之爱只是达到目标的一种手段，仿佛只要我们达到爱一切其他人和存在者的目标，就可以停止爱父母。

第二种回应将儒家的爱有差等理解为以不同程度的爱对待不同的人和物，并为此提供辩护。例如，黄百锐提出三种理由为家庭之爱较之其他种类的爱更具有道德优先性提供辩护：[37] ① 爱必须从家庭之爱开始（这一点不存在争议，但我们似乎不能断定家庭之爱必须是最强的）；② 爱自己的父母胜过爱其他人是人类的天性（事实上，这或许是真的。但说家庭之爱是最强的是一回事，说家庭之爱应当是最强的则是另一回事）；③ 人们应该感恩父母为自己所做的一切[38]（但是，如果感恩是基于孩子对父母的爱，那么父母爱孩子的基础又是什么？仅仅是期望孩子长大之后能回报父母的爱？如果是这样，儒家的爱将与孟子强烈批评的墨子的兼爱并无二致）。

在笔者看来，二程尤其是程颐的"理一分殊"对看似有问题的爱有差等说作了更好的辩护和更富创造性的解释。为了解答弟子杨时对《西铭》（作者张载，二程对其极为推崇）[39] 的疑问，程颐提出"理一分殊"。《西铭》开篇云：[40]

> 乾称父，坤称母；予兹藐焉，乃混然中处。故天地之塞，吾其体；天地之帅，吾其性。民，吾同胞；物，吾与也……尊高年，所以长其长；慈孤弱，所以幼其幼……于时保之，子之翼也；乐且不忧，纯乎孝者也。

前面几句强调万物一体，杨时显然有惊于此，担心张载可能落入墨家所讲的爱无差等。[41]对此，程颐首先指出，《西铭》"与孟子性善养气之论同功，岂墨氏之比哉"，然后他立即指出，"《西铭》明理一而分殊，墨氏则二本而无分。分殊之蔽，私胜而失仁；无分之罪，兼爱而无义"。[42]

程颐在这里明确表示，一方面儒家之爱是一种普遍之爱：爱一切人一切物，此为"理一"；另一方面，以恰当的方式爱不同的人和不同的物，而这种爱必须有所差别，此乃"分殊"。[43]他认为，《西铭》中那些强调万物一体的句子揭示出为何爱应该是普遍的，而"尊高年""慈孤弱""子之翼"和"纯乎孝者"则表明对不同的人爱应该是不同的。换言之，根据程颐的观点，儒家讲爱有差等，不是爱的程度不同，而是爱的种类不同。这并不意味着一个人应该爱某些人胜于爱其他人，而是意味着一个人应该以不同的、与其特定对象相应的方式爱不同的人。在程颐看来，一方面，如果我们只关注"理一"而忽视其不同的表现形式，我们将犯下墨家兼爱的错误：以同样的方式爱一切，不考虑所爱对象的差异性；另一方面，如果我们只关注爱的特殊表现形式而忽视其背后的"理一"，我们将犯下杨朱自爱的错误。

用理一分殊理解爱有差等，我们可以更好地理解孟子为什么区分了三种爱："君子之于物也，爱之而弗仁；于民也，仁之而弗亲。亲亲而仁民，仁民而爱物。"[44]这里，爱、仁和亲不应理解为同一种爱的三种不同程度，而应是三种不同种类的爱，适用于三种不同的道德行为对象：物、民和父母。与此相联系，孔子讲的"以德报德”和“以直报怨”也应当理解为与两种不同道德行为对象相应的两种不同种类的爱。也正是在此意义上，我们可以理解为何孔子认为“唯仁者能好人，能恶人”[45]。换言之，从儒家的观点来看，“恶”（恨）如同“好”，也是一种更广义上的爱。一方面，爱是仁最基本的含义，故而懂得如何好人和恶人的“仁”者必定是一个有爱之人；另一方面，正如陈荣捷所指出的，“恶”在这里不涉及任何恶意。[46]更确切地说，它是一个人因其所爱的道德对象缺乏应有的东西而产生的深刻的悔恨之感。因此，儒家之所以对爱进行区分或辨别，不是为了决定我们应当爱（或更爱）谁或什么物，抑或应当不爱（或更不爱）谁或什么物，而是决定如何以最恰当的方式去爱每个人和每一物。

显然，真正的爱不能是一种超越的爱。它必须建基于对爱的特定对象的经验性知识之上。否则，一个人将无法知道爱的对象的特殊性，因而无法以适当的方式去爱这个对象。要以适合于爱的对象的方式去爱不同的人和物，则必须去了解爱的对象的特殊性。因此之故，二程强调“知人”的重要性。《中庸》云：“故君子不可以不修身；思修身，不可以不事亲；思事亲，不可以不知人；思知人，不可以不知天。”[47]程子评曰：“不知人，则所亲者或非其人……而辱身危亲者有之。”[48]同样，程颢在评论《论语》2.10孔子所要求的“视其所以，观其所由，察其所安”时说道：“能以此察人如圣人也。”[49]当然，二程承认“知人为难”[50]。然而，重要的是要有一颗真诚的心。例如，“今夫赤子未能言，其志意嗜欲人所未知，其母必不能知之，然不至误认其意者，何也？诚心爱敬而已”[51]。

就此而言，二程同意孟子的说法，认为仁是能爱之人的内在本质，而仁表现为分殊之爱，但爱的实际形态是由爱的对象决定的。因此，程颐在评论孔子的经典说法“克己复礼为仁”时指出[52]，“克己”是指“以物待物，不以己待物，则无我也”[53]。与之相应，他将圣人之心比作“镜”和“止水”：“好物来时，便见是好，恶物来时，便见是恶。”[54]换言之，圣人的好恶取决于事物而非他们自身。对此程颢表示赞同。在他看来，“至于无我，则圣人也”[55]；“圣人之喜，以物之当喜；圣人之怒，以物之当怒。是圣人之喜怒，不系于心而系于物也”[56]。根据程颐的观点，这是“君子”与“小人”的主要区别：“小人之怒在己，君子之怒在物。”[57]

当然，尽管孟子强调仁和义的内在性，但爱的实际形态由爱的对象的特殊性所决定的观点，对他来说也并不陌生。孟子本人要求我们关注不同事物的独特性：“夫物之不齐，物之情也……子比而同之，是乱天下也。”[58]他强调国君要遵从民心以获得百姓支持的重要性，认为一国之君要得民心就应该“所欲与之聚之，所恶勿施尔也”[59]。事实上，二程正是从孟子的这句话中获得灵感。[60]因此之故，程颐说“非绝民之欲而强人以不能也”[61]，程颢要求国君“民之所宜者务之，所欲与之聚，所恶勿施尔也”[62]，二人都强调《大学》对“乐只君子，民之父母”的解释即“民之所好好之，民之所恶恶之，此之谓民之父母”[63]。

由此可知，对于二程而言，真正的爱是爱有差等，其关键在于无我。正是这种无我的思想，可以帮助我们理解二程如何处理儒家经典中几个有关“金律”的明确表述。“金律”被视作共性伦理学的一种形式，而共性伦理学与二程的差异伦理学形成鲜明对照。孔子既以否定式要求“己所不欲，勿施于人”[64]，也以肯定式要求“己欲立而立人，己欲达而达人”[65]。在《中庸》中，孔子也有过类似的表述：“施诸己而不愿，亦勿施于人。”接着他解释说，“君子之道四，丘未能一焉：所求乎子，以事父，未能也；所求乎臣，以事君，未能也；所求乎弟，以事兄，未能也；所求乎朋友，先施之，未能也”[66]。同样，《大学》也提及，“所恶于上，毋以使下；所恶于下，毋以事上；所恶于前，毋以先后；所恶于后，毋以从前；所恶于右，毋以交于左；所恶于左，毋以交于右”[67]。

然而，对二程来说，这些不同经典文本所表述的“金律”并不是儒家的核心内容。孔子说“吾道一以贯之”，曾子对此解释说，“夫子之道，忠恕而已矣”[68]。人们普遍认为，曾子正确地说出了孔子的意思。但程颐主张，贯穿孔子之道的“一”是仁。[69]在二程看来，“金律”（忠恕）与“仁”的关系类似于孝弟与仁的关系。对于《论语》中的“孝弟也者，其为仁之本与”，程子解释说，“盖谓为仁之本当以孝弟，犹忠恕之为道也”[70]。正是在此意义上，二程认为，“金律”确实是“违道不远”[71]，是“近于仁”，是“入仁之门”，是“仁之方”[72]，但他们也坚持认为“然未至于仁也，以其有欲字尔”[73]：“知以己之所好恶处人而已，未至于无我也”[74]，虽然变得无我最为难事。[75]对二程来说，仁者是无我的；无我，则能够根据他人而非自身来处理与他人的关系。“金律”能够成为践行仁的一种方式，“违道不远”，“入仁之门”，其原因在于：一方面，虽然道德行为者与道德行为对象之间存在差异，但他们也有相似之处。

当他们相似时，“金律”是可行的。另一方面，相较于根据自身好恶爱人，根据他人的好恶爱人更为困难，因为我们很难准确认识他人，所以当我们对所爱的对象缺乏足够的知识时，可以把“金律”作为次好的原则，也可以作为知人的一种方式。

第四节 爱之推扩

二程通过“理一分殊”将儒家的爱有差等解释为一种差异伦理学。差异伦理学的核心特征之一在于，虽然君子应当爱所有人，但爱的具体形态应由每一个特定行为对象的特殊性来决定。因此，在某种情境下对一个人来说适当的道德行动，在另一种情境下对另一个人甚至同一个人而言则未必适当。这一点也得到了当代伦理学中道德特殊主义和反理论学派的重视。该流派最有影响力的代表人物之一是丹西。丹西反对一般主义（generalism）的伦理主张：“道德思想和道德判断的可能性就取决于提供适当的道德原则。”[76]它肯定一个（康德主义的）绝对道德原则概念，“把一种道德原则当作普遍要求，由它规定某一类型的所有行为都是错误的（或正确的）”[77]。在丹西看来，这样一个概念的问题在于，除非只有一种这样的道德原则，或者虽有不同的道德原则，但它们运用于同一情境时不会发生冲突，否则绝对道德原则概念无法帮助我们确定某一特定行为在道德上的对错。

因此，丹西的主要攻击目标，是道德原则的（罗斯主义的）“贡献”（contributory）概念，因为如果贡献概念是错的，那么绝对的道德原则概念就不可能是正确的(反之则不然)。贡献概念“允许有一个以上的原则适用于我们面前的处境”,每一个原则有助于支持或反对一种特殊的行动;但由于行动具有许多相关特点,一些道德原则支持它而另外一些则反对它;所以“行动在总体上正确与否仅取决于正确与错误之间的整体平衡状况”[78]。因此,举例来说,假如有一个道德原则反对失信,仍然会存在失信被认可的情形,这并不因为失信行动本身成了道德的行动,而是因为失信行动具备一些其他的特征,这些特征与支持此行动的某些其他道德原则相一致。这是对道德理由的原子式理解:“在一种情形中作为理由的特征在其他任何情形中一定还是相同的理由,保持同样的立场。”[79]换言之,道德理由可以从一种情境传递到另一种情境。

丹西反对这种原子式理解。在他看来,我们无法保证这种传递。丹西设想了一个例子:在非道德情形中对红色的认知。在通常情境下,在我看来我面前的东西是红色的这一事实让我有理由相信,在我面前有红色的东西。然而,在另一个情景中,我还知道,我吃的药让我把蓝色看作红色,把红色看作蓝色;那么,上面这一事实(即在我看来我面前的东西是红色的)即让我有理由相信,在我面前有蓝色而非红色的东西。[80]丹西进而认为,这也同样适用于与道德相关的情形。例如,通常情况下,我许下诺言是我信守诺言的理由,但在某些情况下,这可能成为我不信守诺言的理由(例如,如果我许下的诺言是不遵守我接下来将许下的三个诺言)[81];通常情况下,一个行动被法律禁止是我不去从事这个行动的理由，但在某些情况下，这可能成为我去做这个行动的理由（例如，假设它规定着私人生活的一个方面，而法律不应该干涉私生活）[82]；通常情况下，我向你借了本书是我要把这本书还给你的理由，但在某些情况下它可能成为我不这么做的原因（假如这本书你是从图书馆偷来的）。[83]

因此，丹西反对道德普遍主义而支持道德特殊主义，即“道德思想和道德判断的可能性不取决于是否有一个恰当的道德原则”[84]。正如普遍主义是基于原子式的道德理由概念，丹西的特殊主义则基于整体主义的道德理由概念：“一个情形中的理由对另一个情形而言可能不构成为理由，或者是一个相反的理由。”[85]按照这样一种以整体主义的道德理由概念为基础的道德特殊主义，“一切似乎都是……受具体情况影响的。想要知道某些特征在这里是否具有价值，你不能通过观察它在别处的表现来得到答案”[86]。丹西的确承认，存在着他所谓的默认价值（例如信守诺言）或负价值（例如说谎）。默认价值或负价值指的是这样一些特征，它们将价值或负价值带到它们出现于其中的任何情境中，尽管一旦被带到某个特定情境中，这些价值或负价值就可能会被其他特征所消除甚至颠倒。[87]具有默认价值或负价值的特征与仅在特定情境下才获得其价值或负价值的特征不同。就后者而言，我们通常需要解释为什么特定特征在特定的情境下具有价值或负价值。这个特征在给定的情境中通过某些其他特征的出现而获得价值，丹西把这些其他特征称作为促成者（enabler），它们促成某个特征具有价值或负价值。如果在一个不同的情境中，这些促成者没有出现，那么同一个特征将不会产生先前情境中获得的价值。但就前者（具有默认价值或负价值的特征）而言，只有当这些特征在特定情境中失去了它们的默认价值或负价值时，我们才需要作出上述解释。一个特征在给定的情境中失去默认价值或负价值，仅仅是因为某些其他特征的出现使其丧失原有的价值或负价值，丹西称这些特征为阻抑者（disabler）。默认价值或负价值也可能因强化者（intensifier）（可增加默认价值或负价值的特征）的出现而增加，或者因减弱者（attenuator）（可减少默认价值或负价值的特征）的出现而减少。[88]

初看起来，丹西的道德特殊主义和二程的“理一分殊”观点存在冲突，特别是如果我们按照惯例将“理”理解为原则，因为道德特殊主义者的主要攻击目标正是道德原则概念，而丹西在道德特殊主义方面主要著作的标题就是“无原则的伦理学”（*Ethics without Principle*）。因此，重要的是对“理一分殊”有更加清晰的理解。正如我们所看到的，尽管这一思想已成为新儒家形上学的核心思想，但程颐提出它主要是为了解释张载在《西铭》中所表达的孟子的爱有差等概念。对程颐而言，理“一”并不意味着有一种普遍而抽象的爱，而它的表象则是多。任何爱都是特殊而具体的，爱父母、爱配偶、爱子女、爱邻居、爱朋友、爱陌生人、爱敌人，等等。在所有这些爱的特殊形式之上，并没有一种真正的、真实的、抽象的、普遍的、可以适用于任何特定情境的爱。就此而言，指出一个重要的历史事实将很有帮助。人们普遍认为，程颐“理一分殊”思想有其佛教渊源。例如，华严宗讲“理”“事”，认为在每一个事中都存在着一个完整的（而非部分的）理。禅宗有着相似的观点。事实上，玄觉禅师（665—713）著名的“月印万川”之喻后来被朱熹用以解释程颐的“理一分殊”。然而，有意思的是，尽管程颐本人显然知道这一名喻，但他并没有用它来解释自己的观点。在“月印万川”这一比喻中，天上的月亮独立于万千江河湖海中的倒影。但是如我们所见，对程颐而言，不存在一种“真正的”爱，如天上月亮一般，将自身表现在不同种类的具体的爱之中。不同类别的具体的爱，这就是存在的一切了。

正是在此意义上，我们可以说程颐的“理一分殊”与丹西的道德特殊主义异曲同工。然而，在另一意义上，二者又有显著不同。如我们所见，对丹西而言，“有理由的行动……在新的情形下，不能从这个理由在别处的行动来预测。某种因素在**此处**发挥作用的方式将受此处所出现的其他因素的影响，或者至少可能如此。因此，我们没有理由希望能在此处发现这个因素**通常**如何以某种方式发挥作用，也没有理由希望能够顺利得知它如何以不同的方式发挥作用”[89]。在这里，虽然丹西强调，道德推理中每一种新情形都具有特殊性，但他并没有对道德经验的重要性给予足够的关注。丹西的确承认，“相似情形的经验可以告诉我们应该关注什么，以及某一特定特征可能具有的相关性；以这一方式，我们就可以根据以往相似情况的经验在新情况下作出判断，不过不会强制或强迫我们作出这样的判断”[90]。另一位道德特殊主义者麦克道威尔则告诉我们，从道德经验中我们只能得到“因事制宜的能力”[91]。丹西主张，“一个人能带给新情境的别无他物，除了一种

无内容的识别关键之处关键之物的能力。我们已接受的成功的道德教育可以说明我们身上有这种能力”[92]。

相反，对于二程而言，虽然所有具体的爱都是不同的，即“分殊”，但它们又可以被视为相同的，即“理一”。原因在于，不管它们彼此之间多么不同，它们看起来都是相似的，都可以在维特根斯坦“家族相似”的意义上看作相同的爱。因为它们彼此相似，一个人在某情境中的爱的经验，固然不能简单地“传递”或“转换”至另一情境[93]，但能帮助他在另一情境中找到恰当的爱的方式。而且，我们可以从过去的道德实践中获得的，不仅仅是在新的情境中正确行事的**无内容的**能力。这密切关联到二程所讲的“推”：将一个人的自然之爱逐渐从自己的家庭推扩至世界上一切众生。在二程看来，正是这种与生俱来的能力将人与动物区分开来。显然，这种能力不仅仅是正确行事的无内容的能力，因为“推”的能力必须与被推扩的一个人过去经验中的爱相关。

前面几章强调了二程从道德上界定人禽之辨的儒家立场：只有人类可以是有道德的，那些不道德的人则无异于禽兽。换言之，对二程来讲，使人类区别于动物的标志是道德。因此，成为有道德的人是人的标志。这一观点似乎与当代进化生物学和进化心理学的发现相左。这两种研究发现，动物与人类都有利他倾向。例如，土拨鼠发出警告提醒群体中的其他成员注意危险，雌性狮子给其他母狮的幼崽哺乳，灵长类动物通过互相梳理毛发消灭寄生虫，士兵蚜虫则为了变异的同伴放弃自己的繁殖。[94]正是基于这样一种认识，米奇利(Mary Midgley，1919—2018)甚至认

为，“我们不仅仅像动物；我们就是动物”[95]。但是，这一观点对二程来说并不陌生，正如我们可以从以下段落看出：[96]

> 孟子将四端便为四体……此个事，又著个甚安排得也？此个道理，虽牛马血气之类亦然，都恁备具，只是流形不同，各随形气，后便昏了佗气。如其子爱其母，母爱其子，亦有木底气象，又岂无羞恶之心？如避害就利，别所爱恶，一一理完。更如猕猴尤似人，故于兽中最为智巧，童昏之人见解不及者多矣。[97]

在上述引文及其他相关段落中，二程提出几个重要观点。第一，我们可以看到，大约一千年前，二程已经意识到当代进化生物学和心理学告诉我们的道理：某些动物也存在着某种利他之爱。[98]上述引文中提到，在牛和马身上也有幼崽与其母亲之间的互爱。在另外两处，程颐讨论了其他情形：“物有自得天理者，如蜂蚁知卫其君，豺獭知祭”[99]；“犬、牛、人，知所去就，其性本同，但限以形，故不可更。”[100]

第二，据二程的观点，利他之爱不仅存在于人类而且存在于动物，原因在于孟子所谈论的四端不仅存在于人类也存在于动物。我们看到，对于二程而言，人性本善。然而，他们也认为人、动物和植物（有时甚至是非生物）具有相同的本性：“万物皆有性，此五常［仁、义、礼、智、信］性也。”[101]因为在二程这里，性与理同，他们也认为人类与所有其他存在物分享同一个理。例如，程颢提出了著名的万物一体说：“所以谓万物一体者……人则能推，物则气昏，推不得，不可道他物不与有也。”[102]

从上面最后一段引文可以引出第三点：人与动物的差别。如果人与动物有着相同的性和理，如果动物像人一样也有利他之爱，那么人与动物有何不同？二程在何种意义上认为道德是人的标志？二程的回答是，人与动物的区别实际上在于，将天生具有的对于小范围之内的存在者的爱“推”至更大范围的能力，而这种能力存在于人类身上，但不存在于动物身上。“推”的概念源于孟子，在一定程度上源于孔子。孟子说，“老吾老以及人之老，幼吾幼以及人之幼”[103]。孟子在这里用了“及”字，意即“推”。他用以解释“及”的那些例子与二程在前文中所用的相同：将自己爱家人的情感推至其他人。而且，孟子在引用《诗经》的诗句之后紧接着用“推”解释诗意：“言举斯心加诸彼而已。故推恩足以保四海，不推恩无以保妻子。古之人所以大过人者，无他焉，善推其所为而已矣。”[104]尽管孔子并没有使用“推”字，但将一个人自然的家庭之爱加以推扩也是其教导的重要内容。例如他说，“弟子入则孝，出则弟，谨而信，泛爱众”[105]。

因此，“推”从一开始便是儒家思想的重要内容。为了突出这一点，二程将其作为人禽之辨的标准。换言之，虽然动物爱那些它们天生就爱的东西，但它们不能把爱推扩到那些它们不是天生就爱的东西。然而，人类有能力将他们的自然之爱从他们天生就爱的人推扩到那些他们不是天生就爱的人和物。这是二程在多处反复强调的重要观点。例如，程子在评论孟子“万物皆备于我”时指出，“此通人物而言。禽兽与人绝相似”，接着便说明，“只是不能推。然禽兽之性却自然，不待学，不待教”。[106]

第四，对于二程而言，人与动物尽管本性相同，但是由不同的气构成。在上面的引文中，程颢论及虽然四端也同样存在于牛和马，但被它们的气遮蔽了。这表明，动物禀赋的气并不纯净。相形之下，程颢指出，“唯人气最清，可以辅相裁成”[107]。在另一处，程颢称人之气是“正气”，而动物之气是“偏气”：[108]

> 天地之间，非独人为至灵，自家心便是草木鸟兽之心也，但人受天地之中以生尔。人与物，但气有偏正耳。独阴不成，独阳不生。得阴阳之偏者为鸟兽草木夷狄，受正气者人也。

程颐的观点与其兄相同：“人得天地之正气而生，与万物不同。”[109]此外，程颐也从气之“纯”与“繁”的角度区分人和其他生物。当被问及“莫是纯气为人，繁气为虫否”时，程颐肯定地回答说，“然。人乃五行之秀气，此是天地清明纯粹气所生也”。[110]有时，程颐将这种好的气称作“真元之气”[111]。

笔者猜测，我们可以在当代关于人与动物之别的解释中找到类似观点[112]，不过这里没有必要详细探讨二程关于气的看法。[113]无论何种原因，二程注意到人类可以推扩他们天生的爱而动物做不到，这一点仍然具有非常重大的意义。因此，在结束本节之前，我们有必要探讨它的意义究竟何在。一个人应该把家庭之爱“推”至直系亲属之外，此说毫无争议。反对儒家的墨家[114]，还有批评儒家之爱的基督教神学家孔汉思都会持赞同态度。在孔汉思看来，基督教之爱也是“一种与自己近邻之间的爱，而不是与一般意义上的人、一个跟我们无关的遥远的人之间的爱”[115]。这里的重要问题在于如何推扩家庭之爱。下面这段文字对此作了清晰说明：“周公之于兄，舜之于弟，皆一类，观其用心为如何哉？推此心以待人，亦只如此，然有差等矣。”[116]这里，程颐通过援引周公和舜继续表明，要想成为圣人只需要推扩自己的先天之爱。不过，笔者想强调的是引文最后一句“然有差等矣”，它表明当一个人将自己对家人的爱推至他人时，不是简单地将这种爱移至其他对象身上。正如我们在上一节所强调的，爱若要恰当则应考虑每一个所爱对象的特殊性。一种适合于某人的爱可能并不适合于其他人，而在某一情境中适合某人的爱可能并不适合其他情境。因此，二程的“推”（关联着“理一分殊”）介乎共性伦理学与丹西激进的道德特殊主义之间：对前者而言，道德行动只不过是把普遍的道德原则应用于每一个特定的情境之中；根据后者，我们必须在每一个新的情境中完全从头开始。按照二程的中间路线，道德实践是把先前情境中学会的爱推扩至一个新的情境，根据新情境的特定要求做必要的修正。[117]换言之，我们可以从过去的道德经验中学到的，不仅是在未来实践中正确行事的形式能力，而且能掌握道德与不道德的“内容”。

第五节　情感训练

正是在这种将道德作为爱的推扩之语境下，我们能更好地理解为何儒家如此强调家庭之爱的重要性。《论语》有言：“君子务本，本立而道生。孝弟也者，其为仁之本与！”[118]我们已经看到，这一陈述习惯上被解释为“孝弟是仁之本”，也就是说，“为”作为系词，联接主词“孝弟”和谓词“仁之本”。不过，在二程看来，“为”应解为表示“践行”之意的动词，而“仁”作为直接宾语紧随其后。因此，他们认为“孝弟”是“为仁之本，非仁之本也”[119]。当被问及是否践行孝悌就是仁时，程颐答曰“非也”：“盖孝弟是仁之一事，谓之行仁之本则可，谓之是仁之本则不可。”[120]

因此，固然家庭之爱本身就很重要，但其重要性还在于它是道德的必要起点，而道德正是推扩家庭之爱。问题在于，道德是否可以有不同的起点。换言之，道德是否可以是推扩家庭之爱以外的东西？孟子提到，道德作为爱之推扩包含三个阶段：“亲亲”“仁民”“爱物”。有人问，是否可以颠倒顺序从爱物开始，程颐回答道：“不敬其亲而敬他人者，谓之悖礼，不爱其亲而爱他人者，谓之悖德……能亲亲，岂不仁民？能仁民，岂不爱物？若以爱物之心推而亲亲，却是墨子也。”[121]对二程而言，不能从爱物开始的原因在于，爱是一种我们最早在家庭中习得的自然情感。当程颐要自己的弟子理解《论语》中“孝弟为仁之本”的真正含义时，其中一位答道：“人之初生，受天地之中，禀五行之秀，方其禀受之初，仁固已存乎其中。及其既生也，幼而无不知爱其亲，长而无不知敬其兄，而仁之用于是见外乎。”[122]程颐深以为然，因为这一观点反映了程颐自己关于“仁”与爱之间关系的看法：“恻隐固是爱也。爱自是情，仁自是性。”[123]这里，“仁”作为人性可比作种子，而爱作为人的情感可比作萌芽："有性便有情。无性安得情？"[124]正因为如此，二程反对佛教不灭情无以完善天性的观点："人之有喜怒哀乐者，亦其性之自然，今强曰必尽绝，为得天真，是所谓丧天真也。"[125]这里说得非常清楚：每一个人都有善的本性；人性必须表现为一种情感；这种情感通常始于对家庭成员的爱；因此，作为爱之推扩的道德必须从家庭之爱开始。

认为爱是一种情感，初看起来无关紧要：爱当然是一种情感。然而，这正是基督教与儒家的分歧点。从基督教的观点来看，儒家把爱理解为一种自然情感进而以此作为一种道德理想，这是成问题的：它缺乏普遍性和规范性的维度；情感只能在特定的情境之中发生。[126]在此意义上，基于自然情感的儒家之爱无法像基督教之爱那样作为道德要求发挥作用。蒂利希（Paul Tillich，1886—1965）指出："如果爱是情感，它怎么能被命令：情感不能被命令。我们不能要求情感自己产生。如若尝试，则产生人为之物，它展示出在其产生过程中我们必须加以抑制的特性……有意识产生的爱表现出一种变态的冷漠或敌意。这意味着：爱作为一种情感不能被命令。"[127]因此，作为基督教的最高道德要求，爱是一种不以爱的情感为基础的爱。弗莱彻（Joseph Fletcher，1905—1991）明确指出，基督教的爱"是一种诫命之'爱'。它是一种态度，一种意志倾向，一种意动而非情感之物。只有一种变态的、固执的情感主义才会坚持把它当作一种情感……结果便是我们要去爱那些不可爱者。只有这样，我们才能理解'爱你们的敌人'的含义"[128]。

蒂利希和弗莱彻心目中的基督教之爱是圣爱(agape),在虞格仁(Anders Nygren, 1890—1978)和格兰特(Colin Grant)看来,这是独特的基督教之爱。[129]不过,也有学者持反对意见[130],转而强调欲爱(eros)[131]与友爱(philia)[132]。根据他们的观点,欲爱与友爱之所以不同于圣爱,正是在于前二者基于一个人的情感,而后者则不是。但与前二者相关的情感是利己的,因为通常强调这两种爱正是为了反对圣爱的极端利他主义倾向。在这一意义上,它们所涉的情感还是与儒家之爱所涉情感不同,因为儒家之爱不是自私的,而是真正利他的。至少基于奥利金的有关解释,与儒家强调爱作为一种情感较为接近的基督教思想可能体现在其第一条诫命中的"全心"(with whole heart)。此诫命要求基督教徒不仅要全意(whole mind)、全灵(whole soul)、全力(whole strength)爱上帝,而且还要全心(whole heart)爱上帝。增加"全心"一词,正是意味着一个人不仅要坚定不移地爱上帝,而且要心甘情愿地、快乐地、充满激情地爱上帝,这也正是儒家所说的"爱"是一种情感的意思。孟子经常把"情"和"心"这两个词互换使用。当儒家强调爱作为情感的重要性时,是在要求我们全意、全灵、全力、全心去爱每个人每一物(正如耶稣要求基督徒爱上帝一样)。

基督教之爱被理解为这样一种情感,问题有二。其一,如果奥利金的观点是对的,即确实存在一种爱的秩序,那么我们可能会问,为何基督教只要求全心全意地爱上帝,而没有要求以同样方式爱自己的邻人(包括敌人)? 其二,如果爱上帝必须要全心全意,那么这样一种爱如何能被命令:我们也许可以命令一个人改变其想法而去做一件他不喜欢做的事，但不能命令他全心喜欢去做某事（如果他本来不喜欢做这件事）。与此相联系，我们可以看到，南乐山在试图调和基督教和儒家有关爱的界定时遇到了相同的难题。他认为，儒家之爱主要针对正常家庭，而基督教之爱则适用于不和谐的家庭。正因为此，儒家之爱强调孝，基督教之爱强调圣爱。然而，如果我们把上帝看作所有人的父母，基督教之爱确实与儒家之爱并无不同。[133]但是，儒家的家庭之爱是一个人所经验到的不教而会的自然情感。因此，当孔子要求人们将家庭之爱推扩至他人时，人们知道其含义并且知道如何实践它。相反，如果南乐山的观点是对的，即基督教之爱确实是针对缺乏家庭之爱体验的孤儿，那么，如被要求爱上帝如爱自己的父亲一般，他们会感到茫然，而如被进一步要求爱自己的邻人如爱上帝一般，则会感到更加茫然。

因此，儒家将爱作为情感的优点之一在于，它承认爱的本真性：不基于情感的爱的行动不是爱的表达。在此意义上，爱确实不是可以命令之事。当一对夫妇不再相爱时，我们也许可以命令他们不要伤害彼此，要共同照顾自己的孩子，甚至互相帮助，但我们当然不能命令他们相爱。不过，同时我们必须意识到爱作为一种自然情感是有偏向的。一个人确实对家人有这种自然情感，而且确实天生具有将这种情感推扩至家庭之外的自然能力，但这并不意味着他会自然地运用这种自然能力来将爱这种自然情感推扩至所有的人和物。因此，强调爱必须是一种真实情感时，儒家也主张应该竭尽所能地去爱那些“不可爱者”，那些我们对其一开始没有爱的情感的人。在命令人们去爱“不可爱者”和对他们保持道德上的冷漠之间，儒家采取了第三种进路：帮助人们培养对那些“不可爱者”的真实的爱的情感，从而能够真正地爱他们。所谓“不可爱者”是指那些我们还没有对其培养出爱的情感的人。用罗蒂的话说，我们还未在他们与我们所爱的人(尤其是我们的家人)之间找到明确的类比，我们习惯于把这些“不可爱者”称为“他们”而非“我们”。[134]因此，儒家提倡的道德教育恰好能够帮助我们发现我们所爱的人与那些我们所不爱的人之间的相似之处，从而能够将真实的爱的情感推扩至那些“不可爱者”(在这个时候，这些人已经被看作可爱之人了)。

前文提及的孟子与齐宣王的故事是这种道德教育的一个极好例证。齐宣王爱牛不爱羊，因为他看见了牛而对牛有恻隐之心，没有看见羊则对羊没有恻隐之心。在孟子看来，我们不能强迫齐宣王在对羊有爱的情感之前就爱羊，但同时，我们也不应该仅仅因为齐宣王对羊缺乏真实的爱的情感而赞成齐宣王对羊的冷漠。恰当的方法是帮助他想象羊就在他面前且将被宰杀。通过此种方法，齐宣王或许能够将心中的恻隐之心推扩至羊。[135]这里，帮助人们爱“不可爱”之人的方法不是让他们人为地、强制地、外在地将爱的情感强加给他们，而是帮助他们发现自己失去的或未被唤起的爱的情感，因为，正如孟子所说，“恻隐之心，人皆有之”[136]。正是在这个意义上，孟子说，“无恻隐之心，非人也”[137]。由于是人为的、外在的、强制的力量使人们失去了天生的爱的感觉，因此，讽刺的是，竭尽所能恢复这种情感反成了一种自然的活动。

孟子在谈到一个人天生的恻隐之心和其他宝贵品质时说，“苟能充之，足以保四海，苟不充之，不足以事父母”[138]。

程颐把道德教育的这个过程即爱这种情感逐渐推扩的过程，称为“性其情”。我们已经看到，对于程颐而言，作为情感的家庭之爱是构成人性之“仁”的第一外在表现。但是，一方面，“仁”超越家庭之爱，要求人们去爱万物；另一方面，尽管人性本善，但其外在的情感表现并不总是善的。为了解释这一点，二程强调儒家经典《中庸》第一章中的著名论述：“喜怒哀乐之未发，谓之中；发而皆中节，谓之和。”不道德的情感就是那些没有按适当顺序释放的情感，因此没有达到“和”，而“和”则是与未发之“中”相应的状态。因为人类情感是人性“感于外而发于中也”[139]，处理不道德情感的方法不是消灭它们，而是把它们从过与不及中重新引导至中庸之道，从错误的地点和时间引导到正确的地点和时间，从错误的对象引导到正确的对象，从错误的方式引导到正确的方式。简言之，要做到“性其情”，而非“情其性”：“是故觉者约其情使合于中，正其心，养其性。”[140]此处“性其情”具有双重含义。第一，一个人的情感基于本善之性；第二，不道德的情感是人为造成的，因此，纠正它们就是使其回到自然状态，即去除人为之物。[141]

因此，作为一种推扩自然的爱的情感的努力，狭义的道德可被看作两个自然阶段之间的过渡阶段。我们已经看到，对二程来说，天生的利他主义的爱是自然的。例如，母亲与其孩子自然爱着彼此，没有人为的努力，也无须学习和教导。这样一种自然的爱，即使从当代视域来看虽然是好的、重要的、不可或缺的，但并不是道德的，尽管它也不是不道德的。它是前道德的，动物和人类皆如此。当人类出于自然情感而行动时，即使这种自然情感是好的，我们可能并不认为它是道德的，因为狭义上的“道德”与“自然”相对立。正如罗蒂所说，一方面当一个母亲照顾自己生病的儿子时，我们不会用“道德”一词来描述这位母亲，因为这是自然的行动。只有当她剥夺了儿子和自己的一部分食物并把它送给饥饿的陌生人时，我们才认为她的行动是道德的，因为（在通常情况下）这不是自然的行动。另一方面，“当我们越来越把我们帮助的人看作自己的人的时候，当我们在讲关于我们自己的故事时越来越需要提到他们时，当他们的故事越来越成为我们自己的故事时，‘道德义务’这个术语就越来越不适用于我们对他们作的事”[142]。这是一个持续不断的过程，一直持续到我们感到很自然地、毫不费力地、自发地、快乐地不仅爱我们的直系亲属，而且如罗蒂所言，爱下一个山洞中的家庭，河那边的下一个部落，山外的下一个部落联盟，远海之外的下一个无神论者，一直在为我们做脏活的仆人[143]，以及（二程可能会加上）下一个动物、植物甚至非生物。到那时，一个人便到了后道德阶段，成了圣人。正是在此意义上，程颐强调要努力推扩自己天生的爱，因为这是成圣的必要条件：“人皆可以至圣人，而君子之学必至于圣人而后已。不至于圣人而后已者，皆自弃也。孝其所当孝，弟其所当弟，自是而推之，则亦圣人而已矣。”[144]但同时，当学生用孟子“善推其所为”的观点问程颐时，程颐回答道“圣人则不待推”[145]。显然，这是因为圣人是自然地、自发地、毫不费力地爱一切的人，因此已经达到后道德阶段。

一方面，后道德阶段与前道德阶段相似，即在这两个阶段，人们都自然地、轻松地从事利他行动，不依靠外在的强迫力。这样的行动既非道德亦非非道德，而是超道德。在这个意义上，二程经常比较赤子之心（即前道德之心）与圣人之心（即后道德之心），它们都是纯粹的，与“道”无异。[146]另一方面，后道德阶段又不同于前道德阶段，其差别在于，后道德阶段的利他之爱得益于一种天生的将自然之爱推扩至家庭之外的能力，不再局限于小圈子，而是涵盖了所有人类、动物、生物甚至非生物。程颐把后道德阶段的爱描述为“义理之精微，无可得名，且以至善目之”[147]。严格来说，由于至善超越了道德，所以它不是（道德意义上的）善。正是在这个意义上，后来深受二程影响的新儒家王阳明认为，至善超越善恶。

因此，道德是介乎前道德阶段和后道德阶段之间的一个阶段。前道德阶段是道德的起点，而后道德阶段是道德的目的。在这两个阶段中，一个人自然地、自发地、自在地、毫不犹豫地做利他的事情。但是，如果处于超越前道德阶段和抵达后道德阶段之间的道德阶段，一个人必须付出努力，通过克服困难才能做出利他的行动。在此意义上，道德只是一个过渡阶段。根据二程的观点，人和动物的差别就在于，人可以经历从前道德阶段到后道德阶段的过渡阶段，而动物只能停留在前道德阶段，因为人可以将对父母的天生的自然之爱推扩至其他人，而动物则不能。因为道德是一个人从前道德阶段走向后道德阶段的必经之路，道德所必需的是努力把一个人对家人的自然的利他之爱推扩至万事万物。只有人具备这种“推”的能力，动物则无。因此，我们可以说道德是人类独特的标志。这种天生的推扩能力是人唯一区别于动物之处，所以，如果有人不运用这种能力，那么他就无异于动物。然而，这样的人与动物没有区别，不是因其缺乏推扩天生的自然之爱的能力，而是因为他们没有付出努力。借用上述引文中程颐的术语，这是因为他们“自弃”，或者借用孟子的术语，这是因为“不为也，非不能也”[148]。就此而言，这样的人还是有别于动物，因为只要他愿意付出努力，就能够成为真正的人，甚至是圣人。相反，动物不能使它们的自然之爱超越自己的小圈子，这不是因为它们不愿意将其进行推扩，而是因为它们缺乏这种能力。它们永远不可能成为道德的存在者，更不用说成为后道德阶段的圣人式的存在者。这就是为什么二程认为人与动物不能相互改换的原因。[149] 动物不能成为人，因为它们缺乏推扩自然之爱的先天能力，而人不能成为动物，因为他们先天具备的将小范围的自然之爱推扩出去的能力，即使没有施展，也不会消失，因此从根本上与动物不同。

第六节　结　　语

按照本章的讨论，二程伦理学是一种介乎道德普遍主义和道德特殊主义之间的差异伦理学。[150] 差异伦理学的核心观点在于，道德行为对象并不总是相同的。它强调，道德行为者需要了解他们的行为对象独特的想法和理想、信仰和习俗、兴趣和欲望，然后才能确定以何种恰当的方式去爱他们。这种伦理学在当代世界尤为重要。今天,我们越来越意识到,我们生活在一个地球村。无论在现实中还是在虚拟现实中,曾经是遥远部落的成员如今已经成为我们的近邻。随着地球村的出现,人们对全球伦理的需求越来越迫切。传统的伦理学体系主要是为了处理特定种族、宗族或文化群体中的人际关系而发展起来的。然而,在地球村中我们与之打交道的人们,他们的理想、观念、文化、宗教和风俗与我们大相径庭,他们彼此之间也大相径庭。一种恰当的全球伦理应该能够使我们以恰当的方式处理这种全新的人际关系。二程的新儒家伦理学告诉我们,如果遇到不同文化和宗教传统的人,我们不是径直去爱他们就可以的。我们必须首先了解他们独特的思想、理想、习俗和行为方式。这样一种考量,不仅能够帮助我们找到爱他们的恰当方式,而且其本身就展示了我们对他们的尊重。尊重别人,不仅要避免将我们自己的思想强加给他们,而且还要认真对待他们独特的生活方式。[151]

注释

① Rosalind Hursthouse, *On Virtue Ethics* (Oxford: Oxford University Press, 1999), p. 28.

② Michael Slote, *Morals from Motives* (Oxford: Oxford University Press, 2001), p. 5.

③ Alan Gewirth, "The Golden Rule Rationalized," *Midwest Studies in Philosophy* 3 (1980), p. 133.

④ Marcus Singer, "The Golden Rule," *Philosophy: The Journal of the Royal Institute of Philosophy* 38 (1963), p. 302.

⑤ Alan Gewirth, *Reason and Morality* (Chicago and London: University of Chicago Press, 1978), p. 135.

⑥ R. M. Hare, *Freedom and Reason* (New York: Oxford University Press, 1963), pp. 88–89. 对“金律”这三种当代重构的批判性考察,可参见 Yong Huang, “A Copper Rule Versus the Golden Rule: A Daoist-Confucian Proposal for Global Ethics,” *Philosophy East and West* 55, pp.392–402.

⑦ Immanuel Kant, *Groundwork of the Metaphysic of Morals*, trans. by J. Paton (New York: Harper and Row, 1956), p. 57.

⑧ 同上书,第 93 页。

⑨ 希尔(Thomas E. Hill, Jr.)曾指出,“将某些不必要的原则从康德伦理学的核心思想中剥离出去(无论这位老人如何珍惜这些原则)”,同时“使康德的某些抽象概念更为具体”之后[Thomas, Jr. Hill, *Respect, Pluralism, and Justice: Kantian Perspective* (Oxford: Oxford University Press, 2000), p. 62],我们就能够发展出他所讲的“康德多元主义”。正如希尔自己所说,他的康德多元主义扩展了康德的两个概念:理性行为者和对人的尊重。一方面,“因为康德伦理学从理性行为者的概念出发,而这个概念是从特定的文化承诺和偏好中尽可能地抽象出来的,它应当倾向于去支持一个保护自由与允许多样性的相对开放的社会”(参见上书,第 30 页);另一方面,“只要我们重视和尊重人,认可人具有两种不可或缺的价值——其一,必要的生活手段;其二,自我认同的根本计划——我们就既有不干涉的理由,也有援助的理由,只要我们用来援助的计划和手段本身与对他人应有的尊重相容”。参见上书,第 78 页。但是,虽然一个人可以作为理性行为者来履行不干涉他人的职责,但要履行对他人的援助职责即恰当的援助职责,一个人还是不得不成为一个经验行为者去了解作为经验存在者的行为对象。尽管笔者在某种程度上怀疑是否能够从康德理论中发展出这样一种多元主义,但这无疑是一种值得欢迎的尝试。然而,这样的康德多元主义也仅仅适用于我们的行动对象同样是理性存在者的情形。因此,当我们与非理性的道德行为对象,诸如儿童、智障成年人、动物,甚至植物等打交道时,我们就无所适从了。在笔者看来,理性固然是道德行为者的先决条件(我们不能够让一个非理性存在者对他的行为负责),但它显然不是道德行为对象的先决条件(我们可以让理性存在者对他的行为负责,即使行为对象是非理性存在者)。有关康德在人对动物的态度问题上的讨论,可参见 Alexander Broadie and Elizabeth M. Pybus, “Kant's Treatment of Animals,” in Ruth F. Chadwich (ed.), *Immanuel Kant: Critical Assessments*,

Vol. 3, *Kant's Moral and Political Philosophy* (London and New York: Routledge, 1992). Tom Regan, "Broadie and Pybus on Kant," in Ruth F. Chadwich (ed.), *Immanuel Kant: Critical Assessments*, Vol. 3, *Kant's Moral and Political Philosophy* (London and New York: Routledge, 1999). Elizabeth M. Pybus and Alexander Broadie, "Kant and the Maltreatment of Animals," in by Ruth F. Chadwich (ed.), *Immanuel Kant: Critical Assessments*, Vol. 3, *Kant's Moral and Political Philosophy* (London and New York: Routledge, 1999).

⑩ G. W. F. Hegel, *Elements of Philosophy of Right* (Cambridge: Cambridge University Press, 1991), § 135.

⑪ Richard Rorty, "Trapped between Kant and Dewey: The Current Situation of Moral Philosophy," in Natalie Brender and Lary Krasnoff (eds.), *New Essays on the History of Autonomy: A Collection Honoring J. B. Schneewind* (Cambridge: Cambridge University Press, 2004), p. 197.

⑫ Richard Rorty, *Truth and Progress: Philosophical Papers* (Cambridge: Cambridge University Press, 1998), p. 11.

⑬ 同上书,第 181 页。

⑭ 同上书,第 181 页。

⑮ Richard Rorty, "Is 'Cultural Recognition' a Useful Concept for Leftist Politics?" *Critical Horizons* 1 (2000), p. 11.

⑯ 参见 William Buscemi, "The Ironic Politics of Richard Rorty," *The Review of Politics* 55 (1993), p. 141 note 6.

⑰ Richard Rorty, "Is 'Cultural Recognition' a Useful Concept for Leftist Politics?" p. 13.笔者对罗蒂的差异观及儒家对这一观点的批评作了详细的批判性考察,可参见 Yong Huang, "Rorty's Progress into Confucian Truth," in *Rorty, Pragmatism, and Confucianism: With Responses by Richard Rorty*, ed. by Yong Huang. (Albany: State University of New York Press, 2009), section 4.

⑱《论语》,12.22。

⑲《孟子》,4b28。

⑳《论语》,1.2。虽然这句话出自孔子的学生有子,但通常认为它也反映了孔子的观点。这句话可有两解。通常的理解是,孝弟是仁之本。后文将提到,二程提供了另一种更有意义的解释。

㉑《中庸》,20.5。

㉒《孟子》,4a19。

㉓《孟子》,7a15。

㉔《论语》,1.6。

㉕《孟子》,1a7。

㉖ 参见《孟子》,3a5。

㉗ Hans Küng, *On Being a Christian* (New York: Pocket Books, 1978), p. 257.

㉘ Weiming Tu, "Humanity as Embodied Love: Exploring Filial Piety in a Global Ethical Perspective," in Marko Zlomislic (ed.), *Jen*, *Agape*, *Tao with Tu Wei-ming* (Binghamton: Global Publications, 1999), p. 29.

㉙《孟子》,3b9。

㉚《孟子》,3b9。

㉛《论语》,14.34。参见 Yong Huang, *Confucius: A Guide for the Perplexed* (London: Bloomsbury, 2013), chapter 2.

㉜ 不过,在奥里金(Origen)看来,基督教之爱实际上是爱有差等:"我们的导师和主……要把关于秩序的指示传授给那些能听到《圣经》的人,说道:'你们要为慈爱设定次序。'你要全心全意地爱耶和华、你们的神。你要爱你的邻人如同爱你自己。他并不是说你要爱上帝如同爱你自己,并不是说要全心全意地爱邻人。同样,他说:爱你的敌人,没有加上'全心全意'……他没有说'爱你的敌人如同爱你自己'……我们爱他们,不恨他们,这对他们来说足够了。"参见 Origen, *The Song of Songs: Commentary and Homilies*, trans. and annotated by R. P. Lawson (Westminster, MD: The Newman Press, 1957), p. 296.

㉝ Hans Küng, "Confucianism: Ethical Humanism as Religion? A Christian Response," in Küng and Julia Ching, *Christianity and Chinese Religion* (New York: Doubleday, 1989), pp. 118 - 119.孔汉思表达了一种典型的基督教观点,而当今另一些基督教神学家则认为,这种普遍无差别之爱存在问题。例如,波普(Stephen Pope)借鉴当代社会生物学的成果,认为人性决定了人类的爱有不同的优先顺序:先爱自己后爱他人;先爱父母后爱邻人;先爱近邻后爱远邻。他认为,虽然基督教伦理学的爱不是基于人性论而是基于神圣恩典,但是神圣恩典不是破坏人性,而是让人性变得完美;此外,神圣恩典使人性变得完美的方式,不是废除爱的优先顺序,而是让这一顺序更合理。例如,爱自己的家人是合理的;裙带关系则不合理。参见 Stephen Pope, *The Evolution of Altruism and the Ordering of Love* (Washington, D.C.: Georgetown

University Press, 1994)；亦可见 Don Browning, "Altruism and Christian Love," *Zygon* 27 (1992), pp. 421 - 436.

㉞《路加福音》,6.26。

㉟ Robert Allinson, " The Ethics of Confucianism and Christianity: The Delicate Balance," *Ching Feng* 33, 3 (1990), p. 160.

㊱ 同上文,第 161 页。

㊲ 参见 David Wong, "Universalism versus Love with Distinction," *Journal of Chinese Philosophy* 16 (1989), pp. 251 - 272.

㊳ 杜维明同样认为,"我们不仅要去感谢那些使我们生活过得下去、有价值和有意义的人,而且也要去感谢那些以各种方式给我们日常实践生活带来快乐富足的人"。参见 Weiming Tu, "Humanity as Embodied Love: Exploring Filial Piety in a Global Ethical Perspective," p. 24.

㊴ 程颢论《西铭》道,"只是须得他子厚有此笔力,他人无缘做得。孟子以后,未有人及此"。参见[宋] 程颢、程颐:《遗书》卷第二上,《二程集》,第 39 页。程颐赞成说,"谁说得到此"。参见[宋] 程颢、程颐:《遗书》卷第二十三,《二程集》,第 308 页。

㊵ 张载:《张子正蒙》卷第十七,《张载集》(北京:中华书局,1978 年),第 62 页。

㊶ 事实上,张载在另一处用到了墨家的"兼爱":"性者万物之一源,非有我之得私也。惟大人为能尽其道,是故立必俱立,知必周知,爱必兼爱。"参见张载:《张载集》,第 5 页。

㊷ [宋] 程颢、程颐:《文集》卷第九,《二程集》,第 609 页。程颐在这里是回答门人杨时对张载的疑问。受到程颐的启发,杨时提出了一个重要观点:"天下之物,理一而分殊。知其理一,所以为仁。知其分殊,所以为义。"参见陈荣捷:《宋明理学之概念与历史》(台北:"中央研究院"文哲研究所,1996 年),第 143 页。所谓"义"就是以不同的方式对待不同的人。关于爱有差等与义之间的关系,可参见 Yong Huang, "Confucian Love and Global Ethics: How the Cheng Brothers Would Help Respond to Christian Criticisms," pp. 38 - 40.

㊸ 有意思的是,奥里金在疏解《雅歌》时指出,与人类的爱不同,上帝的爱在一定意义上是一种差等之爱。虽然上帝爱所有的人,"但他并没有因此以相似的方式爱希伯来人和埃及人,也没有像爱摩西和亚伦一样爱法老。同样他也不像爱摩西、亚伦和玛丽一样爱其他以色列孩子,他也不像爱摩西一样爱亚伦和玛丽……他**将一切事物按照度量、数量和分量进行排列**,明确根据每一个度量情况来调节他的爱的平衡。因为我们确实不能(我们能吗?)想象,当保罗迫害

上帝的教会时上帝对他的爱与保罗为了上帝的教会而受到迫害和折磨时上帝对他的爱竟会一样”。参见 Origen，*The Song of Songs: Commentary and Homilies*，pp. 192－193；强调部分为原作者所加。

㊹《孟子》,7a45。

㊺《论语》,4.3。

㊻ 参见 Wing-tsit Chan，*A Source Book in Chinese Philosophy*（Princeton：Princeton University Press，1963），p. 25 note53.

㊼《中庸》,19。

㊽［宋］程颢、程颐：《遗书》卷第四,《二程集》,第 72 页。

㊾［宋］程颢、程颐：《外书》卷第六,《二程集》,第 379 页。

㊿［宋］程颢、程颐：《遗书》卷第四,《二程集》,第 72 页。

51［宋］程颢、程颐：《遗书》卷第二上,《二程集》,第 16 页。笔者在这里论证的是,爱有差等应当被理解为不同种类而非不同程度的爱,这些不同种类的爱适用于不同种类的爱的对象。但这并非意味着,君子必须以同样的程度爱所有的人。事实上,通常而言,君子爱他的家人胜过爱其他人,之所以如此部分原因可能在于,君子了解他的家人胜过了解其他人,所以能够以更恰当的方式爱他们。由此出发,我们可以从一个新的角度反驳墨子兼爱说。墨子说,初看起来,如果我以同样的程度爱我的家人和爱所有其他人,较之我爱我的家人胜过爱其他人,我的家人从我这里获得的爱要少一些。可是,倘若其他每一个人都以同样的程度爱他的家人和爱所有其他人(包括我的家人),那么,较之他们爱自己的父母胜过爱其他所有人,我的家人从其他每一个人那儿获得的爱要多些。因此,如果我们践行无差别的兼爱,较之践行儒家的差等之爱,我的父母所获得的爱在数量上是不变的。参见《墨子闲诂》(兼爱下),孙诒让撰、孙启治点校,北京：中华书局,2001 年,第 114—115 页。墨子没有意识到,爱人需以知人为前提。显然,我了解我的家人胜于我了解其他人,正如其他人了解他们的家人胜于他们了解我的家人。由于人的认知是有限的,没有人能够对每一个人都了如指掌。因此,如果我们践行墨子无差别的兼爱,几乎无人可以获得足够的、恰当的爱。唐纳森(Thomas Donaldson)从效率而非差异伦理学的角度提出了类似的论证。参见 Thomas Donaldson，“Globalization and Its Ethics Significance,” in Fritz Allhoff and Anand J. Vaidya (eds.)，*Business in Ethical Focus: An Anthology*（Buffalo：Broadview，2008），p. 137.

52《论语》,12.1。

53 [宋] 程颢、程颐:《遗书》卷第十一,《二程集》,第 125 页。

54 [宋] 程颢、程颐:《遗书》卷第十八,《二程集》,第 210—211 页。

55 [宋] 程颢、程颐:《遗书》卷第十一,《二程集》,第 126 页。

56 [宋] 程颢、程颐:《文集》卷第二,《二程集》,第 461 页。

57 [宋] 程颢、程颐:《遗书》卷第二十三,《二程集》,第 306 页。亚里士多德也说过类似的话:"那些在应当发怒的场合不发怒的人是愚蠢的;同样,那些对该发怒的人在该发怒的时候不以适当方式发怒的人也是愚蠢的。"参见 Aristotle, *Ethica Nicomachea*; *Ethica Eudermia*; *and Magna Moralia*, in W. D. Ross (ed.), *The Works of Aristotle*, vol. 9 (Oxford: Oxford University Press, *1915*), 1126a5 - 6.

58 《孟子》,3a4。

59 《孟子》,4a9。

60 参见[宋] 程颢、程颐:《经说》卷第八,《二程集》,第 1157 页。

61 [宋] 程颢、程颐:《遗书》卷第二十五,《二程集》,第 319 页。

62 [宋] 程颢、程颐:《外书》卷第六,《二程集》,第 382 页;亦可见第 391 页。

63 [宋] 程颢、程颐:《经说》卷第五,《二程集》,第 1128 页;第 1132 页。

64 《论语》,15.24。

65 《论语》,6.30。

66 《中庸》,23。

67 《大学》,10。

68 《论语》,4.15。

69 [宋] 程颢、程颐:《遗书》卷第二十三,《二程集》,第 306 页。

70 [宋] 程颢、程颐:《外书》卷第七,《二程集》,第 395 页。

71 《中庸》,12。

72 参见[宋] 程颢、程颐:《遗书》卷第七,《二程集》,第 97 页。

73 [宋] 程颢、程颐:《外书》卷第七,《二程集》,第 395 页。

74 [宋] 程颢、程颐:《遗书》卷第二十二上,《二程集》,第 275 页。

75 [宋] 程颢、程颐:《遗书》卷第九,《二程集》,第 108 页。

76 Jonathan Dancy, *Ethics without Principles* (Oxford: Oxford University Press, 2004), p. 7.

77 Jonathan Dancy, "Moral Particularism," *The Stanford Encyclopedia of Philosophy* (Spring 2009 Edition), ed. by Edward N. Zalta. URL = ＜http://plato.stanford.edu/archives/spr2009/entries/moral-particularism/＞, § 1.

⑱ 同上书，§ 1.
⑲ Jonathan Dancy, *Ethics without Principles*, p. 74.
⑳ 同上书，第 74 页；亦参见 Jonathan Dancy, "Moral Particularism," § 3.
㉑ Jonathan Dancy, "Moral Particularism," § 5.
㉒ Jonathan Dancy, *Ethics without Principles*, p. 62; 亦参见"Moral Particularism," § 3.
㉓ Jonathan Dancy, *Ethics without Principles*, p. 60.
㉔ Jonathan Dancy, *Ethics without Principles*, p. 7.
㉕ 同上书，第 7 页。
㉖ 同上书，第 184 页。
㉗ 同上书，第 184—187 页。
㉘ 同上书，第三章。
㉙ Jonathan Dancy, *Moral Reason* (Oxford, UK and Cambridge, US: Blackwell, 1993), p. 60.
㉚ Jonathan Dancy, "Moral Particularism," § 8.
㉛ John McDowell, "Comments on 'Some Rational Aspects of Incontinence' [by T.H. Irwin]," *Southern Journal of Philosophy*, suppl. 27 (1998), p. 94.
㉜ Jonathan Dancy, *Moral Reason*, p. 50；强调部分为引者所加。
㉝ 威廉斯认为，对行动的道德描述是厚实的，而这种厚实的描述无法从一个语境传递到另一个语境。参见 Bernard Williams, *Ethics and Limits of Philosophy* (Cambridge, MA: Harvard University Press, 1985).丹西认为，他的特殊主义也不允许这样的转换，不允许"通过我们关于别的事情所说的话来决定我们在这里应该说什么"。参见 Jonathan Dancy, *Moral Reason*, p. 64.
㉞ 参见 B. C. R. Bertram, "Kin Selection in Lions and in Evolution," in P. P. G. Bateson and R.A Hinde (eds.), *Growing Points in Ethology* (Cambridge: Cambridge University Press, 1976); Mark Ridley and Richard Dawkins, "Natural Selection and Altruism," in Philippe Rushton and Richard M. Sorretino (eds.), *Altruism and Helping Behavior: Social, Personality, and Developmental Perspectives* (Hillsdale, NJ: Lawrence Erlbaum Associates, 1981), pp. 42 - 43; J. B. Silk, A. Samuels and P. Rodman, " The Influences of Kinship, Rank, and Sex on Affiliation and Aggression between Adult Female and Immature Bonnet Macaques," *Behavior* 78 (1981), pp. 111 - 177.
㉟ Mary Midgley, *Beast and Man* (London: Routledge, 1995), xiii.

⑯ [宋] 程颢、程颐：《遗书》卷第二上，《二程集》，第 54 页。

⑰ 艾文贺在讨论孟子所表达的儒家观点时注意到了这种矛盾。不过，他依然认为，"就外形、灵活性、耐力和我们所关切之物的范围而言，我们还是可以找到支持孟子的例子"。参见 P. J. Ivanhoe, *Ethics in the Confucian Tradition* (Indianapolis: Hackett, 2002), p. 185, note 6.

⑱ [宋] 程颢、程颐：《遗书》卷第二下，《二程集》，第 54 页。

⑲ [宋] 程颢、程颐：《遗书》卷第十七，《二程集》，第 180 页。

⑳ [宋] 程颢、程颐：《遗书》卷第二十四，《二程集》，第 312 页。

㉑ [宋] 程颢、程颐：《遗书》卷第九，《二程集》，第 105 页。

㉒ [宋] 程颢、程颐：《遗书》卷第二上，《二程集》，第 33 页。

㉓《孟子》，1a7。

㉔《孟子》，1a7。

㉕《论语》，1.6。

㉖ [宋] 程颢、程颐：《遗书》卷第二下，《二程集》，第 56 页。

㉗ [宋] 程颢、程颐：《遗书》卷第二下，《二程集》，第 54 页。

㉘ [宋] 程颢、程颐：《遗书》卷第一，《二程集》，第 4 页；亦参见《遗书》卷第十一，《二程集》，第 123 页。

㉙ [宋] 程颢、程颐：《遗书》卷第十八，《二程集》，第 211 页。

㉚ [宋] 程颢、程颐：《遗书》卷第十八，《二程集》，第 198—199 页。

㉛ [宋] 程颢、程颐：《遗书》卷第十五，《二程集》，第 148 页。卢连章认为，"程颐的真元之气出自道教。在道教中，天和地有元气，人亦有之。人出生时就有元气，长大后元气逐渐减少，因此需要补充。但食物和饮料不能发挥作用。它只能被天地的元气所补充"。参见卢连章：《程颢程颐评传》(南京：南京大学出版社，2001 年)，第 138—139 页。

㉜ 参见 Kenneth Dorter, "Metaphysics and Morality in Neo-Confucianism and Greece: Zhu Xi, Plato, Aristotle, and Plotinus," *Dao: A Journal of Comparative Philosophy* 8 (2009), p. 261.

㉝ 笔者曾详论程颢的以下观点：性善论，恶的起源与"气"相关，尤其是"客气"与"主气"之分(类似于程颐所讲的"外气"与"内气"之分)。参见 Yong Huang, "Cheng Hao (Cheng Mingdao, 1032—1085 CE)," *Internet Encyclopedia of Philosophy*, http://www.iep.utm.edu/c/chenghao.htm.

㉞ 例如，墨者夷子把儒家之爱解释为"爱无差等，施由亲始"。参见《孟子》，3a5。孟子当然不同意这种解释。

⑮ Hans Küng, *On Being a Christian*, p. 257.

⑯ [宋] 程颢、程颐:《遗书》卷第二十二下,《二程集》,第 299 页。

⑰ 在某种程度上,类似于哈曼(Gilbert Harman)所描述的直接归纳推理或转换(transductive)推理。转换推理"根据以前情形的数据对新的情形作出归类。这种归类并不是先对以前情形及背景假设的数据中作出归纳概括,然后再从归纳概括中演绎出关于新情形的结论"。参见 Gilbert Harman, "Moral Particularism and Transduction," *Philosophical Issues* 15 (2005), p. 48.一方面,它并未将新情形归于以前的情形之列,而是仅仅将其作为相邻之物;另一方面,"转换推理无须设置先例",而是让其他可能的类似情形获得最大程度的自由度。参见上书,第 54 页。

⑱《论语》,1.2。

⑲ [宋] 程颢、程颐:《遗书》卷第十一,《二程集》,第 125 页。

⑳ [宋] 程颢、程颐:《遗书》卷第十八,《二程集》,第 183 页。

㉑ [宋] 程颢、程颐:《遗书》卷第二十三,《二程集》,第 310 页。

㉒ [宋] 程颢、程颐:《遗书》卷第二十三,《二程集》,第 309 页。

㉓ [宋] 程颢、程颐:《遗书》卷第十八,《二程集》,第 182 页。

㉔ [宋] 程颢、程颐:《遗书》卷第十八,《二程集》,第 204 页。

㉕ [宋] 程颢、程颐:《遗书》卷第二上,《二程集》,第 24 页。

㉖ 孟子本人似乎也承认这一点。他告诉齐宣王,齐宣王要求人们用羊来代替牛祭祀,不是因为吝啬,而是因为恻隐之心。但是,如果齐宣王真的有恻隐之心,为什么他要在羊和牛之间作出选择呢? 孟子的回答是,齐宣王"见牛未见羊也,君子之于禽兽也,见其生,不忍见其死;闻其声,不忍食其肉"。参见《孟子》,1a7。

㉗ Paul Tillich, *Love*, *Power*, *and Justice* (New York: Oxford University Press, 1960), p. 4.

㉘ Joseph Fletcher, *Moral Responsibility: Situation Ethics at Work* (Louisville, KY: Westminster John Knox Press, 1966), p. 49.

㉙ 参见 Anders Nygren, *Agape and Eros* (New York: Harper and Row, 1969); Colin Grant, "For the Love of God: Agape," *Journal of Religious Ethics* 24 (1996), pp. 1 - 21.

㉚ 参见 Edward Collins Vacek, S. J., "Love, Christian and Diverse: A Response to Colin Grant," *Journal of Religious Ethics* 24,1 (1996), p. 29.

㉛ 参见 Carter Heyward, *Touching Our Strength: The Erotic as Power and Love of God* (New York: Harper and Row, 1989).

⑬② 参见 Martin Cyril D'arcy, *The Mind and Heart of Love*, *Lion and Unicorn: A Study in Eros and Agape* (London: Farber and Faber, 1945).

⑬③ 参见 Robert Cummings Neville, "Existential Conceptions of Love in Confucianism and Christianity," in Marko Zlomislic & David Goicoechea (eds.), *Jen*, *Agape*, *Tao with Tu Wei-ming* (Binghamton: Global Publications, 1999), pp. 207 - 208.与此相联系,我们不妨比较杜维明对孔子这个说法的创造性诠释:儒家伦理确实要求我们超越家庭,因为"我们应该像天地的孝子一样行事。这种孝道的概念对于社会和生态都大有裨益"。参见 Weiming Tu, "Humanity as Embodied Love: Exploring Filial Piety in a Global Ethical Perspective," p. 29.

⑬④ Richard Rorty, *Contingency*, *Irony*, *and Solidarity* (Cambridge: Cambridge University Press, 1989), p. 190.

⑬⑤ 在《孟子·梁惠王》中,孟子运用牛羊类比的目的,是要帮助齐宣王将他对牛的爱推扩到老百姓。他对牛有真实的爱的情感,而对老百姓却缺乏这样的情感。关于这一点,笔者同意黄百锐对倪德卫(David Nivison, 1923—2014)的批评。参见 David Wong, "Is There a Distinction between Reason and Emotion in Mencius?" *Philosophy East and West* 41 (1991), pp. 37 - 43.后者认为,孟子在这里试图揭示齐宣王的逻辑矛盾:他对即将被杀死的牛有恻隐之心,而对那些正在经历同样痛苦和苦难的人却没有恻隐之心。参见 David Nivison, "Mencius and Motivation," *Journal of American Academy of Religion* 47 (1980), pp. 417 - 432.倪德卫这种解释的困难之处在于,如果一个人对另一个人没有爱的情感,那么他不可能去爱那个人,即使他确信他自己是不合逻辑的,并试图克服这种逻辑矛盾。

⑬⑥《孟子》,6a6。

⑬⑦《孟子》,2a6。

⑬⑧《孟子》,2a6。

⑬⑨ [宋] 程颢、程颐:《遗书》卷第十八,《二程集》,第 204 页。

⑭⓪ [宋] 程颢、程颐:《文集》卷第八,《二程集》,第 577 页。

⑭① 儒家与基督教之间一个明显的不同在于,儒家强调人性本善,基督教则强调人性的罪恶和堕落。这似乎解释了为什么基督教命令的是无差等的普遍之爱:之所以不得不需要命令,是因为人类已经堕入无法自拔的罪恶;而之所以不得不排除差等,是因为所有人都是罪人,在上帝眼中都是一样的(在此感谢

哈佛教授考夫曼曾在私人通信中为笔者指出了这一点）。这也许是对的，但笔者认为儒家和基督教在人性论上的差别并不像看起来那样重要。人性本善抑或本恶（事实上，以荀子为代表的一个重要儒家学派主张人性本恶）？从以上讨论中可以清楚地看到，儒家很可能同意基督教的观点，承认人类目前不好或至少不如他们应该的那样好。这就是为什么它强调用道德修养来恢复（对于那些相信人性本善的人来说）或建立（对于那些相信人性本恶的人来说）人类的善良品格。儒家反对爱无差等，因为即使所有人都未达到他们应有的善（或者在基督教看来都是罪人），他们仍然彼此相异，我们的爱要成为一种恰当的爱就必须把这种差异考虑进来。儒家反对爱是一种命令，因为受命之爱不再发自内心。因此，儒家之爱确实代表了更高层次的爱：你不仅应当① 爱一切人和物（不只是一些人或一些物）；② 做到一视同仁（不能对某些人多，对另一些人少），而且应当③ 以对于特定人或物来说最恰当的方式去爱他们，同时④ 发自内心地爱他们。

⑭² Richard Rorty, *Philosophy and Social Hope* (New York: Penguin Books, 1999), p. 79.

⑭³ Richard Rorty, *Contingency, Irony, and Solidarity*, p. 198.

⑭⁴ [宋] 程颢、程颐：《遗书》卷第二十五，《二程集》，第 318 页。

⑭⁵ [宋] 程颢、程颐：《遗书》卷第二十二下，《二程集》，第 302 页。

⑭⁶ [宋] 程颢、程颐：《遗书》卷第十八，《二程集》，第 202 页；亦参见《文集》卷第九，《二程集》，第 607—608 页。

⑭⁷ [宋] 程颢、程颐：《遗书》卷第十五，《二程集》，第 170 页。

⑭⁸《孟子》，1a7；亦参见[宋] 程颢、程颐：《遗书》卷第十八，《二程集》，第 193 页。

⑭⁹ [宋] 程颢、程颐：《遗书》卷第二十四，《二程集》，第 312 页。

⑮⁰ 笔者结合道家经典《庄子》对这种差异伦理学作了更进一步的阐发。参见 Yong Huang, "A Copper Rule versus the Golden Rule: A Daoist-Confucian Proposal for Global Ethics," *Philosophy East and West* 55 (2005), pp. 394 - 425; "Interpretation of the Other: A Cultural Hermeneutics," in Inwon Choue, Samuel Lee, Pierre Sane (eds.), *Inter-regional Philosophical Dialogues: Democracy and Social Justice in Asia and the Arab World* (Seoul: Unesco/Korea National Commission of Unesco, 2006); "Respecting Different Ways of Life: A Daoist Ethics of Virtue in the Zhuangzi," *Journal of Asian Studies* 69 (2010), pp. 1049 - 1070; "The Ethics of Difference in the Zhuangzi," *Journal of American Academy of Religion* 78 (2010), pp. 65 -

99; "Toward a Benign Moral Relativism: From Agent/Critics-Centered to the Patient-Centered," in Yang Xiao and Yong Huang (eds.), *Moral Relativism and Chinese Philosophy: David Wong and His Critics* (State University of New York Press, 2014); 2018d. "The Patient Moral Relativism in the *Zhuangzi*." *Philosophia* 46: 877－894.

⑮ 在此意义上,笔者不赞同罗尔斯的观点。在他看来,尊重我们市民同伴是民主社会的一个重要特征。因此之故,我们不应当把我们特殊的宗教观及形而上学强加给他们。这是对的。不过,罗尔斯进一步的论说就成问题了。他认为,市民同伴的任何主张,只要它不能被普遍分享,我们就不必加以考虑。关于罗尔斯的观点,参见 John Ralws, "The Idea of Public Reason Revisited," *University of Chicago Law Review* 64.3 (1997), pp. 765－807.关于笔者对罗尔斯的详尽批评,参见 Yong Huang, *Religious Goodness and Political Rightness: Beyond the Liberal-Communitarian Debate*, Harvard Theological Studies 49 (Harrisburg: Trinity Press International, 2001), chapter 5.

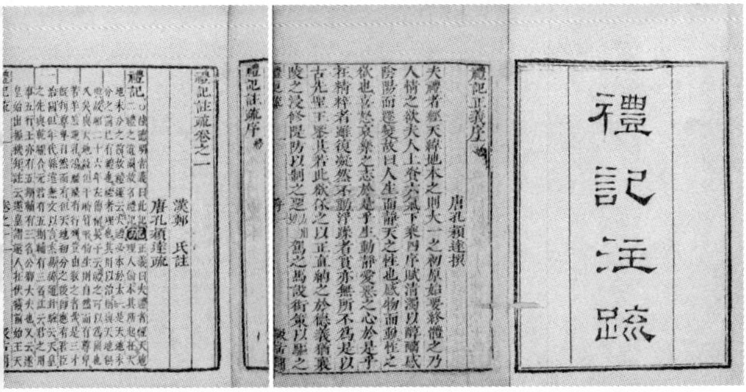

第五章

礼：政治之域亦有私人性

第一节　引　言

前几章对二程新儒家伦理学的研究主要集中在个体的自我修养：我为什么要有道德？我能够成为有德之人吗？我如何能够以及应当如何做有德之人？这样的讨论引出了一个习见的观点，这一观点常常也意味着一种批判：儒家思想长于个人伦理，而在社会伦理方面则相对薄弱。显然，这一观点的正确性取决于个人伦理与社会伦理之间的区分是否恰当。这个区分在一定程度上当然是合理的。个人伦理以个体为道德主体，它关心作为个体的人应当是什么或应当做什么。社会伦理则以社会——或者更确切地说，以政府为道德主体，它关心社会应当如何建构、如何运行。个人伦理不同于社会伦理，不过，这不等于说它们可以截然二分：一个社会的建构方式与运行方式，当然影响到哪一种人可以生活在和将生活在这个社会之中。今天，西方政治哲学（本章中"政治哲学"与"社会伦理"可以互换）的主流是广义上的自由主义，包括古典自由主义与福利自由主义。自由主义区分个人伦理与社会伦理，与之相应则是界划政治之域与私人（personal）之域：政治之域不是私人之域，私人之域不是政治之域。它主张政治哲学只关心公共领域游戏规则的确立；至于游戏的参与者是何种人，他们究竟是好是坏，是善是恶，是利他还是利己，则与政治哲学无关。政治哲学唯一的任务只是确保游戏规则对每一个人公正，以及所有人都按规则玩游戏。

如果政治哲学必须用基于政治/私人之分的当代自由主义来加以界定，那么我们得承认儒家没有政治哲学。不过，本章将试图阐明，自由主义强调政治与私人的分离是错误的。一方面私人之域有政治性，另一方面则是政治之域有私人性。本章将主要集中讨论政治之域的私人性，因为当代许多女权主义思想家对私人之域的政治性已经说得很清楚了。政治自由主义之所以错误，不是因为它所倡导的政治原则、法律以及社会政策的非私人性（因为一切政治原则、法律以及社会政策都具有私人性），而是由于它们以糟糕的方式关涉到私人之域：它们不利于个人美德的养成，却有利于个人恶德的滋长。正是针对这一点，本章主张儒家不仅包含政治哲学，而且它的政治哲学至少在某些重要方面甚至超越了当代政治自由主义。本章的主体部分将围绕二程政治哲学的核心概念“礼”来展开详细的论述。在二程看来，社会的首要准则是礼仪规范而非法律。礼仪规范源自人的自然情感，而这些情感基于人的天性。礼仪规范的目标，不仅在于避免潜在的冲突，裁定个体间实际的冲突，还在于培养个人美德。这样一来，二程的政治哲学便深深地根植于政治之域的私人性这一观念之中。在本章中，笔者首先揭示政治之域与私人之域这一自由主义二分所存在的问题（第二节），之后论证儒学在何种意义上有政治哲学（第三节）。二程新儒家政治哲学的核心是“礼”的三层含义，即外在规范、内在情感及作为人性的构成要素。笔者分别对这三层含义进行讨论（第四节至第六节），并阐明儒家政治哲学较之政治自由主义所具有的优势（第七节），最后为本章作结（第八节）。

第二节　自由主义传统对政治之域/私人之域的区分及其问题

当代政治哲学中，自由主义有其独特性，其中一点在于它强调政治之域与私人之域的严格区分。这一区分包括两个方面。其一，“私人之域不具有政治性”：政府的功能局限于人们在公共领域的生活，人们在私人领域尤其是家庭内部的生活将得到“保护”，免遭政府干预。这种观念有其合理之处，因为它有助于防止警察国家的出现。然而，它同样存在盲点，对此许多女权主义思想家已经有所觉察。女权主义者富有洞见地指出，自由主义政治哲学所设计的社会很大程度上适合于男人，他们的妻子在家里为他们无偿劳动（如今很多妇女在操持完日常的家务后外出工作，从而承受着双重负担），有时候还要遭到他们的虐待。因此，自由主义区分政治之域与私人之域所带来的“保护”至少在家庭内部是不公正的。20 世纪 60 年代，一些激进的女权主义者在所谓第二波女权主义运动中以“私人之域的政治性”为口号重整旗鼓，抗议这种对家庭内部“私人”事务的“保护”。甚至有人提出了非常激进的主张，例如，取消家庭和采取人工繁殖是实现男女平等的必要方式。尽管今天女权主义者几乎不会再倡导如此激进的主张，但他们全都接受“私人之域的政治性”这一口号。正如奥金（Susan Moller Okin，1946—2004）所言，不是取消“私人领域中的性别差异、家务劳动、子女抚养以及家庭生活”，而是应该将其引入政治之域，从而使其成为政治干预的对象。[①] 与 20 世纪 60 年代女权主义者的激进倡议不同，他们提出了另外的主张来处理家庭这一私人领域的不公正问题。比如，奥金认为有必要采取两类公共政策来减少这种性别上的不公正：[②]

> 第一，应该鼓励两性平等分担社会公共事务和家庭内部事务，以及家庭生活中有偿无偿的角色和职责，这样无论是在家庭还是在其他各种角色中（比如在工作、市民社会或政治生活中），他们都将有平等的立足点。这种政策……有必要包括，对早期婴儿看护和孩子入学后的抚养进行补贴，给予父母和其他监护人灵活的工作时间，对父母和其他亲属的请假批准无性别差异，以及在一切必要的领域坚决贯彻反歧视法。第二类的公共政策是，保护那些选择承担大多无偿工作的人（大多为女性，虽然并非全是女性），使他/她们避免他/她们现在所有的易被伤害的境地。这种政策要包括在赚钱与不赚钱的配偶中平均分配收入者的薪水，这样后者才不会在经济上依赖于前者。这种政策还包括改革家庭法，以确保在离婚事务中，离婚之后男女双方的家庭生活能获得同等的水平。

笔者认为，女权主义者坚持“私人之域的政治性”是对的。当然，这并不是说政府可以无所不在地发挥作用。第一，何为私人之域，这本身是一个政治问题而非私人问题。第二，家庭内部的私人关系显然不会完全受到“保护”而免遭政府干预。第三，时下女权主义者的若干主要主张，如上文所论由奥金提出的那些方案，不仅有创造性而且合理、可行、重要，也许能够有效地彻底消除私人领域的不公正。然而，政治之域与私人之域的自由主义区分还有第二层含义，在“私人之域的政治性”口号下女权主义者并未理解这一点。因此，他们不仅没有指出它的问题，而且他们消除私人领域不公正程序的努力(将)使问题变得更加严重。自由主义传统不仅主张私人之域的非政治性，而且主张政治之域的非私人性：政府的作用限于在公正的法律和公共政策许可下建立社会制度，而不关心社会制度下究竟生活着何种类型的人。换言之，政府的职能不在于培养个人美德，而在于改良社会制度，从而使它们对于生活于其中的任何个人都是公正的。这种自由主义观念当然有其长处：有助于防止国家的家长式作风，保护个人自由。然而，它也存在两个严重的问题。

首先，这种自由主义理论基于一个成问题的假设：从根本上说，人是自私自利的，或者至少对他人的福利漠不关心。自由主义这一关于个体之自私的假设，不必远溯到主张性恶论的霍布斯。当代最重要的政治哲学家罗尔斯假设存在一种原初状态，此状态中有责任选择正义原则的各方彼此互不关心。在实际状态中，这些人由他们所选择的正义原则所治理。唯一一点区别在于：在假定的原初状态中，人们对自己的处境并无任何特别的了解。罗尔斯说，“这并不意味着各方成员都是自我主义者，即只关心某种利益——比如财富、声誉和支配力——的个体。但是，他们被想象成对其他人的利益不感兴趣”[3]。罗尔斯的观点是，原初状态的各方将选择这样的正义原则：他们一旦选定，便会在其规范之下生活。既然只是对自己的福利感兴趣，那么他们就希望确保自己选择的正义原则对自己有利；既然对自己的处境一无所知，那么他们必须站在他人的立场考虑问题，否则不可能实现这个目标。

自由主义传统之所以基于这样一个成问题的假设，原因或许在于自由主义把以下这个由来已久的洞见太当回事：即使是一个强盗团伙也需要正义原则才能做成事。例如，柏拉图在《理想国》中指出：“绝对不正义的十足坏蛋，绝对做不成任何事情。”[4]后来的奥古斯丁也有类似的观点：“如果夺走了正义，那么，王国何异于大盗，而强盗何异于小国？一群人组成的强盗团伙，受着头目权威的统治，因同谋的约定聚合在一起，基于一致同意的规则瓜分战利品。”[5]康德在自由主义传统中居于核心地位，他声称：“不管它听上去多么刺耳，即使恶人族——只要他们具有理性——建立一个国家的问题实际上也可以得到解决。”[6]甚至理学家程颐也持相同观点。他认为，社会需要由礼乐治理，不管这是美好的社会还是一个糟糕的社会：[7]

> 人往往见礼坏乐崩，便谓礼乐亡，然不知礼乐未尝亡也。如国家一日存时，尚有一日之礼乐，盖由有上下尊卑之分也。除是礼乐亡尽，然后国家始亡。虽盗贼至所为不道者，然亦有礼乐。盖必有总属，必相听顺，乃能为盗，不然则叛乱无

统，不能一日相聚而为盗也。

这些哲学家都说出了一个朴素的真理。不过，这并不意味着，在为社会制定法律和公共政策时，必须假设社会上全是强盗。儒家传统的主流思想反对这样的假设：它相信人性本善。退一步说，即使我们假设人性自私自利或至少对他人的福利漠不关心，培养个人美德难道不可以是政府的分内之事吗？代表儒家另一传统的荀子的确相信人性本恶。然而，正是因为如此，他才主张政府的核心作用是使人向善。

其次，更重要的是，自由主义所设计的社会基于人性自私这一成问题的假设，它不利于个人道德的发展。表面上，自由主义传统坚持政治之域的非私人性，因此，如果社会不能有助于培养个人美德，我们可能会认为它至少不会让个人具有恶德。无论哪一种人，它只是任其所是罢了。社会所发挥的作用仅仅在于制定对所有人而言都正义的规则。然而，实则非然。一方面，政治原则、法律和社会政策基于一种假定而设计——假定它们所管理的人都不是好人，这样的政治原则、法律和社会政策无益于道德情感的发展。这是当代社群主义哲学家对自由主义传统主要的批评之一。桑德尔（Michael Sandel）认为："如果扩大正义并不必然地意味着引起难以估量的道德发展，那么也就在某种程度上表明，正义不是一种美德而是一种恶德。"[⑧]桑德尔以富有友爱互助精神的社团为例来说明他的意思。根据桑德尔的观点，在这种社团中实施罗尔斯意义上的正义将会导致道德品质全面下滑。[⑨]

另一方面，这样的政治原则、法律和公共政策很可能使个人具有恶德。当代马克思主义者柯亨（G. A. Cohen，1941—2009）认为，“不存在或者是完全无私的，或者是完全自私的，或者是在某种特定程度上自私的根本的人性”[10]。在批评自由主义尤其是罗尔斯正义论时，柯亨主张，“动机结构的形成很大程度上取决于社会结构”，而人性“随动机之不同而有相当的可塑性”[11]。在他看来，如果说人性非本善，那么自由主义者主张的社会不仅在重塑人性使其向善方面无所作为，而且实际上鼓励大家做自私自利的人。他尤其对罗尔斯的差异原则，即正义原则的第二部分存有异议。这一原则为社会经济不平等提供了正义辩护：最有才能的人，如果不多给他们一些，就不会充分发挥才干，结果，其他所有人也就变得更糟。因此，罗尔斯主张，让最有才能的人获得适量的额外之物才是公正的——所谓适量是指足以激发他们充分发挥才干，从而让社会中其他人可以因此从中受益即可。在柯亨看来，这一原则不仅鼓励最有才能的人变得自私：如果不允许我们（最有才能的人）获得比其他人更多的财富，我们将不会对社会作出我们所能够作出的最大贡献；同样，它也鼓励弱势群体的自私心：如果我们未能从有才之士的才能运用中受益，我们就不允许他们得到大份额的分配。[12]

在这方面，另一位马克思主义哲学家墨菲（Jeffrie G. Murphy）对自由主义传统的批评更为充分。他认为，贪婪和自私的动机并不是人类的本性，相反，它们在充满竞争的资本主义社会中产生、发展并得到强化。资本主义社会“通过刺激并不‘真正合乎人性’

的动机和需求使人们异化于自身。它通过鼓励竞争使人们异化于自己的同伴，这种竞争会形成一种障碍，从而妨碍了发展出真正的共同体来取代道德社会集合体”[13]。但同时，充满竞争的资本主义社会通过立法去惩治那些因这个社会所引发的贪婪和自私行事的人。正是在此意义上，墨菲指出，自由主义传统下的资本主义社会本质上是自我矛盾的。这一批判与孟子的观点十分相似，在孟子看来，与道德修养两相脱离的法律无异于为人们埋下陷阱：诱使人们变得自私，然后又因为他们变得自私而加以惩罚。[14]

所有这些表明，自由主义者坚持的政治之域不具私人性的观点完全错了。相反，政治之域具有私人性：治理社会的原则不仅决定社会的性质，而且在很大程度上决定这样的社会之中生活着何种类型的人。这一主张可以补充女权主义“私人之域具有政治性”的口号，以反对自由主义对政治之域与私人之域的割裂。同时它也避免了女权主义的口号本身所隐含的问题。女权主义口号所努力的不过是扩大政治的范围，从而使家庭或者至少是家庭生活的某些方面移置于政治之域，这样，存在于家庭内部的不正义将不再免受政治的干预。因此，女权主义者提出的许多法律和公共政策，诸如上文引用的奥金所提出的那些建议，仅仅旨在管理社会组织，尤其是夫妻生活于其间的家庭，根本没有想到使夫妻成为有道德的夫妻。正如自由主义政治哲学使个人变得更加自私，这些女权主义的主张也会让夫妻双方变得更没有道德。正是在此意义上，主张政治之域具有私人性的政治哲学便成为当务之急。很遗憾，在强烈批评自由主义的同时，当代马克思主义者和社群主义者在这方面的改变却显得很无力。因此，笔者将转向儒学特别是二程的新儒学，寻找一种扎根于政治之域的私人性这一观念的政治哲学。

第三节　儒家政治哲学的可能性

狭义而言，“儒家政治哲学”似乎是一个自相矛盾的说法。“政治”一词，顾名思义就是以政而治。然而，尽管孔子并不像道家那样完全排斥政治，但他关于治国的主要主张还是德治和礼治。这一观点极为清晰地表现在孔子的名言中：“道之以政，齐之以刑，民免而无耻；道之以德，齐之以礼，有耻且格。”[15]因此，本章将在广义上讨论作为一种治国理论的儒家政治哲学，阐明对于儒家而言理想的治国方略不是政治，而是德治和礼治，这二者意味着政治之域的私人性。

本章主要关注礼治，其原因有二。首先，礼治在一定意义上包含德治。初看起来，两者很不相同。借用现代新儒家徐复观（1904—1982）的话说，德治指统治者如何修己，而礼治则指统治者如何治人。[16]德治主要包含两层意思。一是指统治者要率先垂范以便人们效仿。诚如孔子所言：“政者，正也。子帅以正，孰敢不正？”[17]这种治国理念非常接近于道家的无为而治。孔子自己也说：“为政以德，譬如北辰，居其所而众星共之。”[18]二是指统治者要为人们办好事。这关联到孔子所谓的仁政。尽管如此，孔子并不像道家那样乐观，因为他相信总有一些人“困而不学”[19]。

对于这样的人，由圣贤制定礼仪规范来引导他们的生活非常重要，而这就是礼治。在此意义上，德治的确不同于礼治：德治关联着统治者的行动，或者更准确地说，关联着统治者本身；而礼治则关联着统治者针对人民的行动。然而，如果我们把统治者实行德治的要求看作圣人为统治者制定的礼仪规范，那么，德治就是礼治的一部分，即针对统治者的礼治，它和针对人民的礼治共同发挥作用。

其次，可以说礼治包括法治，孔子认为法是礼的必要补充。表面上，两者也不相干。对此胡适（1891—1962）说得很清楚：[20]

> 第一，“礼治”是主动的规劝，而法治是消极的禁止；礼的规范告诉人们什么该做、什么不该做，而法律告知人们什么不可以做，且一旦做了要受到惩罚。第二，违法的人要受到处罚，而违礼的人却只会遭到“大人”和社会的嘲弄而不受处罚。第三，礼仪规范和法律规范各自适用不同的群体。

胡适的第三点区分正是儒家经典《礼记》里所谓的“礼不下庶人，刑不上大夫”[21]。这一区分按照当代平等主义的观点是有争议的，因此在中国自“五四”以来的反孔运动中屡遭批判。然而，如果我们理解了儒家传统中礼治与法治的关系，两者的区分就不像初看起来那样成问题了。儒家认为人有三种：圣人，从心所欲不逾矩；君子或大夫，知道羞恶，守礼而为；小人、庶人或庶民，放失天性，不知羞恶。因此，孟子说，“人之所以异于禽兽者几希，庶民去之,君子存之"[22]。显然,这三种人的区分不在于世袭阶层,而在于道德品质:有的人已经完善了天生的德性"四端"(圣人),有的人正在完善"四端"的过程之中(君子或大夫),而有的人则已经抛弃"四端"(小人、庶人或庶民)。[23]三种人中,礼仪规范(更不用说法律)对圣人不适用(我们因此可以说"礼不上圣人",以对应《礼记》所说的"刑不上大夫")。这不是因为圣人享有任何特权,可以不受约束地做违反礼仪规范的事情,而是由于他们像孔子那样"七十从心所欲不逾矩"。换言之,圣人不需要礼仪规范。礼仪规范适用于君子或大夫。一方面,他们还不能像圣人那样做到从心所欲不逾矩,因此需要礼仪规范来引导行动;另一方面,因为知道羞恶,所以礼仪规范对他们来说是有效的。既然礼仪规范对他们有效,那么就没有必要对他们使用刑罚(《礼记》所谓"刑不上大夫")。然而,礼仪规范对小人或庶人并不适用,因为这些人如孟子所言放弃了人禽之间的唯一区别。这一区别可以理解为"四端",其中的羞恶感则是礼仪规范起作用的必要条件(《礼记》所谓"礼不下庶人")。对于这些人,有必要使用刑罚来威慑他们不做违反礼仪规范的事。不过,根据儒家传统,即使对于那些不知羞恶的人来说,刑罚也仅仅是暂时的手段,必须同时辅之以道德教化才能收其放心。笔者认为,正是在此意义上,与西方和古代中国的法家思想不同,儒家传统的法治是礼治的一部分:法治是礼治的必要条件,用以有效治理那些不知羞恶的人。

本章将主要考察理学家二程的"礼"。儒家传统中"礼"之重要性显而易见,不容忽略,许多学者都已经对此展开研究。但迄今为止，对儒家“礼”的讨论基本上在荀子的框架内展开。这当然是可以理解的。学界普遍认为，孔子学说有两个最重要的观念：“仁”和“礼”，孟子发展了“仁”，而荀子对“礼”的论述最为系统。笔者想强调的是，虽然孟子确实没有像荀子那样详尽而全面地阐述“礼”，但他对“礼”的理解与荀子完全不同，而孟子的礼学思想在宋明新儒家那里得到了全面发展，其中二程被视为创立者。[24]他们对“礼”的独特理解主要表现在以下三个方面：① 礼治的宗旨是确保人们自愿遵守礼仪规范，而不是把礼仪规范当成强加于自身的外在制约；② 外在的礼仪虽然用于规范人们的情感，但实际上源于人们天生的情感；③ 这种天生的情感的形而上根据在于理，即世界的终极实在。本章接下来将就这三个特点展开讨论。另一方面，既然人们常常把儒家学说主要理解为调整个人行动的道德规范而非政治哲学，那我们就来比较一下二程新儒家的政治哲学和当代政治哲学的主流政治自由主义。

第四节　礼之为外在规范

“礼”通常被视作调节人们生活的行为规范。理解这个意义上的“礼”之功用，方法之一就是把它与“乐”联系在一起，因为无论传统儒家还是二程都常常把这二者放在一起讨论。首先，“礼”指的是秩序，而“乐”则是指和谐。程颐说，“然推本而言，礼只是一个序，乐只是一个和”；后来他的学生问是否“礼莫是天地之序，乐莫是天地之和”时，程颐给出了肯定的回答，并进一步阐明二者的关系："天下无一物无礼乐。且置两只椅子，才不正便是无序，无序便乖，乖便不和。"[25]因此，"序"与"和"、"礼"与"乐"彼此不能完全分开。程颐在这里阐释了儒家经典《礼记》里的一段话："乐者，天地之和也。礼者，天地之序也。和，故百物皆化。序，故群物皆别。"[26]在这段话中，"礼"也与"别"相关，而"乐"与"化"相关。这是二程所强调的"礼"的第二个功用。礼产生秩序，反过来秩序产生和谐，但不是通过使万物彼此同一而是相互有别来达到和谐。因而，程颐曾这样解释"礼"与儒家其他美德的关系，"仁者公也，人此者也；义者宜也，权量轻重之极；礼者别也，定分"[27]。儒家学说中最主要的社会角色是君臣、父子、夫妻、兄弟和朋友，即所谓"五常"[28]。礼的功用是确保每个人遵守五常、各司其职。[29]第三，礼，由于有"别"之功用，故而与"敬"相关：所谓"乐者为同，礼者为异。同则相亲，异则相敬"[30]。正是在这个意义上，程颐说"敬即便是礼"[31]；"君臣朋友，皆当以敬为主也"[32]。

当统治者用礼仪来规范人们的行为时，礼仪就以与法律相类似的方式发挥作用。当然，刑罚作为礼仪的临时补充，它的用途在于以威慑的方式禁止人们去做违法的事情。人们因为知道羞恶而不做违礼之事，而不做违法之事则是出于害怕惩罚。[33]这就是孔子对"礼""法"二者所作的主要区分。然而，即使"礼"与"法"之间存在这样的差异，对大多数人而言仍需做出努力才能遵循礼仪规范。《论语》8.8 说，道德行动"兴于诗，立于礼，成于乐"[34]，程子对此解释道，"'兴于《诗》，立于礼'自然见有著力处；至'成于乐'自然见无所用力"[35]。在《论语》6.27 中，孔子也说"君子博学于文，约之以礼，亦可以弗畔矣夫”，程子指出，“此非自得也，勉而能守也”。[36]

然而，儒家之礼治及儒家之法治，与古代中国的法家和当代西方民主所主张的法治的不同之处在于，前者不是简单地强迫人们为善避恶。准确地说，它们更是为了培养每个人善的天性，这样人们最终就能够毫不费力地遵守道德规范。如果意识到这些规范的内在价值正是人性的外在表现，那么受到规范约束时所感到的那种嫌恶和勉强就会消失。对此，二程提出：“非礼不视听言动，积习尽有功，礼在何处？”[37] 达到这个阶段就到了二程所谓“乐”的阶段。在上文提到的《论语》8.8 中，除了“诗”与“礼”之外，孔子也注重“乐”，并且认为通过“礼”确立起来的道德行为在“乐”中彻底完成。二程把《论语》中“成于乐”中的“乐”与快乐之乐相联系。因而，在论及“成于乐”时，程颐认为音乐会使人在守礼的时候感到快乐：乐者“不知手之舞之，足之蹈之也。若夫乐则安，安则久，久则天，天则神，天则不言而信，神则不怒而威。至于如此，则又非手舞足蹈之事也”[38]。当人达到乐的境界时，礼仪规范就不再是从外部限制其内在情感，而成为激发人的行动的内在的力量。就像随着音乐很自然地舞蹈并感到快乐一样，人也会意识不到外在规范对他的要求而做出这样的道德行动。类似地，人在做出这些道德行动时感到内在的快乐。因此，程颐指出“‘大而化之’，只是谓理与己一。其未化者，如人操尺度量物，用之尚不免有差，若至于化者，则己便是尺度，尺度便是己”[39]。在另外一处，他用权衡的类比来解释“礼”：“人无权衡，则不能知轻重。圣人则不以权衡而知轻重矣，圣人则是权衡也。”[40]

在二程看来，人达到乐的境界，不仅守礼而为会感到快乐，而且不遵礼而行便会感到痛苦。在《论语》15.35 中，孔子说“民之于仁也，甚于水火。水火，吾见蹈而死者矣，未见蹈仁而死者也”。在解释这一段时，程子说爱践习“仁”的人若使他们“不肯为仁，如蹈水火”[41]。在论述《论语》6.27 和 9.11 关于博文约礼的内容时，程颢说：[42]

> 博学于文，而不约之以礼，必至于汗漫，所谓约之以礼者，能守礼而由于规矩者也。未及知之也，止可以不畔道而已。“多闻择其善者而从之，多见而识之，知之次也”……颜渊曰：“博我以文，约我以礼，欲罢不能。”是已知之而进不止者也。

在程颢看来，颜渊达到了不守礼便会感到痛苦的境界，堪称典范。

遵守礼仪是令人快乐的行为。芬格莱特（Herbert Fingarette，1921—2018）将此描述为礼仪的魔力：[43]

> 所谓“魔法”，就是特殊的人通过仪式、手势和咒语不费力气地立即实现其心愿的那种力量。为了实现目的，魔法使用者不需要运用策略和设计作为手段；也不需要强制威压或者使用体力。没有什么因实用目的发展而来并且经受检验的策略。他只是通过适当的仪式、适当的手势以及语言直接达成心愿；不需要更多的努力，他的行为就完成了。

尽管芬格莱特所谓“魔法”确实抓住了二程刻画自发守礼的某些重要方面，不过，仅如此描述这种行动是不够的，原因有二：其一，这样无法揭示二程所强调的人在守礼时感到的快乐。其二，魔法常常与神秘感相联系，但对于二程来说，只要具备真知人人可以做到守礼；没有什么神秘可言。在二程看来，正如我们在第三章看到的，守礼但感觉勉强的人是由于他们缺乏必要的道德知识：[44]

常人言才知得非礼不可为，须用勉强，至于知穿窬不可为，则不待勉强，是知亦有深浅也。古人言乐循理之谓君子，若勉强，只是知循理，非是乐也。才到乐时，便是循理为乐，不循理为不乐，何苦而不循理？[45]

有人问，通过遵守规范君臣、父子、夫妻、兄弟、朋友等“五常”之礼而获得快乐，是否便可求得“道之大本”？程颐回答说：[46]

此固是。然怎生地乐？勉强乐不得，须是知得了，方能乐得。故人力行，先须要知……自古非无美材能力行者，然鲜能明道……到底，须是知了方行得。若不知，只是觑却尧学他行事。无尧许多聪明睿知，怎生得如他动容周旋中礼？有诸中，必形诸外……学者固当勉强，然不致知，怎生行得？勉强行者，安能持久？除非烛理明，自然乐循理……学者须是真知，才知得是，便泰然行将去也。

如第三章所言，二程在这里所涉及的“知识”不是所谓“闻见之知”的经验知识，而是所谓“德性之知”的道德知识。把握道德知识，不仅需要理智，而且还需要用心。因而，程颐指出：[47]

> 凡实理，得知于心自别。若耳闻口道者，心实不见。若见得，必不肯安于所不安……及其蹈水火，则人皆避之，是实见得。须是有“见不善如探汤”之心，则自然别……得之于心，是谓有德……自然“睟然见于面，盎于背，施于四体，四体不言而喻”，岂待勉强也？

在二程看来，德性之知同时需要理智和用心，每个愿意为此付出努力的人都可以得到，而这不同于科学知识，因为掌握科学知识的能力并非每个愿意用功的人都具备。

第五节　礼之为内在情感

上文基本上把“礼”理解为外在的行动规范，而道德修养则使这些外在的行为规范内在化。然而，正如杜维明所指出，不应该把这些外在价值的内在化看成个人对已然确立的权威的屈服。杜维明对此解释说，一方面“社会性是真我的构成要素”，而另一方面社会本身又是“扩展的自我”。[48]但在笔者看来，二程通过追溯这些外在礼仪的起源，似乎提供了一个更好的说明。“礼起于何也？”荀子带着这一问题开始其关于礼的思考，他的回答是：“人生而有欲，欲而不得，则不能无求，求而无度量分界，则不能不争；争则乱，乱则穷。先王恶其乱也，故制礼义以分之，以养人之欲，给人以求。”[49]荀子认为“礼”起源于圣人所制。问题是圣人制礼的依据何在。尽管他强调这些礼仪不仅压制人的欲求，而且也培养并满足人的欲求，但是他还是把礼视为某种外在于人的欲求的东西。

与荀子一样，程颐也肯定礼“非绝民之欲而强人以不能也，所以防其欲，戒其侈，而使之入道也”[50]。但是，二程循着孟子的路径进一步说明了圣人制礼的依据：“圣人**缘**人情以制礼。”[51]换言之，礼不仅培养人情，而且源于人情。[52]在此意义上，程颢认为，“礼乐者，虽上之所以教民也，然其原则本于民，而成于上尔”[53]。在程颐看来，“有物必有则，父止于慈，子止于孝，君止于仁，臣止于敬……圣人所以能使天下顺治，非能为物作则也，唯止之各于其所而已”[54]。圣人并非无中生有地创造出礼仪规范，他们仅仅是阐明老百姓所自然遵循之礼。需要注意二程与儒家经典《礼记》中一个类似观点之间的不同。《礼记》有言，“礼者，因人之情而为之节文，以为民坊者”[55]。它仅仅表明是“因”人情而非“缘”人情制定礼仪规范，因此，《礼记》并不像二程一样主张礼源于人情。

对此，从二者关于情义关系所持的不同观点可以看得更清楚。二程常讲情义一致，而《礼记》则认为义规范情：[56]

何谓人情？喜、怒、哀、惧、爱、恶、欲，七者弗学而能。何谓人义？父慈、子孝、兄良、弟弟、夫义、妇听、长惠、幼顺、君仁、臣忠，十者谓之人义……故圣人之所以治人七情，修十义，讲信修睦，尚辞让，去争夺，舍礼何以治之？

《礼记》讲制礼以规范人情。尽管它确实提及这些礼仪能够使人持存饮食男女之欲，避免死亡、贫苦以及疼痛之恶[57]，但却没有说过这些礼仪缘人情而制定。

不过，依二程之见，《礼记》里提到的“义”实际上是人的天生情感的直接流露。程颐说：“孔子曰：‘父子之道天性也。’此只是孝上说，故言父子天性。若君臣兄弟宾主朋友之类，亦岂不是天性？”[58]这说明人与人之间的“义”绝非从外强加于人，而是固有于与生俱来的自然情感。程颢持相同的观点，他认为，礼仪不仅要合于“大义”，也要合于“至情”：“至诚一心，尽父子之道，大义也；不忘本宗，尽其恩义，至情也。先王制礼，本缘人情。既明大义以正统绪，复存至情以尽人心。”[59]换言之，当圣人以礼规范人的行动时，礼似乎是外在的，但溯其根源却是内在的。对此，程颐说，“物有自得天理者，如蜂蚁知卫其君，豺獭知祭。礼亦出于人情而已”[60]。在这个意义上，礼成为人之为人的特殊标志之一。因此，程子说，“礼一失则为夷狄，再失则为禽兽。圣人初恐人入于禽兽也，故于《春秋》之法极谨严”[61]。

正是在此意义上，二程区分了“礼之器”与“礼之本”：“礼之本，出于民之情，圣人因而道之耳。礼之器，出于民之俗，圣人因而节文之耳。”[62]“礼之器”是外在规范，必须以“礼之本”即人情为基础。由此产生一个问题：如果天生的人情能做到礼仪所要求的，何需礼作为外在规范来约束人情？而且，如果礼来自其用以约束的人情，那它的意义又何在？在二程看来，人情若能保持自然或中和则能与礼的要求保持一致，而礼本身就恰恰依照这样的自然情感来制定，以引导人们根据这些情感而行。然而，人情可能误入迷途，偏于过或不及。过或不及的人情皆由人的私欲造成，这样人情就成为非自然即人为的了。外在的礼仪根据和谐的、处于中和状态的人情而制定，用以规范人情的过或不及。程颢指出，"礼者因人情者也，人情之所宜则义也"[63]。程颐在其著名的《颜子所好何学论》一文中作了更为详细的阐述：[64]

> 天地储精，得五行之秀者为人。其本也真而静，其未发也五性具焉，曰仁义礼智信。形既生矣，外物触其形而动于中矣。其中动而七情出焉，曰喜怒哀乐爱恶欲。情既炽而益荡，其性凿矣。是故觉者约其情始合于中，正其心，养其性，故曰性其情。愚者则不知制之，纵其情而至于邪僻，梏其性而亡之，故曰情其性。

在这段引文中，程颐触及了下一节将要讨论的一个重要问题：人情和人性二者的区别与联系。必须注意此文与下面《中庸》里的一段话之间的明显关联："喜怒哀乐之未发谓之中，发而皆中谓之和。中也者，天下之大本也；和也者，天下之达道也。致中和，天地位焉，万物育焉。"[65]从中可以看出，对二程而言，"礼"作为外在规范有必要指引人情恢复至最初的中和状态，从而避免过与不及。对此，程子说过，“固视听言动，必复于礼，制于外所以安其中也，久则诚矣”[66]。在另外一个地方，程颐肯定了弟子关于“仁”的以下理解：[67]

> 人之初生，受天地之中，禀五行之秀，方其禀受之初，仁固已存乎其中。及其既生也，幼而无不知爱其亲，长而无不知敬其兄，而仁之用于是见乎外。当是时，唯知爱敬而已，固未始有事物之累。及夫情欲窦于中，事物诱于外，事物之心日厚，爱敬之心日薄，本心失而仁随丧矣。

尽管“礼”由圣人缘自然的人情而制定，但这种自然的情感可能走偏而变得不自然。因此，这些礼仪规范对于我们的道德修养来说不可或缺。作为外在规范，“礼”的功能在于从根本上确保我们的情感不误入歧途，而一旦走偏则要使其恢复至中和状态。在此意义上，借用努斯鲍姆的话说，礼仪规范发挥着治疗功能。[68]无论是在潜在的意义上还是现实的意义上，仅仅当人情偏离自然过程而表现反常的时候，礼才有其用途。因此，“礼”对圣人而言没有用处，因为他们在道德上从来不会不健康。

二程正是在这个意义上解读孔子关于“克己复礼”的学说。他们认为，孔子所“克”之“己”不是真正的自我。真正的自我应该与“道”同一：“道在己，不是与己各为一物，可跳身而入者也。”[69]准确地说，“克己”所要战胜的自我就是那个从真实、自然的自我走偏迷失了的自我；它是人之私心，即处于“过”或“不及”状态的人情。因而，程颢指出，“克己则私心去，自然能复礼”[70]。既然圣人没有任何私欲，那么他们就无“己”可“克”。[71]值得注意的是，所谓“复礼”，孔子主要指恢复周礼，而二程则是指恢复人由此迷失的内在自然的情感之礼。表面上，二程的解读并不符合孔子的本意。然而，如果我们理解孔子所钦慕的周礼由圣人根据内在的人情而制定，用以帮助人们恢复他们情感的自然状态，那么，二程的解读不仅与孔子的本意完全符合，而且进一步阐明了周礼及遵循周礼的本质。

第六节　礼之为人性

从上节可以看到，二程对“礼之本”和“礼之器”作了重要区分，强调了外在的礼仪仅仅是根基于内在人情的礼之器，而内在人情则是礼之本。本节将考察二程的另一个更为基本的区分，即“礼”的“形而上”层面与“形而下”层面之别。程颐认为，圣人制礼，目的在于使人们[72]

> 以行君臣、父子、兄弟、夫妇、朋友之义。其形而下者，具于饮食器服之用；其形而上者，极于无声无臭之微；众人勉之，贤人行之，圣人由之。

在二程看来，“礼之器”缘于“礼之本”，即外在的礼仪根据处于中和状态的原初人情制定，用以规范业已误入迷途的人情。然而，作为“礼之本”的人情来自何处？二程以为，人情来自人性。在上一节所引用的《颜子所好何学论》中，程颐主张人性就是人生而具有的区别于其他动物的天性，人的这一显著特征表现为仁、义、礼、智、信等五种主要的美德。当人性因人接触外物而被唤醒时，人情就出现了。一方面，当人情处于自然状态，也就是尚未被人的私欲扭曲因而处于中和状态时，它们原初的人性就得到了培育。另一方面，人情迷失就会戕害人性。觉者与愚者的区别在于，前者性其情，而后者情其性。在二程看来，外在的礼缘于人情，而人情缘于人性。程颐说，“有性便有情。无性安得情？……非出于外，感于外而发于中也”[73]。因此，对二程来说，尽管人情由人与外物的接触所引起，但人情绝非来自外物，而是发自固有的人性。更为重要的是，二程认为，人性与“理”无别，而“理”在新儒家的概念里表示包括人类在内的万物之终极实在。程颐说，“性即理也，所谓理，性是也”[74]；“性即是理，理则自尧、舜至于涂人，一也”[75]。因为“礼”内在于人性且为人性的一部分，所以二程也把“礼”等同于“理”。程颐指出，“视听言动，非理不为，即是礼，礼即是理也。不是天理，便是私欲”[76]；“不合礼则非理”[77]。程颢也说，“礼者，理也”[78]。

理解了“礼”与“情”及“性”之间的关系，我们就可以更深刻地把握其他几个相关问题。问题一：本章开头所提到的“德治”与“礼治”的关系。有意思且重要的一点是，二程以为礼基于情，情生于性，而性则是儒家五种基本美德仁、义、礼、智、信：“五常性也。若夫恻隐之类，皆情也。”[79]因此，二程把人性理解为“德性”，而德就是“性之德”：“‘德性’者，言性之可贵，与言性善，其实一也。‘性之德’者，言性之所有。”[80]很明显，依二程之见，“礼”在根本上不只是外在规范，也不只是尊重他人的情感；“礼”是内在于人性、为人性构成部分的美德。[81]儒家传统相当普遍地把“礼”看作人的美德之一，这种观念之所以重要、有意思，是因为它有助于我们更好地理解儒家“德治”与“礼治”的密切关系。一方面，“德治”意味着统治者凭他们固有的美德，亦即作为其“性”之部分的“礼”统治社会，那么，我们可以说“德治”也就是“礼治”：统治者依据与其统治地位相关的礼仪来行事。另一方面，“礼治”意味着统治者用外在的礼仪约束和规范人们。然而，因为统治者所使用的外在礼仪由圣人依据老百姓的人情而制定，人情又来自人之德性，所以“礼治”也就是“德治”：统治者按照人们特有的德性来引导人情。

问题二：《论语》中讨论较多的“礼”与“仁”的关系。必须指出，以往关于这一问题的阐释大多遵循了荀子的观点：“礼”即外在规则。例如，杜维明认为，“在具体的社会环境里，‘礼’是‘仁’的外在化。‘仁’不论看来多么抽象，根据定义几乎都要求有具体的表现”[82]；他援引当代最重要的儒家牟宗三（1909—1995）的思想来进一步说明“仁”内“礼”外的观点：“‘仁’需要向外界敞开自己的‘窗户’，否则就会窒息……同样，没有‘仁’，‘礼’就成了空洞的形式。而且，没有‘仁’，‘礼’极易蜕化为社会强制，从而既无助于改善人心又会戕害真正的人情。”[83]在孔子那里，这种理解也许不会有什么问题，因为孔子没有明确讨论过“仁”或“礼”的内外问题。然而，杜维明在后来的一篇文章中试图说明他的这一解读也符合孟子的思想，因为孟子把仁、义、礼、智都理解为内在的。杜维明提出以下问题："礼"的构成中固有一些其他的、应该是心外的东西，但是，孟子学派却认为"礼"源于心而非"外铄"，那么两者是否必然冲突？[84]他的回答是：[85]

> 孟子以"礼"为人心所固有，这并不是说"礼"的实现只是内省式的自律。"礼"就像"火之始燃，泉之始涌"，它的源泉根于人心的自然情感。但是，如果作为"礼"之基础的人情得不到发展，那么"礼"最终也会灭亡。像火或者泉一样，"礼"是一种运动，一个连续不断的扩充过程。

这里，杜维明强调孟子视"礼之端"而非"礼"本身"源于心"。然而，这一解读有一明显的问题：倘若如此，我们就只能说"仁"之"端"或"礼"之"端"而非"仁"或"礼"根源于心。且即便如此，我们仍然不能说"礼"是"仁"的外在化。更重要的是，尽管孟子确实认为人生来只有"仁"和"礼"等美德之"端"，但他也认为这些美德之"端"确实能内在地发展出"仁"和"礼"等得到充分发展的儒家美德。

我们已经看到，二程顺着孟子的思路，相信"四端"之中确实存在着内在（人性）与外在（人情）之间的差别。如"仁"属内在的人性，而恻隐或爱是它的外在表现。为此，程颐反对那些混淆仁与爱（或恻隐）的人："恻隐固是爱也。爱自是情，仁自是性，岂可专以爱为仁……仁者固博爱，然便以博爱为仁，则不可。”[86]这表明“仁”的外化不是“礼”，而是始于孝悌的“爱”。同时，“礼”也属内在的人性，而圣人据此制定礼仪，礼仪又反过来加以规定的人情才是“礼”的外在表现。换言之，对于“仁”和“礼”（还有“义”和“智”），它们既具有内在的东西（人性），也具有外在的东西（人情），但“仁”不是“礼”的外在化，“礼”也不是“仁”的外在化。或者说，“仁”不是以“礼”为外在表现的内在之物；“礼”也不是以“仁”为内在基础的外在之物。当然，这并不意味着“仁”与“礼”互不相关。程颢指出，“仁者，浑然与物同体。义、礼、知、信皆仁也”[87]。这里，程颢没有区分人性之“五常”，因为在他看来，它们都与宇宙之终极实在“理”同一：“理则天下只是一个理……故敬则只是敬此者也，仁是仁此者也，信是信此者也。”[88]如果说程颢关于“仁”和“礼”只作了隐晦的表述，那么，程颐对此则作了更为清晰的说明：“视听言动一于礼之谓仁，仁之于礼非有异也。”[89]当然，“仁”和“礼”（还有“义”、“智”、“信”）等同，是因为它们都与宇宙的终极实在“理”存在同一关系。但是，当我们对其分别加以考察时，它们的实际作用又不完全相同：“仁、义、礼、智、信五者，性也。仁者，全体；四者，四支。”[90]这里，“仁”被理解为完整的美德，其余义、礼、智、信四者是仁所包含的德目。在另外一处，程颢把“仁”解释为主导其他美德的德目：“且譬一身：仁，头也；其他四端，手足也。”[91]

二程的思想能够帮助我们更好地理解学界近来讨论较多的《论语》中“礼”与“仁”的关系。[92]在这个问题上的所有争论存在一个普遍问题：任何一种解读都试图用单一模式来阐释《论语》中的所有相关章节。然而，"仁"和"礼"在不同的地方具有不同的含义，因此，正如这些解读者彼此批评所揭示的那样，任何一种模式都无法充分正确地阐释"仁"和"礼"在《论语》中相关章节的全部含义。诚然，二程的用意并不在于阐释《论语》相关章节，但是由于考虑到"仁"和"礼"的多重含义，所以他们的讨论比任何一种模式都能够更好地解读这些章节。本章的任务并非根据二程的观点详细考察《论语》有关章节，所以这里只想指出，在二程看来，"仁"与"礼"之间有三种不同的关系。第一，"仁"和"礼"皆与作为万物之终极实在的"理"同一，故"仁""礼"同一，因此守礼即得仁。[93]第二，"仁"是包含礼、义、智、信的完整美德，"礼"是"仁"的一部分（如同手是身体的一部分），因此守礼即为部分得仁。第三，"仁"是一种特定的但居于主导地位的美德（如同手的运动靠人的脑袋指挥），因此守礼须由仁指引。

问题三：关于礼之变易与恒常的问题。众所周知，孔子在《论语》中有时提倡遵守礼仪，有时又赞同礼的损益。其背后的理据何在？在二程看来，礼的现象层面，即"礼之器"，礼作为外在规则，处于变易之中。程子曰，"行礼不可全泥古，须当视时之风气自不同，故所处不得不与古异……虽圣人作，须有损益"[94]。这里至关重要的是"时"的观念，程颐认为，"礼，孰为大？时为大，亦须随时。当随则随，当治则治"[95]。他进一步说明，"至如春夏秋冬，所生之物各异，其栽培浇灌之宜，亦须各以其时，不可一也，须随时……礼之随时处宜，只是正得当时事"[96]。对二程来说，外在的礼仪规范用以恢复人们原初的自然情感，因此，礼之损益与否取决于它们是否能够有效地实现制礼的目的。正是基于对“时”的这种理解，二程试图解释孔子和孟子对于周代的不同态度：“孔子时，唯可尊周；孟子时，方可革命。时变然也。前一日不可，后一日不可。”[97]二程认为，在孔子时代，周礼还像一棵尚能栽植的树，可到了孟子时代，这棵树已经腐朽。因此，尽管孔子在倡导“克己复礼”时念念不忘的是周代的礼仪制度，但在二程看来，这符合他们自己所理解的“复礼”，即复归人性五常之一的礼，因为周代的礼仪制度与孔子时代的内在人性仍然是一致的。至于孟子不“从周”，是由于孟子时代的情况与周代大不相同。所以，为了复归人性五常之一的“礼”，就不应该恢复周代的礼仪制度。

不过，程颐又指出，“人随时变易为何？为从道也”[98]。程颢也说，“圣人创法，皆本诸人情，极乎物理，虽二帝、三王不无随时因革，踵事增损之制；然至乎为治之大原，牧民之要道，则前圣后圣，岂不同条而共贯哉？……苟或徒知泥古，而不能施之于今，姑欲循名而遂废其实”[99]。在二程看来，与“礼”的政治层面即作为外在规则相比，作为“礼”之形上层面的“道”亘古不易。而且，外在的礼仪规范作些适当改变正是为了确保“道”即形上之“礼”不至于迷失。在此意义上，二程把“礼”与仁、义、智、信一起理解为“五常性也”[100]，并且主张“父子君臣，常理不易”[101]。二程认为，“礼”作为外在规则的变易，以及作为人性之“礼”的不易，把这两点同时铭记在心很重要。妄图改变永恒之“礼”(如父慈子孝)是错误的，同样，不因时改变外在的规范之“礼”也是错误的。[102]

第七节　新儒家礼学之为政治哲学

上文已经从政治哲学的视角介绍了二程的新儒家礼学。它的关注点，与其说是应当如何统治政治共同体成员，倒不如说是如何培养成员的德性。我们很容易注意到，二程政治哲学与今天西方政治哲学的主流政治自由主义之间存在重大区别。按照二程的观点，非常需要来自人们且基于人们自然情感的外在规范来指导人们的生活，引导他们的情感遵循自然之道。与此相反，当代政治自由主义的主要思想之一是所谓“中立性”。根据这一观念，为了公平起见，治理人们并引导人们情感的规则，决不能基于人们及其情感，相反，应当中立于人们及其情感。至于如何保持中立，最为著名的莫过于罗尔斯的“无知之幕下的原初状态”。在罗尔斯看来，建立公平的政治规则，必须毫不考虑这些规则将影响的人们的任何特殊情况。因而，他认为，两大正义原则的公平性得到以下事实的辩护：两大正义原则由原初状态中的各方从可供选择的正义原则里选定，而在原初状态中任何人[103]

> 都不知道他在社会中的地位，他的阶级地位和社会地位；任何人都不知道他在自然资产分配中的命运，他的能力，他的才智和力量，以及喜好。各方也不知道他的善的观念，他的关于合理生活计划的细节，甚至他的诸如讨厌冒险等特殊心理特征，乐观或悲观的能力……原初状态中的人不知道他们

属于哪一代人。

自由主义的这一“中立”概念可能听起来很有吸引力，但它也是成问题的。许多学者对此提出了严肃的批评，质疑这一中立程序是否确实正义，以及他的两大正义原则是否确实源于这一程序。除此之外，罗尔斯本人也意识到存在稳定性问题：由于建立在假定中立程序下的政治规则对要治理的人们的实际情况没有任何关系，所以人们很有可能不愿意遵守这些规则，因为这些规则无法诉诸他们的情感；这种不愿遵守的可能性越大，就越需要惩罚措施来强制人们遵守规则；而越需要惩罚措施，社会就越不稳定。[104]原因在于，尽管自由主义关于正义的政治规则声称中立，实际上它们的中立只是目的或意图方面的中立——它们并不打算歧视任何特定的个人或群体；但它们不可能在结果上保持中立——像任何其他规则一样，这些政治规则绝不可能有利于所有人——他们的具体情况对于在原初状态下选择这些规则的各方来说是未知的。[105]

按照二程的思路，当代自由主义者之所以必然面临这个问题，原因在于他们想抄近路：对治理的人们的实际情况一无所知就想制定治理人们的法律。与此相反，程颢指出：“图治于长久者，虽圣知为之，且不能仓卒苟简而就，盖必本之人情而为之法度，然后可使去恶而从善。”[106]因此，二程的新儒家政治哲学不会出现稳定性问题。既然礼仪根据人的自然情感而制定，那么人们就会发自内心去遵守它们。即使运用礼仪来恢复人们业已迷失的情感，由于这些规则源于人们固有的自然情感，他们也仍然能够遵守这些规则，也许最初还有些勉强，但最终会自觉遵守并从中获得快乐。正因为如此，几乎没有必要使用惩罚措施来强迫人们遵守这些规则，从而最大可能地实现社会的稳定。

从这一儒家视角来看，自由主义的中立观念所引发的问题与霍布斯所作的以下区分相关：区分政府的制造者和政府要处理的事务，或者说区分主体和对象、区分生产者和消费者。[107]正如贝兹(Charles Beitz)所主张，大部分传统的政治理论都错误地把公民仅仅看成政府要处理的事务、对象或者消费者，而没有同时还把他们理解为政府的制造者、主体和生产者。[108]换言之，这些政治理论主要关心政府如何运用法律管理人民，而非如何让人民参与制定这些法律。这恰恰也正是自由主义政治理论的核心思想即中立观念所存在的问题。当然，儒家思想无论是孔子的还是二程的均没有充分发展出民主理论，例如，规范人们行动的"礼"确实不是老百姓自己而是由圣人所制定。然而，在笔者看来，这些圣人的确比罗尔斯原初状态中的各方所做的工作要好得多，因为他们诉诸人们的自然情感，并且在制定礼仪的时候用此情感作为标准。因此，尽管**服务于人民**(for the people)的礼仪并非**由人民**(by the people)所制定，但它们源于人们的自然情感，所以可以说它们是**属于人民的**(of the people)。[109]

与此相关，法治往往被视为现代社会的重要标志之一。因此，人们常常认为儒学至少其政治哲学已经过时，因为在儒家思想中法治的确不是突出的内容。同样，当代儒家试图改革儒学以符合现代社会的这个要求。但在笔者看来，本章一开始所引用的孔子的观点仍然适用于当代社会："道之以政，齐之以刑，民免而无耻。道之以德，齐之以礼，有耻且格。"[110]在法治社会，人们常常不是因为他们认为应该做或喜欢做什么才遵守法律，而仅仅是由于害怕法律的惩罚。因此，在许多情况下，若能够确保自己的违法行动不被察觉，人们就因此可以免受法律的惩罚。换言之，如果拥有像柏拉图《理想国》中盖奇的指环一样的东西，他们就可以毫不犹豫地采取违法行动。相形之下，在二程新儒家的礼治观念里，人们若没有遵循礼仪，则会感到羞耻甚至痛苦。这样，他们不仅会如适用的礼仪所要求的那样做道德之事，而且会在没有礼仪要求或礼仪已经不适用的时候依道德而行。

这种新儒家政治哲学以礼治为核心，因此可能遭致的批评是太过于理想主义。一个成功的礼治社会以假设人们具有羞恶感为基础，可毕竟有很多人不知羞恶。儒家尤其是二程对人的情况通常比大多数主流西方政治哲学家确实要乐观得多。他们相信，每个人都知道羞恶，而且有能力依各自内在之礼行事。当然，二程完全意识到有许多人不知羞恶，许多人早已放失了他们原初的本心。在二程看来，这样的人甚至存在于中国历史上大概最理想的尧舜时代。程颐认为，全是君子，没有小人组成的社会是不可能的：[111]

六分君子则治，六分小人则乱，七分君子则大治，七分小人则大乱。如是，则尧、舜之世不能无小人。盖尧、舜之世，只是以礼乐法度驱而之善，尽其道而已。然言比屋可封者，以其有教，虽欲为恶，不能成其恶。

基于此，像孔子一样，二程并没有完全拒绝强制性的法律的作用。本章第三节已提到，儒学包括二程理学的独到之处主要表现在以下三个方面：① 法律主要发挥警示作用："刑罚虽设而不犯"[112]；② 法律只是辅助性的：法律的必要之处仅仅在于威慑那些不知羞恶的人，由于人性本善，相对而言他们的数量很小；③ 法律只是临时的：法律运用之后应当马上继之以道德教化，从而使放失固有羞恶感的人得到恢复。[113]针对那些不知羞恶的人，程颐在下面这段文字中作了非常清晰的阐述：[114]

下民之蒙，当明刑禁以示之，使之知畏，然后从而教导之。自古圣王为治，设刑罚以齐其众，明教化以善其俗，刑罚立而后教化行。虽圣人尚德而不尚刑，未尝偏废也。故为政之始，立法居先。治蒙之初，威之以刑者，所以说去其昏蒙之桎梏……不去其昏蒙之桎梏，则善教无由而入。既以刑禁率之，虽使心未能喻，亦当畏威以从，不敢肆其昏蒙之欲，然后渐能知善道而革其非心，则可以移风易俗矣。苟专用刑以为治，则蒙虽畏而终不能发，苟免而无耻。

关于最后一点，即法律必须辅之以道德教化特别重要。儒家政治哲学似乎过于乐观或者完全不切实际，尤其从当代自由主义的视角来看更是如此。原因在于，自由主义的政治理论假设每个人都自私自利，或者至少对他人的福利漠不关心。因此，政府的重要职责就是制定法律把这些自私的欲望限制在一定的范围之内。然而，根据二程的新儒家观点，当代自由主义错误地以为人类在本质上是自私的；他们没有意识到，他们的政治规则试图治理的社会的基本结构至少部分地造成了自私者的存在。对二程而言，确实有自私的人。然而，政府的职责不仅仅在于制定法律治理自私者之间的矛盾，而且要通过重塑社会把这些人改造成有德之人，从而使这个社会更加适合于人们性善的发展。正如麦金太尔、桑德尔等社群主义者所批评的那样，缺乏善的教化，自由主义者所强调的法律的正义就会变成恶德而非美德，因为这些法律能够完全适用于一个强盗团伙。有鉴于此，二程建立在人性本善基础上的新儒家政治哲学就不是那么理想化或不切实际了。

我们现在处在一种所谓的后形而上学文化之中。这种文化天然拒斥一切形而上学。因此之故，罗尔斯强调他的正义论是政治理论而非形上之学。这种拒斥背后的合理性在于，形而上学顾名思义以讨论超出人类感知范围的东西为前提。罗蒂尤其明确地表达了他对形而上学的态度。在他看来，在形而上学中，“不可知性和无条件性密切相关，这两个词都指明了这样一种目标：我们永远不可能知道我们已经到达它，我们也永远不可能知道我们正在接近它而非远离它”[115]。无论这是不是一种天然拒斥，重要的是要看到，二程的形上学不同于这种受到天然拒斥的形上学。下一章将专门讨论二程的道德形上学，这里只提及其中一些显著的特点。首先，二程并不是由形上的人性概念出发推出相应的情感，进而在情感的基础上制定礼。相反，二程从经验性的人情出发推出相应的人性。例如，程颐认为，“人性皆善，所以善者，于四端之情可见”[116]。这里，他不是说性善故情善，而是说情善故性善。我们知道，在二程看来，仁是性，而恻隐之心是情。不过，程颐告诉我们，“因其恻隐之心，知其有仁”[117]。类似地我们也注意到，礼与敬相关。程颐指出，“尊其瞻视，其中自有个敬处。虽曰无状，敬自可见”[118]。

不过问题在于，如果我们已经知道情善，进而在此基础上假设性善，那么这样的形上假设有何意义？毕竟，圣人制礼只需依靠情。人情何以本善？因为它们是人性即人之德性的表达。在罗蒂看来，这样一种解释不啻于说：“为什么鸦片会让你昏昏欲睡？因为它具有催眠作用。”[119]在这里，问题取决于人性这一形上学概念是描述性的还是规范性的。倘若是描述性的，它要告诉我们人性客观上是什么。倘若是规范性的，则是要告诉我们人性应该成为的状态。在笔者看来，作为人性的一部分，二程关于礼的形上概念不仅是描述性的也是规范性的。他们之所以根据观察到的人情作出这样的假设，是因为坚信或希望所有人都是有道德的。罗蒂也不会反对这样一种规范性的形上学。事实上，他认为这样的希望对于道德进步不可或缺；的确，他甚至承认自己有一种“对有道德的人类未来之可能性的信念，一种很难同对人类社会的爱与希望相分离的信念。这一信念、爱与希望的相融之物，我且称之为‘传奇’”[120]。必须指出二程对人性善的形上学希望，就像罗蒂对未来道德人类之可能性抱有信仰，并非一厢情愿。这不仅仅因为这样的希望基于以下经验事实：人情自然就是善的。更重要的是，因为这样的希望可以反过来有助于实现所希望的对象。易言之，这种信仰、希望或信念的对象或真实性并非独立于信仰、希望或信念，尤其不是独立于由这种信仰、希望或信念所带来的行为。正如康德所指出，确定它的真实性“仅在于确认我们是否能够有意志从事创造某物的行动，假定我们有能力创造该物”[121]。

第八节　结　　语

当代政治自由主义以“政治之域的非私人性”为基础，二程政治哲学则提供了一种替代方案。本章围绕二程政治哲学中关于“礼”这一重要儒学观念的独特理解进行了考察。人们通常主要在荀子所界定的意义上把“礼”理解为管理个人行为的外在规范。二程同样强调“礼”作为外在规范在社会上所发挥的重要作用。然而，他们着重强调的是，这些外在规范由圣人依据人们的自然情感而制定。因此，它们并非外在地强加于个人。确切地说，它们旨在引导人们的情感遵循其自然之道，而当这些情感迷失走偏从而变得不自然时使其恢复至自然之道。对二程来说，礼是社会的主要规范，其基本功能在于培养社会成员的个人美德。甚至连刑罚——二程认为即使在理想的圣王尧舜时代也不可或缺——不仅在管理社会中担任着次要角色，而且还作为临时和辅助手段用以培养个体的私人美德。因此，二程的新儒家政治哲学不仅关心政治，而且关心私人，因为政治之域具有私人性。有自由主义倾向的哲学家自然会对这样一种政治哲学提出批评，认为其不切实际，无法付诸实施。上一节就如何应对这些批评作了考察。

注释

① Susan Moller Okin, *Justice, Gender, and the Family* (New York: Basic Books, 1989), p. 125.

② Susan Moller Okin, "'Forty Acres and a Mule' for Women," *Politics, Philosophy and Economics* 4 (2005), pp. 240 - 241.

③ John Rawls, *A Theory of Justice*, revised edition (Cambridge, MA: Harvard University Press, 1999), p. 12.

④ Plato, *Republic*, in Edith Hamilton and Huntington Carins (eds.), *The Collected Dialogues of Plato* (Princeton: Princeton University Press, 1963), 352e.

⑤ Augustine, *City of God*, in *Great Books of the Western World*, vol. 18 (Chicago, London, and Toronto: Encyclopedia Britannica, 1952), IV.4.

⑥ 引自 Otfried Höffe, "'Even a Nation of Devils Needs the State': the Dilemma of Natural Justice," in Howard Lloyd Williams (ed.), *Essays on Kant's Political Philosophy* (Chicago: Chicago University Press, 1992), p. 142.

⑦ [宋] 程颢、程颐：《遗书》卷第十八，《二程集》，第 225 页。

⑧ Michael Sandel, *Liberalism and the Limits of Justice* (Cambridge: Harvard University Press, 1982), p. 34.

⑨ 贝克(Edwin Baker)和奥迪反对桑德尔的批评而为罗尔斯辩护，他们认为罗尔斯的社会正义理论与个人的仁善博爱并不矛盾。参见 C. Edwin Baker, "Sandel on Rawls," *University of Pennsylvania Law Review* 133(1985), pp. 917 - 920; Robert Audi, "The Separation of Church and State and the Obligations of Citizenship," *Philosophy and Public Affairs* 20 (1989), p. 294. 笔者以为，贝克和奥迪错了。这一点将在接下来提及柯亨观点时进行详细的解释。

⑩ G. A Cohen, *If You're an Egalitarian, How Come You're So Rich?* (Cambridge,

MA: Harvard University Press, 2002), p. 119.

⑪ 同上书,第 119 页。

⑫ 参见上书,chapter 8.

⑬ Jeffrie G. Murphy, "A Paradox about the Justification of Punishment," in George Sher and Baruch A. Brody (eds.), *Social and Political Philosophy Contemporary Readings* (Orlando: Harcourt Brace College Publishers, 1999), p. 878.

⑭《孟子》,1a7、3a3。

⑮《论语》,2.3。

⑯ 参见徐复观:《中国思想史论集续编》(上海:上海书店出版社,2004 年),第 270—281 页。

⑰《论语》,12.17。

⑱《论语》,2.1。

⑲《论语》,16.9。

⑳ 胡适:《胡适学术著作集:中国哲学史》(北京:中华书局,1991 年),第 96 页。

㉑《礼记》,1.50。

㉒《孟子》,4b19;关于庶民与君子类似的对比说法亦见《孟子》,7b37。

㉓ 尽管荀子还是把大夫和庶人视作不同的阶层,但他认为这两个阶层的区分在于道德而非世袭:"虽王公士大夫之子孙也,不能属于礼义,则归之庶人。虽庶人之子孙也,积文学,正身行,能属于礼义,则归之卿相士大夫。"参见《荀子》,9.1。

㉔ 徐复观也在一篇关于礼乐的文章中认为二程是先秦之后论述礼学最重要的大儒。参见徐复观:《中国思想史论集》(上海:上海书店出版社,2004 年),第 210 页。

㉕ [宋] 程颢、程颐:《遗书》卷第十八,《二程集》,第 225 页。

㉖《礼记》,19.13。

㉗ [宋] 程颢、程颐:《遗书》卷第九,《二程集》,第 105 页;亦参见《遗书》卷第二上,《二程集》,第 14 页。

㉘ 参见[宋] 程颢、程颐:《遗书》卷第四,《二程集》,第 73—74 页。达尔麦耶(Fred Dallmayr)提出一个有意思的看法,他表示这五种关系之外应该再加上第六种:"那就是共享公共领域和共同习惯法的公民关系"[Fred Dallmayr, "Confucianism and the Public Sphere: Five Relationships Plus One?" *Dao: A Journal of Comparative Philosophy* 2 (2003), p. 207]. 在本章最后一节,笔者

将讨论法治的负面作用，特别是当这种法治没有伴之以礼治和德治时。这里德治和礼治都关注人的道德修养而不是解决人与人之间的矛盾冲突。这时，增加第六种关系可能意义不大。

㉙ 正是在这个意义上，我们说礼治社会是一个等级社会，其中“夫物之聚，则有大小之别，高下之等，美恶之分…… 上下之分，尊卑之义，理之当也，礼之本也”（[宋] 程颢、程颐：《周易程氏传》卷第一，《二程集》，第 749 页）。然而，正如著名的中国政治哲学史家萧公权所指出，“然而礼之别，别之不平等，非任意武断而为之，必悉按个人之贤能为决定”。参见萧公权：《中国政治思想史》，《现代中国学术经典：萧公权卷》（石家庄：河北教育出版社，1999 年），第 91 页。换言之，人的地位高低由人的道德修养所决定。地位高的人可能变得地位低下，反之亦然。在程颐看来，最重要的是人必须能胜任其职位，所谓“贤者在位，能者在职而已”（[宋] 程颢、程颐：《文集》卷第五，《二程集》，第 524 页）。而且，二程认为，只要努力人人都可以成为贤能之辈。实际上，“人皆可以至圣人”（[宋] 程颢、程颐：《遗书》卷第二十五，《二程集》，第 318 页），因为“人之性一也。而世之人皆曰吾何能为圣人是不自信也”（[宋] 程颢、程颐：《遗书》卷第二十五，《二程集》，第 318 页），或“唯自暴者，拒之以不信；自弃者，绝之以不为”（[宋] 程颢、程颐：《周易程氏传》卷第四，《二程集》，第 956 页）。另外，居上位者，如果停止其道德修养，就会退而为下民；而居下位者，如果不断修身，也会进而为上人。对此，荀子持相同的观点：“无德不贵，无能不官，无功不赏，无罪不罚。”（《荀子》，9.15）

㉚《礼记》，19.2。

㉛ [宋] 程颢、程颐：《遗书》卷第十五，《二程集》，第 143 页。

㉜ [宋] 程颢、程颐：《遗书》卷第十八，《二程集》，第 184 页。

㉝ 许仕廉（Leonard Shihlien Hsü）指出，“法律只能约束人们的外部行为，而不能正人心。如果人心不得其正，那么这个人很有可能做出反社会的事。阻止一个人犯罪的内在力量是他的耻辱感，而耻辱感只能通过教化和道德规训来培养”。Leonard Shihlien Hsü, *The Political Philosophy of Confucianism* (London: Curzon Press, 1975), pp. 160 - 161.

㉞《论语》一书丰富的哲学内涵尚未得到应有的重视。尽管孔子在这里只是提及三部经典之作，但是笔者相信实际上他描述了道德发展的过程。诗（或故事）用饱含情感的笔触描写他人的遭遇，读诗（和故事）可以培养一个人对他人遭遇的同情心以及其他道德情感。因此，道德行动始于诗；但道德情感仅仅由诗来激励并不稳固，所以，需要用礼仪使其稳固下来。因此，道德行动立

于礼。不过，遵行礼仪未必出于自愿，所以需要达到乐的阶段，在这一阶段，一个人做出道德行动就像和着音乐舞蹈一样自然。因此，道德行动成于乐。

㉟ [宋] 程颢、程颐：《遗书》卷第一，《二程集》，第 5 页。

㊱ [宋] 程颢、程颐：《遗书》卷第六，《二程集》，第 95 页。

㊲ [宋] 程颢、程颐：《遗书》卷第六，《二程集》，第 82 页。

㊳ [宋] 程颢、程颐：《遗书》卷第十一，《二程集》，第 128 页。

㊴ [宋] 程颢、程颐：《遗书》卷第十五，《二程集》，第 156 页。

㊵ [宋] 程颢、程颐：《外书》卷第六，《二程集》，第 384 页。

㊶ [宋] 程颢、程颐：《遗书》卷第八，《二程集》，第 102 页。

㊷ [宋] 程颢、程颐：《遗书》卷第六，《二程集》，第 382 页。

㊸ Herbert Fingarette，*Confucius—The Secular as Sacred*（New York：Harper and Row，1972），p. 3.

㊹ [宋] 程颢、程颐：《遗书》卷第十八，《二程集》，第 186 页；亦参见《粹言》卷第一，《二程集》，第 1192 页。

㊺ 我们发现，这里程颐在行文过程中把“循礼”改成“循理”而没有加以说明。正如将要在本章第六节所指出的那样，这并不表明其思想的混乱或用词方面的失误；实际上，程颐认为“礼”与“理”二者确实是同一的。

㊻ [宋] 程颢、程颐：《遗书》卷第十八，《二程集》，第 187—188 页。

㊼ [宋] 程颢、程颐：《遗书》卷第十五，《二程集》，第 147 页。

㊽ Weiming Tu，*Humanity and Self-Cultivation: Essays in Confucian Thought*（Berkeley：Asian Humanities Press，1979），p. 25.

㊾《荀子》，19.1。

㊿ [宋] 程颢、程颐：《遗书》卷第二十五，《二程集》，第 323 页。

51 [宋] 程颢、程颐：《遗书》卷第六，《二程集》，第 87 页；强调部分为笔者所加。

52 虽然礼是规范性的，但人情是天生的。不过，二程将规范性建基于天性的做法并没有引出所谓自然主义的谬误。

53 [宋] 程颢、程颐：《文集》卷第三，《二程集》，第 471 页。

54 [宋] 程颢、程颐：《周易程氏传》卷第四，《二程集》，第 968 页。

55《礼记》，30.2。

56《礼记》，9.13。

57《礼记》，9.13。

58 [宋] 程颢、程颐：《遗书》卷第十八，《二程集》，第 234 页。

59 [宋] 程颢、程颐：《文集》卷第五，《二程集》，第 516 页。

⑥⓪ [宋] 程颢、程颐:《遗书》卷第十七,《二程集》,第 180 页。许仕廉评论说,"'礼'预设了人天生具有善的因子,只要这些因子通过系统训练加以培育,人就会自发地履行责任。'礼'没有人为地创造责任,但假定它是天生的,比如父慈子孝。这就是所谓'缘人性',而人性即'礼'的道德基础。'礼'强调了天生的善的情感之发展和对天理的遵循,从而实现社会的最大和谐得以可能"。参见 Leonard Shihlien Hsü, *The Political Philosophy of Confucianism*, p. 95.

⑥① [宋] 程颢、程颐:《遗书》卷第二上,《二程集》,第 43 页。潘富恩和徐余庆正确地指出,"仁义礼智原出于民情,经过在上者的理论化而又还原于民"。参见潘富恩、徐余庆:《程颢程颐理学研究》(上海: 复旦大学出版社,1988 年),第 160 页。

⑥② [宋] 程颢、程颐:《遗书》卷第二十五,《二程集》,第 327 页。荀子也谈到"礼之本"。但荀子所说的"本"不是指礼的"起源",而是指制礼的"基础":"礼有三本:天地者,生之本也;先祖者,类之本也;君师者,治之本也……故礼上事天,下事本,尊先祖而隆君师。"(《荀子》,19.4)这也不同于柯雄文所说的礼之本。柯区别了"礼之本"的内在方面和外在方面。其内在方面是"一个人对实践'礼'的承诺",而外在方面则是"礼"之天地人三位一体的功能。参见 A.S Cua, "*Li:* Rites or Propriety," in A.S. Cua (ed.), *Encyclopedia of Chinese Philosophy* (New York and London: Routledge, 2003), pp. 274 - 280.

⑥③ [宋] 程颢、程颐:《遗书》卷第十一,《二程集》,第 127 页;亦见《粹言》卷第一,《二程集》,第 1177 页。

⑥④ [宋] 程颢、程颐:《文集》卷第八,《二程集》,第 577 页。

⑥⑤《中庸》,1。

⑥⑥ [宋] 程颢、程颐:《粹言》卷第二,《二程集》,第 1254 页。

⑥⑦ [宋] 程颢、程颐:《遗书》卷第二十三,《二程集》,第 309—310 页。

⑥⑧ 参见 Martha C. Nussbaum, *The Therapy of Desire: Theory and Practice in Hellenistic Ethics* (Princeton, NJ: Princeton University Press, 1994), chapters 1, 13. 然而,关于"欲望的治疗",努斯鲍姆与二程在理解上存在重大差异。努斯鲍姆仍然陷于西方的理智主义传统,相信欲望是理智的,因为欲望以信念为基础;需要治疗的、反常的欲望是基于错误信念的欲望。从而,所需要的治疗是"运用哲学论证修正激情",因此,"在要求哲学处理愤怒、恐惧和爱的时候,其医学模式并不要求哲学运用与自身相异的装备。哲学仍然可以在对话与信念的总体框架内诉诸论证、适当和真理"。参见 Martha C. Nussbaum, *The Therapy of Desire: Theory and Practice in Hellenistic Ethics*, p. 39.二程

也许会同意欲望或情感是理智的，但并非因为它们根源于信念，而是由于信念和欲望从不割裂，彼此相互决定。如果欲望需要用论证加以治疗，那么论证也需要从欲望获得力量。这样，判断一种特定的欲望是否病态，其标准并非基于合理主张的真理，而是看这种欲望是否偏离自然的欲望。

㊾ [宋] 程颢、程颐：《遗书》卷第一，《二程集》，第 3 页。

㊿ [宋] 程颢、程颐：《遗书》卷第二上，《二程集》，第 18 页。

71 [宋] 程颢、程颐：《遗书》卷第二上，《二程集》，第 28 页。

72 [宋] 程颢、程颐：《文集》遗文，《二程集》，第 668 页。

73 [宋] 程颢、程颐：《遗书》卷第十八，《二程集》，第 204 页。

74 [宋] 程颢、程颐：《遗书》卷第二十二上，《二程集》，第 292 页。

75 [宋] 程颢、程颐：《遗书》卷第十八，《二程集》，第 204 页。

76 [宋] 程颢、程颐：《遗书》卷第十五，《二程集》，第 144 页。

77 [宋] 程颢、程颐：《周易程氏传》卷第一，《二程集》，第 699 页。陈荣捷指出，"礼"即"理"的思想源于《礼记·乐记》。参见陈荣捷：《宋明理学之概念与历史》(台北："中央研究院"中国文哲研究所，1996 年)，第 85 页。但必须注意，二程把"理"作为宇宙终极实在这一独特理解与《礼记》中作为治理的"理"很不一样。

78 [宋] 程颢、程颐：《遗书》卷第十一，《二程集》，第 125 页。"礼"在二程那里有三层不同的含义：外在规范、人情以及等同于"理"的人性。在这个意义上，笔者与黄慧英(Wong Wai-ying)持不同观点，她认为"礼"在根本上仅意谓外在规则，因此在二程哲学中只具有道德发展的辅助功能。参见 Wai-ying Wong, "The Status of *li* in the Cheng Brothers' Philosophy," *Dao: A Journal of Comparative Philosophy* 3.1 (2003), pp. 109 - 119.

79 [宋] 程颢、程颐：《遗书》卷第九，《二程集》，第 105 页。显然，二程继承了孟子的人性论和"四端"说："恻隐之心仁之端也，羞恶之心义之端也，辞让之心礼之端也，是非之心智之端也。"(参见《孟子》，2a6)因此在孟子看来，礼主要不是指约束行动的外在规范。这是孟荀之间的一个显著区别。

80 [宋] 程颢、程颐：《遗书》卷第十一，《二程集》，第 125 页。

81 徐复观也主张"德"与"礼"一而非二。但他所谓的"礼"来自"德"，而不是像二程那样更为激进地主张"礼"就是"德"："天理流行而具体化于外者即为礼。礼之所从出者为天理，亦即所谓德，而德彰著于外者即为礼。德与礼，本系一而非二。"参见徐复观：《中国思想史论集》，第 246 页。

82 Weiming Tu, *Humanity and Self-Cultivation: Essays in Confucian Thought*

(Berkeley: Asian Humanities Press, 1979), p. 10.

⑧③ 同上书,第 13 页。倪培民也有过相关论述,“如果我们说‘仁’是人之为人的内在品质或性情,那么,‘礼’就是能使‘仁’得以外向展示的外在行为模式的载体……如果恰如其分地行礼,那么礼就与‘义’相符”。参见 Peimin Ni, *Confucius* (Belmont, CA: Wadsworth, 2002), p. 52.

⑧④ Weiming Tu, *Humanity and Self-Cultivation: Essays in Confucian Thought* (Berkeley: Asian Humanities Press, 1979), p. 21.

⑧⑤ 同上书,第 23—24 页。

⑧⑥ [宋] 程颢、程颐:《遗书》卷第十八,《二程集》,第 182 页;亦见第 183 页。

⑧⑦ [宋] 程颢、程颐:《遗书》卷第二上,《二程集》,第 16 页。

⑧⑧ [宋] 程颢、程颐:《遗书》卷第二上,《二程集》,第 38 页。

⑧⑨ [宋] 程颢、程颐:《遗书》卷第二十五,《二程集》,第 322 页。正是在此意义上,程颐反对老子思想:“老子曰:‘失道而后德,失德而后仁,失仁而后义,失义而后礼。’则道德仁义礼,分而为五也。”参见[宋] 程颢、程颐:《遗书》卷第二十五,《二程集》,第 324 页。在他看来,道、德、仁、义、礼五者皆同于理,因此,失一者俱失。

⑨⓪ [宋] 程颢、程颐:《遗书》卷第二上,《二程集》,第 14 页。

⑨① [宋] 程颢、程颐:《遗书》卷第十五,《二程集》,第 154 页。依二程之见,人性中有“仁”“义”“礼”“智”“信”五常,但人情却只有“四端”。这是因为人性中的“信”没有其外在情感。然而,二程认为,我们因外在的情感而知道内在人性的存在。既然如此,我们何以知道没有外在情感的“信”内在于我们人性之中?在二程看来,“信者有此者也”——此即仁义礼智,信“因不信然后见”,故“信”无端。参见[宋] 程颢、程颐:《遗书》卷第九,《二程集》,第 105 页;亦参见《遗书》卷第十八,《二程集》,第 184 页。另外,程颐还举例说明:“惟四者有端而信无端。只有不信,更无信。如东西南北已有定体,更不可言信。若以东为西,以南为北,则是有不信。如东即东,西即西,则无信。”参见[宋] 程颢、程颐:《遗书》卷第十五,《二程集》,第 168 页。

⑨② 信广来对一些主要的解读作了概述,并就这一问题提出了他自己的见解。参见 Kwong-loi Shun, “*Ren* 仁 and *Li* in the *Analects*,” in *Confucius and the Analects* (Oxford: Oxford University Press, 2002).最近,李晨阳在信广来的基础上提出另一种值得注意的看法。参见 Chenyang Li, “Li as Cultural Grammar,” *Philosophy East and West* 57 (2007), pp. 311 - 329.

⑨③ 程颐也曾直接论及《论语》中“仁”“礼”的同一性问题。有人问及何以克己复礼

为“仁”，他回答说：“非礼处便是私意。既是私意，如何得仁？凡人须是克尽己私后，只有礼，始是仁处。”参见［宋］程颢、程颐：《遗书》卷第二十二，《二程集》，第 286 页。

⑭ ［宋］程颢、程颐：《遗书》卷第二上，《二程集》，第 22 页。

⑮ ［宋］程颢、程颐：《遗书》卷第十五，《二程集》，第 171 页。他在另一处也说：“礼，时为大，须当损益。夏、商、周所因损益可知，则能继周者亦必有所损益……盖古人今人，自是年之寿夭、形之大小不同。”参见［宋］程颢、程颐：《遗书》卷第十五，《二程集》，第 146 页。

⑯ ［宋］程颢、程颐：《遗书》卷第十五，《二程集》，第 156 页。

⑰ ［宋］程颢、程颐：《外书》卷第九，《二程集》，第 401 页。在谈及有关朱熹类似的观点时，狄培理评论说：“朱子认为‘礼’的秩序是宇宙法则在人类社会的体现，它们有动静两个方面——既是宇宙法则（理）的基本形式，又是变化和更新的重要过程。”参见 William Theodore de Bary, “Human Rites—An Essay on Confucianism and Human Rights,” in Irene Eber (ed.), *Confucianism: The Dynamics of Tradition* (London: Macmillan, 1986), pp. 127 - 128.

⑱ ［宋］程颢、程颐：《外书》卷第十一，《二程集》，第 411 页。

⑲ ［宋］程颢、程颐：《文集》卷第一，《二程集》，第 452 页。

⑳ ［宋］程颢、程颐：《遗书》卷第九，《二程集》，第 105 页。

[101] ［宋］程颢、程颐：《遗书》卷第二上，《二程集》，第 43 页；亦见《遗书》卷第五，《二程集》，第 77 页。

[102] 第六章将进一步解释，永恒本身在二程那里并非静止之物，而是生生之不息。

[103] John Rawls, *A Theory of Justice*, p. 118.

[104] 同上书，第 505 页。

[105] 罗尔斯认为，自己早先在《正义论》中发展的叠合（congruence）观念（参见 John Rawls, *A Theory of Justice*, pp. 496 - 505），连同后来在《政治自由主义》中发展的重叠共识（overlapping consensus）观念［参见 John Rawls, *Political Liberalism* (New York: Columbia University Press, 1996), pp. 133 - 172］，都有助于解决这一稳定性问题。然而，这是一种失败的尝试。对此笔者在别的地方有所阐明。参见 Yong Huang, *Religious Goodness and Political Rightness: Beyond the Liberal-Communitarian Debate*, Harvard Theological Studies 49 (Harrisburg: Trinity Press International, 2001), pp. 202 - 229.

[106] ［宋］程颢、程颐：《文集》卷第二，《二程集》，第 461—462 页。

[107] 参见 Thomas Hobbes, *Leviathan*, ed. by Michael Oakeshott (New York:

Collier Books, 1962), p. 19.

⑱ 参见 Charles R. Beitz, *Political Equality: An Essay in Democratic Theory* (Princeton: Princeton University Press, 1989), pp. 97 - 100.

⑲ 笔者讨论了自由主义中立与国家完善论之间当代论争的儒家视角,详见 Yong Huang, "Liberal Neutrality, State Perfectionism, and Confucianism: A Neglected Dimension," University of Tokyo Center for Philosophy (2013).

⑩《论语》,2.3。

⑪ [宋] 程颢、程颐:《遗书》卷第十五,《二程集》,第 161—162 页。

⑫ [宋] 程颢、程颐:《文集》卷第九,《二程集》,第 593 页。

⑬ 艾文贺在讨论权利时提到的"应急"选项概念同样适合于我们讨论法律。艾文贺说道,"我们可以认为,我们享受权利就像我们享有消防局或社区里的紧急救护服务……这些服务很有价值,但我们希望永远不要用到它们"。参见 P. J. Ivanhoe, "A Confucian Perspective on *Justice, Gender, and the Family*," A Paper Presented at the International Conference on "Virtue: East and West," The Chinese University of Hong Kong, May 20 - 22 (2008), pp. 33 - 34.

⑭ [宋] 程颢、程颐:《周易程氏传》卷第一,《二程集》,第 720 页;亦参见《文集》卷第九,《二程集》,第 591 页。

⑮ Richard Rorty, "Ambiguity and 'Rationality,'" *Constellations: An International Journal of Critical and Democratic Theory* 3 (1996), p. 75.

⑯ [宋] 程颢、程颐:《遗书》卷第二十二上,《二程集》,第 291 页。

⑰ [宋] 程颢、程颐:《遗书》卷第十五,《二程集》,第 168 页。

⑱ [宋] 程颢、程颐:《遗书》卷第十八,《二程集》,第 185 页。

⑲ Richard Rorty, *Contingency, Irony, and Solidarity* (Cambridge: Cambridge University Press, 1989), p. 8.

⑳ Richard Rorty, *Philosophy and Social Hope* (New York: Penguin Books, 1999), p. 160.

㉑ Immanuel Kant, *Critique of Practical Reason*, trans. by Lewis White Beck (New York: Macmillan, 1956), p. 59.

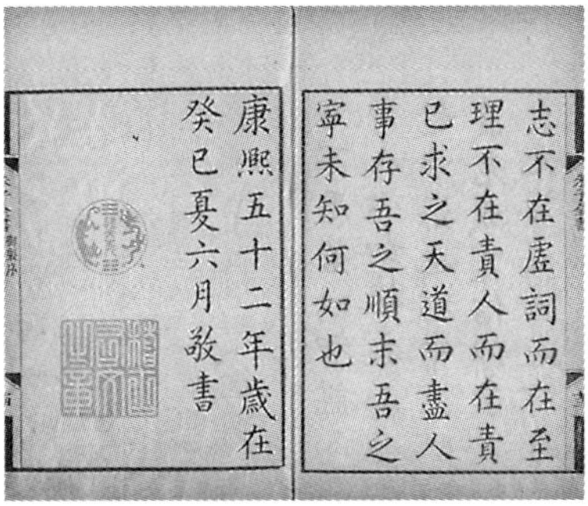
志不在虛詞而在至
理不在責人而在責
已求之天道而盡人
事存吾之順求吾之
寧未知何如也

康熙五十二年歲在
癸巳夏六月敬書

第六章

理：道德底形上学抑或道德的形上学

第一节 引 言

“新儒学”这一字眼虽然源自西方，但现在基本上已经为中国学者所接受，用来指称宋明儒学。其中一个缘由，可能是中国学者自己对于如何刻画宋明儒学意见有分歧：心学、理学、心性之学、性理之学、道学，抑或直接称之为宋学？然而，如果称之为“新儒学”，我们会立即面临一个使用其他术语不一定会有的问题：较之先秦儒学，宋明儒学“新”在何处？有许多学者尝试说明这个“新”。[①]在笔者看来，新儒学最独特之处在于，它发展出了一种道德的形上学（moral metaphysics），对先秦儒家所倡导的道德价值给予本体论说明。当然，先秦儒家并不拒斥形上学。事实上，新儒家在其本体论说明体系中所使用的术语甚至观念都可以在先秦儒学的著作中找到。只不过，在先秦儒学那里这些术语和观念还不具有明确的形上学意义，或者，虽然具有形上学意义，但在思想体系中居于边缘地位。先秦儒家最关心的是如何过上一种道德的生活，而不是要为它提供本体神学论基础。正是在这个意义上，我们可以说，新儒家的本体神学论说明并不是先秦儒家的外在转化，而是实现先秦儒家的内在要求，是它的自我转化。[②]

在前几章特别是第五章中，笔者已经触及二程的道德形上学，并且指出它是一种好的形上学，当代哲学对形上学的批评可能用不到它身上，原因有二：其一，二程不是首先建立这种道德的形上学然后从其推演出道德规范，相反是他们从人类道德经验出发建构形上学的；其二，它是一种告诉我们该做什么的规范性形上学，而不是向我们揭示实情是什么的描述性形上学。本章将更一步探讨二程的道德形上学的具体内容，其核心概念是作为终极实在的理。在此过程中，笔者希望能从另一个角度说明它是一种好的形上学，我们或许可以恰当地称它为一种后形上学的形上学：理作为这一新儒家道德形上学的终极现实，不是某种固定的、物化的实体、事物或存在者，而是在世间万物中体现出来的非物化的创生活动。它类似于海德格尔所讲的存在（Being，去存在的活动），而不是据有存在的存在者（being），哪怕是最基本的存在者。当然，由于二程的形上学是一种**道德的**形上学，作为终极现实的理，不仅是去存在的活动，而且给存在者以生命的创生活动（生）。不过，在讨论这些问题之前，首先要说明何为道德的形上学，它与康德的道德底形上学及道德神学之间的区别何在。笔者的解释主要得益于牟宗三的讨论，尽管笔者对二程的形上学的解释与牟宗三大不相同。

第二节　道德底形上学、道德神学与道德的形上学

牟宗三是最有影响力的当代儒家与康德学者之一。他将康德伦理与儒家伦理进行比较和对比，提出著名的道德底形上学和道德的形上学之分。在他看来：[③]

> 前者是关于“道德”的一种形上学的研究，以形上地讨论道德本身之基本原理为主，其所研究的题材是道德，而不是“形上学”本身，形上学是借用。后者则是以形上学本身为主（包含本体论与宇宙论），而从“道德的进路”入，以由“道德性当身”所见的本源（心性）渗透至宇宙之本源，此就是由道德而进至形上学了，但却是由“道德的进路”入，故曰“道德的形上学”。

为了理解这一区分，最好看看康德自己是如何构想他的道德的形上学的。在《道德形上学之基础》序言中，康德首先区分了**经验**的哲学和**纯粹**的哲学：前者“基于经验阐明其学说”，而后者“完全依先天原则阐明其学说”。[4]然后，在纯粹的哲学中，他进一步区分了逻辑和形上学：前者是“纯粹形式的”，而后者“被限定于知性的特定对象上”。[5]最后，在形上学中，他区分了自然底形上学和道德底形上学：前者与物理学对，后者与实践人类学对，因为物理学和实践人类学都是经验的，而两门形上学都是理性的。在康德看来，“这两门形上学（必须）谨慎地清除一切经验之物，以了解纯粹理性在这两种情况下能有多少成就，以及它本身能够从什么来源取得它这种先天的教导”[6]。因此，在道德底形上学中，责任之根据“不能在人的本性或他所置身的世界的状况中，而只能先天地在纯粹理性的概念中寻求”[7]。在道德底形上学中，“我们关心的不是接受所发生事情的原因，而是接受所应该发生的事情的规律，即使它从未发生过”[8]。

康德在《道德形上学》中大体上持相同观点："如果……一个出于纯然概念的先天知识体系叫作**形上学**，那么实践哲学……就将预设并且需要一种道德底形上学。"[9]康德在这里仍然强调，作为一门形上学，道德底形上学是一个出于纯然概念而非经验的先天知识体系。关于后者，康德非常清楚地指出："道德不是从观察我们自己和我们的动物性中得到律法所规定的教导的，也不是从观察世界的方式、所做的事情和人们的行为中得到它们。相反，理性命令我们应该做什么，即使找不到这样的例子，它也不考虑我们可以通过遵循它的命令而获得的好处。"[10]确实，康德允许经验在其道德形上学中发挥一定的作用。在上面提到的关于道德底形上学的必要性之后，康德说："正如自然形上学也必须包含着将这些普遍的自然第一原则应用于经验对象的原则一样，道德底形上学也不能摒弃应用原则；我们常常必须将仅凭经验才能知道的人类特殊**本质**作为我们的对象，以在其中展示普遍道德原则的含义。"[11]不过，康德紧接着说得非常清楚："通过这一点，我们绝不会减损这些原则的纯洁性，也绝不会怀疑它们的先天来源。也就是说，道德底形上学实际上不能建立在人类学的基础之上，但可以应用于人类学。"[12]因此，经验与道德原则无关，它只与道德原则的应用有关。

因此，依牟宗三的观点，康德的道德底形上学仅仅是对道德的形上解释或道德的形上演绎。在康德那里，解释或演绎是形上的，因为它是纯粹的、独立于经验的。[13]牟氏认为，这种道德底形上学的问题，恰恰在于它无法弥合道德"应当"与自然之"是"之间的鸿沟：前者属于理性世界，后者属于现象世界。他的道德底形上学只告诉我们应该做什么，却不能解释我们如何有道德。为了回答后一个问题，牟氏注意到康德实际上有一种道德神学，即康德试图从实践理性的进路来建立上帝的客观实在。[14]我们在第一章已简略提到，对于康德而言，道德是至善（最高的善），但并不是完善（完美的善）。完善除了道德之外，还必须包括幸福，这是公正理性之判断所必需的。虽然道德律要求"完全独立于自然，以及独立于与我们的欲望（作为激励）能力之和谐一致"，康德指出，"幸福是一个理性存在者在这个世界上的条件，一切事物的存在都是按照愿望和意愿进行的"。[15]因此，为了解释道德之可能性，康德诉诸最高善的概念，其中包括值得幸福的道德和与道德成比例的幸福。因为在康德看来道德本身并不一定带来幸福，而幸福也不一定导致道德，所以他必须"假定上帝之存在必然属于最高善之可能性"[16]，这是康德的道德神学。

牟氏认为，康德的道德神学与儒家的道德形上学之间存在某些相似之处。一方面，二者均与道德的可能性问题相关，而这个问题康德的道德底形上学并没有予以解答。不过，康德通过道德神学来解决道德的可能性至少是潜在地成问题的。贝克（Lewis White Beck，1913—1997）已在《康德实践理性批判之疏解》一书中指出，对康德而言，包括幸福在内的最高善是道德倾向所必需的。换言之，人们不可能做出有道德的行动，除非它可以带来与之相应的幸福结果。在贝克看来，这不可能"不玷污意志的纯洁性"[17]。根据第一章的考察，儒家关于道德和幸福的观点可以避免这个问题。另一方面，我们在上一章结尾已经看到，康德的道德神学和儒家的道德形上学都是规范性的，其对象的实在取决于我们的意志决定的行动。然而，在康德的道德神学中，上帝仅仅是一个实践理性的假定；在宋明儒学那里，终极实在即理并非只是一个人类理性的假定。虽然它不能为我们的感官所感知，但它还是基于我们的经验知识。

在此意义上，儒家的道德形上学更类似于泰勒在与当代政治自由主义者论辩中所使用的“本体论的说明”。与许多社群主义同仁不同，泰勒并不认为自由主义者所倡导的诸如个性、自主、宽容、中立和程序等现代价值存在问题。在泰勒看来，这些价值都是生活善物，它们对于好生活来说不可或缺。然而，他认为，重要的是要弄清楚它们为什么是生活善物，或是什么东西构成它们的善，是什么“确定我们的行动或愿望是善的……［以及］构成了这些行动或动机的善”[18]。他在《自我的根源》中的首要工作，就是要寻找这样一种构成性的善。在他看来，这项工作是为自由主义价值或直觉提供一种本体论的说明。泰勒认为，这样一种本体论的说明“并不是要提供一种在相当程度上独立于我们的道德直觉而加以承认的考量；相反，它是要说明这样的道德直觉，使它们更加清楚可信”[19]。同样地，如前一章所论，对于二程而言，我们认为人性（与作为世界终极实在的理同一）是善的，因为我们可以观察到人的自然情感是善的。

正如牟氏所特别指出，儒家所讲的人性不是康德所说的“人类的特殊倾向”或“人类理性所特有的某些特殊倾向，这些特殊倾向不一定为所有理性存在物的意志所持有”，儒家所讲的人的自然情感也不是康德所说的“某些情感和倾向”。[20]在牟氏看来：[21]

> 如果人们见到孟子讲“性善”，《中庸》讲“天命之谓性”，以为正宗儒家所讲的人之性是康德此段话中所说的“人性底特殊属性”之人性，“人类之特殊的自然特征”之人性，“脾性、性好以及自然的倾向”或“任何特殊倾向”诸词所表示的人性，那将是绝大的误会。……孟子直就人的内在道德性说性，而《中庸》“天命之谓性”则推进一步把内在道德性之性通于天道、天命，不但直下是道德的，而且是本体宇宙论的。

在牟氏看来，康德的人性是新儒家所说的“气质之性”，它是偶然的、相对的，而儒家道德形上学所讲的人性则是“天命之性”，它是必然的、普遍的。因此，正如牟氏所言，康德的道德底形上学只研究先天道德原则，康德的道德神学研究作为实践理性之假定的上帝的存在，而儒家的道德形上学的主题是形上学而非道德。它不是一种以形上学为进路的道德理论，而是一种以道德为进路的形上学。它的旨趣，不是证明道德需要一种形上学方法论，而是要证明形上学的实在本身有其道德倾向。牟氏认为，这样的道德形上学一旦建立起来，就不再另外需要道德神学了，因为“此形上学即是神学，两者合一”[22]。

第三节　理：对儒家道德的本体论说明

泰勒为现代自由主义的价值作本体论说明，发现了构成现代自由价值之善的三种构成性的善（自然、理性和上帝）。相形之下，二程为儒家价值提供本体论说明，只发现了一种构成性的善，那就是理。“理”这个词在英文世界有许多不同的翻译。勒盖尔（Le Gall）和岑克尔（Zenker）将其译为“form”（形式），因为理气关系相当于形式与质料的关系。不过，正如佛尔克（Forke）所指出的，这一译法显然过多地把亚里士多德主义引入新儒家。[23]布鲁斯（Bruce）则将其翻译成“law”（规律）[24]，可能因为在新儒家（包括二程）那里“理”“则”有时可以互换；张君劢（1887—1969）译成“reason”，以表达“理”的二重义：它是一物成为此物而非他物的“理由”，同时它是理性而非感性的对象。[25]这一译法抓住了“理”的解释层面，但未能表达其规范意义。由于“理”字原指玉石的纹路，陈荣捷和许多其他学者将其译为“pattern”（样式）和“principle”（原则）。这已经成为最通行的译法。柯雄文认为，这一译法有一个问题。“理”也是儒家道德哲学的一个基本概念，而在柯雄文看来儒家道德哲学本质上是一种美德伦理，因此把“理”译为“principle”就无法体现儒家伦理的特征。[26]李约瑟（Joseph Needham，1900—1995）倾向于把“理”译作“organism”（有机体），因为在他看来，理并不是“像马赛克那样没有生命的样式，而是能动的样式，它体现于一切生物、人际关系和最高的人类价值之中”。[27]沿着这样的思路，笔者将在本章适当的时候说明，“理”最好翻译成“creativity”（创生）。

当然，许多学者已经指出，“理”字不是二程的发明创造。[28]不过，正是在二程那里，理不仅第一次获得在一个哲学体系中的核心地位，而且还被看作天地的终极实在。因此，程颢认为，“物皆有理，顺之则易，逆之则难”[29]。程颐则更清晰地阐述了理的重要本体论地位：“实有是理，乃有是物。有所从来，有以致之，物之始也”[30]；“天下物皆可以理照，有物必有则，一物须有一理。”[31]因此很清楚，对二程而言，理相对于物具有本体论上的优先性。它不仅解释了物如何存在，而且也说明了一物之所以为此物而不是它物的原因：无理则无物，物因理而在。

正是在此意义上，二程常常将理与中国哲学传统中用来表示世界万物之终极实在的其他一些概念交替使用。例如，程颢说，终极实在没有任何可感的性质，“其体则谓之易，其理则谓之道，其用则谓之神，其命于人则谓之性”[32]。程颐也说：“在天为命，在人为性，论其所主为心，其实只是一个道。”[33]又说：“自理言之谓之天，自禀受言之谓之性，自存诸人言之谓之心。”[34]这里二程先后把理等同于道、性、心、神、易、天等等。虽然这些词有不同的传统用法，但二程把它们跟理并举，以强调这些不同概念共同所指的终极实在具有所有这些概念所表示的意义。[35]本章第三节和第四节将分别专门讨论“易”和“神”，我们在这里先简单地考察一下二程在何种意义上将理与其他一些概念等同起来。

首先，理即道。在二程看来，道无形，为形而上者，与形而下之器不同。形而上之道主宰着人际关系，因此程颐说，“且如五常，谁不知是一个道”[36]。在二程看来，理与道无异。有人问“天道如何”，程颐答曰：“只是理。理便是天道也。”[37]二程有时也区分道与理，认为理指的是特定事物之道，而道指的万物之理，但总的来说，道与理在他们那里是可以互换的。

其次，理即性。性字常常译作“*human* nature”，即人之性。但在二程那里，性是一个本体论的而非人类学的概念，因此可以简单地翻译为“nature”，其所指不只是人之性，也是其他万物之性。事实上，在二程看来，万物之性都是同一个性。因此，程颐指出，“天所赋为命，物所受为性”[38]。程颢说得更明确，这种性既适用于人，也适用于其他存在者。[39]在二程看来，万物皆因性而在，故而无物可以无性。他们还认为，理就是这个性。程颐言曰：“所谓理，性是也。”[40]因此，“穷理尽性至命，只是一事。才穷理便尽性，才尽性便至命”[41]。

复次，理即心。心没有形状[42]，没有限制[43]，也是一个本体论或形而上的概念。二程所讨论的心，不只是人之心，也是天地万物之心。一人之心也是天地之心。因此，尽己之心则知天地之心，则可以与天地参。对程颢而言，“心是理，理是心”[44]，故“只心便是天”[45]。因此，心、性、天彼此无异。在二程看来，“理与心一，而人不能会之为一”[46]。

再次，理即天。在孔子之前，天是人格神，乃世界的统治者、创造者、维系者、启示者和评判者。[47]因此，它比任何其他术语都更经常地被人们用以表示终极实在。程颐也说，“天为万物之祖”[48]。在二程看来，“天者理也”[49]。由于天即理，二程常常将二字合用。程颢甚至说：“吾学虽有所受，天理二字却是自家体贴出来。”[50]然而，无论是“天”“理”分开使用，还是“天理”合起来使用，皆非程颢首创[51]，因此，学者们一直关注的是，到底在什么意义上程颢说“天理”二字是他自家“体贴”出来的。邓克铭认为，“天理”中的天是一个名词，命名据有理的主体，故而这里的“理”是天所有的理，不同于他物所有的理。[52]这样的解释并不合理。原因有二。其一，二程特别是程颢一再主张万物之理是相同的，故而没有理由强调天所有之理；其二，将天与理解读为主体与属性的关系，但这明显不符二程“天者理也”的主张。因此，主要以程颐之说为依据，徐复观认为，“天”是一个形容词，意指“自然”，因此“天理”意味着“自然之理”。[53]这有一定的道理，因为程颐确实说过“天理自然当如此”[54]，又说“其所以名之曰天，盖自然之理也”[55]。徐复观的解读集中于程颐对天理的理解。但在程颢那里，天的特殊含义主要是它的无所不在：“《诗》《书》中凡有个主宰底意思者，皆言帝；有一个包涵遍覆底意思，则言天。”[56]再者，以天为形容词的解读也有悖于二程天即理、理即天的观点。在笔者看来，“天”就像“道”“性”“心”“命”等一样，是“理”的别名，指称终极实在。因此，正如牟宗三所指出，“天理”实际上表达了程颢对先秦儒家真正含义的独特理解。[57]对此，下一节将予以详论。

作为天地万物的终极实在，存在于万物之中的理是相同的。程颢强调万物一体的重要性：“所以谓万物一体者，皆有此理，只为从那里来。”[58]程颐也说:“理则天下只是一个理,故推至四海而准,须是质诸天地,考诸三王不易之理。”[59]他进一步认为,“天地之间,万物之理,无有不同”[60],故“一人之心即天地之心,一物之理即万物之理”[61]。这意味着,对二程而言,理是普遍的,至少在一定意义上是永恒的。

同时,二程也谈论不同物的不同理。二程认为,不仅有物之理,还有人之理。程颐明确说:“凡眼前无非是物,物物皆有理。如火之所以热,水之所以寒,至于君臣父子间皆是理。”[62]这里,程颐既谈到了物之理(水寒火热之理),也谈到了人之理(君臣父子之理)。程颢甚至明确地使用了“人理”一词:“学者不必远求,近取诸身,只明人理,敬而已矣。”[63]程颐更具体地指出,“天下物皆可以理照,有物必有则,一物须有一理”[64]。有人问“格物须物物格之,还只格一物而万理皆知”,程颐回答说:须物物格之。[65]换言之,不仅有事理和人理或人与人关系之理,甚至不同的物、不同的人、不同的人际关系也有不同的理。

那么,一理和众理之间的关系如何?二程既认为万物共享同一个理,又认为万物各自具有不同的理,这自相矛盾吗?牟宗三讨论程颢的理时区分了两种不同的理:一是“就体而言理”,这是天地的本体论或形上学基础(如说“万物一体者,皆有此理”);一是“就现实存在之种种自然曲折之势而言理”,这样的理万事万物都不同(如说“万物皆有理”)。作为前者,天下仅此一理;作为后者,万物各有其理。[66]然而,在笔者看来,对这两者之间关系更为恰当的理解是二程的“理一分殊”说,第四章在讨论爱的观念的时候曾提到它。程颐最早提出“理一分殊”说，可能受到华严宗理事观的启发。在他看来，理事观虽然复杂，“一言以蔽之，不过曰万理归于一理也”[67]，或者说“万物一理耳”[68]。表面上看，他对“理一分殊”有二解：其一，分殊的是“万物”；其二，分殊的是“万理”。但在程颐那里，二者其实是一回事。万物都有其理，而理在本体论意义上是先于物的，因此，一理之显现于万物与一理之显现于万理并没有什么不同。至于理一分殊的确切意义，程颐在评价张载之《西铭》时就说得更清楚：“《西铭》明理一分殊，墨氏则二本而无分。”[69]在程颐看来，如果我们只重一理而忽略其万殊，就会陷入墨子的爱无差等。然而，第四章已经论及，以不同的方式去爱不同的事物很重要。对父母来说恰当的爱，应该不同于用在自己配偶或子女身上的恰当的爱；对有德之人来说恰当的爱，应该不同于用在邪恶者身上的恰当的爱；对人类来说恰当的爱，应该不同于用在其他动物或生物身上的恰当的爱。另一方面，如果一个人只知道某种特定的表现，而不明白贯穿诸种表现的一理，那么他就无法超越他知道怎么去爱的狭隘的范围。例如，如果一个人只知道怎么爱自己的父母，而不明白对父母的爱是一理（即仁）的特定表现，那么他就很难爱其他人，更不用说爱别的生物了。[70]这里重要的是，说万理归一理，并不是指在万理之外或之上还存在着一理，就好像在所有具体形式的爱之外和之上还存在着一个一般的爱。只要一个人去爱，他就是以特定的方式去爱。一个人永远无法以一般的方式去爱。各种不同的爱所体现的一理（即仁）只能存在于这些不同的爱之中。因此，重要的是要看到，程颐解释理一分殊并没有用月映万川的比喻，在他之前的佛教徒和在他之后的朱熹都很喜欢用这个比喻。原因在于，这个比喻意味着万理（映在万川之中的月影）之外和之上有一个真实的理（月亮），后者可以离开前者存在，但前者无法离开后者而存在。[71]

关于二程的分殊之理，有人认为它和柏拉图的形式有着某种相似之处。[72]就理与形式都在本体论上优先于具体的事物而言，它们确实存在着某种相似性。但二者之间的一个基本区别不容忽视。在柏拉图那里，万物必须分有形式，但形式却不一定要存在于一物之中。这从他所用的影像之喻可以看得非常清楚。树影当然不能离开了树而存在，但一棵树却可以没有树影。有时人们认为，理在二程那里特别是在程颐那里，就是在这一点上与柏拉图的形式十分相似。例如，侯外庐（1903—1987）等人就认为，二程主张“在物质世界之外，有一个天理，它作为这个物质世界的根据和基础，可以独立于这个物质世界而存在”[73]。在笔者看来，这是一种误解。二程的理虽然对于物具有本体论上的优先性，但并不存在于物之外。

为了更好地解释这一点，有必要对二程的理气观有一总体把握。程氏对理气作了这样的区分：“有形总是气，无形只是道。”[74]因此，气与由气构成的万物在本体论上具有同等地位，因为它们都是有形的，因而与没有形状或其他感性特质的理不同。那么，理或道能否外在于气？二程坚决予以否定。《易经》讲“一阴一阳之谓道”，程颐解释说，“道非阴阳也，所以一阴一阳道也”[75]。这是说，尽管道或理不是阴阳二气，但理是阴阳二气之间不停的转换。如是，理当然不能外在于阴阳之气。程颐讲得很清楚："离了阴阳更无道，所以阴阳者是道也。阴阳，气也。气是形而下者，道是形而上者。"[76]二程关于理气关系的这种看法，也见于他们关于另一对相关概念即道与器关系的看法。程颢引《易经》说道器之别："形而上者谓之道，形而下者谓之器。"[77]这里，二程固然重视形上之道与形下之器之间的区别，强调前者对于后者具有本体论上的优先性[78]，但他们同样强调道器不可分。因此，程颢指出，"道之外无物，物之外无道"[79]。

这里，我们还有必要提到一种相关的误解，即认为二程主张理生气或理生物。诚然，二程确实认为理在本体论上优先于气和万物，但他们从未主张这是一种时间在先。事实上，在二程那里，不是理生万物，而是气"生育万物"[80]，因此，"万物之始，皆气化"[81]。那么，这是否就意味着，对二程而言，气生万物而理生气呢？显然也不是，因为理生气假定了理先于气而存在，那是二程断然否定的。我们曾引过程颢的一句话："所以谓万物一体，皆有此理，只为从那里来。"[82]学者们通常把这最后一句话解释为万物皆来自理。但从上下文来看，程颢显然指的是"万物一体"这个事实是由于"万物皆有此理"这个事实。问题是，如果理不生气也不生物，那么理和气与物的关系到底如何？在二程那里，就是气生万物，而这种看法与前面二程关于道与阴阳的看法并无二致，道只是阴阳的不停转化，而阴阳之相互转化则产生万物。[83]下一节将详论这一重要思想。

有时人们认为，对于二程特别是程颐而言，理存在于气与器之先。之所以如此，可能是因为他们的一些说法容易引起误解。二程确实说过，“实有是理，乃有是物”[84]，“有理则有气，有气则有数”[85]，以及“有理而后有象，有象而后有数”[86]。很多学者认为，这是说，理存在于气与物之先，且独立于气与物而存在。[87]然而，由上述讨论可知，二程显然并非此意。程颐在“有理而后有象，有象而后有数”之后紧接着说：“易因象以明理。”[88]这表明，只能通过象或物来明理。如果理存在于象外，那么没有象我们也可以明理；就像月亮存在于万川倒影之外，没有万川倒影我们也可以认识月亮。关于理和象的关系，程颐还说：“至微者理也，至著者象也。体用一源，显微无间。”[89]这里，他用体用关系来说明理象关系，并明确指出理象不可分。[90]

第四节　生：对终极实在的非物化

那么，本体论上决定气和物，却又与气和物时间上不可分的理究竟是什么？我们已经看到，程颐说“理无形”[91]，而程颢补充说理“无声无臭”[92]。因此，人们有时认为二程的理是某种精神实体。[93]但这种说法显然不对，因为程颐进一步指出，正因为理无形、无声、无臭，“故因象以明理”[94]。如果理是精神实体，我们如何能够通过物质的象来认识它？理既不是物质的象，又要通过物质的象来加以认识，我们不能用感官加以感知，但又必须通过我们能感知的东西来加以理解，这样的理我们到底应该如何认识？尽管不少学者已经意识到二程的理不同于柏拉图的形式（因为后者独立于具体的事物)，但人们通常还是把它看作事物的某种共同本质，是支配这些事物的共同法则，是这些事物遵循的原则，或者是这些事物呈现的样式，尽管他们认为这样的本质、法则、原则或样式不能与这些事物相分。我们在前一节讨论了“理”的多种英译，它们虽然各不相同，但基本上都是基于这样的理解。

本节试图表明这样一种将二程之理物化的理解(理解为某**物**，即使是不可见者)是错误的；理在二程那里首先不是某**物**，而是物之**活动**。事实上，根据许慎(58—148)的《说文解字》，理本来就是一个动词，意谓加工玉石。由于玉石有其纹理和不同颜色的云团，加工玉石必须根据这样的纹理。陈荣捷也注意到了这一点。但他认为，理字的意义已经历了某种转化，从古代经典中形而下的“治理”义转化成了新儒家那里形而上的“样式”或“原理”义，从动词转化成了名词。[95]然而，如果理这个字确实经历了这种从动词到名词的转化，那么，这种转化实际上也意味着理被物化了，因为理本来不是物而是活动。从海德格尔的观点来看，物化了的东西不能被视作真正形而上学的东西。即使基督教传统中被看作绝对存在的上帝，不管其与万物有多么的不同，也仍然是一个**物**，因而仍然是形而下的东西，其本体论或形而上学的存在仍然有待说明。在笔者看来，二程的独特贡献正是要通过对理这个概念提出一种独特的解释，而使儒家的终极实在观非物化(de-reification)。换言之，理在二程那里仍是表示**活动**的动词，而不是指称**事物**的名词。例如，程子举例说明“天地之间无适而非道也”[96]:“即父子而父子在所亲，即君臣而君臣在所严；以至为夫妇、为长幼、为朋友，无所为而非道也。”[97]正是在这一意义上，程颐在解释《易传》时说道：“自古儒者皆言静见天地之心，唯某言动而见天地之心。”[98]也只有在此意义上，我们才能理解为何二程认为，虽然理本身不是可感知的，但只有通过能被感知的对象我们才能认识理。理作为活动确实无形、无声、无臭，因为只有具体的事物才具有形、声、臭等这样的感性性质。正因为如此，我们就无法感知物之活动，因为我们只能感知活动之物。例如，我们可以感知行驶的汽车，但我们却无法感知汽车的行驶。[99]

那么，二程的理到底是什么样的活动？它不是一般类型的活动。对二程来说，它是“生”，即创生活动(life-giving activity)。[100]因此，程颢说：“所以谓万物一体者，皆有此理，只为从那里来。‘生生之为易’，生则一时生，皆完此理。”[101]前面提到，开头两句容易让人误以为理生万物，但后面几句话随即纠正了这一印象，因为他用《易经》中的表达明白地告诉我们，理正是万物之生生不已。程颐也说：“生生之理，自然不息。”[102]因此，二程之所以认为理是万物存在之根据，并不是因为理可以独立于万物而存在，而是因为万物的创生活动在本体论上优先于具有这种活动的万物。离开这种创生活动，万物不复存在，因为它们失去了“去存在”的活动。当然，对二程而言，创生活动总是万物的创生活动，而万物总是具有创生活动的万物。[103]

我们在前一节中看到，二程把理与中国传统哲学中用来表示天地万物之终极实在的诸多概念相等同。不妨看看他们如何也用“生”来解释这些概念。道和天意味着什么？《易经》讲“生生之为易”[104]，程颢解释说，“‘生生之为易’，是天之所以为道也。天只是以生为道”[105]。程颐完全赞同程颢：“道则自然生万物。今夫春生夏长了一番，皆是道之生……道则自然生生不息。”[106]二程讲理即心（包括人之与天地之心），同时也用生解释心：“心生道也，有是心，斯具是形以生。恻隐之心，人之生道也”[107]；“心譬如谷种，生之性便是仁也。”[108]

同样地，二程也讲理即性。程颢也用生来解释性，特别是他以此解释告子的“生之为性”。在牟宗三看来，这是一种创造性的解释。[109]按照通常的理解，“生之为性”意味着“生而具有的东西即是性”。但程颢则把这句话与《易经》中的“天地之大德为生”联系起来，然后解释说，“万物之生意最可观，此元者善之长也，斯所谓仁也”[110]。因此，在程颢那里，“生之为性”显然不再是指“生而具有的东西即是性”，而是指创生活动是性。[111]程颐虽然不同意这样一种创造性的解释，认为告子所谓“生之为性”确实是指“生而具有的东西即是性”。不过，他认为告子所讲的性是形而下的气质之性[112]，应该明确区分于形而上的天命之性。在程颐看来，只有后一种意义上的性才与理一样，这种理即创生活动。因此他说：“性字不可一概论。‘生之谓性’，止训所禀受也。‘天命之谓性’，此言性之理也。”[113]在他看来，告子所讲的性是气质之性，而他所讲的性是天命之性，与理等同。因此，从根本上说，程颐与程颢的观点是一致的：性指的是一种生命创造活动。

这里也许有必要谈一谈笔者对二程“理”概念解释的激进之处。最好的办法是将本人对二程之理的解释与牟宗三的解释作一对比。牟宗三在二程之间作了区分。他认为,程颢之理“固是本体论实有,但决不是静态的实有,而是即活动即实有之动态的实有”[114],而程颐之理是只存有而不活动者。[115]这里,牟宗三的观点实际上提出了两个问题。第一,他认为程颢和程颐有别。根据我们上面的讨论,认为二程对理是否具有活动这一点上意见相左的看法显然站不住脚。正如我们所看到的,程颐毫不含糊地认为理是生命创造活动。[116]这里试着解释一下为什么牟宗三和其他许多学者都认为,理在程颐那里只存有而不活动。这也许和程颐常常讲“常道”“常理”有关。[117]他在解读《中庸》时留给我们同样的印象:“中者天下之正道,庸者天下之定理。”[118]我们可能认为,在程颐那里,既然理是恒久的,那么它一定是静态的。然而,很重要的一点是,我们要看到程颐在何种意义上认为道或理是恒常不变或固定的。在程颐那里,道或理就是生,而生是一种持续的、不息的、普遍的生命创造活动。如果事物在一个时候呈现出这种生命创造活动,而在另一个时候缺乏这样的创造活动,那么,我们可能认为这样的生命创造活动就不是恒常的。换言之,在程颐那里,真正恒常的正是万物的变化活动。唯一不变的就是事物具有生命创造活动;或者说得更激进一些,唯一不变的就是变本身。对常理的这样一种理解可以从程颐以下这段话得到明确的佐证:“天下之理,未有不动而能恒者也。动则周而复始,所以恒而不穷。凡天地所生之物,虽山岳之坚厚,未有能不变者也,固恒非一定之谓也,一定则不能恒矣。唯随时变易,乃常道也,故云利有攸往。明理之如是,惧人之泥于常也。”[119]因此,尽管方式不同,但程颐所要表达的意思实际上与程颢无异：生命创造活动永无止息。事实上，在此意义上，程颢也同意程颐的常理说："父子君臣，常理不易。"[120]

第二，牟宗三区分程颢与程颐，认为理在程颢那里是活动的，但他还是认为理是某物、某种实体或者某种实在，只是它的基本特征是活动。[121]因此，理还是一个存在者，尽管是一个总是活动的存在者。牟宗三也是在这种意义上将程颢那里即活动即实有的理与程颐那里只存有而不活动的理加以比较的。这样，理被看作某种具有生命创造活动的（内在的）超越存在物，它区别于物或气之生命创造活动。[122]换言之，万物的终极实在仍然是一个具体化的物，即使它是一个活动之物。对理的这样一种理解事实上与传统基督教对上帝的理解十分一致，因为基督教的上帝也是一个即存有即活动的实体：活动的存在者。二程在讨论理的时候如此强调生命创造活动，凡是研究二程哲学的学者恐怕都会看到这一点。然而，一直有人主张，在二程那里，理（天、性、心、神、道）是动的法则。因此，理成了赋予气或万物生命之物。例如，李日章就认为，在二程那里，理与气的关系，是一种能生与所生的关系。[123]但是，李日章本人也看到，这样一种解读有两个内在的困难。一方面[124]，

> 理是宇宙之本体，是超乎形象、形迹以上者；气则代表万物，是有形体、有形迹的东西……形而上的本体如何生形而下的现象？毕竟，"生"意味着有形之物生出另一个或另一些其他有形之物，如母生子，或草木结果，或身体上长出毛发。那

么，既然“本体”无形无象，它如何生出别的东西？

另一方面，如果理产生万物，而理所生万物也各具其理，那么，在李日章看来，这也有点讲不通了。[125]李日章正确地指出了对理的如上理解存在两个严重的问题。不过在笔者看来，这并非二程理概念固有之问题，而是因为我们误解了二程的理概念。

葛瑞汉（A. C. Graham, 1919—1991）为我们理解二程所讲的“生”提供了一个很好的比喻：“他们想法背后的比喻，不是一个人制作陶罐，而是一棵树从地底下的根部开始生长，然后开枝散叶。”[126]这里的区别也就是基督教的创世论和新儒家的创生论之间的区别。这一区别的核心在于，在基督教的图景中，有一个超越的外在存在者（陶工）创造万物（陶罐）；而在新儒家的图景中，万物创生自我：万物仅仅是自己生长。[127]在二程那里，理并不是具有生命创造活动的超越存在物；而就是这种生命创造活动本身。人们或许会问，如果理是生命创造活动，那么它是谁的活动？当然，二程不会像佛教那样说，这里只有活动而没有活动者。生命创造活动就是天地万物的生命创造活动。[128]程颢说得最明白：“道之外无物，物之外无道。”[129]道不是某种活动的东西，它是活动本身。道作为活动不能外在于由气构成的物。这一理解事实上可以更好地说明牟宗三也感兴趣的基督教与儒家的差别。牟宗三指出，基督教虽可说（万物）皆由上帝之创造而来，但却并不说每一个体亦具有上帝这样的创造的真几。但在儒家，则必贯下来而说每一个体皆具有此绝对的创造真几。[130]但是，如果把儒家的理也看作不同于天地万物的超越存在物，而不是这些由气所构成的万物的生命创造活动本身，那么我们上面提到的李日章提出的第二个问题就变得不可避免了，而理作为超越者的创生活动就和天地万物的创生活动相分离。那将是一幅非常奇怪、非常令人费解的图景。然而，程颐认为，正是物质之气的创生活动赋予万物生命："气则自然生。人气之生，生于真元。天之气，亦自然生生不穷。"[131]如果这样理解，我们可以更清楚地看到，为什么每一个物都拥有完整的理：每一物都有其创生活动，在万物的创生活动之上并没有其他创生活动，在天地之中，万物之外无物。由于理并不生万物，而只是万物之自我生长；这样一来，形上之物如何能够产生形下之物的问题也就不存在了。

第五节　神：走向一种儒家神学

前文提到，牟宗三认为，儒家道德形上学同时也是一种道德神学。但他并没有告诉我们，在何种意义上儒家的道德形上学可以被视作神学。本节将探讨儒家道德形上学的维度。

在前儒家甚至早期儒家那里，天这个概念有时被用来指一种人格神。不过，二程以理释天，天也就失去了这样一种神性的意义。程颐说，天道"只是理，理便是天道也。且如说皇天震怒，终不是有人在上震怒？只是理如此"[132]。这样，二程对理的解释是自然的而非超自然的。例如，程颐认为："生生之理，自然不息。"[133]就此而言，天作为理显然极不同于传统基督教的上帝观念。换言之，在新儒学中，理作为终极实在缺乏宗教维度。因此钱穆（1895—1990）说，程朱之理是可知的，于是便再不能使我们对天引生起一种宗教情绪来。[134]换言之，在二程那里，我们至多有一种儒家形上学，而不可能有一种儒家神学。

不过，就我们目前的讨论而言，有必要考察一下二程哲学中另一个重要概念：神。确实，特别是在程颐那里，神有时指的是鬼神之神。在此意义上，程颐同张载一样，认为神乃由气构成，因而是形而下者而非形而上者。例如，他说，“鬼神，造化之功也”[135]；“只气便是神也”[136]。正是在这种意义上，程颐认为，人们迷信的完全精神性的鬼神并不存在：“尝问好谈鬼神者，皆所未曾闻见，皆是见说，烛理不明，便传以为信也。假使实所闻见，亦未足信，或是心病，或是目病。”[137]程颐进而用气化来解释一些常用鬼神来解释的自然现象。例如，他说“风是天地间气，非土偶人所能为也”[138]；程颐认为，“名山大川能兴云致雨”，因此不可能通过迷信活动而求得[139]；迷信认为月食会给人带来灾难，程颢则说，月食非鬼神所造，而是“月不受日光故食”[140]。

但是，我们之前已经看到，二程确实在另一种意义上使用神这个概念：神、天、理、道、性，它们所指的实在是相同的。例如，程颢论天：“其体则谓之易，其理则谓之道，其用则谓之神，其命于人则谓之性。”[141]程颐把神与性联系起来，认为“神与性元不相离”[142]。就此而言，神显然不是形而下的气的造化，而是与由道、理、天、性等所指的那种形而上的生命创造活动无异。二程说：“冬寒夏暑，阴阳也；所以运动变化者，神也。神无方，故易无体。”[143]在这里，神显然不同于气。神无方，正如易无体，因为二者均指生命创造活动，而只有活动的事物才有方有体。不过，如果神确实是个本体论或形上学概念，那么在何种意义上我们可以把它看作神学概念？葛瑞汉认为，这里的“神不是一个人格神，而是一种超凡的力量或智能，它源自圣人的人格而活动于天地运作之中”[144]；同时他强调，“神”在《易经》中更多地被用作形容词而不是名词，用来指道、变易或圣人的超自然性。[145]葛瑞汉的解释确实有一定的道理。但是，倘若如此，神便成为描述道、易或理之某一面向的次要概念。但我们已看到，在二程那里，神就像道、易、理、性、天一样都用以指称终极实在，即生命创造活动。

二程用神来指称作为宇宙万物之终极实在的生命创造活动，主要想说明生命创造活动之相关的两个方面：妙与不测。[146]例如，程颢就说，“天者理也，神者妙万物而为言者也。帝者以主宰事而名”[147]；“化之妙者神也”[148]。在程颢看来，天、神、帝都是指终极实在。这些词渊源有自，各有不同的含义，可以指称同一实在的不同面向。神这个词在这里就比天、帝及任何其他概念更能表达生命创造活动之妙。程颐也说，“气完则理正，理正则不私。不私之至，则神”[149]，因为“神是极妙之语”[150]。生命创造活动对我们来说是神妙的，因为它超乎我们的思议和测度。因此，程颢说，“生生之谓易，阴阳不测之谓神”[151]。生命创造活动在何种意义上是神妙的？程子举例说：“惟神也，故不疾而速，不行而至。”[152]通常我们认为，要想快就必须赶紧，而要想到一个地方就必须走动。生命创造活动不疾而速、不行而至，这就超出了我们的理解，因此是神妙的。事实上，程颢已指出，“神无速，亦无至，须如此言者，不如是不足以形容故也”[153]。程颐也说，“莫之为而为，莫之致而致，便是天理”[154]。从我们人类的角度来看，事情是做出来的，所以当我们看到事情毫不费力就完成的时候，我们认为这是神妙的。

为了避免误解，有必要记住神并非某个神妙不测之物，而是由气所构成的天地万物之创生活动的神妙不测。正是在此意义上，程颢说，“气外无神，神外无气”[155]。看起来，这与我们前文的解释似乎有些矛盾：一方面，为了强调神妙不测，我们区分了作为终极实在的创生活动和人类活动；另一方面，我们又说，创生活动只是包括人类在内的万物的创生活动。为了说明并不存在这样的矛盾，需要指出，虽然人类的生命创造活动确实与人类的活动没有不同，但它并不就是人类个体的有意识的活动。当代颇具影响力和创造力的基督教神学家考夫曼在重建基督教神学时提出了“奇迹般的创造性”(serendipitous creativity)概念，这个概念也许可以借来说明二程所讲的“神”。所谓奇迹般的创造性，是指宇宙进化及人类历史中超出人类期望和目的的趋势。他在讨论人类历史上这种奇迹般的创造性时说道，“虽然历史运动在很多方面是由人类的决定和行动规定的，但在历史中所发生的，远不只是这些深思熟虑的人类意图的实现”[156]。考夫曼还举了一些具体例子来说明这种奇迹般的创造性：哥伦布想发现通往印度的捷径，却出乎意料地发现了美洲；一群荷兰人想建立一个新阿姆斯特丹，却出乎意料地开发出现代的纽约城；约翰国王签署大宪章是想保证某些封建特权，而他没有想到这成了宪章自由和现代民主的基础。[157]如果二程的神可以理解为这样的"奇迹般的创造性"或"奇迹般的创造活动"，那么我们可以说，神不过就是万物（包括人在内）神妙不测的创生活动。

当然，创生活动的神秘不测是对于常人而非圣人来说的，因为圣人或者说圣人的活动就是创生活动本身。程颢说，"圣人即天地也"[158]；程颐也说，"圣人之神，与天为一，安得有二？至于不勉而中，不思而得，莫不在此。此心即与天地无异"[159]。换言之，一旦成圣就可以理解万物的创生活动，或者说，考夫曼所讲的奇迹般的创造，进而根据这种宇宙的创生活动自然而动。正是在这种意义上，程颢说"至于无我，则圣人也"[160]，而程颐说"圣人无过"[161]。孔子说"克己复礼为仁"；程颢却说，"在圣人，则无事可克"[162]。圣人当然与常人一样有情感，但"圣人之喜，以物之当喜；圣人之怒，以物之当怒。是圣人之喜怒，不系于心而系于物也"[163]。正因为这样，不仅作为终极实在的创生活动对于圣人来说并不神秘，而且圣人的行动对于常人来说倒变得神妙不测了。例如，常人无法了解为何"圣人不记事，所以常记得"[164]。孟子说"圣而不可知为神"，程颐解释说："非是圣上别有一等神人，神即圣而不可知。（又曰：'谓圣之至妙，人所不能测。'）"[165]

这里我们可能会问，这种特性是否可以恰当地称之为神，以及如果可以，那么神是否可以恰当地被翻译成西语中的"divinity"（神）或"God"（上帝）。对于前者，我们必须认识到，神与人是对立的。从这个意义上说，生命创造活动显然可以恰当地被称为神。对于人类来说，我们要想快就必须赶紧，要想到某地就必须走动，而要完成某件事总是需要付出努力。因此，我们看到有人匆匆忙忙走路，可以预见他速度很快；我们看到有人在行走，可以预见他将抵达某地；我们看到有人在付出努力，可以预见他将完成某事。然而，万物（包括人类在内）的生命创造活动则不同：不疾而速，不行而至，不为而成。正是在此意义上，二程把生命创造活动看作神。这种意义上的神，当然不是二程的任意创造。在他们之前，周敦颐和张载都已在这种意义上使用神。例如，在周敦颐看来，“天道行而万物顺，圣德修而万民化。大顺大化，不见其迹，之谓神”[166]。他进而区分神与物：“动而无静，静而无动，物也；动而无动，静而无静，神也。”[167]张载也说，“所以妙万物而谓之神”[168]，认为“语其不测故曰神”[169]。事实上，现代汉语中的“神”依然有其神妙不测之意。

如果神确有神妙不测之意，那么我们能够把这样一种生命创造活动恰当地称为西方意义上的神甚至上帝吗？确实，这样一种神的概念与传统西方的上帝概念很不相同，后者把神看作存在于世界万物之外的某个全然超越的某物。然而，许多当代基督教神学家质疑这样一种物化的上帝概念和由此产生的二重世界图景的合理性。例如，考夫曼就指出：“我们似乎没有令人信服的理由可以支持这样一种上帝观……事实上，我们并不清楚到底什么才算是一个理由，使我们可以谈论这样一种存在者的存在和性质——它是宇宙的行动主体，居于造物者和被造者这样一种绝对的形上界划的彼岸。”[170]因此，考夫曼认为我们不应当把上帝理解为创造性而非创造者，理解为“我们人类从中产生的进化和历史过程”[171]。通过对基督教上帝的这样一种重构，考夫曼旨在强调这样一个重要事实："变化比结构更根本：所有的结构都在时间历程中形成而且最后也必然要在时间历程中消失。"[172]有意思的是，二程论理，借用了《易经》的“易”，这恰恰也是考夫曼所强调的概念。正是由于我们人类不可能完全理解这种进化历史过程或者说它所展现的创造性，所以考夫曼将之称作奇迹般的创造。正是在此意义上，考夫曼认为上帝是个谜。[173]

理作为创生活动是神秘不可知的，与此同时，这种神秘不可知又是妙不可言的，因为理和儒家的核心道德价值，也就是仁有着密切的关联。我们都知道，最重要的儒家价值是仁、义、礼、智、信。在二程看来，在这五德中，仁最为重要，因为仁包四德。[174]因此，他们对儒家价值的本体神学论说明首先集中于仁。何为仁？在“万物之生意最可观”这句话后面，程颢紧接着说，“此元者善之长也，斯所谓仁也”。[175]换言之，仁之为善，不仅仅因为它是一种属人的价值；它实际上就是终极实在，就是创生活动。因此，理解仁，不仅要把它跟作为理的天关联起来，后者是创生活动，而且可以把它理解为创生活动本身。在程颢看来，生就是仁，而死则是仁的缺失。正是在此意义上，二程用双关词阐明仁的含义。程颐说，仁是一颗种子所具有的长成大树的能力[176]；而程颢则说，仁是感知生命的能力（它的缺失意味着“麻木”）。[177]换言之，终极实在本身就是道德的。因此，程颢既说“生生之为易，是天之所以为道也”，然后紧接着说：“天只是以生为道，继此生理者，即是善也。善便有一个元底意思。‘元者善之长’，万物皆有春意，便是‘继之者善也’。‘成之者性也’，成却待佗万物自成其性须得。”[178]在这里，程颢明确地把理跟创生活动及道德善关联在一起。[179]

第六节　结　　语

本章考察了二程新儒家道德形上学的核心概念“理”。这种形上学所关注的终极实在本身是道德的。“理”常常被译作“law”（法则）、“样式”（pattern），或者更常见的“principle”（原理），不过笔者认为，作为天地万物的终极实在，理并非居于万物之后、之下或之外的东西。它内在于万物。再者，它内在于万物，不是作为万物的本质或实体，而是作为其创生活动。对二程来说，理不是某种物化的实体，而是去物化的活动。就此而言，它接近于海德格尔所讲的存在者的存在。尽管存在永远是存在者的存在，但存在者如果离开存在就不能“在”因而也就成为无。同样，尽管作为创生活动的理永远是万物的创生活动，但万物如果离开创生活动就不能存在因而也就成为无。正是在此意义上，二程的理是天地最根本的实在。也正是在此意义上，二程以理为中心的形上学是一种道德形上学，因为理作为创生活动跟道德之善紧密关联。在二程看来，应当把仁这一儒家最重要的道德价值理解为创生活动。

注释

① 如参见牟宗三：《心体与性体》(一)（台北：正中书局，1990年），第11—18页；Carsun Chang, *The Development of Neo-Confucian Thought*, vol. 1 (New Haven: College and University Press, 1963), pp. 43 - 55.

② 这里的“内在要求”和“内在转化”借自某些当代儒家学者，他们认为，开出民主和科学是儒家的内在要求，因而是儒家的自我转化。参见李明辉：《当代儒家的自我转化》（北京：中国社会科学出版社，2001 年）。因此，笔者不赞成张君劢的看法：“如果没有佛教进入中国，就不会有宋明儒学。”参见 Carsun Chang, *The Development of Neo-Confucian Thought*, p. 43. 在笔者看来，佛教进入中国也许为宋明儒学所发展的这种本体论说明涂上了某种特定的色彩，甚至激发了这种发展，但它不可能决定是否会有这种本体论说明。陈荣捷也认为，宋明儒学是先秦儒学的内在发展，因为宋明儒学的工作主要是剔除《易经》中的某些迷信成分，进而用这部经典来为其他儒家经典所倡导的儒家道德提供形上基础。参见陈荣捷：《新儒学“理”之思想之演进》，《中国哲学思想论集·宋明篇》（台北：水牛出版社，1991 年），第 71 页。

③ 牟宗三：《心体与性体》（一），第 140 页。

④ Immanuel Kant, *Groundwork of the Metaphysics of Morals*, trans. by H. J. Paton (New York: Harper and Row, 1956), p. 55.

⑤ 同上书，第 55—56 页。

⑥ 同上书，第 56 页。

⑦ 同上书，第 57 页。

⑧ 同上书，第 94 页。

⑨ Immanuel Kant, *The Doctrine of Virtue: Part II of the Metaphysic of Morals* (Philadelphia: University of Pennsylvania Press, 1964), p. 14.

⑩ 同上书，第 13 页。

⑪ 同上书，第 14 页。

⑫ 同上书，第 14 页。

⑬ 牟宗三：《心体与性体》（一），第 136 页。

⑭ 牟宗三：《心体与性体》（一），第 140 页。

⑮ Immanuel Kant, *Critique of Practical Reason* (New York: Macmillan Publishing Company, 1956), p. 125.

⑯ Immanuel Kant, *Groundwork of the Metaphysics of Morals*, p. 129.

⑰ Lewis White Beck, *A Commentary on Kant's Critique of Practical Reason* (Chicago: The University of Chicago Press, 1960), p. 243.

⑱ Charles Taylor, *The Sources of the Self: The Making of the Modern Identity* (Cambridge: Harvard University Press, 1989), p. 92.

⑲ Charles Taylor, "A Most Peculiar Institution," in J. E. J. Altham and Ross

Harrison (eds.), *World, Mind, and Ethics: Essays on the Ethical Philosophy of Bernard Williams* (Cambridge: Cambridge University Press, 1995), p. 138.

⑳ Immanuel Kant, *Groundwork of the Metaphysics of Morals*, p.93; 参见牟宗三:《心体与性体》(一),第 122 页。

㉑ 牟宗三:《心体与性体》(一),第 122 页。

㉒ 同上书,第 10 页。

㉓ 参见 Joseph Needham, *Science and Civilization in China*, Vol. II of *History of Chinese Scientific Thoughts* (Cambridge: Cambridge University Press, 1956), p. 472.

㉔ J. P. Bruce, *The Philosophy of Human Nature* (London: Methuen, 1922), p. 2.

㉕ 参见 Carsun Chang, *The Development of Neo-Confucian Thought*, p. 185.成中英的解释与此相近:理既是存在的原则,又是对这样的原则的认识。参见 Cheng Chung-ying, *New Dimensions of Confucian and Neo-Confucian Philosophy* (Albany: State University of New York Press, 1991), p. 479.

㉖ 参见 A. S. Cua, "Reason and Principle," in A. S. Cua (ed.), *Encyclopedia of Chinese Philosophy* (New York: Routledge, 2003), p. 631.

㉗ Joseph Needham, *Science and Civilization in China*, p. 558.

㉘ 陈荣捷指出:"理字未见于《论语》,数见于《易传》。孟子确实在道德原则的意义上用过理字,但没有在存在法则的意义上使用,也没有把它作为一个主要概念来使用。只是到了三四世纪的新道家那里,理才变成了规定一切存在的东西。之后数百年,佛教提出了著名的事理合一说。为了应对佛教的挑战,新儒家运用《易经》和《孟子》中的有关说法,把'理'发展为一个基本的哲学概念。在中国历史上第一次出现了建立在理之上的完整体系。"参见陈荣捷:《新儒学"理"之思想之演进》,xvii - xviii.亦参见 Wing-tsit Chan, "Introduction," in *Reflections on Things at Hand*, Compiled by Chu Hsi and Lü Tsu-ch'ien, trans., with notes, by Wing-tsit Chan (New York: Columbia University Press, 1967); 唐君毅:《中国哲学原论 · 导论篇》(台北:学生书局,1985 年),第 21—69 页;牟宗三:《心体与性体》(一),第 1—4 页。

㉙ [宋] 程颢、程颐:《遗书》卷第十一,《二程集》,第 123 页。

㉚ [宋] 程颢、程颐:《程氏经说》卷第八,《二程集》,第 1160 页。

㉛ [宋] 程颢、程颐:《遗书》卷第十八,《二程集》,第 193 页。

㉜ [宋] 程颢、程颐:《遗书》卷第一,《二程集》,第 4 页。

㉝ [宋] 程颢、程颐:《遗书》卷第十八,《二程集》,第 204 页。
㉞ [宋] 程颢、程颐:《遗书》卷第二十二上,《二程集》,第 296—297 页。
㉟ 因此,笔者不同意卢连章的以下看法: 在二程那里,理是主要的,而天、性、心、命等范畴则是次要的。参见卢连章:《程颢程颐评传》(南京: 南京大学出版社,2001 年),第 116 页。相反,笔者赞成牟宗三的看法:"此中其体、其理、其用,皆指'上天之载'本身说……是故易、道、神、亦是此天道本身之种种名。"参见牟宗三:《心体与性体》(一),第 23 页。
㊱ [宋] 程颢、程颐:《遗书》卷第十八,《二程集》,第 223 页。
㊲ [宋] 程颢、程颐:《遗书》卷第二十二上,《二程集》,第 290 页。
㊳ [宋] 程颢、程颐:《周易程氏传》卷第一,《二程集》,第 698 页。
㊴ [宋] 程颢、程颐:《遗书》卷第二上,《二程集》,第 30 页。
㊵ [宋] 程颢、程颐:《遗书》卷第二十二上,《二程集》,第 292 页。
㊶ [宋] 程颢、程颐:《遗书》卷第十八,《二程集》,第 193 页。
㊷ [宋] 程颢、程颐:《粹言》卷第二,《二程集》,第 1258 页。
㊸ [宋] 程颢、程颐:《遗书》卷第十八,《二程集》,第 240 页。
㊹ [宋] 程颢、程颐:《遗书》卷第十三,《二程集》,第 139 页。
㊺ [宋] 程颢、程颐:《遗书》卷第二上,《二程集》,第 15 页。
㊻ [宋] 程颢、程颐:《遗书》卷第五,《二程集》,第 76 页。
㊼ 参见 Pei-jung Fu, "Tian (T'ien): Heaven," in A. S. Cua (ed.), *Encyclopedia of Chinese Philosophy* (New York: Routledge, 2003), p. 227.
㊽ [宋] 程颢、程颐:《周易程氏传》卷第一,《二程集》,第 698 页。
㊾ [宋] 程颢、程颐:《遗书》卷第十一,《二程集》,第 132 页。
㊿ [宋] 程颢、程颐:《外书》卷第十二,《二程集》,第 424 页。
51 参见唐君毅:《中国哲学原论・导论篇》,第 156—157 页。
52 参见邓克铭:《宋代理概念之展开》(台北: 文津出版社,1993 年),第 49—50 页。
53 参见 Fu-kuan Hsu 徐复观, "Chu Hsi and Cheng Brothers," in Wing-tsit Chan (ed.), *Chu Hsi and Neo-Confucianism* (Honolulu: University of Hawaii, 1986), p. 50.
54 [宋] 程颢、程颐:《遗书》卷第二上,《二程集》,第 30 页。
55 [宋] 程颢、程颐:《粹言》卷第二,《二程集》,第 1228 页。
56 [宋] 程颢、程颐:《遗书》卷第二上,《二程集》,第 30 页。
57 参见牟宗三:《心体与性体》(二),第 54 页。

㊿ [宋] 程颢、程颐：《遗书》卷第二上，《二程集》，第 33 页。
59 [宋] 程颢、程颐：《遗书》卷第二上，《二程集》，第 38 页。
60 [宋] 程颢、程颐：《经说》卷第一，《二程集》，第 1029 页。
61 [宋] 程颢、程颐：《遗书》卷第二上，《二程集》，第 13 页。程颐关于万物同理的说法还有很多："天下之理一也，涂虽殊而其归则同，虑虽百而其致则一"（参见[宋] 程颢、程颐：《周易程氏传》卷第三，第 858 页）；"性即是理，理则自尧、舜至于涂人，一也"（参见[宋] 程颢、程颐：《遗书》卷第十八，《二程集》，第 204 页）；"物虽异而理本同，故天下之大，群生之众，睽散万殊，而圣人为能同之"。参见[宋] 程颢、程颐：《周易程氏传》卷第三，《二程集》，第 889 页。
62 [宋] 程颢、程颐：《遗书》卷第十九，《二程集》，第 247 页。
63 [宋] 程颢、程颐：《遗书》卷第二上，《二程集》，第 20 页。钱穆错误地认为，在新儒家那里只有物理，没有人理。参见钱穆：《孔孟与程朱》，《中国哲学思想论集・宋明篇》（台北：水牛出版社，1991 年），第 228 页。钱穆区分孔孟的先秦儒家和程颐朱熹的宋明儒家，认为先秦儒家谈道，道只包括天道、人道而没有物道；宋明儒家谈理，理只包括天理、物理而没有人理。
64 [宋] 程颢、程颐：《遗书》卷第十八，《二程集》，第 193 页。
65 [宋] 程颢、程颐：《遗书》卷第十八，《二程集》，第 188 页。
66 牟宗三：《心体与性体》（二），第 81 页。牟说误。程子曰："人之生于男女，即是天地之生，安得为异？"参见[宋] 程颢、程颐：《遗书》卷第十八，《二程集》，第 223 页。这表明，就生而言，人与万物同一。那么，生是不是本体的或自然的？下文讨论二程将理刻画为生，那时我们就可以更清楚地看到牟宗三的解释有何问题。
67 [宋] 程颢、程颐：《遗书》卷第十八，《二程集》，第 195 页。
68 [宋] 程颢、程颐：《粹言》卷第一，《二程集》，第 1180 页。虽然理一分殊主要是程颐的思想，程颢在谈到《中庸》时也曾说："《中庸》始言一理，中散为万事，末复合为一理。"参见[宋] 程颢、程颐：《遗书》卷第十四，《二程集》，第 140 页。
69 [宋] 程颢、程颐：《文集》卷第九，《二程集》，第 609 页。
70 朱熹用"用"这个概念给出了一个有意思的解释："万物皆有此理，理皆同出一原。但所居之位不同，则其理之用不一。如为君须仁，为臣须敬，为子须孝，为父须慈。物物各具此理，而物物各异其用，然莫非一理之流行也。"参见朱熹：《朱子语类》（北京：中华书局，1986 年），第 398 页。
71 因此，韩子奇（Tze-ki Hon）认为，"在程颢那里，一与多之间没有什么本体论上的差别。作为一般的转化原则，一之理，如果不为独特的自我转化实例（即多之理)所分有,是空的。反过来,多之理本质上是一之理的特殊显现”。参见 Tze-ki Hon, “Cheng Hao” and “Cheng Yi,” in A. S. Cua (ed.), *Encyclopedia of Chinese Philosophy* (New York: Routledge, 2003), p. 40.在笔者看来,韩子奇使用的“一之理”(*li* of the one)和“多之理”(*li* of the many)是令人费解的,因为它似乎是说,万物有多之理,万物之上有一,而普遍之理属于一。如果使用“一理”(one *li*)和“万理”(many *li*),他上面这段话就更容易理解。比较而言,黄秀玑(Huang Siu-Chi)的看法更为合理:“程颢所持的多中之一的本体论或许可以视为一种一元-多元论的立场,因为普遍的单一之理内在于实际事物的一切理之中,而后者也必须通过天理来理解。”参见 Siu-Chi Huang, *Essentials of neo-Confucianism: Eight Major Philosophers of the Song and Ming Periods* (Westport, CT: Greenwood, 1999), pp. 88 - 89.

⑫ 例如,张君劢认为,新儒家的道就是“柏拉图称作纯净、永恒、不朽和不变的东西”。参见 Carsun Chang, *The Development of Neo-Confucian Thought*, p. 47.冯友兰也认为,理,特别是在程颐那里,“与古希腊的‘理念’或‘形式’有点类似”,因为理可以“独立于具体事物而存在”。参见 Fung Yu-lan(冯友兰), *A History of Chinese Philosophy*, Vol. 2 (Princeton: Princeton University Press, 1953), p. 507.

⑬ 侯外庐等编:《宋明理学史(上)》(北京:人民出版社,1997 年),第 150 页。李日章也认为,一理与万理之间的关系在二程那里最好应看作在本体与现象之间的关系,然而,本体是一种永恒的东西,它可以表现为现象,也可以不表现为现象;当它表现自身时,便有万物;当它不表现自身时,万象固然没有了,但它自身依然存在着。参见李日章:《程颢・程颐》(台北:东大图书公司,1986 年),第 66 页。

⑭ [宋] 程颢、程颐:《遗书》卷第六,《二程集》,第 83 页。二程也将理等同于性,故而也说,“论性,不论气,不备;论气,不论性,不明”。参见[宋] 程颢、程颐:《遗书》卷第六,《二程集》,第 81 页。这也表明,气与性(等同于理)不可割裂。

⑮ [宋] 程颢、程颐:《遗书》卷第三,《二程集》,第 67 页。

⑯ [宋] 程颢、程颐:《遗书》卷第十五,《二程集》,第 162 页。

⑰ [宋] 程颢、程颐:《遗书》卷第十一,《二程集》,第 118 页。

⑱ 程颢曾说:“器亦道,道亦器。”参见[宋] 程颢、程颐:《遗书》卷第一,《二程集》,第 4 页。据此,冯友兰认为,程颢在道器之间不作区分。参见冯友兰,《中国哲学史新编》第 5 册(北京:人民出版社,1988 年),第 107 页。这是一种误解。从上下文来看,程颢这里不是在“等同”而是在“不可分割”的意义上使用“亦”

字：就在说“器亦道，道亦器”之前，程颢引《易经》“形而上为道，形而下为器”，并说“须着如此说”。参见[宋]程颢、程颐：《遗书》卷第一，《二程集》，第4页。如果他真的认为道器不分，就不会批评张载将器视作天道，他认为，张载将清虚一大之气作为天道，“乃以器言而非道也”。参见[宋]程颢、程颐：《遗书》卷第十一，《二程集》，第118页。因此，笔者赞成张君劢的看法，“与程颐一样，程颢在道器之间作了严格的区分”。参见 Carsun Chang, *The Development of Neo-Confucian Thought*, p. 193.

⑲ [宋]程颢、程颐：《遗书》卷第四，《二程集》，第73页。后来，朱熹确实提出了一种与柏拉图相近的看法：“未有天地之先，毕竟也只是理。有此理，便有此天地；若无此理，便亦无天地，无人无物，都该无载了！有理，便有气流行，发育万物。”参见《朱子语类》(北京：中华书局，1986年)，第1页。

⑳ [宋]程颢、程颐：《粹言》卷第二，《二程集》，第1226页。

㉑ [宋]程颢、程颐：《遗书》卷第五，《二程集》，第79页。

㉒ [宋]程颢、程颐：《遗书》卷第二上，《二程集》，第33页。

㉓ 这里也有必要简单地提一下通常所认为的二程与张载之间的区别。人们往往认为，张载主张气先理后，二程主张理先气后。但事实上，无论是在张载那里，还是在二程那里，气和理都是须臾不可离的。区别只在于，张载认为气在本体论上先于理，而二程则持相反的看法。在此意义上，笔者不同意韩子奇以下关于理气的看法：“理是有结构的、有序的，而气是能动的、具有创造性的。理为宇宙提供了一个操作系统，而气通过阴阳二气的驱动将宇宙置于运动之中。要持续运动，宇宙既需要理之结构，又需要气之动力。”参见 Tze-ki Hon, “Cheng Hao” and “Cheng Yi,” p. 44.在笔者看来，理气之间的真正区别在于，气动，而理正是气之动。张载与二程之间的真正区别在于，张载认为气是首要的，因为理作为活动从属于作为实体的气，而二程认为理是首要的，因为理就是气之在，没有理，气就不能存在，就什么也不是。

㉔ [宋]程颢、程颐：《经说》卷第八，《二程集》，第1160页。

㉕ [宋]程颢、程颐：《经说》卷第一，《二程集》，第1030页。

㉖ [宋]程颢、程颐：《文集》卷第九，《二程集》，第615页。

㉗ 例如，卢连章认为，这表明二程主张气由理生(参见卢连章：《程颢程颐评传》，第137页)；蔡方鹿也认为，在理与物的关系上，二程主张先有理后有物。参见蔡方鹿：《程颢程颐与中国文化》(贵阳：贵州人民出版社，1996年)，第69—79页。

㉘ [宋]程颢、程颐：《文集》卷第九，《二程集》，第615页。

⑧⑨ [宋] 程颢、程颐:《易传序》,《二程集》,第 689 页。

⑨⓪ 庞万里也看到了这一点:程颐认为,理气不可分;有此必有彼;因此,理、气、象的顺序是根据重要性而非时间上的次序排列的。参见庞万里:《二程的哲学体系》(北京:北京航空航天大学出版社,1992 年),第 95 页。

⑨① [宋] 程颢、程颐:《文集》卷第九,《二程集》,第 615 页。

⑨② [宋] 程颢、程颐:《遗书》卷第一,《二程集》,第 4 页。

⑨③ 见蔡方鹿:《程颢程颐与中国文化》,第 71 页。

⑨④ [宋] 程颢、程颐:《粹言》卷第一,《二程集》,第 1205 页。

⑨⑤ 参见陈荣捷:《新儒学"理"之思想之演进》,第 57 页。

⑨⑥ [宋] 程颢、程颐:《遗书》卷第四,《二程集》,第 73 页。

⑨⑦ [宋] 程颢、程颐:《遗书》卷第四,《二程集》,第 73—74 页。理在这里正是活动。这个意思朱熹讲得更清楚:"如这交椅是器,可坐便是交椅之理;人身是器,语言动作便是人之理。"参见朱熹:《朱子语类》,第 1970 页。

⑨⑧ [宋] 程颢、程颐:《遗书》卷第十八,《二程集》,第 201 页。

⑨⑨ 这几乎预示了海德格尔数百年以后所说的话:存在者有其存在,但存在者之存在本身却并不存在。因此,海氏认为,存在者与存在之间有着本体论上的差别:存在是本体论上的(形而上的),而存在者是存在者层面的(形而下的)。二程在相同的意义上认为,理作为活动是形而上的,而器作为具体的事物是形而下的。

⑩⓪ 成中英也认为,"生是一个深深地扎根于中国哲学中的独特概念。我们甚至可以说,整个中国哲学史都是在发展生的哲学。生这个观念源于人们对植物从种子中生根发芽、动物繁殖后代、父母生儿育女等等现象的观察。将这种关于生的经验推展开来,人们开始体会到整个宇宙或者说天地从其种子状态发展成充满生机的状态"。参见 Cheng Chung-ying, "Ultimate Origin, Ultimate Reality, and the Human Condition: Leibniz, Whitehead, and Zhu Xi," *Journal of Chinese Philosophy* 29 (2002), p. 106.成中英甚至认为,生也是《论语》的一个核心概念。"生"在《论语》中出现了十六次,成中英详细分析了其中具有本体论意义的七处。成中英的分析很有意义,但它还是没有说服笔者,认为生字在《论语》中就已经具有本体论的意义。参见成中英:《孔子哲学中的创造性原则:论生即理与仁即生》,《孔子诞辰 2540 周年纪念学术讨论会论文集》(上海:三联书店,1992 年),第 856—862 页。

⑩① [宋] 程颢、程颐:《遗书》卷第二上,《二程集》,第 33 页。

⑩② [宋] 程颢、程颐:《遗书》卷第十五,《二程集》,第 167 页。

⑩③ 二程也以生释死。程颐说道:“死之事即生是也,更无别理。”参见[宋] 程颢、程颐:《遗书》卷第二上,《二程集》,第 17 页。程颢也说:“息训为生者,盖息则生矣。一事息,则一事生,中无间断。”参见[宋] 程颢、程颐:《遗书》卷第十一,《二程集》,第 133 页。

⑩④ 成中英将“生生”翻译为“creative creativity”(创生的创生性)。参见 Cheng Chung-ying, “On a Comprehensive Theory of *xing* (Natuality) in Song-Ming Neo-Confucian Philosophy: A Critical and Integrative Development,” *Philosophy East and West* 47 (1997), § 7.在笔者看来,这样的翻译含义不明:难道有“非创生的创生性”吗? 按照本人的理解,两个“生”字并用,表明不是一劳永逸的创生,而是不断进行的创生。因此,笔者将“生生”译为“unceasing life-giving activity”(不停息的创生活动)。

⑩⑤ [宋] 程颢、程颐:《遗书》卷第二上,《二程集》,第 29 页。

⑩⑥ [宋] 程颢、程颐:《遗书》卷第十五,《二程集》,第 149 页。

⑩⑦ [宋] 程颢、程颐:《遗书》卷第二十一下,《二程集》,第 274 页。

⑩⑧ [宋] 程颢、程颐:《遗书》卷第十八,《二程集》,第 184 页。

⑩⑨ 参见牟宗三:《心体与性体》(二),第 146 页。

⑪⓪ [宋] 程颢、程颐:《遗书》卷第十一,《二程集》,第 120 页。唐君毅也很清楚这里的差异:与告子不同,性在程颢那里指的是创生活动。比如,他说,鸡子之性不是它的圆、白,而是它能孵出小鸡;婴儿之性不是它弱小无知,而是它能长大成人;火之性不是它的红,而是它能给予他物温暖。参见唐君毅:《哲学概论》(卷二)(香港:孟氏教育基金,1966 年),第 722 页。

⑪① 这的确是一种很有创造性的解释,但它可能也不是完全任意的。成中英很敏锐地指出,性字包含“生”“心”两部分。参见 Cheng Chung-ying 成中英, “Confucian Onto-Hermeneutics: Morality and Ontology,” *Journal of Chinese Philosophy* 27 (2000), p. 46.不过,成中英仍然坚持通常的看法,认为性是具有创生活动的某种东西。因此,他说,性创造生命。参见 Cheng Chung-ying, “On a Comprehensive Theory of *xing* (Naturality) in Song-Ming Neo-Confucian Philosophy: A Critical and Integrative Development,” § 7.不过,在笔者看来,性并不创造生命;性就是创生活动。

⑪② 卢连章错误地认为,程颢将告子所讲的性解释为气质之性。参见卢连章:《程颢程颐评传》,第 116 页。

⑪③ [宋] 程颢、程颐:《遗书》卷第二十四,《二程集》,第 313 页。

⑪④ 牟宗三:《心体与性体》(二),第 78 页。

⑮ 参见牟宗三:《心体与性体》(一),第 44 页;亦可参见《心体与性体》(二),第 287 页。牟宗三的这一观点不仅为许多台湾学者所接受,而且它在大陆学者中也非常流行。例如庞万里也认为,二程对理的理解不同:程颢从变化和运动的角度理解理,而程颐则从事物的静态结构来理解理。庞万里还援引张岱年等其他学者来支持这样的解读。参见庞万里:《二程的哲学体系》,第 59 页。

⑯ 同样重要的是要注意,程颐由此强调,"物则事也,凡事上穷极其理,则无不通"。参见[宋] 程颢、程颐:《遗书》卷第十五,《二程集》,第 143 页。他将"物"解为"事",这清楚地表明,在他看来事物是动态的;从事物的动态方面理解理,则清楚地表明,在他看来理是事物的动态过程。因此之故,他才会说,"自古儒者皆言静见天地之心,唯某言动而见天地之心"。参见[宋] 程颢、程颐:《遗书》卷第十八,《二程集》,第 201 页。

⑰ [宋] 程颢、程颐:《周易程氏传》卷第三,《二程集》,第 862 页。

⑱ [宋] 程颢、程颐:《遗书》卷第七,《二程集》,第 100 页。

⑲ [宋] 程颢、程颐:《周易程氏传》卷第三,《二程集》,第 862 页。庞万里也注意到,程颐这段话,不是讲理本身可以变,而是说:作为常道的理是不变的;天地所生之物永远在变,这是恒常的法则。参见庞万里:《二程的哲学体系》,第 75 页。

⑳ [宋] 程颢、程颐:《遗书》卷第二上,《二程集》,第 43 页。

㉑ 牟宗三:《心体与性体》(二),第 136 页。

㉒ 同上书,第 56 页。

㉓ 李日章:《程颢·程颐》,第 65 页。

㉔ 李日章:《程颢·程颐》,第 66 页;亦参见吕思勉:《理学纲要》(北京:东方出版社,1996 年),第 78—79 页。

㉕ 李日章:《程颢·程颐》,第 77 页。

㉖ 参见 A. C. Graham, *Two Chinese Philosophers* (LaSalle: Open Court, 1992), p. 108.

㉗ 笔者在这里只是以自己特定的方式借用葛瑞汉的比喻。本人从这个比喻得出的结论和葛瑞汉大不相同。事实上,葛瑞汉解释儒家的生的概念,最后的结论非常接近基督教的造物概念,尽管他自己不承认。例如,他认为:"宋儒并不认为事物起源于宇宙之外的**某人**的创造,而是认为万物从宇宙根部的**某物**中生长出来……正是因为以前的物理原因无法说明万物的产生和生长,他们才觉得有必要假定一个不可见的源头,正是从这个不可见的源头中,万物才不断

地呈现出来。”参见 A. C. Graham, *Two Chinese Philosophers*, pp. 108 – 109. 在他看来，二程主张万物源自“宇宙根部的**某物**”，一种“不可见的源头”。在笔者看来，这种“不可见的某物”在二程那里根本不存在。对他们来说，所有存在者都是可见的，唯一不可见的是存在者的生命创造活动，而这就是理。

⑫⑧ 就此而言，庞万里的以下看法显然是错的：程颢的理是一种精神实体，类似于黑格尔的绝对精神。参见庞万里：《二程的哲学体系》，第 67 页。

⑫⑨ [宋] 程颢、程颐：《遗书》卷第四，《二程集》，第 73 页。

⑬⓪ 牟宗三：《心体与心性》(二)，第 59 页。

⑬① [宋] 程颢、程颐：《遗书》卷第十五，《二程集》，第 148 页。

⑬② [宋] 程颢、程颐：《遗书》卷第二十二上，《二程集》，第 290 页。

⑬③ [宋] 程颢、程颐：《遗书》卷第十五，《二程集》，第 167 页。

⑬④ 参见钱穆：《孔孟与程朱》，载《中国哲学思想论集·宋明篇》，第 230 页。成中英也持相同的看法：“由于新儒家体系化形上学的发展，新儒家对终极实在的意识显然缺乏人格的向度……理的引入显然意味着，事物之性完全可以纳入明晰而理性的知性系统；与其说可以被理解的性只能被经验到，倒不如说被经验到的东西必须被理解为，它是具有理智和感知能力的心灵所把握的东西。”参见 Cheng Chung-ying, *New Dimensions of Confucian and Neo-Confucian Philosophy*, pp. 460 – 461.

⑬⑤ [宋] 程颢、程颐：《经说》卷第一，《二程集》，第 1028 页。

⑬⑥ [宋] 程颢、程颐：《遗书》卷第二十二上，《二程集》，第 288 页。后来，朱熹解释说，“气之精英者为神”。参见朱熹：《朱子语类》，第 9 页。朱子又说，“所以某就形而下说，毕竟就气处多，发出光彩便是神”。参见上书，第 2176 页。

⑬⑦ [宋] 程颢、程颐：《遗书》卷第二下，《二程集》，第 52 页。

⑬⑧ [宋] 程颢、程颐：《遗书》卷第二下，《二程集》，第 52 页。

⑬⑨ [宋] 程颢、程颐：《遗书》卷第二十二上，《二程集》，第 288 页。

⑭⓪ [宋] 程颢、程颐：《遗书》卷第十一，《二程集》，第 130 页。

⑭① [宋] 程颢、程颐：《遗书》卷第一，《二程集》，第 4 页。在这里，程颢以易为体，以神为用。但从上下文来看，他显然并没有把易与神看作体用关系。神和易，以及这段话中提到的其他一些概念，实际上异名同实，都是指终极实在。

⑭② [宋] 程颢、程颐：《遗书》卷第三，《二程集》，第 64 页。

⑭③ [宋] 程颢、程颐：《遗书》卷第十一，《二程集》，第 121 页。

⑭④ A. C. Graham, *Two Chinese Philosophers*, pp. 111 – 112.

⑭⑤ 同上书，第 112 页。

⑭ 蒙培元说奥妙性和不可知性是神的两个属性。参见蒙培元:《理学范畴系统》(北京:人民出版社,1989年),第106页。蒙在这里把神看作一种奥妙不可知的存在物,这也就把神物化了。与此不同,笔者在这里所要说明的是,神就是天地万物之奥妙不可知的生命创造活动。

⑭ [宋] 程颢、程颐:《遗书》卷第十一,《二程集》,第132页。

⑭ [宋] 程颢、程颐:《遗书》卷第十一,《二程集》,第121页。

⑭ [宋] 程颢、程颐:《文集》卷第九,《二程集》,第597页。

⑮ [宋] 程颢、程颐:《遗书》卷第三,《二程集》,第64页。

⑮ [宋] 程颢、程颐:《遗书》卷第十一,《二程集》,第133页。

⑮ [宋] 程颢、程颐:《遗书》卷第十一,《二程集》,第121页。

⑮ [宋] 程颢、程颐:《遗书》卷第十一,《二程集》,第121页。在此意义上,笔者认为张德麟的以下观点是错的:程颢在这里用诡辩来描述形而上的神性[参见张德麟:《程明道思想研究》(台北:学生书局,1986年,第65页)]。

⑮ [宋] 程颢、程颐:《遗书》卷第十八,《二程集》,第215页。

⑮ [宋] 程颢、程颐:《遗书》卷第十一,《二程集》,第121页。

⑮ Gordon Kaufman, *In Face of Mystery: A Constructive Theology* (Cambridge: Harvard University Press, 1993), p. 273.

⑮ 考夫曼还用对话来说明这种奇迹般的创造:"对话……并不只是不同的独立行动之间的交流,在这些行动中其中每一个主体试图实现一个特定的目标。虽然说话者的每一句话都想说出在那个特定时刻恰当的东西,我们却不能把对话中发生的事情简单地理解为所有这些个别行动的总和。我们可以说,交流常常具有'自身的生命',会走向没有人曾经预期的方向,引出对话的参与者事先谁也没有意料到的见解和观点。"参见 Gordon Kaufman, *In Face of Mystery: A Constructive Theology*, p. 275.

⑮ [宋] 程颢、程颐:《遗书》卷第二上,《二程集》,第17页。

⑮ [宋] 程颢、程颐:《遗书》卷第二上,《二程集》,第22页。

⑯ [宋] 程颢、程颐:《遗书》卷第十一,《二程集》,第126页。

⑯ [宋] 程颢、程颐:《外书》卷第二,《二程集》,第364页。

⑯ [宋] 程颢、程颐:《遗书》卷第二上,《二程集》,第28页。

⑯ [宋] 程颢、程颐:《文集》卷第二,《二程集》,第461页。

⑯ [宋] 程颢、程颐:《遗书》卷第三,《二程集》,第64页。

⑯ [宋] 程颢、程颐:《遗书》卷第十七,《二程集》,第177页。

⑯ [宋] 周敦颐:《周子通书》(上海:上海古籍出版社,2000年),第36页。

⑯ 同上书，第37页。
⑱ [宋] 张载：《张子正蒙》(上海：上海古籍出版社，2000年)，第237页。
⑲ 同上书，第241页。
⑰ Gordon Kaufman, *In Face of Mystery: A Constructive Theology*, p. 272. 考夫曼还认为，这样一种物化了的上帝观念在政治上是危险的，因为"全能的宇宙行动主体这个概念很容易变成本质上是权威主义的暴君的概念，即一个任意地、不公正地使用其全能的君主的概念"。参见上书，第270页。它在形上学上是不可理解的，因为"根据这个观念产生的世界图画在本质上是二元论的，因而很难与当代思想的主流相吻合"。参见上书，第271页。而在神学上则是天真的，因为"这样一种模式假定，自我或行动主体是自在的，在形而上学上是自持的，可以自己解释自己的。但我们今天知道的关于人的一切都表明，离开了漫长、复杂的宇宙、生物和历史过程，人们就既不可能产生也不可能继续存在"。参见上书，第271页。
⑰ Gordon Kaufman, *In Face of Mystery: A Constructive Theology*, p. 330.南乐山(Robert Neville)是一位有影响力的基督教神学家，对儒家传统也很熟悉。他也呼吁基督徒放弃"上帝是远离世界的存在"的观点；基督教的上帝应该被理解为创造行为，而不是创造者。在他看来，"行为不依赖任何东西，世界依赖于行为。世界不能离开行为而存在，尽管本体创造行为本身并不是世界上的另一件事。它的本质是被创造世界的一部分，但它的创造性则不是。在西方，本体论创造行为被称为上帝"。参见 Robert Neville, "A Comparison of Confucian and Christian Conceptions of Creativity," *Dao: A Journal of Comparative Philosophy* 6 (2007), p. 127.
⑰ Gordon Kaufman, *In Face of Mystery: A Constructive Theology*, p. 252.
⑰ 参见 Gordon Kaufman, *In Face of Mystery: A Constructive Theology*, p. 312. 杜维明是当代最卓越的儒者之一。他在和考夫曼及南乐山的对话中也认为，他们对基督教神学的重建与儒家神学是一致的。杜维明认为，天不是实体，而是创造性本身："作为滋生生命的创造，天一直在那里。"参见 Weiming Tu, "Creativity: A Confucian View," *Dao: A Journal of Comparative Philosophy* 6.2 (2007), p. 116."天就是创造本身，人通过自己的努力学习创造。"参见 Weiming Tu, "Creativity: A Confucian View," p. 118."显然，儒家把天理解为自我创造。"参见 Weiming Tu, "Creativity: A Confucian View," p. 123.
⑰ [宋] 程颢、程颐：《遗书》卷第二上，《二程集》，第14页。
⑰ [宋] 程颢、程颐：《遗书》卷第十一，《二程集》，第120页。

⑯ [宋] 程颢、程颐:《遗书》卷第十八,《二程集》,第 184 页。

⑰ [宋] 程颢、程颐:《遗书》卷第二上,《二程集》,第 15 页。

⑱ [宋] 程颢、程颐:《遗书》卷第二上,《二程集》,第 29 页。考夫曼的基督教神学也讨论过终极实在的道德性质。在他看来,作为奇迹般的创造性的上帝对于我们来说确实是神秘的,但我们还是可以从中辨认出某种方向性:"事实上,在时间中并通过时间发生的运动,如果我们在漫长的宇宙历史特别是生命在地球上的进化过程中加以追索的话,就会发现它似乎是不可逆转的。就此而言,它是单向的。这就是说,虽然在宇宙和进化发展中存在着许多旋涡、回潮和迂回,虽然地球上昼夜更替、四季变换、生死轮转,在所有这一切中,似乎还是有一种本质上连续的运动,不断朝向新的形式,朝向前所未有的发展",在其中"出现新的进化线路"。参见 Gordon Kaufman, *In Face of Mystery: A Constructive Theology*, p. 282.

⑲ 笔者将二程新儒家神学与先秦儒家神学及当代儒家神学进行了比较和对照。详见 Yong Huang, "Confucian Theology: Three Models," *Religion Compass* 1, pp. 455 - 478.

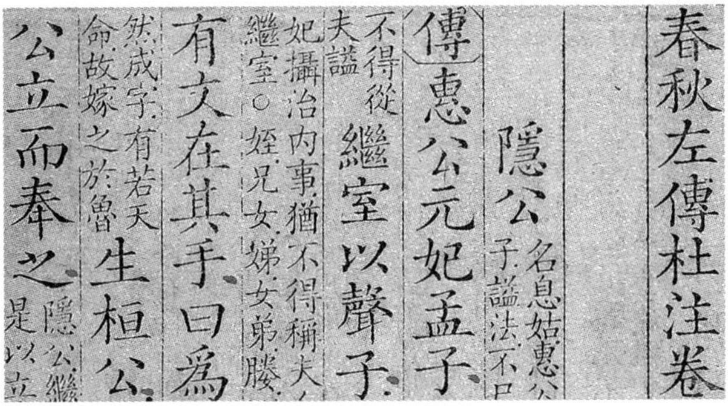
春秋左傳杜注卷

隱公名息姑惠公子諡法不

傳惠公元妃孟子不得從夫諡繼室以聲子

妃攝治内事猶不得稱夫繼室○姪兄女娣女弟媵

有文在其手曰爲

然成字有若天命故嫁之於魯生桓公

公立而奉之隱公繼是以立

第七章

经：诠释学作为实践之学

第一节　引　　言

对经典或一般文本加以解释(interpretation)的诠释实践(hermeneutic practice)差不多与人类文明一样久远。然而,作为对这种诠释活动的自觉反思,西方哲学中严格意义上的诠释学(hermeneutics)直到施莱尔马赫才出现,他通常也被称为"现代诠释学之父"。[①]诠释学在很长一段时间内曾是哲学的一门边缘学科,直到伽达默尔的《真理与方法》[②]一书将其带至哲学的核心。如果不能充分理解诠释学的某些核心问题,就无法恰当理解许多当代哲学争论。现在,诠释学所关心的不只是如何在语法上正确理解文本,如何在心理学上正确理解作者,而且还有如何在生存的意义上正确解释读者的理解活动本身。在此背景下,我们可能会问,程颐可以对已经充分发展的当代西方诠释学作出何种贡献。

本章旨在表明,程颐所开启的儒家诠释学的本体论转向对于当代诠释学确实大有裨益。之所以这么讲,主要是基于三点:第一,当代西方诠释学的核心争论围绕以下问题展开,即正确的解释应针对经典或文本独立于作者和读者的客观意义,还是独立于文本和读者的作者本意,抑或读者独立于作者和文本的前理解。但是,程颐通过"道"将此三者统一起来,因为对他来说,(儒家)经典是道的载体,圣人著述经典以明道,而读者则是将他们对道的前理解投射于这些经典之上。第二,西方诠释学基本上集中于对宗教的或世俗的经典文本的解释。海德格尔开启了所谓的诠释学本体论转向，但这样的诠释学也只是对人类生存的解释。在海德格尔看来，人类生存（existence）固然是朝向存在（being）理解的生存，但存在才是恰当的本体论问题；因此，诠释学充其量不过是本体论的导论（他称之为“基础本体论”），而不是本体论本身。[③]然而，诠释学在程颐那里就是一种本体论。因为对他来说，诠释学本质上就是关于道即宇宙之终极实在的诠释学。第三，西方诠释学基本上关心理解（understanding）。在这方面，即使是自称为实践哲学的伽达默诠释学也不例外，因为它仍然只对理解感兴趣，虽然这里的理解不仅包括读者对文本或作者的理解，而且包括读者对自己的理解，即读者的自我理解。[④]但程颐的诠释学则把理解道和实践道统一起来了。在他看来，一个人理解道却不能实践道是一种自相矛盾的说法。在这种意义上，他的诠释学是更本真的实践哲学。下面笔者试着通过讨论程颐诠释学的一些重要方面来阐明以上三点。

第二节 经以载道

诠释学一直在儒家传统中发挥着重要作用，因为这一传统的所有重大发展都是通过对儒家经典作一番新的解释来完成的。[⑤]我们完全可以说，没有儒家诠释学就没有儒家传统，反之亦然。[⑥]因此，发端于程颐的儒家诠释学之本体论转向所涉及的不是儒家经典是否重要的问题，而是为何重要的问题。宋之前，诠释学传统中的许多儒者对他们眼中颠扑不破的经典几乎怀着盲目的信仰；他们所能做的是对这些经典甚或对经典的已有诠释作忠实的评注和梳理。当然，程颐把传承儒家传统作为自己最大的使命，他并不怀疑这些经典的重要性，但对他来说，这些经典之所以重要在于其所载之道："经所以载道也，器所以适用也。"[⑦]换言之，经典之所以重要，只是因为它们是用以载道的工具。程颐认为，从这个角度看，尽管儒家六经在具体内容上各不相同，但就其承载相同之道而言都是相同的。[⑧]

程颐关于经以载道这一主张是否代表了笔者在这里所说的本体论转向，取决于我们如何理解这些儒家经典所载之道。当然，"道"一词可以简单地说是"教"，因此儒家经典所载之道显然是儒家之教。更具体地说，它是儒家关于如何成圣之道，因为儒家正是主张人皆可为尧舜，而儒家学说的目标就是帮助人们充分实现这一潜能。笔者相信，程颐在提出经以载道这一思想时，并无意否定这样一种为大家普遍接受的看法。事实上，程颐在其著名的《颜子所好何学论》中指出，颜子之所以异于众者，不在于他可为圣人的潜能，而在于他有志"学以至圣人之道也"[⑨]。因此，问题在于，孔子之道或儒家成圣之教究竟是什么。尽管孔子讲了很多关于如何成为圣人的东西，而后来的儒者所强调面向各不相同，但如果要用一个字来加以概括，恐怕我们也不会有什么太大的分歧：孔子之道，仁是也。在笔者看来，程颐对于这一点也没有怀疑，因为他明确说，圣人就是充分实现仁的人。[⑩]

程颐对儒家所讲的仁提出了独到的理解，从中我们可以看出，程颐的“经以载道”说如何完成了诠释学本体论的转向。确实，对孔子的仁有种种不同的解释，就连孔子本人也在不同的场合以不同的方式谈论仁。但是，在程颐之前，仁基本上被理解为一个社会和道德概念。韩愈对此作了很好的概括。韩愈在《原道》一文中指出，儒道释三家虽然都讲道，但所讲的道各不相同。儒家之道是“仁义”：“博爱之为仁，行而宜之之为义。”程颐完全不同意这样的看法。在他看来，仁固然有其道德维度，但同时它还有本体论基础。因此，他把仁和人性联系起来：“爱自是情，仁自是性，岂可专以爱为仁？……退之言‘博爱之谓仁’，非也。仁者固博爱，然便以博爱为仁，则不可。”[11]

换言之，仁并非一个人可能有亦可能无的一种情感；相反，它就是人的本性。作为人之性的仁与作为人之情的爱到底有何区别？为了回答这个问题，程颐又进一步把仁与作为生命创造活动的心联系起来。他用类比来解释：“心譬如谷种，生之性便是仁也。”[12]“仁”兼有“种子”之义，特别是诸如桃子或杏子等水果的果核。程颐运用“仁”的这种双关义，把人心的本性理解为生长，进而认为仁就是人心的这种生长本性。为了进一步解释这种人心到底是什么，程颐又把心与“理”联系起来，主张“理与心一”。“理”是程颐哲学以及整个宋明理学最核心的概念。在程颐看来，既然理是万物背后的实在，那么，“圣人视亿兆之心犹一心者，通于理而已”[13]。常人看不到这种统一性，因为他们具有千差万别的私心和人欲，后者当然因人而异，无法统一。最后，为了对理作清晰的说明，程颐又回到了道，主张“理便是天道也”[14]。在这里，道显然已经获得了比道德教义更为根本的维度，因为它是一种“自然生万物”“自然生生不息”的活动。[15]

程颐将仁与性、心、理以及道联系起来，这无疑为我们呈现了一幅关于仁的更加宽广的图景。不过，如果程颐在此所谈论的只是人心、人性、人理或人道，那么，用海德格尔的话来说，仁依然不是一个本体论层面的概念（ontological idea），而只是存在者层面的概念（ontical idea），或至多是一个基础本体论层面的概念（fundamental-ontological idea）。[16]但是，程颐的主张并没有止于人的层面。他对仁的解释，不仅打破了心、性、理、道这些概念之间的界划，因为它们的根本意义都在于生生，即创生生命的活动；同时，也打破了人天之分。换言之，人心、人性、人理、人道同时也就是天心、天性、天理、天道。他说：“一人之心即天地之心，一物之理即万物之理，一日之运即一岁之运。”[17]在他看来，只有一个终极实在支配着天地人：“在天则为天道，在地则为地道，在人则为人道”，但它们实际上只是同一个道。[18]因此，生生之道不仅是人类及一切有生之物的终极实在，而且是万物（包括我们认为的无生之物）的终极实在。[19]

正是从这样一幅宽广的图景出发，我们有理由说，程颐“经以载道”的思想代表了儒家诠释学的本体论转向。儒家经典所载之道仍然可以理解为儒家的成圣之学，而此成圣之学的核心在于仁。不过，在程颐看来，我们不能只把仁理解为人类情感之爱。相反，它必须关联到作为宇宙之终极实在的性、心、理、道。这样，作为儒家成圣之道（“学”）的仁不再只是一种道德德性，而是作为本体之理的生生。[20]把仁视为创生生命的活动，不仅没有否认仁人博爱，而且为这种博爱提供了本体论基础：爱本身也是一种创生生命的活动。正是在这一意义上，程颐认为，圣人与天道无异[21]，因为圣人是体道之人，而任何彻底遵循道的人都是圣人。因此归根结底，经所载之道就是作为宇宙终极实在之道。正是在此意义上，程颐提出的“经以载道”不仅是一个诠释学主张，同时也是一个本体论主张；更恰当地说，它是一个本体-诠释学主张。

第三节　由经穷理

程颐主张经以载道，而所载之道不仅是圣人之道（“学”），而且还是包括人类在内天地万物的终极实在之道。由此观之，经似乎从属于道。这样的看法或许有一定道理，但可以肯定的是，程颐完全无意贬低经典的重要性：经为道之载体，因此，研究经典对求道者来说极为重要。首先，作为载道之具，经必然承载了道。因此，程颐认为，“道之在经，大小远近，高下精粗，森列于其中”[22]。其次，作为宇宙的终极实在，道诚然不只出现在经典之中，也不只是在圣人书写这些经典之后才出现，但是，毕竟是这些儒家经典第一次教导人们，道是一天人之理。正是在这一意义上，程颐指出，为学求道“治经最好”[23]，我们应当“由经穷理”[24]，而对于程颐来说，道、理，一也。[25]因此，程颐说经以载道，并不是强调我们应该求道而不管经典（虽然他确实认为道也存在于经典之外），而是强调我们研究这些经典的正确途径是理解其所载之道。

因此，程颐在分析“经所以载道也，器所以适用也”之后指出：“学经而不知道，治器而不适用，奚益哉？”[26]那么，问题在于，如何把握经所载之道。

首先，程颐区分了经的文意和义理。义理显然比文意更重要，因为义理无它，就是经所载之道，而文意之用，仅在阐明义理。当然，文意可以帮助我们理解义理，反之亦然。然而，程颐坚持认为，一方面，“经所以载道也，诵其言辞，解其训诂，而不及道，乃无用之糟粕耳”[27]；另一方面，“善学者，要不为文字所梏。故文义虽解错，而道理可通行者不害也”[28]。正是根据这一点，程颐对宋以前占主导地位的汉儒解经学展开了最为激烈的批判。汉儒解经学的兴趣，首先在于（逐字、逐句、逐篇）详解经典及其传疏。换言之，他们感兴趣的是经典的文意而非所载之理（道）。在程颐看来，“汉之经术安用？只是以章句训诂为事。且如解《尧典》二字，至三万余言，是不知要也”[29]。我们应寻求内在意义，汉儒却求其外；我们应务本，汉儒却逐其末（注释）[30]；结果，他们虽得其言却忘其意。[31]

也正是基于此，程颐着手进行自己的诠释学实践。在他看来，只要把握义理，不仅错误解读文意是无害的；而且，为了使文意同义理保持一致，对儒家经典加以质疑、删改甚至重新编排也是有益的。例如，程颐将《大学》与《中庸》从《礼记》中析出单行，以突出其重要性，同时又把《孟子》提升到经的地位。以上三书加上《论语》，最终形成了所谓的“四书”。从此，“四书”在中国思想史上产生了极其重要的影响。程颐还认为，《周礼》和《礼记》中有许多错误，而《礼记》中有不少篇章非圣人所作。基于同样的理由，程颐还对《大学》的语句作了一些调整，并删除了一些文字。[32]

其次，程颐区分了作者的作品与作者的原意。儒家经典乃圣人之作，而“圣人作经，本欲明道”[33]。在程颐看来，要理解经典，就要通过读经来了解作经的圣人。因此他指出，“凡学者读其言便可以知其人，若不知其人，是不知言也”[34]。程颐主张把握作为载道之具的经典所传达的义理（客观意义），与之相应，他也强调要理解作为这些经典之作者的圣人之本意。他说：“凡看文字，非只是要理会语言，要识得圣人气象。”[35]正如下面要指出的，在程颐看来，学经求道并非只是获得理智知识，而是要在学习圣人的过程中成为圣人。他告诉我们：“学者不学圣人则已，欲学之，须熟玩味圣人之气象，不可只于名上理会。如此，只是讲论文字。”[36]

那么，问题在于如何通过读经来了解圣人、玩味其气象，并进而学以成圣。程颐给了我们一些实用的指导。例如：[37]

> 读书者，当观圣人所以作经之意，与圣人所以为圣人，而吾之所以未至者，求圣人之心，而吾之所以未得焉者，书诵而味之，中夜而思之，平其心，易其气，阙其疑，其必有见矣。

换言之，我们要设想与圣人同时，置身于圣人讨论的情境之中。如读《论语》，应“将诸弟子问处便作自己问，将圣人答处便作今日耳闻”[38]。当然，如果我们心不平、气不易、疑不阙，就不能达到这样的目的。

同时,我们必须注意,程颐的解经学固然着眼经典的客观义和圣人作经的原意,但它并不反对当代西方诠释学所着眼的读者的前理解。当他要求读者平其心、易其气和阙其疑时,只是要求去除私虑,而不是要把心掏空,使之成为一块白板,以接受那外来的、由经典承载的道。原因有二,这里先稍微提一提,详细的解释留待下一节。首先,我们的心已经是道,因此,儒家经典所载之道并非外在于我们的心。在这种意义上,理解经典所载之道也就是心的自我理解。其次,阅读经典时,我们的心不是一块白板,而是带着对道的前理解,它对于我们正确理解经所载之道,不仅无害反而大有裨益。故而,它不应该被抛弃,而是应该用以指导我们的解经实践。事实上,程颐主张"圣人作经,本欲明道",并接着指出,"今人若不先明义理,不可治经"。[39]因此,一方面,程颐认为离开了经典就不可能全面理解道;另一方面,他也认为如果仅仅依赖书本,同样不能全面理解道。[40]总之,在程颐那里,经典的客观义、圣人的原意和读者的先见,三者是统一的,因为经以载道,圣人作经只为明道,而我们读经时所有的心也就是道。

第四节　穷 理 多 端

如果离开了某种前理解就不能理解儒家经典所载之道,那么一定还有理解道的其他途径。毫无疑问,经确实载道,但道并非只存在于经典之中。在这种情况下,近道必有他途。这正是程颐的主张:"穷理亦多端:或读书,讲明义理;或论古今人物,别其是非；或应接事物而处其当，皆穷理也。”[41]在另一处回答如何穷理时，程颐再次提到了上述求道之方及其他办法：“颂《诗》、《书》，考古今，察物情，揆人事，反覆研究而思索之，求止于至善，盖非一端而已也。”[42]除了读经之外，程颐在上面这两段话中还提到了其他四种重要的得道途径。下面且对此稍作展开。

一、考古今

在程颐看来，儒家经典与历史之间存在着密切的联系，因此，考察历史对于理解经典所载之道极其重要。在讨论这两者之间的关系时，程颐用了一系列类比，如道之体（经典）与道之用（历史）、药方（经典）与用药治病（历史）、律法（经典）与断案（历史）。[43]正是在这一意义上，程颐认为，要理解作为道之用的历史离不开作为道之体的经，就好像要理解作为道之体的经离不开作为道之用的史，因为在他看来，“体用一源，显微无间”[44]。我们应当用历史来考察经典中提及的事件，并用经典来辩明历史中的对错。在这一过程中，我们可以更好地理解经与史，从而更好地理解道。

显然，对程颐来说，考古今作为得道的一种方法，不只是简单收集和记忆各种历史事件。相反，他鼓励我们：“凡读史，不徒要记事迹，须要识治乱安危与存亡之理。”[45]历史中的人和事乃道之用，因此，如果我们只想记住这些人和事，那就会错失其中的道。如此一来，即使记住了有关他/它们的事实，也无法理解他/它们。在程颐看来，无论是在遵循道还是在违背道的历史事件中，我们都可以获得对道的理解。在《二程集》中有许多关于程颐本人如何读史的生动描述。比如，他每读一段历史便要掩卷思量，“预测”事件成败，“帮助”谋划后续事件，然后再打开书查看其预测是否符合历史的实际发展；如有不合，则重加反省。[46]

在这些演练中，程颐运用先前通过读史或其他途径所获得的对道的认识来理解在历史中发挥作用的道。如果对道的前理解与历史发生冲突，他就要停下来想一想，究竟是他对道的前理解错了，还是这些历史事件实际上违背了道。若为前者，他就要修正自己的理解；若为后者，他对道的理解可以进一步加深。在程颐看来，对后者的关注极为重要，因为在历史上，“其间多有幸而成，不幸而败。今人只见成者便以为是，败者便以为非，不知成者煞有不是，败者煞有是底”[47]。换言之，道并非只展示于成功的历史事件中，而人们失败也不一定是因为违背了道。真正重要的，不是简单地区分历史上的成败，而是要认清道，不管历史事件违背了道还是遵循了道。

二、揆人事

读经和研史都是求道于书本。但在程颐看来，“学者有所得，不必在谈经论道间，当于行事动容周旋中礼得之”[48]。这就是他所讲的得道于“应接事物而处其当”（即合乎礼）。这里的“事物”基本上是父子、君臣、夫妇、长幼和朋友等五伦关系，而所谓的处其当也就是孟子所说的“父子有亲，君臣有义，夫妇有别，长幼有序，朋友有信”[49]。按照五伦之礼行事，我们可以理解道。这是因为，礼并不是强加于我们并限制我们行动的外在规则。礼与理无异，而后者与道、性、心、仁无异。因此，程颐指出："视听言动，非理不为，即是礼，礼即是理也。"[50]违礼就是悖理。

这样，我们也许就能理解，为什么在合礼应接事物的日常生活中我们也能够理解道。但问题在于：如果我们还没有理解道，那么，圣人所制定的用来调节五伦关系的礼对我们来说似乎就是外在的；这样一来，我们如何能够应接事物合乎礼呢？答案是，有时即使还没有真正理解礼，我们也可能行而中礼。孩提时，父母和老师教导我们要恰当行事，虽然我们并不真正明白其恰当性。但重要的是，只要我们坚持做下去，自然就会慢慢理解它。因此，即使还不理解道，还没有明白圣人为我们所制定的礼和我们所要追求的道的同一性，我们仍然可以循礼而动。理解道的人当然会依道行事，但依道行事的人不一定已经理解道。重要的是，即使礼似乎外在于我们，我们也要循之而动，因为正是在这一过程中，我们开始逐渐理解它。一旦我们理解了，礼就不再外在于我们，而我们也就可以自发地依道行事，无须有意关注礼的规则。[51]

三、取诸身

在程颐早期关于颜子的著名文章中，抱怨士人"为学之道遂失。不求诸己而求诸外，以博闻强记巧文丽辞为工，荣华其言"[52]。道广博伟大，寻道者应从哪里开始？在程颐看来，道在万物之中，故而格物十分重要，但"格物之理，不若察之于身，其得尤切"[53]。为什么呢？因为，"道在己，不是与己各为一物，可跳身而入者也”[54]。既然道就在己自身，那么再向远处寻找不就显得很奇怪吗？这样做就像住在京城长安的人要去长安之外去寻京城一样。[55]程颐指出，既然道是万物的尺度，如果我们还没有认识到道与己一，则“如人操尺度量物，用之尚不免有差，若至于化者，则己便是尺度，尺度便是己”[56]。

程颐偶尔也讲先天的知识和能力（这点与程颢接近），并且听起来有点像柏拉图的“回忆说”。但是，程颐的主要观点不是说我们的心有关于道的先天知识，似乎我们只要努力加以回忆就能重新得到它。相反，他的观点是，正如道在所有外物中一样，它也在我们自身中，而在我们自身的道就是我们的心。因此，他指出：“心即性也。在天为命，在人为性，论其所主为心，其实只是一个道。”[57]换言之，对于程颐来说，内在于我们的不是我们对道的知识，而是道本身。道就在我们自身，但这并不意味着我们就一定具有对道的知识。如果不努力认识它，就永远得不到它。因此，程颐指出，“知者吾之所固有，然不致则不能得之”；更明确地说，“人皆有是道，唯君子为能体而用之。不能体而用之者，皆自弃也”[58]，而并非因为道不在其身。[59]因此，重要的是尽心；尽心则知性，知性则知天。[60]

四、察物情

儒家传统倾向于强调对己心及人事的反省，而忽略对外部事物的考察。程颐显然不同意这样的看法。有人问，我们是否应当厌恶外物？他明确回答说：“是不知道者也。物安可恶？”[61]在他看来,道或理存在于万物之中,甚至存在于一草一木之中。求道就应当格万物。取诸身当然十分重要,察物情也同样重要。我们求道,实际上并无内外之分:“物我一理,才明彼即晓此,合内外之道也……求之性情,固是切于身,然一草一木皆有理,须是察。”[62]

这里,程颐的观点似乎和第三章所论的区分闻见之知与德性之知相左。程颐指出:“物交物则知之,非内也,今之所谓博物多能者是也。德性之知,不假闻见。”[63]在程颐看来,真知不假闻见,所需要的是内在经验,所谓默识心通。[64]倘若如此,我们为何还要费劲去格诸如树和草之类的外物呢?

要回答这一问题,我们必须认识到,对程颐而言,格物的目的并不是像科学家所做的那样获得关于事物的科学知识,而是要了解万物是如何体现道的。万物皆异,其道则同。我们之所以能穷万物,原因在于它们具有同一个道或理。闻见对于我们获得关于外物的特定知识固然十分重要,但仅仅依赖闻见则无法获得关于道的知识。我们已经看到,道是一种生命创造活动。可见可闻者乃具有生命创造活动者。如果只关注有生命创造活动的存在物,我们就看不到这些存在物的生命的创造活动本身。这有点类似于海德格尔关于存在的讨论。我们所能看到的只是存在者,而存在者之存在(存在者“去存在”的活动)却是隐蔽的。因此,重要的是要理解隐蔽者。反讽的是:隐蔽者恰恰就是去蔽活动本身——在海德格尔那里,它是存在者之存在;在程颐那里,它是道。要理解道这一隐蔽的生命创造活动,就必须对所创造的事物有所见闻。但是,如果我们专注于所见所闻之有生命物,我们就无法理解这些有生命物的生命创造活动,因而也就不能理解道。正是在这一意义上,程颐说:“自古儒者皆言静见天地之心,唯某言动而见天地之心。”[65]换言之,虽然见闻(无见闻则外物不可知)不能直接引导我们认识那不可见闻的道,但对于我们通过察物情来理解道,见闻还是必不可少的,即使最终我们需要用内心去把握外物中的道,正如我们需要用同样的心来反省心自身,而心自身也是道。

第五节　经学,实学也

我们已经考察了程颐关于求道的种种方法(包括揆人事)。但对程颐来说,道的诠释学不只是为了满足一个人对道的好奇心而进行的智力活动。更重要的是践行道,而践行道不仅是一种理解道的方式,也是一种实现自我转化以成圣的方式。如果一个人在读经、学史、守礼、反省、格物之后,在道德及本体论意义上仍跟以前一个样,那就等于什么也没有做过。[66]程颐认为,“治经,实学也”[67],而“读书将以穷理,将以致用也”[68]。正如我们已经指出,儒家之道归根结底是成圣之道;而圣人不只是对道具有理智知识的人,更是具有循道而行的道德品性的人。事实上,对程颐而言,一个人如果不能践行道,那就不能说他充分认识道;正如一个人如果充分认识道,那就不可能不自觉践行道。

这里必须注意,程颐的知行观与西方哲学中通常的知行观极为不同。在很大程度上,由于亚里士多德对理智德性(intellectual virtue)与道德德性(moral virtue)的区分,西方哲学家一般认为,一个人可以对某些事情具有完满的认识(如“说谎不对”),但可能仍然决定做与自己的理解相违背的事情(如继续说谎)。我们熟悉的解释是,在这里起作用的有两种不同的能力:理智确定“是什么”;意志确定“做什么”。程颐反对这种二分。第三章已经指出,在他看来,说一个人理解了道却不能践行道是一种自相矛盾。易言之,有德之人必然会行道德,而不能行道德的人仅仅是因为缺乏知识。当然,这里所讲的知识乃德性之知而非闻见之知。[69]

在笔者看来,知深则行当,这一看法比亚里士多德的知识与实践二分更为可取。不过,程颐是否真的持有这种看法,仍然没有定论。之所以有这样的困难,主要是因为他的名言:“涵养须用敬,进学则在致知。”[70]这并不是说涵养和进学是两件不同的事情,因为它们的源头是两个。就此而言,冯友兰误以为,程颐持一种不同于朱熹的观点,即知行二事有别(在冯友兰看来这是正确的观点)。[71]但是,正如第三章所详论,程颐确实和朱熹持同样的观点,认为深知必然导向道德实践,正如涵养有利于知识的积累。

一方面,诚然,在程颐看来涵养须用敬,但这并不意味着敬与知无关。何为敬?在程颐的哲学中,它有两个基本的含义。敬首先是虚和静:“敬则自虚静。”[72]这是说,应当倾空心中的私虑杂念。因此,他也认为,敬乃无己可克且复归于礼,因为需克之“己”正是这样的私心杂念。[73]只有克服私欲才能发现本心,而本心就是作为世界最高实在的道。其次,敬意味着心有所主。如何做到虚静?有意思的是,程颐并不认为我们应当心如空瓶。相反,要让它完全被“主一”(唯一的主人)即道所据。在程颐看来,“有主则虚，虚谓邪不能入。无主则实，实谓物来夺之。今夫瓶罂，有水实内，则虽江海之浸，无所能入”[74]。也就是说，私欲能侵入内心只是因为心无所主；就像水能进入瓶子，只是因为瓶子还没有充实。显然，人不知道，则心无所主；心无所主，则私欲扰其心；私欲扰其心，则德衰。正是在这一意义上，道德涵养也依赖于一个人对道的知，因为这种知对于敬来说极为重要。

一方面，涵养离不开学道；另一方面，我们必须小心避免以下看法：对程颐来说，致知可以离开涵养。例如陈荣捷就持这种看法。他对比了程颐和王阳明："程颐只是说真知可以导致行动，而没有像王阳明那样说行动也可以导致知识。"[75]这未免误解了程颐，因为他将进学(有待于致知)和涵养(有待于用敬)加以对照，并不是说致知可以离开涵养。如果一个人心中充满私欲，那么他就很难有对道的确知；就像如果一个人没有对道的确知，那么他就很难清除心中的私欲。致知在于格物，而程颐明确指出，"格物亦须积累涵养"[76]；另一方面，"存此涵养，久之自然天理明"[77]。事实上，正因为此，程颐才会有上文所讲的那种看法：依照礼的规则处理日常事务也是认识道的重要途径。

第六节 "交相养也"之为诠释学循环

笔者已经指出，程颐的诠释学是关于道的诠释学，而通向道的途径有多种。那么，这些不同的途径之间如何相互关联？一般来说，程颐似乎提供了两个明显矛盾的回答。一方面，他说，"格物穷理，非是要尽穷天下之物，但于一事上穷尽，其它可以类推……所以能穷者，只为万物皆是一理”[78]。程颐在这里似乎认为，所有不同的途径可以彼此独立自主地接近道。同样的道遍在于万物，因此只要于一物上穷道，就无须格其他物，而只需将道应用于其他物。但另一方面，在被问及只格一物是否足够时，程颐回答说，“怎生便会贯通？若只格一物便通众理，虽颜子亦不敢如此道。须是今日格一件，明日又格一件”[79]。关于这一点，他向我们提供了一些实际指导。他建议从容易的地方开始，尽管对一个人来说容易的地方对另一个人来说也许并不容易。例如，程颐认为，对古人来说，通过研究经典来理解道比较容易，而对于他那个年代的人来说，则通过对道的理解来研究经典比较容易。[80]在另外一处，他建议，如果循某一途径感到困难，那就应该换一途径试试；通过这个新的途径对道获得一定的理解之后，可以回到原来的途径，那时可能就不再那么困难了。[81]

那么，我们究竟应该遵循一条途径还是所有不同的途径去寻求道呢？有人认为，程颐的回答确实自相矛盾。[82]但是，如果我们注意到程颐提出上述观点的语境，那么这两个方面并非不能协调。关键是要区分，我们求道过程中理想（或假设）的状况和实际的状况。[83]当然，由于道完整地存在于每个事物，如果我们能够穷尽任何一个事物，那么就能完整地理解道。然而，必须认识到，程颐这是从理想的层面说。事实上，没有一个人能够真正穷尽任何一物；因此，唯一的选择是一物一物地去格，从而使得我们关于道的认知逐渐明晰起来。因此，如果我们谈论的是努力去理解道的实际状况而非理想状况，那么，用程颐的话来说，所有这些不同的途径乃“交相养之道也”[84]。如果某一途径可以让我们更好地接近道，那么，它也将有助于我们更好地通过其他途径来认识道。在这个过程中，我们能够对道有越来越清晰的理解。

这里也许我们会说，不管这个“交相养”在程颐哲学中的本义如何，它说的不过是所谓的“诠释学循环”；由于施莱尔马赫、海德格尔和伽达默尔等人的工作，“诠释学循环”已经是老生常谈了。或许如此。不过，我们也必须注意到，较之施莱尔马赫所讲的部分与整体之间的诠释学循环，或者海德格尔、伽达默尔所讲的此在的前理解和存在的展开之间的诠释学循环，程颐的诠释学循环宽泛得多。如上文所述，它涉及解释经典、读史、反省、观察外物和依五伦合礼行事等多个方面。事实上，可以说程颐的诠释学循环是由许多小循环构成的大循环。首先，经史之间存在循环：对经中所载之理的理解可以帮助我们更好地理解历史事件，而熟知历史事件可以帮助我们更好地理解经中所载之理。其次，读书与格物之间存在循环：书（包括经史）读得越多，格物（包括内在之物与外在之物）就越容易；格物越多，就越容易理解所读之书。再次，察外物与反省内心之间存在循环：由格外物而获得的知识越多，就越容易理解内心的真实本性；对内心的真实本性的理解越到位，就越容易洞察外物的根本之理。[85]最后，知道与行道之间存在循环：知道越切，德性越高；德性越高，知道越切。

通过这一系列的诠释学循环，我们越来越接近道。正是在此意义上，得道不能靠一朝顿悟，而只能在这个由各种求道的途径相互支持的开放的诠释学循环过程中逐步接近。实际上，我们说“逐步接近道”就已经是对道的一个误解。因为确切地说，道不是站在我们之外由我们去接近的东西；道就是我们求道的过程本身，或者说，道就是我们的接近方式。与道同一的圣人，不是在这个过程中止步的人。圣人之为圣人，是因为他们能够始终处于这个求道的过程中而无须强迫自己停顿下来。在这种意义上，通向道的种种途径不只是通向道的途径，好像一旦得道，我们就可以将其抛弃似的。事实上，它们与道无异，它们已经是道本身。无论是在字面意义上还是在哲学意义上，道就是道路。

第七节　结　　语

本章介绍了二程特别是程颐基于丰富的儒家经典解释经验所建立的诠释学理论，并且概述了它的三个独特特征。他们借助道这一概念把三个要素（作者本意、文本的客观意义和读者的前理解）统一起来，而这三个要素在其他诠释学理论中往往彼此冲突；他们开启了诠释学的本体论转向；以及他们强调诠释学实践的自我转化本质。这三个特征与他们对多重诠释学循环的确认是分不开的：学经与读史之间存在循环，读书与格物之间存在循环，格外物与反省内心之间存在循环，知道与行道之间存在循环。意识到任何关于诠释学理论的讨论都不可避免地是抽象的，笔者将结束这简短的一章。为了更好地理解二程的诠释学，附录一将通过实例（《论语》8.9 及 17.3 释）讨论他们（特别是程颐）的诠释学实践。

注释

① 参见 F. D. E. Schleiermacher, *Hermeneutics: The Handwritten Manuscripts* (Atlanta: Scholars Press, 1986); Yong Huang, "The Father of Modern Hermeneutics in a Postmodern Age: A Reinterpretation of Schleiermacher's Hermeneutics," *Philosophy Today* 40.2 (1996), pp. 251-262.

② Hans-Georg Gadamer, *Truth and Method*, trans. by Joel Weinsheimer and Donald G. Marshall (New York: Continuum, 1993).

③ 海德格尔对诠释学与本体论的关系作了这样的解释:"就其主题而言,现象学是关于存在物之存在的科学,即本体论。在说明本体论的任务时,我们就感到应当有一种基本本体论,它的主题是在存在论层面和存在者层面均具有独特性的存在物,即此在。只有这样,本体论才能面对其核心问题,即一般存在的问题。关于此在的现象学也是一种原始意义上的诠释学,即以上述这种解释为务。"参见 Martin Heidegger, *Being and Time* (New York: Harper and Row, 1962), pp. 61-62.

④ 因此,伽达默尔在其论文《诠释学作为一种实践哲学》的结尾指出:"我在这里谈论的诠释学是一种理论。我并不想通过谈论来解决任何关于理解的实际问题。诠释学所涉及的只是对于以下诸方面的理论态度:解释实践,对于文本解释,对于文本所解释的经验,对于我们通过交流而展示的对于世界之定向。"参见 Hans-Georg Gadamer, *Reason in the Age of Science* (Cambridge: MIT Press, 1981), p. 112.因此,"诠释学作为一种实践哲学"意味着,诠释学与伦理学相仿。它只告诉我们什么事情该做,但是,知道什么事情该做不能保证我们会去做这样的事情。

⑤ 周予同是研究中国诠释学史的权威。根据他的看法,从字源上看,"经"字与经典无关。只是到了战国末期,它才开始指经典。最早的用例见于《荀子》。至于儒家经典是哪几部书及有多少部书,在不同的时期有不同的说法:战国时期有六经,汉武帝时有五经,《后汉书》中有七经,《旧唐书》中有九经,唐文宗时有十二经,宋代有十三经,而清代则有二十二经。参见周予同:《中国经学史论著选集》(上海:上海人民出版社,1996 年),第 842—853 页。

⑥ 依冯友兰之见,在中国哲学史中,自孔子至淮南王为子学时代,自董仲舒至康有为为经学时代。参见冯友兰:《三松堂学术文集》(北京:北京大学出版社,1981 年),第 195 页。

⑦ [宋] 程颢、程颐:《遗书》卷第六,《二程集》,第 95 页。

⑧ [宋] 程颢、程颐:《遗书》卷第十八,《二程集》,第 193 页。

⑨ [宋] 程颢、程颐：《文集》卷第八，《二程集》，第 577 页。

⑩ [宋] 程颢、程颐：《遗书》卷第十八，《二程集》，第 182 页。

⑪ [宋] 程颢、程颐：《遗书》卷第十八，《二程集》，第 182 页。

⑫ [宋] 程颢、程颐：《遗书》卷第十八，《二程集》，第 184 页。程颢则说，"仁"的反面是肢体麻木："医书言手足萎痹为不仁，此言最善名状。仁者，以天地万物为一体。"参见[宋] 程颢、程颐：《遗书》卷第二上，《二程集》，第 15 页。为什么呢？在程颢看来，正如手足麻木没有感觉叫作不仁，一个人没有感觉到道也叫作不仁。参见[宋] 程颢、程颐：《遗书》卷第二上，《二程集》，第 33 页。因此，不仁也就是缺乏生命。二程的观点实际上是一致的。

⑬ [宋] 程颢、程颐：《周易程氏传》卷第一，《二程集》，第 764 页。

⑭ [宋] 程颢、程颐：《遗书》卷第二十二上，《二程集》，第 290 页。

⑮ [宋] 程颢、程颐：《遗书》卷第十五，《二程集》，第 149 页。

⑯ 在海德格尔看来，"存在者层面"指向特定存在者，而"本体论层面"指向存在者之存在（Being，也就是"去存在"的活动）。任何一个特定存在者都存在，但存在本身不是一个特定的存在者。人属于众多特定存在者之一，故而，任何关于人的概念都是存在者层面的概念。当然，海德格尔又指出，人是一种独一无二的存在者，他称之为此在（Dasein）。人就是能够朝向存在的存在者，因为只有人能够追问存在的意义。就此而言，本体论的基础是理解人。但是，这还不就是关于存在本身的本体论。参见 Martin Heidegger，*Being and Time*，pp. 33 - 35.

⑰ [宋] 程颢、程颐：《遗书》卷第二，《二程集》，第 13 页。

⑱ [宋] 程颢、程颐：《遗书》卷第二十二上，《二程集》，第 282 页。

⑲ 这里可能有一个问题：在什么意义上我们可以说，生生也是非生物的心、性、理、道？对此，程颐作了这样的解释："天下之理，未有不动而能恒者也。动者终而复始，所以恒而不穷。凡天地所生之物，虽山岳之坚厚，未有能不变者也，故恒非一定之谓也，一定则不能恒矣。唯随时变易，乃常道也。"参见[宋] 程颢、程颐：《周易程氏传》卷第三，《二程集》，第 862 页。

⑳ 在评论程颐的这一思想时，陈荣捷敏锐地指出，这样一种本体论的理解"把仁这个概念提升到了他那个时代最高的程度"，也代表了他对这个概念的独特理解。参见 Wing-tsit Chan，*A Source Book in Chinese Philosophy*，ed. and trans. by Wing-tsit Chan（Princeton：Princeton University Press，1963），p. 560.

㉑ [宋] 程颢、程颐：《遗书》卷第十八，《二程集》，第 209 页。

㉒ [宋] 程颢、程颐:《遗书》卷第一,《二程集》,第 2 页。程颢也持类似的观点:"道之大原在于经,经为道,其发明天地之秘,形容圣人之心,一也。"[宋] 程颢、程颐:《文集》卷第二,《二程集》,第 463 页。

㉓ [宋] 程颢、程颐:《遗书》卷第一,《二程集》,第 2 页。

㉔ [宋] 程颢、程颐:《遗书》卷第十五,《二程集》,第 158 页。

㉕ 我们都知道,程颐同其兄程颢是宋明理学的开创者。但这里看到,对于程颐来说,理学与经学不可分。这可以说是后来顾炎武所谓"理学经学也"的先声。

㉖ [宋] 程颢、程颐:《遗书》卷第六,《二程集》,第 95 页。

㉗ [宋] 程颢、程颐:《文集》遗文,《二程集》,第 671 页。

㉘ [宋] 程颢、程颐:《外书》卷第六,《二程集》,第 378 页。

㉙ [宋] 程颢、程颐:《遗书》卷第十八,《二程集》,第 232 页。

㉚ [宋] 程颢、程颐:《遗书》卷第二十五,《二程集》,第 319 页。

㉛ [宋] 程颢、程颐:《遗书》卷第十五,《二程集》,第 163 页。

㉜ [宋] 程颢、程颐:《遗书》卷第十九,《二程集》,第 254 页;《粹言》卷第一,《二程集》,第 1201 页;《经说》卷第二,《二程集》,第 1040 页。

㉝ [宋] 程颢、程颐:《遗书》卷第二上,《二程集》,第 13 页。

㉞ [宋] 程颢、程颐:《遗书》卷第二十二上,《二程集》,第 280 页。

㉟ [宋] 程颢、程颐:《遗书》卷第二十二上,《二程集》,第 284 页。

㊱ [宋] 程颢、程颐:《遗书》卷第十五,《二程集》,第 158 页。

㊲ [宋] 程颢、程颐:《粹言》卷第一,《二程集》,第 1207 页。

㊳ [宋] 程颢、程颐:《粹言》卷第二十二上,《二程集》,第 279 页。

㊴ [宋] 程颢、程颐:《遗书》卷第二上,《二程集》,第 13 页。程颐区分了古之学者与今之学者。在他看来,古之学者由经以识义理,今之学者却先须识义理,因为古之人对于作经的圣人知之甚多。参见[宋] 程颢、程颐:《遗书》卷第十五,《二程集》,第 164—165 页。

㊵ 参见[宋] 程颢、程颐:《粹言》卷第一,《二程集》,第 1185 页;《遗书》卷第十五,《二程集》,第 165 页。

㊶ [宋] 程颢、程颐:《遗书》卷第十八,《二程集》,第 188 页。

㊷ [宋] 程颢、程颐:《粹言》卷第一,《二程集》,第 1191 页。

㊸ 参见[宋] 程颢、程颐:《遗书》卷第二上,《二程集》,第 19 页;《外书》卷第九,《二程集》,第 401 页。需要注意的是,程颐在这里所论之史,主要是指《春秋》,而《春秋》本身也是一部儒家经典。不过,他的观点适用于一般意义上的历

史。原因在于：一者，《春秋》也是历史；二者，就在他说经以载道的时候，他又明确地说《春秋》有其用。当然，这并不是意味着程颐要贬低《春秋》的地位，也并不意味着《春秋》和其他史书无异。

㊹ [宋] 程颢、程颐：《易传序》，《二程集》，第 689 页。

㊺ [宋] 程颢、程颐：《遗书》卷第十八，《二程集》，第 232 页。

㊻ [宋] 程颢、程颐：《遗书》卷第十九，《二程集》，第 258 页；《遗书》卷第二十四，《二程集》，第 313 页。

㊼ [宋] 程颢、程颐：《遗书》卷第十九，《二程集》，第 258 页。

㊽ [宋] 程颢、程颐：《外书》卷第十，《二程集》，第 404 页。

㊾《孟子》，3a4。

㊿ [宋] 程颢、程颐：《遗书》卷第十五，《二程集》，第 144 页。

51 在这种意义上，程颐的观点近乎亚里士多德的美德观。一个人可以通过德行成为有德之人，虽然做了德行的人未必是有德之人。要成为有德之人，“行动主体必须在某些特定的状况下做具有美德的事：首先他必须理解其所做的事，其次他必须自己选择做这样的事，而且是因为这些事本身而选择做这样的事；再次，他的行动必须出于其坚定的不变的性格”。参见 Aristotle, *Ethica Nicomachea*; *Ethica Eudemia*; *and Magna Moralia*, in W.D. Ross (ed.), *The Works of Aristotle*, Vol. 9 (Oxford: Oxford University Press, 1915), 1105a30 - 35.

52 [宋] 程颢、程颐：《文集》卷第八，《二程集》，第 578 页。

53 [宋] 程颢、程颐：《遗书》卷第十七，《二程集》，第 175 页。

54 [宋] 程颢、程颐：《遗书》卷第一，《二程集》，第 3 页。

55 几乎所有类比都有限度，这个类比也不例外：固然无法在长安之外找到京城，但在自身之外发现道也是可能的。程颐在这里只是想说，既然道就在自身，那么在自身之内寻找道就更加恰当。这个思路当然在程颢那里甚至更清晰，后者的思想在阳明心学那里得到了充分的发展。程颢论仁，强调了孟子所讲的“万物皆备于我”。参见 [宋] 程颢、程颐：《遗书》卷第十一，《二程集》，第 129 页。他在复函表叔张载的时候也说，“道近求远，古人所非”。参见 [宋] 程颢、程颐：《文集》卷第二，《二程集》，第 461 页。

56 [宋] 程颢、程颐：《遗书》卷第十五，《二程集》，第 156 页。

57 [宋] 程颢、程颐：《遗书》卷第十八，《二程集》，第 204 页。

58 [宋] 程颢、程颐：《遗书》卷第二十五，《二程集》，第 316 页。

59 [宋] 程颢、程颐：《遗书》卷第二十五，《二程集》，第 321 页。

⑥⓪ 蔡方鹿认为,程颐这里的看法是:只要反身内求,就能获得人所固有的知识。参见蔡方鹿:《程颢程颐与中国文化》(贵阳:贵州人民出版社,1996 年),第 111 页。因此,蔡认为程颐持先天知识论。但重要的是,程颐讲的是认识的对象,也就是道,而不是我们关于道的知识。认识对象和知识之间的区分也可以回答葛瑞汉对程颐以下看法的质疑:心即理,即便还没有认识理。葛瑞汉认为,这是一个自相矛盾的命题。参见 A. C. Graham, *Two Chinese Philosophers* (La Salle: Open Court, 1992), p. 67.但是,我们应当看到,程颐上述说法中,第一个"理"是知识的对象,而第二个"理"是关于对象的知识。尽管认识对象就是主体(反思自身的心)本身,但这个主体完全可能不认识对象,也就是说,主体不认识自身。

⑥① [宋] 程颢、程颐:《遗书》卷第十八,《二程集》,第 195 页。

⑥② [宋] 程颢、程颐:《遗书》卷第十八,《二程集》,第 193 页。

⑥③ [宋] 程颢、程颐:《遗书》卷第二十五,《二程集》,第 317 页。

⑥④ 参见[宋] 程颢、程颐:《遗书》卷第十七,《二程集》,第 178 页。

⑥⑤ [宋] 程颢、程颐:《遗书》卷第十八,《二程集》,第 201 页。

⑥⑥ [宋] 程颢、程颐:《遗书》卷第四,《二程集》,第 71 页;《遗书》卷第十八,《二程集》,第 206 页。

⑥⑦ [宋] 程颢、程颐:《遗书》卷第一,《二程集》,第 2 页。

⑥⑧ [宋] 程颢、程颐:《粹言》卷第一,《二程集》,第 1187 页。

⑥⑨ [宋] 程颢、程颐:《遗书》卷第二上,第 16 页。萨特的看法与之相似:"选择这个或者那个同时也就在肯定我们所选择的东西的价值,因为我们从来不选择恶。我们永远选择善,而任何善,只有对于所有人是善时才是善的。"参见 Jean-Paul Sartre, *Existentialism* (New York: Philosophical Library, 1947), p. 20.换言之,在我们决定做什么事情时,我们始终决定做在我们看来是善的东西。因此,如果我们做的事情错了,那么我们有关的认识必定也错了。

⑦⓪ [宋] 程颢、程颐:《遗书》卷第十八,《二程集》,第 188 页。

⑦① 参见冯友兰:《中国哲学史新编》第 5 册(北京:人民出版社,1988 年),第 178 页。著名的儒家学者陈荣捷似乎也持类似的看法。在他看来,"程颐的说法与佛教所讲的定慧双修之间有着惊人的相似"。参见 Wing-tsit Chan, *A Source Book in Chinese Philosophy*, p. 562.温伟耀的看法比较持中。但他也认为,闻见之知只是提供了提升道德生命的契机,但提升道德生命并不是非得有闻知之知不可。参见温伟耀:《成圣之道:北宋二程修养功夫论之研究》(台北:文史哲出版社,1996 年),第 159 页。依笔者拙见,陈来的看法可能最

确：在程颐那里，格物也是一种修养的方法。参见陈来：《宋明理学》（沈阳：辽宁教育出版社，1991 年），第 113 页。

⑫ ［宋］程颢、程颐：《遗书》卷第十五，《二程集》，第 157 页。

⑬ ［宋］程颢、程颐：《遗书》卷第十五，《二程集》，第 157；《遗书》卷第十五，《二程集》，第 143 页。

⑭ ［宋］程颢、程颐：《遗书》卷第十五，《二程集》，第 169 页。

⑮ 参见 Wing-tsit Chan, *A Source Book in Chinese Philosophy*, p. 558.蔡方鹿和庞万里也持这样的看法。参见蔡方鹿：《程颢程颐与中国文化》，第 114 页；庞万里：《二程哲学体系》（北京：北京航空航天大学出版社，1992 年），第 170 页。他们的主要问题在于，把程颐以下两个观点彼此孤立起来：一方面，“须是知了方行得”（参见［宋］程颢、程颐：《遗书》卷第十八，《二程集》，第 187 页）；另一方面，处理人事可以致知。只有认识到，程颐在这里涉及知与行之间的诠释学循环（本章第六节论及此），我们才能确切地理解这两个看似矛盾的观点。

⑯ ［宋］程颢、程颐：《遗书》卷第十五，《二程集》，第 164 页。

⑰ ［宋］程颢、程颐：《遗书》卷第十五，《二程集》，第 169 页。

⑱ ［宋］程颢、程颐：《遗书》卷第十五，《二程集》，第 157 页。

⑲ ［宋］程颢、程颐：《遗书》卷第十八，《二程集》，第 188 页。

⑳ ［宋］程颢、程颐：《遗书》卷第十五，《二程集》，第 164—165 页。

㉑ 参见［宋］程颢、程颐：《遗书》卷第十八，《二程集》，第 186—187 页。

㉒ 例如，潘富恩就认为，如果必须格万事万物并有广博的知识才能明理，那么我们就不能说条条道路通罗马；如果只要知道一草一木之理就足以推至万事万物，那么就没有必要有广博的知识。参见潘富恩：《程颢程颐评传》（南宁：广西教育出版社，1996 年），第 109 页。

㉓ 由于没有认识到实际状况和理想状况二者之间的区别，包弼德（Peter Bol）也认为，程颐对道的理解是某种直觉，颇似佛教的顿悟。参见 Peter Bol, *This Culture of Ours: Intellectual Transitions in Tang and Sung China* (Stanford: Stanford University Press, 1992), pp. 320 - 321.葛瑞汉也持这种看法。他把程颐的观点联系到禅宗讲的顿悟。参见 A. C. Graham, *Two Chinese Philosophers*, p. 78.

㉔ 程颐本用“交相养也”解释内在方法（反省自心）与外在方法（考察外物）之间的关系。参见［宋］程颢、程颐：《遗书》卷第二上，《二程集》，第 34 页。依笔者之见，我们可以把“交相养”宽泛地应用到他所提到的各种不同途径之间的关

系上。

⑧⁵ 葛瑞汉认为，程颢主要感兴趣的是察内心，而程颐主要感兴趣的是察外物。这种观点在一定程度上是正确的。但更妥当的说法也许是，程颐比其兄对察外务更感兴趣，而程颢比其弟对察内心更感兴趣。不过葛瑞汉正确地指出，这两种途径并不矛盾。参见 A. C. Graham, *Two Chinese Philosophers*, p. 75.

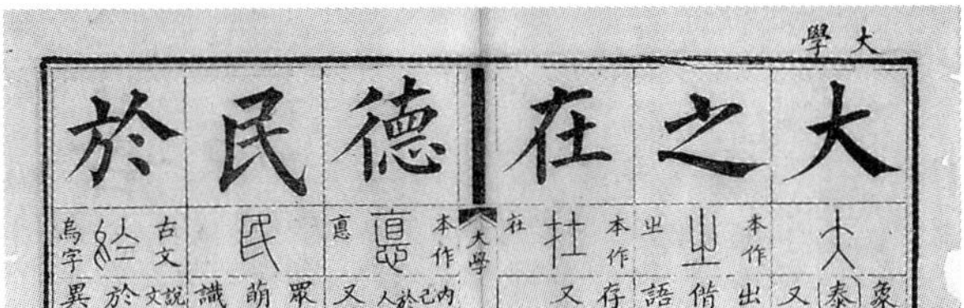
大學

大 象人形 泰箇同 又通太 學

之 本作㞢 出也後借爲助語支 道

在 本作𡉈 在 存也賄 又隊異 明

大學

德 本作悳 悳 內得於己外得於人也職 又寘異 親

民 衆萌也 萌而無識也眞 止

於 古文 爲字異 說文訓于 於魚虞 至

附录

附录一　以理学诠释学解经举隅：程颐对《论语》8.9及17.3的哲学解释

一、引言

第七章讨论了程颐理学进路的道德诠释学，其核心特征之一为多重诠释学循环。为了展示理学诠释学到底是如何进行的，本附录将讨论程颐如何解释《论语》中的两章："民可使由之，不可使知之"[①]，"唯上智与下愚不移"[②]。这两章在义理上相互关联，同时又极具争议。批评孔子的人认为，这两章证明了孔子提倡愚民政策；捍卫孔子的人往往认为，这只是孔子哀叹民愚的事实。因此，双方似乎一致认为百姓是愚昧无知的，分歧仅在于百姓原本就无知（民愚）还是被统治者变得无知（愚民）。但在程颐看来，这两种理解都没有把握孔子的真正意旨，因为它们都只是对这两章作了字面的解释，而对儒家经典所承载的圣人的规范性原则缺乏一般性的理解。下面，笔者将把程颐对这两章的哲学解释与人们的通常解释加以对照，从而说明程颐的解释的高明之处。

二、对《论语》8.9的通常解释

"民可使由之，不可使知之"，这句话中"使"字的意思很清楚，关于两个动词"由"和"知"的意思人们也没有多少实质性的分歧（尽管笔者在后面将说明，程颐解释的最鲜明的特点在于他对"知"字的独特解释），而人们也普遍认为，"之"作为两个动词的宾语,指的是“道”。略有争议的是“民”字。有时它被广义地解释为“人”[③],有时它被狭义地理解为孔子弟子中除了精通六艺的七十二贤以外的其他人[④];但更常见的解释则是指被统治的老百姓。尽管对“民”字有不同的解释,但似乎这并非争议之关键所在。由于这个句子使用的是被动语态,所以要理解“民”之所指就要把它与“可”使民由之而“不可”使民知之者联系起来。虽然对于后者究竟何指或许也有争议,可以确定的是,他们一定是不仅“由之”而且也“知之”者,即不仅从“道”而且也知“道”者。这样一来,这里的“民”不管具体所指为何,必定是既不从“道”也不知“道”者。因此,问题仍然是为何“民”可使由之而不可使知之,即为什么“可”使民从“道”而不可使民知“道”。理解这句话的关键是,“可”(“不可”)到底是指能够(不能够)还是允许(不允许),因为这个词本身就有这两种含义。

取“可”之“可以(允许)”之意,《论语》的这句话可以理解为:允许“民”从道,但不允许“民”知道。上文提到,很多批评孔子和儒家的人采用此说。[⑤]不过,赞同孔子的注释者也有采用这种解释者。例如,清代学者颜习斋(1635—1704)不仅为这种解释辩护,而且反驳了将“可”解释为“能够”。按照他的观点,一旦民知道[⑥],

> 则离析其耳目,惑荡其心思,此不可使知也。后儒圣学失传,乃谓不能使之知,非不使之知,于是争寻使知之术,而学术治道俱坏矣。

晋代学者张凭在其《论语注》中更是将这种解释联系到孔子对为政以德和为政以刑的区分：[7]

> 为政以德，则各得其性，天下日用而不知，故曰可使由之。若为政以刑，则防民之为奸，民知有防而为奸弥巧，故曰不可使知之。言为政当以德，民由之而已；不可用刑，民知其术也。

森舸澜在其《论语》英文译注中也持此见，认为它"符合《论语》2.3的精神，如孔子所言，道之以政，齐之以刑，民免而无耻"[8]。

然而，这种解释至少有两个问题。第一，从语言上看，它对这一章中出现两处的"之"字作了两种不同的解释。作为"由"的宾语，"之"意为道或"德"；而作为"知"的宾语，却意为"刑"。但是，原文本身似乎是要在"由之"与"知之"之间形成鲜明对比。这样两个"之"字显然指同一东西。第二，从哲学上看，这样的解释等于说孔子提倡愚民政策。陈大齐(1886—1983)已指出，这一解释与孔子的思想相抵触。孔子在子罕篇及宪问篇内两次说到"知者不惑"。在此原则之下，除非愿意将老百姓长处于迷茫之中，孔子不会不愿意老百姓转愚为智。[9]换言之，如果我们接受这样的解释，就只能说孔子或者《论语》自相矛盾。[10]在陈大齐看来，这里的"可"意味着一种能力，而"不可"则表示能力的缺乏，因此《论语》这一章实际上应当解作老百姓"能"从道但"不能"知道。[11]这是我们需要考察的第二种通常解释。

因此，大多数注家不把“可”解释为“可以（允许）”，而是解释为“能够”。问题是为何不能使民知某些事情。典型的回答是普通人缺乏知“道”的理智能力。例如，汉代学者郑玄（127—200）在其《论语注》中就说过：“民，冥也，其见人道远。”[⑫]清代学者赵佑在其《四书温故录》中尽管没有认为民远人道，但也认为民是愚笨的：“民性皆善，故可使由之。民性本愚，故不可使知之。王者为治但在议道自己，制法宜民，则自无不顺。”[⑬]很多当代学者也持类似观点。例如，刘殿爵（D. C. Lau）认为：[⑭]

> 孔子并没有掩饰这样一个事实：在他看来，老百姓的理智能力十分有限。他说，“民可使由之，不可使知之”（《论语》8.9）。他们从不在学习方面费力费神，因此无法理解为何被引导走上一条特殊的道路……孔子持这样的看法不足为奇……老百姓在智力上有巨大的缺陷。他们罕有这样的能力，实际上也一直没有获得能力的机会。即使偶尔既有能力又有机会，他们也吃不了苦。[⑮]

虽然这是一种相当普遍的解释，但很难断定这确实是孔子自己的意思。《论语》15.39 中有一句非常著名的话，“有教无类”，不分贫富、贵贱、智愚。[⑯]如果孔子确实认为民愚而不能知“道”，那么他就应当说教育只应提供给理智能力高的人。可实际上，他非但没有这么说，而且还用自己的教育事业提供了相反的例证。尽管我们没有完全可靠的资料来源[⑰]，但我们确实可以从《史记》

《吕氏春秋》及《论语》的某些篇章中了解到，子路原是“野人”，子贡经商，仲弓的父亲是“贱人”，鲁人子张家庭出身低贱，而颜涿聚曾为盗。[18]事实上，孔子的弟子很少来自富人或贵族家庭。如果孔子知道不可能让这些人知“道”，那么他教这些人就是在浪费时间。孔子当然没有浪费时间。子路、子贡和子张都属于孔子最有成就的弟子。当代著名的儒家学者徐复观认为，孔子对中国文化所作的最重要的贡献之一，在于他“打破了一切人与人的不合理的封域，而承认只要是人，便是同类的，便是平等的理念”[19]。徐复观还证之以《论语》18.6：“鸟兽不可与同群，吾非斯人之徒与而谁与?”按照徐复观的看法，孔子这里仅仅把人与兽分开而没有在人与人之间作进一步的区分。

为此，也许有必要看一下《论语》7.7：“自行束脩以上，吾未尝无诲焉。”对这句话的一般解释是，只要带点小礼物作为学费，孔子就愿意收其为学生。按照皇侃(488—545)等人的看法，这里的“束脩”一词是指十条一捆的干肉(“脩”指干肉，“束”指十条)。清代学者毛奇龄(1623—1716)在《四书剩言》中认为，“束脩”是士大夫出境聘问时携带的小礼物。[20]如果是这样，批评孔子并不真正主张有教无类似乎是对的，因为他至少在财产上限制了接受教育的机会：十块干肉对于士大夫来说是小礼物，而对于当时的穷人而言它可不算小(即便是在今天，对于边远地区的穷人来说也是如此)。[21]如果孔子拒绝教导没有奉上束脩之礼的人，那的确和《论语》15.39他“有教无类”的主张相悖。不过，对“束脩”的另外一种解释可以避免这一矛盾。例如，清代学者方观旭在其《论语偶记》中引了郑玄的解释：所谓“束脩”，“年十五以上也”。他还征引了《盐铁论》与刘向（前77—前6）《列女传》、《后汉书》中的用例作为旁证。[22]清代学者黄式三（1789—1862）在其《论语后案》中也采用这种解释。[23]按照这种解释，《论语》7.7孔子所谓“自行束脩以上，吾未尝无诲焉”，是说他不拒绝教十五岁及以上的任何人。李泽厚是当代少数认同这种解释的学者之一。他认为，这个说法与《论语》2.4中孔子所说的“吾十有五而志于学”相一致。[24]

对《论语》8.9的上述两种通常的解释关注“可”与“不可”的两种不同含义，但它们似乎都未能与孔子的总体思想相一致。于是，一些学者试图通过重新断句的方法提供合理的说法。以上两种通常的解释都依据传统的断句，即“民可使由之”与“不可使知之”相对照。清代学者宦懋庸在其《论语稽》中使用了不同的断句：“民可，使由之；不可，使知之。”如果老百姓赞成（政府提出的规则），就让他们遵循之；如果老百姓不赞成，那么就让他们知道。这种解释有一定的道理，但正如杨伯峻所指出，这样断句不合语法，因为两个动词“使”均缺乏宾语（“民”）。如果孔子真的要表达宦懋庸所讲的意思，他会说“民可，使之由之；不可，使之知之”[25]。发明新的断句方式最近已成为当代中国学者合理解释《论语》此章的一个流行程式。这里是几个较具代表性的例子：①“民可使，由之；不可使，知之”：“如果人民有足够的知识能力行事，则应顺其自然，如果没有，则应进行教化”[26]；②“民，可使由之，不可使知之”：“对于民众，应该用（德）引导他们，不应该用（德）强制他们”[27]；③“民可使，由之不可，使知之”，意思是“老百姓是可以驱使的，但是却不可以让他们放任自流，要让他们懂得道理才行”[28]；④“民可使由之？不，可使知之”，意思是“老百姓可以放任不管吗？不，还是要进行教育”。[29]值得注意的是，所有这些新的解释都是在当代中国的语境中提出的，许多儒家学者试图通过这一做法摆脱“文革”反孔运动的阴影，恢复真正的儒家精神，提升孔子的正面形象。因此，他们都试着为这一难解的章节提供可被接受的解读。然而，所有这些新的断句方式都牵强不可信，不同断句者之间的互相批评也清晰地揭示了这些解释的弱点。正是在这样一种关系中，我们才能更好地理解程颐对《论语》此章所作的哲学阐释的意义，而他也力图在一个深受佛教影响的社会弘扬儒学。

三、程颐对《论语》8.9的解释

程颐的学生就《论语》8.9求教于他：“‘民可使由之，不可使知之’，是圣人不使之知耶？是民自不可知也？”[30]显然，学生希望程颐在上节所论及的两种通行的解释之间作出选择：是百姓不被允许知道，还是百姓没有能力知道。程颐回答道：“圣人非不欲民知之也。盖圣人设教，非不欲家喻户晓，比屋皆可封也。盖圣人但能使天下由之耳，安能使人人尽知之？此是圣人不能。”[31]看上去，程颐与那些把“可”解释为“能够”的人见解完全一致，认为不是圣人不想让百姓知道，而是百姓自身无法知道。[32]这也是人们对程颐的通常理解。朱熹《论语集注》引用了程颐一段相近的文字，程颐的观点因此广为人知。朱熹在引程子之前加了自己的解释："民可使之由于是理之当然，而不能使之知其所以然也。"[33]显然，他试图解释百姓所不能知的是什么。"所以然"比"当然"更难以理解，普通百姓缺乏理解它的能力。[34]

不过，程颐在回答学生的问题时说"此是圣人不能"，而不是简单地从圣人不想让百姓知道或百姓不能知道中选择其一。这是最有意思的地方。我们前面提到，"不可"可以理解为"不允许"或"不能"。毫无疑问，程颐将"不可"解释为"不能"。但迄今为止我们尚未留意以下事实：在一个被动语态的否定句中，如"甲不能被乙促使做某件事情"，"不能"的原因可以是甲缺乏做某件事情的能力，也可以是乙缺乏使甲做某件事情的能力。因此，民"不可使知之"，可能是因为百姓确实缺乏"知之"的能力，也可能是因为圣人缺乏使百姓"知之"的能力。也许持后一种看法似乎贬低圣人，几乎所有释"不可"为"不能"的注家都认为是百姓缺乏"知之"的能力。然而，在上面的引文中，程颐明确指出，民不可使知之是因为"圣人不能"。倘若如此，我们是否同意庞朴（1928—2015）的说法，程颐虽然不认为"民愚"，却认为"圣人自愚"？[35]

要回答这个问题，重要的是要理解程颐为何认为圣人缺乏使民知"道"的能力；而要回答这一问题，需要注意程颐对闻见之知和德性之知的区分。我们已在第三章指出，这两类知识之间的重要差异在于，闻见之知是浅知，因为它无法引导我们做出相应的行动，而德性之知是深知，因为它会引导我们做出相应的行动。显然，在程颐看来，圣人不能使百姓获得的不是闻见之知（百姓可以被教以这种知识），而是德性之知（引导人们做出恰当行动的知识）。那么，为何圣人不能使百姓获得德性之知？按照程颐的观点，闻见之知是外在知识，而德性之知则是来自一个人内心体验的内在知识。因此，他认为："大凡学问，闻之知之，皆不为得。得者，须默识心通。"[36]在他看来，"默识心通"是不容易的："学为易，知之为难。知之非难也，体而得之为难。"[37]这里，一个人可以借以获得德性之知的"体"，对于程颐来说是一个极为重要的概念。"体"兼有动词和名词的双重功能。作为名词，它指的是心，即孟子所说的"大体"，与作为生理意义上的身体即"小体"相对。作为动词，它指的是心的活动。因此，德性之知就是一个人从整个心——既包括理智功能也包括情感功能——出发所获得的知识。

现在我们就能更好地理解圣人为何缺乏使民知"道"的能力了。百姓需要的知识是关于道的知识，即程颐所谓的德性之知。不同于闻见之知，获得德性之知不仅需要理智的理解而且需要内心的体验，虽然这二者仅仅是同一个心的两个不同功能。圣人当然可以向百姓传道，百姓也可能在理智上理解这样的教导。但是，除非百姓能自己在内心中对道有所体验并进而乐于依之而行，否则圣人的教导对百姓来讲仍不过是闻见之知。我们已在第三章中强调过，德性之知的性质决定了它不可教只可自得。因此，自得成了程颐最为重要的思想之一。在他看来，"学莫贵于自得，得非外也"[38]。当然，自得并不意味着人不需要受教。关键在于，如果自己内心没有体验到别人所教的东西，那它还只是信息——即使你完全理解了它，仍不会准备依之而行；换言之，它还仍然是闻见之知。为了使所教的知识成为自己的知识,成为自己不仅理解而且完全相信的知识,成为自己准备随时加以实践的知识,就必须通过自得。经典中蕴含着圣人的教诲,因此“为学,治经最好”,但另一方面,程颐接着说:“苟不自得,则尽治《五经》,亦是空言。”[39]在被问及学习者如何自得时,程颐回答道:“但将圣人言语玩味久,则自有所得。当深求于《论语》,将诸弟子问处便作己问,将圣人答处便作今日耳闻,自然有得。”[40]

因此,按照程颐的观点,《论语》8.9要讲的,不是不允许百姓知“道”,而是不能使其知“道”;百姓不能知“道”,不是因为百姓缺乏知“道”的能力,而是因为圣人缺乏使百姓知“道”的能力;圣人之所以缺乏使百姓知“道”的能力,不是因为圣人无能,缺乏应有的能力或知识,而是因为这里关涉到的那类知识是德性之知,而德性之知依其本性只能靠每个人自得。如果这样理解,按照程颐的看法,让圣人使百姓知“道”就是让圣人去做逻辑上不可能之事:给百姓提供某种依**其**本性只能由百姓自得的东西。这样的解释当然言之成理。不过,在我们结束程颐对《论语》8.9的探讨之前,有必要对可能的异议作点讨论。对于程颐的儒家经典阐释,有一普遍的疑虑:程颐没有作仔细的文本分析,而只是赋予文本一些一般性的哲学概念。例如,就《论语》8.9而言,可能有人会说,程颐所用的核心概念如“德性之知”“自得”等均不见于《论语》。作为回应,我们的确要承认孔子没有明确区分闻见之知与德性之知。但是,以下说法大概不会有人反对:在孔子那里,关于道的知识不仅是理智知识,而且是会促使我们去据以行动的知识。这可以从“知”与“仁”“义”的密切联系中清楚看出来。有弟子请教何为“知”，孔子回答说：“务民之义……可谓知矣。”[41]在孔子看来，知必须与义的道德行动联系在一起。一方面，他认为知者必择仁。因此，他说，“择不处仁，焉得知”[42]，而“知者利仁”[43]。另一方面，他说仁者必有知：“未知，焉得仁。”[44]孔子哀叹“知德者鲜矣”[45]，他显然不是哀叹鲜有对“德”有所耳闻甚至理解的人，而是哀叹鲜有能践德的人。在这一意义上，可以说程颐的“德性之知”思想在《论语》中是有渊源的。[46]

接下来，我们再来看程颐的“自得”思想。为了获得德性之知，程颐认为我们不能依赖闻见，而是要“默识心通”。这里的“默识心通”源于《论语》7.2 的“默而识之”。孔子说，默而识之是他自己拥有的一种能力。程颐解释说，孔子用“默识”表示“有诸己”。[47]这里的“默识心通”和“默而识之”与程颐取自孟子的“自得”概念紧密相连。[48]诚然，《论语》中没有自得概念，但程颐认为，这一概念已隐含其中。在《论语解》中注解《论语》7.8 时他进一步指出：“‘不愤不启，不悱不发’，待其诚至而后告也。‘举一隅，不以三隅反，则不复也’，既告之，必待其自得也。”[49]在另外一处解释同一章节时，程颐强调“思”的概念：“孔子教人，‘不愤不启，不悱不发’。盖不待愤悱而发，则知之不固，待愤悱而后发，则沛然矣。学者须是深思之。”[50]学者要深思，因为思是自得的关键。当被问及如何可以自得时，程颐简单地回答说：“思。”[51]在他看来，正是因此孔子才说“学而不思则罔，思而不学则殆”[52]。对于程颐，思不仅意味着理智思考，而且还包括内在的反省体验。虽然他有时将“思”和“虑”合而用之，但还是将二者作了区分。在他看来，自得靠思，而“得而后动，与虑而后动异。得在己，如自使手举物，无不从。虑则未在己，如手中持物以取物，知其不利”[53]。

四、对《论语》17.3的通常解释

上文就程颐对《论语》8.9的解释作了讨论。在程颐看来，该章并不是说民愚不足以知道，或圣人没有能力使民知道，而是说关于道的知识依其本性必须靠学者自得。倘若如此，问题便在于是否每个人都有能力自己获得关于道的知识？表面看来，孔子在《论语》17.3中持否定意见，他说：“唯上智与下愚不移。”因此，有必要将程颐对该章的解释与其对8.9的解释放在一起探讨。为了更好地领会程颐解释的独特性，我们先从对该章的传统解释及其缺陷入手。

在解释该章时，一个争议的问题是，孔子所说的“智”和“愚”究竟是理智能力还是道德品性？清代学者阮元（1764—1849）在《论性篇》中指出，这里的“智”“愚”不是指人性的善恶，而是指智力的高下：“然愚者非恶也，智者善，愚者亦善也。”[54]陈大齐在解释这段话时，把它与《论语》16.9所讲的生而知之者、学而知之者、困而学之者和困而不学者的区分联系起来，认为孔子的要旨在于阐述先天智力的等级：“生而知之者”天生具有最高的智力，“学而知之者”的智力较差，“困而学之者”和“困而不学者”则智力低下。[55]杜维明持相同观点，他在评论“唯上智与下愚不移”章时说道：[56]

这不是说儒家特别强调“上智”和“下愚”，而是说“上智”和“下愚”不在其考虑之列，因为“上智”在人口中的比例极少，可能就只是尧、舜、禹、汤、文、武那样的人；“下愚”则是指根本无法反思、无法过自己生活的人。用当代生理学、心理学的术语来讲，他们是弱智者或者甚至是智障人士。绝大多数人，包括孔子本人在内，都位于“上智”和“下愚”之间。

依笔者之见，从智力上来理解“智”和“愚”未必正确。“知”是《论语》的一个重要概念，但孔子的兴趣在道德知识。道德知识当然也依赖智力，但每个人都具有获得道德知识的智力。就此而言，一方面，获得德性之知要比获得像科学知识这样的知识容易，因为每个人天生具有获取德性之知而不是科学知识的能力；另一方面，获得德性之知要比获得科学知识更困难，因为德性之知要求心的理智功能和情感功能通力合作。[57]笔者认为从德性而非智力出发理解“智”和“愚”更恰当。事实上，多数注家持这样的观点。例如，汉代学者贾谊（前200—前168）和王充（29—97）都认为“智”指善人，“愚”指恶人。清代学者李中孚（1627—1705）在《四书反身录》中详细阐明了这种观点：[58]

上知明善诚身，之死靡他；下愚名利是耽，死而后已，非不移而何？迟钝人能存好心，行好事，做好人，虽迟钝亦是上知。明敏人若心术不正，行事不端，不肯做好人，即明敏亦是下愚。

从德性而非智力角度理解“上智”和“下愚”，多数注家会联系《论语》中的另外两章。其一是前面提到的《论语》16.9：“生而知之者上也，学而知之者次也；困而学之者又其次也。困而不学，民斯为下矣。”比如，清代学者孙星衍（1753—1818）在其《问字堂集》中指出，《论语》17.3 中所说的“上智”和“下愚”，分别指的是“生而知之者”和“困而不学者”。“学而知之者”与“困而学之者”处于上智和下愚之间，是中人。“中人”是相关另一章 6.21 中提到的一个概念：“中人以上，可以语上也；中人以下，不可以语上也。”有了上智、下愚和中人这三类人的区分，注家通常在解释 17.3 时会联系它前面一章 17.2“性相近也，习相远也”。这两章之间的联系确实很明显，有些注家甚至认为它们原本就是一章。问题是如何理解它们之间的联系。依照通常的解释，“性相近也，习相远也”涉及的是属于多数的中人，他们可以依靠个人的努力变善或趋恶，而“唯上智与下愚不移”所指的则是属于少数的两个极端，即不会趋恶的“上智”和不能变善的“下愚”。根据这一理解，可以说“性相近也，习相远也”提供了一般原则，即人们能够依靠自己的行为变善或趋恶，而“唯上智与下愚不移”则提供了限定这一一般原则的两种例外，即天性不会被其行动而改变的两种人。

为了使这一解释说得通，注家自然（虽然有点出人意料）会把孔子刻画成既不是孟子那样的性善论者，也不是荀子那样的性恶论者，抑或公孙尼那样的性有善恶论者，而是“性三品说”的倡导者：有的人性善（上智），有的人性恶（下愚），还有的人性兼善恶（中人）[“性三品说”在董仲舒（前 197—前 104）和韩愈那里得到

更为充分的发展]。例如,黄式三认为:[59]

> 三品之论,以性善,故有瞍鲧之父而子舜禹;以性恶,故有尧舜之父而子朱均;以性善恶混,故有中人。夫子言中人,谓性善恶混者也,即性相近而习相远者也。中人以上是上知,以下是下愚。

他还进一步认为,孔子在《论语》17.2中所坚持的是,"性有上智之不移于恶,有相近之中人本善而可移于恶,有下愚之不能移于善"[60]。王充也认为:[61]

> 孔子曰性相近也习相远者也,夫中人之性,在所习焉。习善而为善,习恶而为恶也,至于极善极恶,非复在习,故孔子曰唯上智与下愚不移。性有善不善,圣化贤教不能复移易也。

皇侃在《论语义疏》中进一步说明了"性三品"是如何产生的。在他看来,人禀气而生:[62]

> 气有清浊,若禀得淳清者,则为圣人;若得淳浊者,则为愚人。愚人淳浊,虽澄之亦不清;圣人淳清,搅之亦不浊。故上圣遇昏乱之世,不能挠其真,下愚值垂尧叠舜,不能变其恶。故云曰唯上智与下愚不移也。而上智以下,下愚以上……其中亦多清少浊,或多浊少清,或半清半浊,澄之则清,搅之则浊,如

此之徒，以随世变改，若遇善则清升，逢恶则渣滓。[63]

虽然这一解释似乎有些道理，但也使我们立即有所警惕：这种解释建基于以下假设，即孔子主张"性三品说"。倘若如此，正统的儒家理论就应该是这种特别的"性三品说"，而不是更有影响力的孟子的性善论或荀子的性恶论。[64]众所周知，与后世儒家不同，孔子本人并没有明确主张性善、性恶或性有善恶。《论语》中只有两处提到"性"，唯有"性相近也，习相远也"这一处清晰地表达了对性的看法。（另一处在《论语》5.13，学生子贡抱怨说："夫子之言性与天道，不可得而闻也。"[65]）不过，这并不意味着孔子没有人性学说。要理解孔子关于人性的观点，"性相近"的说法的确十分重要。这里，他没有说"一些人"或"大多数人"性相近。这样至少表明"性三品说"不可能正确，因为我们不可能认为三种不同人性的人是"近"的。但这里孔子也没有说性如何相近。因此，为了准确理解"性相近"说，更重要的是要将它关联到《论语》的一般思想。在这一方面，笔者同意徐复观的观点。在对先秦人性论的研究中，他认为孔子事实上持性善论，因为，

孔子是认定仁乃内在于每个人的生命之内，所以他才能说"仁远乎哉？我欲仁，斯仁至矣"（述而），及"为仁由己"的话……孔子既认定仁乃内在于每一个人的生命之内，则孔子虽未明说仁即是人性……他实际是认为性是善的。[66]

此外，据说孔子还主张“仁者人也”[67]。这里，孔子将“仁”看作人的决定性特点。在这一意义上，笔者认为至少在人性问题上孟子的性善论比其他理论更能代表孔子的意见。[68]

五、程颐对《论语》17.3的解释

程颐也在德性而非智力意义上理解智和愚。换言之，智是善人，而愚是恶人。一个人在道德上的善与其智力没有关系。一方面，善人未必智力高，“虽昏愚之至，皆可渐磨而进也”[69]；另一方面，恶人未必智力低，“然天下自弃自暴者，非必皆昏愚也，往往强戾而才力有过人者，商辛是也”[70]。虽然程颐承认有善人有恶人，但他认为二者的区分与人性无关。因此，他反对性三品说。在他看来，“人之性一也”[71]。而且，他还主张孟子的“人性本善”[72]。在他看来，“孟子所以独出诸儒者，以能明性也。性无不善……性即是理，理则自尧、舜至于涂人，一也”[73]。在他看来，《论语》17.3所提到的上智与下愚的区别并不在人性之别，因为在人性上他们是一样的，正如孔子《论语》17.2所说的“性相近也”。在这一方面，上智下愚出生时并无区别：“人自孩提，圣人之质已完。”[74]既然上智下愚一样人性本善，“下愚非性也，不能尽其才也”[75]。这里程颐提及孟子说的“求则得之，舍则失之，或相倍蓰而无算者，不能尽其才者也”[76]。按照程颐的观点，孟子之“四端者便是为善之才，所以不善者，以不能尽此四端之才也”[77]。因此，上智与下愚的区别是由他们是否努力尽其才而导致的。上智者智，因为他们尽其才；下愚者愚，因为他们不尽其才。这样就产生了一种对于

《论语》17.2（“性相近也，习相远也”）与17.3（“唯上智与下愚不移”）之间联系的新理解。按照通常的理解，“性相近，习相远”是一般原则，上智与下愚之间的区别则提供了对一般原则的某种限制。这样一来，不仅上智和下愚之间性不相近，而且他们跟常人之间也是性不相近。然而，按照新的理解，17.3不是限定17.2所讲的人，而是进一步说明了本性相同的人怎么在实践过程中就变得不一样了，怎么就有了上智与下愚之别。换言之，《论语》17.3所讲的“上智”和“下愚”属于17.2所讲的“人”的一部分，而不是它的例外。

这样，程颐将孔子的“下愚”解释为自暴自弃者。在被问及为何有人不能迁善时，程颐回答道：[78]

> 人性本善……语其才则有下愚之不移。所谓下愚有二焉：自暴也，自弃也。人苟以善自治，则无不可移者，虽昏愚之至，皆可渐磨而进也。唯自暴者，拒之以不信；自弃者，绝之以不为；虽圣人与居，不能化而入也，仲尼之所谓下愚也。

在程氏看来，自暴和自弃是道德修养两个最大的敌人。只要人们认为自己不能成为上智而且也不努力成为上智，则他们永远不会成为上智。因此，“行之失，莫甚于恶，则亦改之而已矣。事之失，莫甚于乱，则亦治之而已矣。苟非自暴自弃者，孰不可与为君子？”[79]程颐所说的自暴自弃者正是孔子所说的困而不学者。不过需要指出的是，尽管按照通常的解释，下愚也常常被认为是困而不学者，但注家往往没有注意到，孔子并没有说困而不学者是愚而不能学,而只是说他们**不**学。因此,孔子也没说,即使他们开始学习也不能改变。

相比之下,程颐将"上智"理解为获得德性之知而非闻见之知的人,无论他是生而知之,还是学而知之,抑或困而学之。值得注意的是,对于程颐来说,上智不仅仅是生而知之者。一方面,这是因为在他看来,重要的是获得必要的道德知识,而如何获得这样的知识并不重要。因此,他反复指出,"生而知之,与学而知之,及其成功一也"[80]。另一方面,尽管程颐并不否认有生而知之者,但他更强调学的重要性。因此,他虽然承认孔子是生而知之者,但又说,即使如此,"何害于学"[81]。有时他对学而知之的重要性极为强调,以至于几乎无视生而知之。程颐对生而知之者的态度与孔子的非常相似。程颐和后儒常把孔子看作生而知之者,而孔子自己却否认这一点。正如蔡尚思(1905—2008)所指出的,"孔子自己也未必相信真有'生而知之者',证据就是他不但叹息不得见'圣人',不但否认自己是天生圣者,而且还明白承认自己不是'生而知之者'"[82]。

有了这样一种对上智和下愚的理解,我们就可以理解程颐对"唯上智与下愚不移"的解释。表面上,程颐似乎简单地否定了孔子的这句话。例如,他在被问到"愚可变否"时,直截了当地回答道:"可,孔子谓上智与下愚不移,然亦有可移之理……道佗不可移不得,性只一般,岂不可移?"[83]《论语》6.21 中,孔子说"中人以上可以语上也,中人以下不可以语下也"。这里他区分了三种人,即中人以上、中人及中人以下。程颐认为这是一种才而非性上的区分。接着，当有人追问“然则中人以下者终于此而已乎”时，程颐答道：“亦有可进之道也。”[84] 由于这个原因，元代学者陈天祥（1230—1316）在其《四书辩疑》中反对程颐说：“孔子以下愚为不移，程子以至愚为可移，程子之言果是，则孔子之言非矣。”[85]

然则，程颐并不认为他在反对孔子。相反，在他看来，他只是根据孔子试图传达的一般原则来给《论语》这一章提供一个正确的解释。他认为，在这一章里，孔子“非谓不可移也，而有不移之理。所以不移者，只有两般：为自暴自弃，不肯学也。使其肯学，不自暴自弃，安不可移哉”[86]。因此，在程颐的解释中，孔子所谓“不移”是指这样一个原则：一方面，如果人们自暴自弃，就不可能成为上智者；另一方面，如果人们愿意学习，则必然会成为上智者。所以，孔子的意思是说这个指导人类道德转变的原则永远不会改变，而不是说愚者不能变为智者。[87]

重要的是，对程颐而言，人们没有必要的知识不是因为他们天性愚昧，而是因为他们不想学习。如果他们愿意学习，他们就会成为智者。君子和圣人之所以如此，是因为他们勤奋地培养天生的道德潜能，而下愚如此则是因为他们放弃了培养自己道德潜能的努力。因此，程颐强调“充与不充，皆在我”。因此，程颐强调学的重要性。他认为：“君子莫大于学，莫害于画，莫病于自足，莫罪于自弃。学而不止，此汤、武所以圣也。”[88] 对他而言，“人皆可以至圣人，而君子之学必至于圣人而后已。不至于圣人而后已者，皆自弃也”[89]。因此之故，程颐鼓励人们为自己确立高远的目标。他说：“世之人皆曰吾何能为圣人，是不自信也。”[90] 在他看来，在这种情况下谦虚并不一定就好。一个人不应该甘居二流而礼貌地让别人成为一流人物。相反，“言学便以道为志，言人便以圣为志。自谓不能者，自贼者也；谓其君不能者，贼其君者也……人耻其不能而为之，可也。耻其不能而掩藏之，不可也”[91]。

六、圣人的作用：教育

上文考察程颐对《论语》中有争议的8.9和17.3两章所作的解释，并指出他的解释何以优于其他更通行的解释。对程颐而言，圣人不能使民知“道”，因为关于“道”的知识属于需要自得的德性之知。虽然无法使民知“道”，但只要他们有自信不自弃，他们就能自己获得德性之知；不能成为上智的下愚只是那些自暴自弃者。他们如果决心学习，也能成为上智。程颐的解释显然优于较为传统的一些解释。现在，重要的是解决上述讨论可能出现的问题：“这是不是意味着人们只能完全靠自己来求道了呢？”程颐门人王彦霖就持这样的观点：“人之为善，须是他自肯为时，方有所得，亦难强。”如果这样，那圣人在道德培养方面就没有什么可以作为的了。不过，程颐对此回答说：“此言虽是，人须是自为善，然又不可为如此却都不管他，盖有教焉。‘修道之谓教’，岂可不修！”[92]

因此，程颐在强调自得的同时也强调教育的重要性：[93]

> 窃以生民之道，以教为本……既天下之人莫不从教，小人修身，君子明道，故贤能群聚于朝，良善成风于下，礼义大行，习俗粹美，刑罚虽设而不犯。此三代盛治由教而致也。

用孟子的话说，教育就是让先知先觉唤醒后知后觉："譬之皆睡，佗人未觉来，以我先觉。故摇摆其未觉者亦使之觉。"[94]程颐相信人性本善，因此教育首先就是培育本善之性，确保它长而不失。因此，他发展了"养正于蒙"的思想："未发之谓蒙，以纯一未发之蒙而养其正，乃作圣之功也。发而后禁，则扞格而难胜。养正于蒙，学之至善也。"[95]换言之，如果本善丢失了，就很难再找回。所以最好是养护本善，这样当它发出来的时候就是善的。程颐认为："教人之术，若童牛之牿，当其未能触时，已先制之，善之大者……如有不率教之人，却须置其槚楚，别以道格其心，则不须槚楚，将自化矣。"[96]即使错误已发，依然"人之恶，止于初则易，既盛而后禁，则扞格而难胜"[97]。

教育人最好在他年少时。不过，这并不是说成人后就不需要道德教育，那些失去本善的人尤其需要教育。程颐认为，使他们改恶回善的最好方法不是刑惩而是道德教育。他在阐发《易》理时说道：[98]

> (圣人)知天下之恶，不可以力制也，则察其机，持其要，塞绝其本原，故不假刑罚严峻而恶自止也。且如止盗，民有欲心，见利则动，苟不知教而迫于饥寒，虽刑杀日施，其能胜亿兆利欲之心乎？圣人则知所以止之之道，不尚威刑，而修政教，使之有农桑之业，知廉耻之道，虽赏之不窃矣。

在程颐看来，道德教育有两种有效的方式：一种是身教，一种是言教。关于前者，程颐在评论孟子所讲的“君仁莫不仁，君义莫不义”[99]时指出，“天下治乱系乎人君仁不仁耳”[100]。因此，他将“格君心之非”作为治道之本：“治道亦有从本而言，亦有从事而言。从本而言，惟从格君心之非，正心以正朝廷，正朝廷以正百官。”[101]当然，百官得正，百姓自正。程颐认为，“将欲治人，必先治己”[102]。程颐关于身教的思想是典型的儒家观点。孔子自己就说过：“子帅以正，孰敢不正？”[103]又说：“上好礼，则民莫敢不敬；上好义，则民莫敢不服；上好信，则民莫敢不用情。”[104]这就是孔子所谓的“为政以德，譬如北辰，居其所而众星拱之”[105]。为何会这样？孔子说：“君子之德风，小人之德草，草上之风必偃。”[106]

程颐所谓的言教与儒家经典有关。按照他的观点，“圣人《六经》，皆不得已而作，如耒耜陶冶，一不制，则生人之用熄”[107]。换言之，尽管圣人自己用不着经典，但他们知道，就如百姓日用少不了器具一样，人们的道德修养需要经典，故而“圣人作经，本欲明道”[108]。然而，如前所论，圣人能用经典教给民众的知识，只是闻见之知而非德性之知，而道德教育最要紧的还是德性之知。这是否意味着，圣人的教育毫无用处？诚然如第三章已经表明，要紧的是德性之知。但程颐指出，闻见之知也是重要的，因为闻见之知也能发展为德性之知，只要我们在读经典时努力从自己的内心去体验圣人所体验的东西，将之化为己有。因此，程颐认为，先知先觉教后知后觉，需要确保后者自得之。在他看来，孔子正是这样教育学生的。程颐注《论语》7.8 指出：孔子教人，“不愤不启，不悱不发”，这是要“待其诚至而后告也”；“举一隅，不以三隅反，则不复也”，则是要“既告之，必待其自得也”。[109]程颐让我们相信，如果按照这种方式研习经典，我们就能知“道”：“如不可学而至，则古圣人何为教之勤勤如是？岂其欺后世邪？”[110]

因此，在程颐看来，获道虽靠自得，但教化无论是以身教还是言教的方式都是极其重要的。但这里还有一个问题：既然两种教育方式都仅对愿意求学者有效，那么，如何对待那些不愿意学的人呢？程子认为，这样的人各个时代都有，尧舜时代亦然。但圣人并没有丢下这些人，圣人采取或多或少强制的措施来使他们止恶迁善。不过，即便对于这些人，强制措施也要慎用，不得已而用之。一方面，程颐深信这些措施只须足以威慑人们不做恶事就行了，而且最好“刑罚虽设而不犯”[111]。另一方面，这些措施也不应单独使用。它们必须济之以道德教化，因为它们本身无法让老百姓理解为什么必须服从规则法律。[112]

七、结语

上文考察了程颐对《论语》中有歧义的两章所作的哲学解释，将其与在他之前或之后的学者所作的通常解释进行对照。《论语》8.9 讲“不可”使民知道，程颐释曰：并不是因为孔子不允许人民知道，而是因为无法使人民知道；之所以无法使人民知道，不是因为人民愚不可及，而是因为圣人没有能力使民知道；之所以圣人没有能力使民知道，不是因为圣人有缺陷或者不够理想，而是因为对道的知是一种德性之知，这样的知能够使人依之而行，按其本性必须是由一个人经过自己的内心体验而得之。在程颐看来，获得德性之知的道德能力不同于作出科学发现或技术创新的理智能力。这种道德能力内在于每一个普通人。因此，他对《论语》17.3所讲的“唯上智与下愚不移”也提出了与众不同的解释。根据一般的解释，孔子在这里说的是，天生有智慧（有德）的人不可能变得愚蠢（无德），而天生愚蠢（无德）的人不可能变得有智慧（有德）；只有具有善恶夹杂之性的中人才可能成善或变恶。但在程颐看来，每一个人生来都是善的，因此只要不断努力保持其善性都可以成为圣人。之所以有恶人只是因为他们自暴自弃。因此，在他看来，孔子讲的“不移”是指这样一条规律：一个人只要不断努力成为有智慧（有德）的人，他就能够成为有智慧（有德）的人；而一个人不愿意付出必要的努力，他就不可能成为有智慧的人。通过对《论语》上述两章的独特释义，程颐强调了道德主体的自我修养的重要性。然而，他也没有因此忽略圣人在道德修养中的重要作用。对于那些愿意付出努力的人，圣人通过经典书写、通过自身的典范行为告诉他们如何成为有德之人；对那些不愿付出这样努力的人，圣人通过制定礼仪规则甚至刑法来防止他们为恶，并引导他们成为有德之人。我们看到，较之汉代和清代的汉学，程颐所创立的理学诠释学更注重哲学的阐释而非文献考证。这样一种诠释路径的侧重点在于，运用基本的儒家原则来指导我们对个别篇章的解释；而基本的儒家原则，则是通过阅读各种儒家经典及其他多种方式来加以把握的。以理学诠释学的方式所作出的解释或许缺乏事实或文本方面的批评，但它的强处在于，提供一种具有哲学意义与深度的、一以贯之的儒家学说。

注释

①《论语》,8.9。此章的代表性英译包括:"The Common people can be made to follow a path but not to understand it"(D. C. Lau, trans. *The Analects*, Middlesex, England: Penguin Books, 1979.);"You can make the people follow the Way, but you can't make them understand it"(David Hinton, trans. *The Analects*, Washington D.C.: Counterpoint, 1998.);"The common people can be induced to travel along the way, but they cannot be induced to realize (zhi 知) it"(Roger T. Ames, and Henry Rosemont, Jr., trans. *The Analects of Confucius: A Philosophical Translation*, New York: Ballantine Books, 1998.);"People can be made to sprout (produce, act, follow), they cannot be commissioned to know"(Ezra Pound, trans. *Confucian Analects*, London: Peter Own Limited, 1956.);"The common people can be made to follow it [the way]; they cannot be made to understand it"(Arthur Waley, trans. *The Analects of Confucius*, London: George Allen and Unwin Ltd., 1971.);"The common people can be made to follow it, but they cannot be made to understand it"(Edward Slingerland, trans. *Analects: With Selections from Traditional Commentaries*, Indianapolis and Cambridge: Hackett, 2003.);"The people may be made to follow a path of action, but they may not be made to understand it"(James Legge, trans. *Confucian Analects*, in *Confucius: Confucian Analects, The Great Learning & The Doctrine of the Mean*, New York: Dover, 1971.).

②《论语》,17.3。此章的代表性英译包括:"It is only the most intelligent and the most stupid who are not susceptible to change"(D. C. Lau, trans. *The Analects*, Middlesex, England: Penguin Books, 1979.);"Those of the loftiest wisdom and those of the basest ignorance: they alone never change"(David Hinton, trans. *The Analects*, Washington D.C.: Counterpoint, 1998.);"Only the most wise (zhi 知) and the most stupid do not move"(Roger T. Ames, and Henry Rosemont, Jr., trans. *The Analects of Confucius: A Philosophical Translation*, New York: Ballantine Books, 1998.);"Only those of highest intelligence, and lowest simplicity do not shift"(Ezra Pound, trans. *Confucian Analects*, London: Peter Own Limited, 1956.);"It is only the very wisest and the very stupidest that cannot change"(Arthur Waley, trans. *The Analects of Confucius*, London: George Allen and Unwin Ltd., 1971.);

"Only the very wise and the very stupid do not change" (Edward Slingerland, trans. *Analects: With Selections from Traditional Commentaries*, Indianapolis and Cambridge: Hackett, 2003.); "There are only the wise of the highest class, and the stupid of the lowest class, who cannot be changed" (James Legge, trans. *Confucian Analects*, in *Confucius: Confucian Analects, The Great Learning & The Doctrine of the Mean*, New York: Dover, 1971.).

③ 如清代学者史佑的《经义杂记》将这句话说成"人可使由之,不可使知之",见程树德:《论语集释》(北京:中华书局,1990年),第531页。

④ 如清代学者刘宝楠(1791—1855)在《论语正义》中说道,"上章是夫子教弟子之法,此民亦指弟子……身通六艺,则能兴能立能成者也……此则可使知之者也",见程树德:《论语集释》,第532页。

⑤ 可参见杨荣国:《反动阶级的"圣人"——孔子》(北京:人民出版社,1973年),第59页。

⑥ 见程树德:《论语集释》,第533页。

⑦ 见程树德:《论语集释》,第532页。

⑧ 参见 Edward Slingerland, trans, *Analects: With Selections from Traditional Commentaries* (Indianapolis and Cambridge: Hackett, 2003).

⑨ 陈大齐:《论语臆解》(台北:商务印书馆,1996年),第153页。郭店楚简《尊德义》中有一相关的表述:"民不可惑也"。参见荆门市博物馆:《郭店楚墓竹简》第31简(北京:文物出版社,1998年),第147页。很多学者认为《尊德义》是孔子同时代的作品。

⑩ 当然,这并不是说,我们绝对不能接受这样的解释,因为也许孔子或《论语》确实有自相矛盾之处。不过,正如亨德森(John B. Henderson)所言,除非我们实在找不到更合理的解释,否则我们还是应当遵循经典解释的一个根本假定:经典是融贯自洽的。参见 John B. Henderson, *Scripture, Canon, and Commentary: A Comparison of Confucian and Western Exegesis* (Princeton: Princeton University Press, 1991), p. 106.

⑪ 郭沫若(1897—1978)也认为,如果我们将这里的"不可"解释为"不允许",那么孔子在这里就在鼓吹愚民政策,但这显然与孔子一贯教民主张相矛盾。因此,我们应该认为,孔子是在告诉我们这样一个事实:人民没有能力知道。参见郭沫若:《十批判书》(北京:人民出版社,1996年),第100页。

⑫ 见程树德:《论语集释》,第532页。

⑬ 见程树德:《论语集释》,第532—533页。

⑭ D. C. Lau, *The Analects* (Middlesex, England: Penguin Books, 1979), p. 36.

⑮ 侯外庐认为,《论语》此章表明,在孔子看来老百姓没有获得这种知识的能力。参见侯外庐等编:《中国思想通史》第 1 卷(北京: 人民出版社,1995 年),第 169—170 页。杜维明也认为,儒家不会像道家或法家那样主张愚民政策。他在评论《论语》此章时主张,这"基本上是叹息,而不是儒家的根本政策"。参见杜维明:《杜维明文集》第 1 卷(武汉: 武汉出版社,2002 年),第 277 页。

⑯ 陈荣捷评论此章说:"孔子是中国历史上提出这一原则的第一人。他的学生中,贵贱智愚皆有。"参见 Wing-tsit Chan, *A Source Book in Chinese Philosophy*, ed. and trans. by Wing-tsit Chan (Princeton: Princeton University Press, 1963), pp. 44.笔者讨论孔子身教的这一面向,可参见 Yong Huang, "Can Virtue Be Taught and How?: Confucius on the Paradox of Moral Education," *Journal of Moral Education* 40, pp. 141 - 159; *Confucius: A Guide for the Perplexed* (London: Bloomsbury, 2013), chapter 4.

⑰ 参见胡适:《胡适学术文集・中国哲学史》(上)(北京: 中华书局,1998 年),第 87—88 页。

⑱ 参见蔡尚思:《孔子思想体系》(上海: 上海人民出版社,1982 年),第 192 页。

⑲ 徐复观:《中国人性论史・先秦篇》(台北: 商务印书馆,1999 年),第 64 页。

⑳ 见程树德:《论语集释》,第 445 页。

㉑ 参见杨荣国:《反动阶级的"圣人"——孔子》,第 58 页;蔡尚思:《孔子思想体系》,第 193 页。在蔡尚思看来,虽然《论语》15.39 确实主张有教无类,但孔子自己却并没有加以遵循。蔡尚思认为,除了财产的限制以外,孔子还设置了阶级的门槛(孔子说"民可使由之,不可使知之"),以及宗派的门槛(《论语》15.40 记载,孔子主张"道不同,不相为谋")。因此,"孔子说是'无类',实际上是'有类',而且对学生资格的限制仍然相当严"。参见蔡尚思:《孔子思想体系》,第 193—194 页。

㉒ 见程树德:《论语集释》,第 447 页。

㉓ 见程树德:《论语集释》,第 446 页。

㉔ 李泽厚:《论语今读》(香港: 天地图书公司,1999 年),第 171 页。程颐也说,"古者八岁入小学,十五入大学"。参见[宋] 程颢、程颐:《遗书》卷第十五,《二程集》,第 166 页。诚然,程颐自己并没有以此解"束脩"。他在《论语解》中只是说,孔子不拒绝"以礼来者"。参见[宋] 程颢、程颐:《经说》卷第六,《二程集》,第 1144 页。他没有明说,"礼"究竟是指"礼物"还是指"礼节"。但值得注意的是,陈大齐提到有一种解释认为"束脩"是一种礼节,即自律。参见陈

大齐：《孔子学说》(台北：正中书局，1984 年)，第 280 页。这种解释也不会与“有教无类”的说法相矛盾。

㉕ 杨伯峻(译注)：《论语》(北京：中华书局，1980 年)，第 81 页。

㉖ 参见俞志慧：《〈论语·泰伯〉“民可使由之不可使知之”章心解》，《孔孟月刊》，第 1 期(1997 年)；亦参见吴丕：《再论儒家“使民”思想》，《光明日报》，2000 年 6 月 3 日。对该断句的批评，参见周乾：《也论民可使由之》，《光明日报》，2000 年 10 月 24 日。

㉗ 参见彭忠德：《也说“民可使由之”章》，《光明日报》，2000 年 5 月 16 日；亦参见庞朴：《“使由使之”解》，《光明日报》，1999 年 10 月 22 日。对该断句的批评，参见尹振环：《别误解“民不可使知之”》，《光明日报》，2000 年 7 月 18 日；吴丕：《再论儒家“使民”思想》。

㉘ 参见孔德明：《离经辨志与孔子研究》，载《传统文化的综合与创新》(北京：教育科学出版社，1990 年)；对该断句的批评，参见彭忠德：《也说“民可使由之”章》。

㉙ 参见王昌铭：《对民可使由之的理解》，《语言文字周报》，2004 年 8 月 24 日。

㉚ [宋] 程颢、程颐：《遗书》卷第十八，《二程集》，第 220 页。

㉛ [宋] 程颢、程颐：《遗书》卷第十八，《二程集》，第 220 页。

㉜ 与此相关，程颐还说，“民可明也，不可愚也；民可教也，不可威也；民可顺也，不可强也；民可使也，不可欺也”。[宋] 程颢、程颐：《遗书》卷第二十五，《二程集》，第 319 页。

㉝ 朱熹：《论语集注》，载《四书五经》(北京：中华书局，1985 年)，1.33。

㉞ 同样，陈大齐认为，要让百姓做事，他们必须有一定的知识，即如何做事的知识。这是朱熹所讲的“当然”之知。但是，他们不必有关于为什么的知识，也就是朱熹所讲的“所以然”之知。百姓理智能力有限，能知前者而不能知后者。参见陈大齐：《论语臆解》，第 154 页。

㉟ 参见庞朴：《“使由使之”解》。

㊱ [宋] 程颢、程颐：《遗书》卷第十七，《二程集》，第 178 页。

㊲ [宋] 程颢、程颐：《遗书》卷第二十五，《二程集》，第 321 页。

㊳ [宋] 程颢、程颐：《遗书》卷第二十五，《二程集》，第 316 页。

㊴ [宋] 程颢、程颐：《遗书》卷第一，《二程集》，第 2 页。

㊵ [宋] 程颢、程颐：《遗书》卷第二十二上，《二程集》，第 279 页。

㊶《论语》，6.22。

㊷《论语》，4.1。

㊸《论语》,4.2。《论语》4.1 中孔子也说:“里仁为美。择不处仁,焉得知?”

㊹《论语》,5.19。

㊺《论语》,15.4。

㊻ 安乐哲和郝大维将“知”翻译成“realize”,便抓住了这种意义上的知识,因为“知(realize)道就是以某种特定方式去经验、解释和影响世界,从而强化并恰当地扩展由自己的文化前辈所构造的生活方式”。参见 David L. Hall and Roger T. Ames, *Thinking through Confucius* (Albany: State University of New York Press, 1987), p. 227.

㊼ [宋] 程颢、程颐:《经说》卷第六,《二程集》,第 1144 页。

㊽ 参见《孟子》,4b14。

㊾ [宋] 程颢、程颐:《经说》卷第六,《二程集》,第 1144 页。程颐的“自得”思想还受到《论语》6.27 的启发,“‘君子博学于文,约之以礼,亦可以弗畔矣夫!’此非自得也”。[宋] 程颢、程颐:《遗书》卷第六,《二程集》,第 95 页。这段话没有专门归于程颐。它也可能出自程颢,因为二程都强调自得。例如,程颢就说:“学要在自得。古人教人,唯指其非。故曰‘举一隅不以三隅反,则不复也’。”[宋] 程颢、程颐:《遗书》卷第十一,《二程集》,第 122 页。在程颢看来,《论语》中的这段话只有这样解方合乎孔子的夫子自道:“诲人不倦”。参见《论语》,7.2 和 7.34。

㊿ [宋] 程颢、程颐:《遗书》卷第十八,《二程集》,第 208 页。

51 [宋] 程颢、程颐:《遗书》卷第二十二上,《二程集》,第 296 页。

52《论语》,2.15。

53 [宋] 程颢、程颐:《遗书》卷第二上,《二程集》,第 22 页。这段话没有明确归于程颐。不过,它与程颐论自得的其他文字在思想上是一致的。

54 见程树德:《论语集释》,第 1185 页。

55 见陈大齐:《孔子学说论集》(台北:正中书局,1970 年),第 86 页。

56 杜维明:《杜维明文集》第 1 卷,第 280 页。

57 杜维明正确地指出,“假如一位令人尊敬的人没有意识到其生来具有的某些还没有实现的潜能,如科学和艺术的天才,这是很容易理解的。但在孟子看来,我们无法想象以下情形:我们社会中成熟的成员不知道自己的四端,因而不能作为一个道德行为主体为其行为负责”。Wei-ming Tu(杜维明), “Akrasia and Self-Cultivation in Mencius,” in Venant Cauchy (ed.), *Philosophy and Culture* (Montreal: Ed-Montmorency, 1983), pp. 222–223.

58 程树德:《论语集释》,第 1188 页。

⑤⑨ 程树德:《论语集释》,第 1185 页。
⑥⓪ 程树德:《论语集释》,第 1186 页。
⑥① 程树德:《论语集释》,第 1186 页。
⑥② 程树德:《论语集释》,第 1187 页。
⑥③ 顾亭林(1613—1682)还力图调和"孔子"的这种性三品说与孟子的性善论:"水性阴而有温泉,火性阳而有凉焰,浮石沈木,各返其性,人有下愚,亦复何怪。天生中人,其常也。生上知下愚,其变也。孟子道其常,孔子通其变。"参见程树德:《论语集释》,第 1186 页。
⑥④ 孟子与荀子在人性观上的细致差异,远比这种一般概括所表明的要复杂得多。参见 Yong Huang, "Confucius in Historical Perspective," in Chen Zuyan (ed.), *Confucius: Eternal Sage* (San Francisco: Long River, 2013), pp. 23 - 29.
⑥⑤ 关于 5.13 这一章,唐君毅认为,这是因为"在孔子前,天命与人性,犹有上下内外之相对。自孔子教人志道据德,依仁以游艺学文,下学之事,通于上达,乃更无天命人性之相对可言"。唐君毅:《中国哲学原论·原性篇》(台北:学生书局,1991 年),第 32 页。换言之,孔子不是不讲性与天命,而是不将性与天命对着讲。
⑥⑥ 徐复观:《中国人性论史·先秦篇》,第 97—98 页。
⑥⑦《中庸》16,700。
⑥⑧ 唐君毅也持此观点,认为人性是善的:"孔子谓人之生也直,我欲仁而仁至,而仁者能中心安仁,此在人心,更宜即视为此心之善性所在。其所谓相近亦当涵孟子所谓'同类相似','圣人与我同类',而性皆善之义。"唐君毅:《中国哲学原论·原性篇》,第 31 页。
⑥⑨ [宋] 程颢、程颐:《周易程氏传》卷第四,《二程集》,第 956 页。
⑦⓪ [宋] 程颢、程颐:《周易程氏传》卷第四,《二程集》,第 956 页。
⑦① [宋] 程颢、程颐:《遗书》卷第二十五,《二程集》,第 319 页。
⑦② [宋] 程颢、程颐:《周易程氏传》卷第四,第 956 页。
⑦③ [宋] 程颢、程颐:《遗书》卷第十八,《二程集》,第 204 页。
⑦④ [宋] 程颢、程颐:《遗书》卷第六,《二程集》,第 81 页。
⑦⑤ [宋] 程颢、程颐:《遗书》卷第二十五,《二程集》,第 323 页。
⑦⑥《孟子》,6a6。
⑦⑦ [宋] 程颢、程颐:《遗书》卷第十九,《二程集》,第 253 页。
⑦⑧ [宋] 程颢、程颐:《周易程氏传》卷第四,《二程集》,第 956 页。

⑲ [宋] 程颢、程颐：《遗书》卷第四，《二程集》，第 69 页。这段文字并没有专门归于程颐，但它和程颐在其他地方关于自暴自弃的论述是一致的。

⑳ [宋] 程颢、程颐：《遗书》卷第十八，《二程集》，第 213 页；亦参见《遗书》卷第二十五，《二程集》，第 325 页。

81 [宋] 程颢、程颐：《遗书》卷第十五，《二程集》，第 152 页。

82 蔡尚思：《孔子思想体系》，第 99 页。

83 [宋] 程颢、程颐：《遗书》卷第十八，《二程集》，第 204 页。

84 [宋] 程颢、程颐：《遗书》卷第九，《二程集》，第 107 页。

85 见程树德：《论语集释》，第 1188 页。庞万里也说，二程委婉地表达了自己不同意孔子"惟上智与下愚不移"的观点。庞万里：《二程哲学体系》（北京：北京航空航天大学出版社，1992 年），第 147 页。

86 [宋] 程颢、程颐：《遗书》卷第十九，《二程集》，第 252 页。

87 他也认为，"时者圣人所不能违，然人之智愚，世之治乱，圣人必示可易之道"。[宋] 程颢、程颐：《遗书》卷第十一，《二程集》，第 122 页。潘富恩和徐余庆认为："程颐所说的上智与下愚'亦有可易之道'，是指的单向转移，即'下愚'向'上智'的转移。在任何时候、任何情况下，'上智'是不会沦为'下愚'的，这也就是说'上智者'生来就是而且永远是'上智者'。"参见潘富恩、徐余庆：《程颢程颐理学思想研究》（上海：复旦大学出版社，1988 年），第 356 页。这个道理不难理解。一方面，智者知道不能停止学习，而如果他们这样做，就不会沦为下愚者；另一方面，如果人们停止学习，就不能认为他们是上智者。

88 [宋] 程颢、程颐：《遗书》卷第二十五，《二程集》，第 325 页。

89 [宋] 程颢、程颐：《遗书》卷第二十五，《二程集》，第 318 页。

90 [宋] 程颢、程颐：《遗书》卷第二十五，《二程集》，第 318 页。

91 [宋] 程颢、程颐：《遗书》卷第十八，《二程集》，第 189 页。

92 [宋] 程颢、程颐：《遗书》卷第一，《二程集》，第 2 页。这段话未标明是程颐所说，但它至少与程颐在其他一些段落中明确表达的思想是一致的。《粹言》有一段类似的话："王彦霖曰：'人之于善也，比其诚心欲为，然后有所得；其不欲，不可以强人也。'子曰：'是不然。任其自然，听其不为，则中人以下，自暴自弃者众矣。圣人所以贵于立教也'。"参见[宋] 程颢、程颐：《粹言》卷第一，《二程集》，第 1188 页。

93 [宋] 程颢、程颐：《文集》卷第九，《二程集》，第 593 页。

94 [宋] 程颢、程颐：《遗书》卷第二上，《二程集》，第 32 页。这段话并没有特别归于程颐，一些学者将其归于程颢。

⑮ [宋] 程颢、程颐：《周易程氏传》卷第一，《二程集》，第 720 页。

⑯ [宋] 程颢、程颐：《遗书》卷第二上，《二程集》，第 14 页。这段话也未标明是程颐的，但其与程颐注释《周易》的一段话非常接近。[宋] 程颢、程颐：《周易程氏传》卷第二，《二程集》，第 831 页。

⑰ [宋] 程颢、程颐：《周易程氏传》卷第二，《二程集》，第 830 页。

⑱ [宋] 程颢、程颐：《周易程氏传》卷第二，《二程集》，第 831 页。

⑲《孟子》，4b5。

⑳ [宋] 程颢、程颐：《外书》卷第六，《二程集》，第 390 页。

(101) [宋] 程颢、程颐：《遗书》卷第十五，《二程集》，第 165 页。

(102) [宋] 程颢、程颐：《程氏经说》卷第八，《二程集》，第 1155 页。

(103)《论语》，12.17。

(104)《论语》，2.1。

(105)《论语》，2.1。

(106)《论语》，12.19。

(107) [宋] 程颢、程颐：《遗书》卷第十八，《二程集》，第 221 页。

(108) [宋] 程颢、程颐：《遗书》卷第二上，《二程集》，第 13 页。

(109) [宋] 程颢、程颐：《程氏经说》卷第六，《二程集》，第 1144 页。

(110) [宋] 程颢、程颐：《文集》卷第八，《二程集》，第 579—580 页。

(111) [宋] 程颢、程颐：《文集》卷第五，《二程集》，第 593 页。

(112) 许仕廉认为："由于最下等的人不能通过德性的教与学来改变，就需要用法律和刑罚这样的强制措施来矫正他们，或者，用孔子的话来说，'导之以政'（《论语》，2.3）……换言之，法律和司法系统辅助政治教育、礼和道德教育完成'正'的工作。"参见 Lionard Shihlien Hsü, *The Political Philosophy of Confucianism* (London: Curzon Press, 1975), p. 163.

附录二 “为什么要有道德?”及其他：对刘纪璐、田史丹和余锦波的回应

笔者首先要感谢李晨阳提议和组织学者讨论拙著《为什么要有道德：二程道德哲学的当代启示》，并安排发表研讨论文；也要感谢刘纪璐(Jeeloo Liu)、田史丹和余锦波(Kam-por Yu)认真针对拙著提出富有启发性的评论。他们的评论很有说服力，也许有朝一日笔者真得接受他们富有建设性的批评意见，放弃在书中的相反之论。不过，在这里笔者还是要勉力回答他们在评论中提出的某些问题。

一、为什么要有道德?

三位评论者都围绕笔者对“为什么要有道德”这个问题的讨论提出了质疑，田史丹的整篇评论则是专门针对这个问题。首先是余锦波的问题：做一个有德之人的快乐是否足以让一个人成为有道德的人。一方面，他认为不能断定“做一个有道德的人有更多的快乐”。这是因为，不讲道德所带来的快乐数量更多，也更多样化，这些快乐加起来就超过了由道德带来的快乐。笔者对此的回答是，对二程来说，人应该追求有道德带来的快乐，而不是不讲道德所带来的快乐，不是因为前者在程度上比后者更大或更强烈(即便事实如此)，而是因为在道德作为人性特征的意义上，道德带来的快乐是一种正确的快乐。正是基于此，笔者强调了二程

所讲的君子、小人之别和人禽之辨。[①]另一方面，余锦波又说："即使我们假定做道德之外的其他事情只会带来更大痛苦的情况下，一个人因做有道德的人而获得的苦乐之和也不一定总是正数。"显然，余锦波在这里想到了可解的而非不可解的道德困境。在这样的道德困境之中，人的行动带有不同的后果：给一些人带来极大的益处，同时也给另一些人带来巨大的伤害。前者令行动者感到快乐，后者又令其感到痛苦。然而，就余锦波所说的情形而言，只要这个人的行动是道德的（这是余锦波设想的例子中的情况），关于余锦波的问题"快乐能比痛苦更强烈吗？"的答案必然是肯定的。看待这个问题的另一个角度是，与我们关于快乐的说法相应，一个人的行动动机也可以是避免痛苦。在面临可解的道德困境时，无论采取何种行动都会感到不同程度的痛苦，一个有道德的人的动机就是要避免更大的痛苦。至此，余锦波说，在这样一种情况下，这个人应该是"无忧无虑""没有不自在"和"无犹豫、无阻碍、自发、自然"等而不是乐。但实际上这些正是程子对乐的状态的描述。

至此，笔者的探讨也可以回应第二个问题：二程对"为什么要有道德"这个问题的回答到底能否令人满意？刘纪璐认为，二程的回答"概言之，我要做个有道德的人，因为我找到了有道德的快乐"，进而她认为"这一回答……不能真正令人满意"，因为"并非每个人都体会到有道德的快乐"。正如上文提到的，笔者认为二程对"为什么要有道德"这一问题的回答是，不仅是因为做一个有道德的人能使人快乐，而且因为做一个有道德的人使我得到了人独有的快乐；再者，的确并非每个人都**实际上**体会到有道德的快乐，但是每个人都**能够**而且**应当**体会到有道德的快乐。借用黄百锐的说法，这是因为有道德的快乐内在于人性之中，即便事实上并非总是内在于每一个个体之中。②

由此我们可以讨论第三个问题：将二程的回答与亚里士多德进行比较更加有益还是跟休谟的回答进行比较更加有益？《为什么要有道德》一书主要是从事前一种比较，而后一种比较只是在一个注释中简单地提到。田史丹敏锐地察觉到，亚里士多德和密尔之间存在一个重要差异。在亚里士多德看来，我们应该偏爱人所独有的快乐，就是因为它是人所独有的快乐；而在密尔看来，我们应该珍视人所独有的快乐，不是因为它是人独有的，而是因为它具有更高的内在价值。就这一差异而言，笔者认为二程更接近亚里士多德，而田史丹则认为更接近密尔。他认为："他们（二程）把'作为人'视为善，这并不意味着'作为人'本身是好的，也不能由此推出，我们的动机就是要成为人；相反，我们的动机是要参与某些具有内在价值的关系，而在此过程中我们碰巧成为乐人。"田史丹或许是对的。不过，还是有一点需要澄清。在二程那里，与其说"作为人"本身是好的，或者我们应当有动力成为人，倒不如说，我们最好是成为一个完美的人，或者说我们应当有动力成为一个完美的人。我们是不是人，这不是我们能够选择的。我们是人，这是一个事实；既然我们是人，那么就要成为一个完美的、真正的人，或者说成为具有人之为人的东西的人。要做到这一点，我们需要追求人所独有的快乐，不管这样的快乐是什么样的。

设想有一种快乐，如果按照密尔的标准，它比人所独有的快乐的层次更高，但却与之冲突；这并不意味着人应当放弃人所独有的快乐去追求这一更高的快乐。如果我们那样做了（我们知道动物不能放弃它们独有的快乐去追求密尔所说的更高层次的人的快乐），就不再是人了。

这样，我们也就可以回答第四个和第五个问题。第四个问题是，快乐在这里是被视为终极状态还是终极目标。刘纪璐认为，快乐无论是作为终极状态还是作为终极目标都会有问题，要么同义重复，要么自相矛盾。一方面，如果我们把快乐当成一个目标并努力实现它，那么我们就无法实现它，因为快乐是无须努力的；另一方面，如果快乐是一种状态，那么只有处于这一状态的人才能处于这一状态，这是同义重复。刘纪璐主要关心的是，没有美德的人仍然要努力变成有德之人，但是他们努力变成有德之人的过程中不会感到快乐。这也许就是森舸澜所说的"无为"悖论。[3]不管听起来如何吊诡，我们得努力做到无须努力。诚然，在努力的时候，我们并没有达到无须努力的目标；但是，只要我们一直努力，迟早有一天会做到无须努力。也就是说，我们自然而然、自发地行动——这当然也就是快乐地行动。

第五个问题是如何让快乐进入道德主体的动机系统。田史丹认为，在二程看来，快乐不能成为一个直接的对象或目标，否则就会出现以下情况：一个人把体验道德快乐作为明确的目标，而这种快乐激励他去行动；相反，"要有道德"本身就应该是我们的动机，有道德所带来的快乐只是一个副产品。对此，笔者有两点疑问。第一，这使得二程看起来更像是康德式的道义论者，而不是亚里士多德式的美德伦理学家。重要的是要有道德，而不是有道德所带来的快乐。然而，如果不得不使用西方哲学中的标签，笔者认为，二程更像是美德伦理学家而不是道义论者。进而，正如在书中所论，无论是对于道德主体还是对于道德客体，更重要的是在有道德中找到快乐，而不仅仅是要有道德。第二，田史丹把感到快乐和有道德分离开来，在笔者看来这是成问题的。如果有道德依其本性就是快乐的，而人之为人的真正快乐就是有道德，那么乐于有道德就是一件事，因此我们不能说有道德应当是直接的动力，而追求快乐只是间接的动力或副产品。设想一个人口渴了想喝水。我们能不能说：他的直接动力是喝水，而缓解口渴，以及由此而来的那种快乐则是间接动力或副产品？似乎不能这么说。他的动力在于喝水缓解口渴。同样，一个有道德的人的动力是，在有道德之中感到快乐。一个口渴的人只能通过喝水来缓解口渴，一个有道德的人只能在有道德的过程中找到（人所独有的）快乐。

第五个问题关乎道德的动机理由，而笔者要回答的最后一个问题是，二程的回答是否能够为要有道德提供辩护理由（justifying reason）。田史丹抱怨说，笔者对这一点的讨论太过简短。当然有人可能会把“为什么要有道德”这个问题看成为要有道德提供辩护理由。然而，一方面，笔者在书中要解决的主题“为什么要有道德”是由利己主义者提出的，他们就像柏拉图所说的戴了盖奇的指环的人，或者霍布斯所说的非理性的蠢人，或者休谟所说的理性的无赖，这样的利己主义者并不缺乏辩护理由。另一方面，作为威廉斯所讲的道德理由内在论者[④]，笔者甚至怀疑，辩护理由这个概念本身是否有意义。按照道德理由外在论，一个人行动的理由可以不进入他的主观动机系统（subjective motivational set），也就是说，这个理由不一定会驱使他去行动。这样的理由被视为与动机理由相对的辩护理由。然而，根据道德理由内在论，一个人能够拥有的行动的唯一理由是能驱使他行动的理由，即动机理由。一个人提出为什么要有道德，这就说明他缺乏成为一个有道德的人的理由，而他所缺乏的理由正是动机理由。

这样我们或许可以说，如果我们对行动的理由采取内在论的解释，那么，对于缺乏行动的动机理由的人，说理的办法对他没有什么用。实际上正是如此。如果人们没有动机成为有德之人，那么，至少从内在论的观点来看，通过说理来激励他们成为有德之人是无效的。然而，这并不意味着，如刘纪璐所说，我们唯一的选择是"弯腰屈膝，下降到他们的水平，找到可以'触动'他们的东西"。我们在这里需要的是一些推理之外的机制，以帮助他们将新的成员纳入其主观动机系统，而这些新的成员只有通过成为有道德的人才能得到满足。关于这种机制，威廉斯举了一个例子：动人的修辞。[⑤]达沃尔（Stephen Darwall）举了看电影的例子，在笔者看来（尽管不是达沃尔自己的观点）这是一个情感教育而非道德推理的案例。[⑥]在儒家传统中，道德推理本身几乎很少用作道德教育的方式。相反，儒家非常重视从情感层面进行道德教育，它的精华就是《论语》8.8 所讲的"兴于诗，立于礼，成于乐"。

此外，儒家也十分强调道德典范在道德教育中的作用。

然而，倘若如此，人们可能要进一步追问：在《为什么要有道德》的长篇大论中，笔者显然没有用上述推理之外的机制，将成为有德之人的欲望灌输进没有动机成为有德之人的头脑中去，那么，笔者究竟在做什么呢？对此，想援引威廉斯的观点，即对行动理由的内在论解释不仅是对人们行动（动机）的描述性解释，而且也关系到这些行动的规范合理性。如果仅仅关乎解释，那么内在论者运用推理确实做不了什么。如果一个人行动了，我们只需要解释他为什么行动，也就是说，是什么推动他去行动；如果一个人没有行动，那么显然这个人缺乏相关的动机理由。然而，在威廉斯看来，人们可能会因为一些非理性因素，而不是在动机理由的驱使下行动。为了说明这一点，他举了一个人想要喝酒的例子：想要喝酒的欲望驱使他去喝瓶子上贴有“酒精”标签的液体，却没有注意到瓶子里装的是汽油。[7]在这种情况下，内在论者可以而且的确应该说，这个人没有动机理由去喝瓶子里的液体，虽然他确实喝了，因为他喝酒的欲望没有也不能通过喝瓶子里他误认作酒的液体得到满足。

在第一章，笔者想要做的事情恰恰相反：即使人们有充分的动机理由去行动，他也可能没有做出行动。我们可以把威廉斯的例子颠倒过来：一个人想要喝水，但这没有驱使他去喝放在面前的液体——装在（不妨假设是干净的）汽油瓶里的水。在这种情况下，我们可以说这个人有动机理由去喝面前的液体，即使他没有这样做，因为他被误导了，以为面前的是汽油。这里需要的是，向这个人说明液体的确是水而不是汽油，尽管事实上是装在汽油瓶子里，喝瓶子里的液体可以满足他当下想喝水的欲望。笔者在第一章所做的工作与之类似。至少，一些问“为什么要有道德”这个问题的人实际上有成为有德之人的动力因。换言之，在他们的主观动机系统中确实存在着可以通过成为有德之人而加以满足的欲望，虽然他们不知道这一点，或者说他们还没清楚地意识到，自己有可以通过成为有德之人而加以满足的欲望。当然，笔者并不觉得每个读过这一章的利己主义者都会变成有德之人（首先如果他们想读的话），因为他们中的很多人的确没有成为有德之人的动机理由。

二、其他重要的哲学问题

（一）美德伦理是否以自我为中心？

刘纪璐在评论中也提出了一系列其他哲学问题。本文将回应她比较详尽阐发了的两个问题。在本书第三章，我们讨论了三个截然不同的层面对美德伦理的自我中心主义诘难。尽管刘纪璐对这三个层面都涉及了，但她主要怀疑的是笔者所建构的二程如何在第三个层面或者说最本质层面回应霍卡所提出的自我中心主义诘难：拥有美德之人出于为他人考虑而关心他人，归根结底却是为了自己。针对这部分的讨论，刘纪璐的批评如下：笔者试图回应的诘难本身对美德伦理的批评是站不住脚的；既然这一批评本身是站不住脚的，那么对此诘难的回应实际上就是证成而不是驳斥了它对美德伦理的诘难：美德伦理以自我为中心。

不管怎么说，刘纪璐认为这里真正涉及的是行动指导问题，同时考虑了美德伦理学家可能提供的两个方案：

方案一，在道德困境中面临众多选择时，一个人应该选择能提升其道德德性或建立其道德品性的选项。

方案二，在道德困境中面临众多选择时，一个人应该像有德之人那样行事。

首先有必要指出，刘纪璐的陈述中有两个误解：我们现在讨论的问题既不涉及道德困境，也不涉及行动指导。相反，它是关于行动的理由；不是要做什么的问题，而是为什么应该这样做的问题。为了更清楚地把握真正的问题所在，不妨把道义论、后果论和美德伦理作一个简单的对比。尽管三者是迥然不同的规范性理论，但在多数情况下会提供相同的行动指导。例如，三者都会让你在力所能及的情况下帮助需要帮助的人。至于为什么要帮助别人，它们提供的理由是截然不同的。道义论者会说，这是你的责任所在；后果论者会说，这样做可以让幸福总量最大化；美德伦理学家则会说，这样做可以让你成为一个有美德的人。在反对美德伦理的人看来，与前两个回答比较，美德伦理提供的第三个回答明显表现出自我中心的特点。

即便如此，刘纪璐可能仍然认为，笔者在应对上述反对观点时未能如实地阐释美德伦理，因为她认为这样的回应实质上属于方案一，而在她看来，这绝对是自我中心论。她主张，她所讲的方案二才是正确的答案，才真正从美德伦理学的角度说出了人们之所以要在力所能及的时候帮助需要帮助的人的理由，那就是，有德之人都会这样去做，而人们应该像有德之人那样行事。然而，这只是把问题后延了一步而已。人们可能会进一步追问，为什么要像有德之人那样做事？我们回答说，一个人应该成为有德之人。这样一来，在解释为什么人要做有道德的事这一问题上，方案一和方案二并没有太多区别。

笔者一直想说的是，我们应该直接面对认为美德伦理以自我为中心的指控，因为这样的指控威胁到美德伦理的可行性甚至可欲性。正如刘纪璐所言，如果这一指控在提法上存在错误，我们需要指出错在哪里；如果它在提法上没有问题，我们需要证明为什么美德伦理不是以自我为中心，尽管它也不是霍卡所主张的那样是自我消除的。这正是笔者在本书第三章试图做的工作。把(因为想成为有德之人而去做事)这样的回答视为自我中心，那就错失了“有德之人”的要义。成为有德之人，本质上意味着要关心他人的利益本身，即成为一个利他主义者。这一点在儒家那里特别明显，因为儒家所提倡的德性大多是关心他人的。如果我为我的人生设立了一个目标，并且尽一切努力实现这一目标，那么我可以被看作以自我为中心的。然而，如果我设立的人生目标是成为一个利他主义者，我在生活中所做的都是为了实现这个自我设立的目标，那么，我还是应该被视为一个以自我为中心的人吗？答案显然是否定的。

也正是在这样的语境中，可以理解笔者在书中引用的法兰克福所举的例子。刘纪璐在评论中对这个例子提出了反对意见。设若有一位男士，他对一位女士说，他对她的爱给他的生命带来了价值和意义。笔者认同法兰克福的以下看法：这位女士“不会觉得这个男人关心她只是因为这使他自己感觉良好”。然而，刘纪璐认为女人“实际上会怀疑这个男人是否真的爱她”。笔者明白刘纪璐的思路：这位男士爱这位女士，不是因为她本身，而只是为了实现他自身生命的价值和意义。不过，如果我们还看到，他认为他生命的全部价值和意义就在于为这个女士之故而不是为他自己之故而爱她，那么，我们还能不能说，他是以自我为中心？难道这位男士应该告诉那位女士，“我是出于你本身而爱你，尽管这不是我的人生目标，它也没有让我的人生更有价值或更有意义，而只是让我的人生更加痛苦悲惨”（诸如此类康德式的言论）？

（二）意志软弱

刘纪璐也注意到，笔者在书中对二程知行观的讨论涉及意志软弱的问题。她认为这个讨论过于简单了。理由之一：“一个意志软弱的人没有采取她认为更好的行动，正是因为她有另一个欲望促使她采取了现在的行动。如果一个人可以轻易地‘祛除私欲’，那么，就自然不会有冲突了。”笔者想说的是，一个意志软弱的人没有采取她认为更好的行动，不是因为她有别的欲望。至少戴维森不是这么认为的，他对意志软弱的定义丝毫不涉及欲望。如果一个人有某个非常强烈的欲望或激情以至于让她做不成她认为最好的事情，那么按照史密斯的观点，这不是因为意志软弱而是因为强迫症。笔者在第三章开头讨论过这个问题。

笔者要说的第二点是，在二程看来，闻见之知和德性之知不是关于不同事物的知识，尤其是当二程将二者进行比较的时候；相反，二者关涉的内容是一样的。例如，我知道我应该爱我的父母，这既可以是闻见之知，也可以是德性之知。如果是德性之知，那我就从内心感受到它，进而在它的引导下做出行动；如果是闻见之知，那它就是我仅仅从别人那里听来的，或者从儒家典籍中读到的，而不是从内心感受到它，因而在它的引导下做出行动。因此，闻见之知首先并不是刘纪璐所讲的“通过感知获得的知识……来自经验的关于世界的后天知识”。这就是为什么，在二程看来，尽管在典籍中圣人所写的是他们的德性之知，我们读典籍时得到的，至少在初级阶段只是闻见之知，即使我们能说出与圣人在典籍中所说的一模一样的话。

笔者要说的第三点是，刘纪璐批评笔者混淆了以下三类知识：“① **具体知识**，即知道在既定的情境中什么是‘更好的做法’（这也是戴维森对意志软弱的定义中的判断条件）；② **关于德性的知识**（knowledge of virtue），一个人明辨是非善恶的良知，它是与生俱来的；③ **作为德性的知识**（knowledge as virtue）……”然而，在程颐看来，至少在有德之人那里，它们实际上只是一种知识，即德性之知，它既是关于德性的知识，又是作为德性的知识。正是由于德性之知，人们知道什么是更好的做法，因为它是明辨是非的知识。作为德性之知，它就是引导人们做出行动的知识；正因为如此，人们总是只会采取他们认为更好的做法，故而不会有意志软弱的问题。

最后想谈一谈知行关系。刘纪璐引用了笔者的观点："程颐认为，没有道德修养就不会有德性之知"⑧；她接着说道："说'知是行的必要条件'，不啻语义循环甚至同义反复：'从行中获得的知必定会引发行'或者干脆说'重复的行是行的必要条件。'"对于她的说法可以讲两点。第一，对于二程来说，作为德性之知的必要条件的道德修养固然包括行，但它的范围要宽得多，其中最重要的是内在体验。事实上，与阳明不同，二程尤其是程颐（以及追随他的朱熹）主张知先于行。第二，即使二程赞成行本身也是知的一个源泉，"从行中获得的知必定会引发行"或者"重复的行是行的必要条件"也不是同义反复。从行中获得的知不一定会引发行，重复的行也不是行的必要条件。例如，我在种水稻的实践中获知在炎热的夏天种水稻是很辛苦的，这不会促使我去种水稻，同样我重复种水稻也不会引发我种水稻的行动。只有当某一行动使某人内心认识到这一行动带来内在的善时，这种德性之知才会促使某人去行动。

（三）两个字义解释问题

1. 理一分殊

上文回应的问题基本上是哲学性的。还有两个问题跟字义解释相关。余锦波提出了如何解释程颐的"理一分殊"的问题。（刘纪璐也在一定程度涉及这个问题）程颐弟子杨时提出，张载《西铭》近乎墨家的爱无差等。针对这一质疑，程颐用"理一分殊"来说明《西铭》的主张是儒家的差等之爱。我们都赞同这一点。因此，我们之间的分歧并不影响笔者在书中对“理一分殊”的哲学探讨。不过，余锦波提的问题还是很有意思的，值得讨论。

按照笔者对“理一分殊”的理解，“一”和“分殊”讲的都是“理”：“理”本身或总体上是“一”，但它分散在事物中的体现各不相同。不过，在余锦波看来，“理一”和“分殊”对，其中“殊”（异）和“一”（同）对，“分”和“理”对；“理”是名词，“一”是形容词，同样，“分”是名词，“殊”是形容词。这里的关键是如何理解“分”。余锦波认为，“分”字应读为去声而非平声，因为“‘分’指的是一个人分有的道德义务、角色、身份或责任——例如，一个人作为父亲、兄弟、臣子、丈夫或儿子的道德义务”。笔者不否认“理一分殊”可以这样理解，甚至在一些语境中应该这样理解。[9]然而，余锦波用来支撑其解释的证据大多不是来自程颐讨论“理一分殊”的核心文字。他还引用了一些“分”与其他字组合的段落。但是，从核心文字来看（在《文集》和《粹言》中的表述略有差异）[10]，有几处按照余锦波的解释是说不通的，但却可以支持笔者的解释。为讨论方便，这里先把《文集》中关于理一分殊的原文摘录如下：

> 《西铭》明理一而分殊，墨氏则二本而无分。分殊之蔽，私胜而失仁。无分之罪，兼爱而无义。分立而推理一，以止私胜之流，仁之方也。无别而迷兼爱，至于无父之极，义之贼也。子比而同之，过矣！且谓“言体而不及用”，彼欲此人推而行之，本为用也，反谓“不及”，不亦异乎！[11]

在《粹言》中有一段类似的话：

>《西铭》理一而分殊，墨氏则爱合而无分。分殊之蔽，私胜而失仁；无分之罪，兼爱而无义。分立而推理一以止私胜之流，仁之方也。无别而迷兼爱，至于无父之极，义斯亡也。[12]

余锦波的解释面临的第一个且最重要的困难是，程颐讨论“理一分殊”的核心文字，一开始就把张载的儒家观点和墨家观点加以对照，《文集》版和《粹言》版都是如此。既然儒家的“分殊”与墨家的“无分”对，那么，“分殊”的“分”（儒家强调“分”）以及“无分”的“分”（墨家否定“分”）应该同音同义。要么都读阴平，取“分开”义，要么都读去声，取“份额”等义，否则的话，儒墨两家的观点就不能形成恰当的对照。[13]如果“分殊”的“分”指的是一个人分有的道德义务、角色、身份或责任，那么墨家的问题就不在于“无分”（没有义务、角色、身份或责任），而在于“分”的相等性，也就是说，“分同”或“分一”（分有相同的东西），但实际情形显然并非如此。《文集》讲墨家二本而无分，而《粹言》则讲墨家爱合而无分。在这里，“无分”与“合”关联在一起。因此，“无分”与“合”即使不等同也十分接近。这就意味着，“分”意为不统一或分开。无论是《文集》还是《粹言》，我们接着往下读，这个意思就更加明显了，因为它们都说，墨家的“无分”相当于“无别”。“别”显然没有“义务、角色、身份或责任”之义。既然墨家的“无分”相当于“爱合”“无别”，那么“无分”中的“分”显然意味着无差别[14]；既然墨家的“无分”与张载所讲的儒家的“分殊”相对，那么“分殊”的“分”应为差别或区分之义。[15]

在《文集》版的最末，余锦波的解释面临第二个困难。在那里，程颐批评墨家讲“体”而不讲“用”。“体”强调理之“一”，而“用”则强调理之发用的“分殊”。体与用都是关于“理”的，这就进一步肯定了笔者在上文的解释：（“体”之）“一”和（“用”之）“分殊”都是关于“理”的。

余锦波的解释面临的第三个困难是，它把“理一”和“分殊”之间的关系弄模糊了。按照他的解释，“一”讲的是“理”，“殊”讲的是“分”。这样一来，“理”和“分”之间的关系是不清楚的，“理一”和“分殊”之间的关系也是不清楚的。我们只知道，理是一样的，而人们的角色、身份或责任是不同的。然而，按照笔者所采纳的解释，既然“一”和“分殊”都是关于“理”的，“理”本身是一，在不同的事物中则显出“万殊”，那么“理一”和“分殊”之间的关系是很清楚了。[16]

此外，除了程颐讨论“理一分殊”的核心文字之外，《二程集》中还有一些地方也会挑战余锦波的解释。首先，除了“分殊”之外，程颐也把“理一”和“万殊”连用，这表明在程颐看来“分殊”和“万殊”意思相同。[17]例如，程颐说道，“二气五行刚柔万殊，圣人所由惟一理”[18]。此外，他又说：“天下之理一也……虽物有万殊，事有万变，统之以一，则无能违也。”[19]程颐在这里想说的意思跟“理一分殊”相同，唯一的差别在于“分殊”换成了“万殊”，完全找不到义务、角色、身份或责任等意思。[20]

其次，程颐的“理一分殊”也应该放在他看待一“理”与万“理”之间关系的语境中加以理解。人们普遍认为，程颐的“理一分殊”受到华严宗理事观的启发。门人问，如何评价《华严经》讲的理事无碍，程颐回答说：归根到底，这只是说“万理归于一理”[21]。《粹言》版将此表述为“万物一理耳”[22]。

再次，我们知道，程颐认为“理”即“性”：“性即理也，所谓理，性是也。”[23]因此，他对“性”的阐发也可以说明他对“理”的看法。告子云“生之谓性”，程颐解释说：“皆谓之性则可，于中却须分别牛之性、马之性。”[24]因此，只有一个“性”，但它在不同事物中的体现则彼此不同。这正是“理一分殊”的本质所在。实际上，这也是后来朱熹的理解。朱熹认为，对所有人来说只是一个理。然而，有张三，有李四；张三不可为李四，李四也不可为张三，他接着说道：“《西铭》言理一分殊，亦是如此。”[25]

2. 理即生

第二个字义解释的问题是由刘纪璐提出的。“理”显然是二程思想中最重要的概念，笔者把它翻译或者更确切地说解释为“生”，即创造生命的活动(life-giving activity)。笔者之所以强调理是创造生命的活动，旨在说明，二程所讲的“理”是事物的活动，而不是像牟宗三所认为的那样，只是固化的物，有本质而无活动。在笔者看来，刘纪璐对于笔者想强调的意思并无异议。她的批评另有所指。

刘纪璐批评说，“理”“生”二字“有不同的内涵，故而应该采用不同的译法”，“我们不应该把它们视为两个意义相近或相互指涉的词”。如果是一般性地谈论这两个词,笔者赞同刘纪璐的观点。然而,在二程那里,不是**我们**而是**他们**把它们视为两个意义相近或相互指涉的词。例如,程颢引用《周易》中的“生生之谓易”,紧接着说道,“生则一时生,皆完此理”㉖。程颐也说:“生生之理,自然不息。”㉗实际上,正如笔者在书中试图阐明的那样,二程不仅把“理”和“生”当作近义词和相互指涉的词,他们也把“理”和其他词诸如“道”“天”“心”“性”等当作近义词和相互指涉的词。之所以这样做,正是因为这些词和“生”意义相近相互指涉。例如,程颐说,“道则自然生生不息”㉘;“天只是以生为道”㉙;“心生道也”㉚。又如,程颢将告子的“生之谓性”解释为“生”就是“性”。㉛

刘纪璐也批评说,如果把“理”理解为“生”,我们就不能理解程颐的“理一分殊”和“格物穷理”。笔者不认为有这样的问题。就“理一分殊”而言,虽然一般说来“理”即“生”对事物来说是统一的,但是每个具体的事物的“生”是不同的。在程颐专论“理一分殊”的语境中,爱即生。尽管一个人爱所有的人,但他以不同的方式爱特定的人:对父母的爱不同于对孩子的爱;对朋友的爱不同于对敌人的爱;对人类的爱又不同于对非人类的爱。就“格物穷理”而言,笔者认为把“理”理解为“生”也没有什么特别的困难:我们通过研究事物来理解它们各自的“生”的形式。

刘纪璐的批评最后也针对笔者的以下观点:“理”作为“生”是万物的生。在她看来,“世间万物……**被赋予**生命,而不是**创造**生命(他们是被创造者而不是创造者)”。笔者赞同刘纪璐将万物中的每一物都视为被创造者的看法,但是,这并不与以下看法相左:

它们同时也是生命的创造者。这是因为，它们自己创造自己的生命。葛瑞汉对二程所讲的"生"颇有洞见："他们想法背后的类比，不是一个人制作陶罐，而是一棵树从地底下的根部开始生长，然后开枝散叶。"[32] 例如，当我们谈及树的"生"时，我们指的是树的自生，而不是传统基督教模式的造物，即树作为一个创造物为造物主所造。

最后，要再次感谢评论者的批评，迫使笔者重新思考在书中讨论过的诸多哲学问题和字义解释问题。

注释

① Yong Huang, *Why Be Moral? Learning from the Cheng Brothers* (Albany: State University of New York Press, 2014), pp. 25 - 26.

② David Wong, *Natural Moralities: A Defense of Pluralistic Relativism* (Oxford: Oxford University Press, 2006), p. 196.

③ Edward Slingerland, *Trying Not to Try: The Art and Science of Spontaneity* (New York: Crown, 2014).

④ Bernard Williams, *Moral Luck* (Cambridge: Cambridge University Press, 1982), chap. 8.

⑤ Bernard Williams, *Moral Luck*, p. 108.

⑥ Stephen Darwall, *Impartial Reason* (Ithaca: Cornell University Press, 1983), pp. 39 - 40.

⑦ Bernard Williams, *Moral Luck*, p. 102.

⑧ Yong Huang, *Why Be Moral? Learning from the Cheng Brothers*, p. 127.

⑨ 笔者的理解基本上依照陈荣捷。在《中国哲学文献选编》(*A Source Book in Chinese Philosophy*)一书中，他把"理一分殊"译作"[the] principle is one but its manifestations are many"。参见 Wing-tsit Chan, *A Source Book in Chinese Philosophy* (Princeton: Princeton University Press, 1963), p. 550.然而，据笔者所知，也是陈荣捷首次提出了余锦波在评论中非常强调的诠释。

1978 年，他撰文指出，"'分'字不应读成阴平(意为'分割')。这一错误的理解导致它被错误地翻译成'distinction'。'分'字应该读成去声，意为责任、分有或禀赋"。参见 Wing-tsit Chan，"Patterns for Neo-Confucianism: Why Chu Hsi Differed from Ch'eng I，" *Journal of Chinese Philosophy* 5 (1978)，p. 106.但是，就在同一篇论文中，陈荣捷还是把"理一分殊"翻译为"principle is one but its manifestations are many"。对于这一看似矛盾的做法，一种可能的理解是，"分"解为分有，是"理"在不同事物中的分有。陈来把陈荣捷的论文译成了中文(陈荣捷:《论朱熹与程颐之不同》,《中国哲学》第 10 辑，1983 年，第 77—94 页)，并在他的朱子研究专著中采纳了陈荣捷的解释。参见陈来:《朱子哲学研究》(上海: 华东师范大学出版社，2000 年)，第 102 页。

⑩ 参见[宋] 程颢、程颐:《文集》卷第九,《二程集》，第 609 页;《粹言》卷第一,《二程集》，第 1202—1203 页。

⑪ 参见[宋] 程颢、程颐:《文集》卷第九,《二程集》，第 609 页。

⑫ 参见[宋] 程颢、程颐:《粹言》卷第一,《二程集》，第 1202—1203 页。

⑬ 中国学者尤吾兵支持余锦波的解释，他在论证时有意省去了程颐信中的墨家部分:"程颐在首次提出这个命题时表述如下:'《西铭》明理一而分殊，墨氏则……'"参见尤吾兵:《朱熹"理一分殊"中"分"之正名》,《南昌大学学报》38，2007 年第 6 期，第 13 页。或许他已经看到，如果把"理一分殊"的"分殊"与墨家的"无分"相对，"分殊"之"分"就很难读去声。

⑭ 陈荣捷确实把"无分"译为"without differentiation"(无差别)，这意味着他把"分"读成阴平而非去声。

⑮ 后来在朱熹那里，"分"字取读阴平时的含义，这是十分清楚的。朱熹在解释"理一分殊"时说道:"分得愈见不同，愈见得理大。"参见[宋] 朱熹:《朱子语类》，卷第六(北京: 中华书局，1986 年)，第 102 页。在另外两处，他将"分殊"的"分"和"理一"蕴含的"合"作了对比。有人问《西铭》中"理一分殊"，朱熹回答说，"西铭自首至末，皆是'理一分殊'。乾父坤母，固是一理;分而言之，便见乾坤自乾坤，父母自父母，惟'称'字便见异也"。参见朱熹:《朱子语类》，卷第九十八，第 2523 页。另一方面，朱熹又说:"伊川说得好，曰:'理一分殊'。合天地万物而言，只是一个理;及在人，则又各自有一个理。"参见[宋] 朱熹:《朱子语类》，卷第一，第 2 页。因此，在朱熹看来，"理一分殊"意味着，合而言之，理是同一个理，分而言之，"理"又是千差万别。清代学者牛钮也是如此理解"分":"大抵天下事物皆本于一，其后散而分之，有似乎睽然，实未尝不合，所谓理一分殊。"参见[清] 牛钮:《日讲易经解义》(台北: 商务印书馆，1977

年)，第九卷，第 27 页上。这里，“分”与“散”连用，显然是分别之义。

⑯ 朱熹后来又说：“‘理一分殊’，是理之自然如此。”参见[宋] 朱熹：《朱子语类》，第 72 页。这意味着，“一”(同一)与“分殊”(不同的体现)讲的都是“理”。

⑰ 朱熹也交替使用“分殊”与“万殊”。兹举一例。“或问‘理一分殊’。曰：‘圣人未尝言理一，多只言分殊……不知万殊各有一理，而徒言理一，不知理一在何处’。”[宋] 朱熹：《朱子语类》，卷第二十七，第 676—678 页。元代学者萧镒在《四书待问》中说道：“亲上而仁民，仁民而爱物，所谓一理万殊。”接着他又说：“施于人者，不可施于物，乃理一分殊处。”[元] 萧镒：《四书待问》，《续修四库全书》，卷第二十二(上海：上海古籍出版社，1995 年)，第 729 页。一方面，他将“万殊”和“分殊”交替使用；另一方面，他很清楚地指出，“分殊”与“万殊”都是关于“理”的。

⑱ [宋] 程颢、程颐：《遗书》卷第六，《二程集》，第 83 页。

⑲ [宋] 程颢、程颐：《周易程氏传》卷第三，《二程集》，第 858 页。

⑳ 程颢将“一理”与“万事”联系在一起：“《中庸》始言一理，中散为万事，末复合为一理。”参见[宋] 程颢、程颐：《遗书》卷第十四，《二程集》，第 140 页。需要指出的是，程颢这里用了“散”字，它与“分”字读作阴平时意思相同。

㉑ [宋] 程颢、程颐：《遗书》卷第十八，《二程集》，第 195 页。

㉒ [宋] 程颢、程颐：《粹言》卷第一，《二程集》，第 1180 页。

㉓ [宋] 程颢、程颐：《遗书》卷第二十二上，《二程集》，第 292 页。

㉔ [宋] 程颢、程颐：《遗书》卷第二上，《二程集》，第 29 页。

㉕《朱子语类》，卷第六，第 102 页。

㉖ [宋] 程颢、程颐：《遗书》卷第二上，《二程集》，第 33 页。

㉗ [宋] 程颢、程颐：《遗书》卷第十五，《二程集》，第 167 页。

㉘ [宋] 程颢、程颐：《遗书》卷第十五，《二程集》，第 149 页。

㉙ [宋] 程颢、程颐：《遗书》卷第二上，《二程集》，第 29 页。

㉚ [宋] 程颢、程颐：《遗书》卷第二十一下，《二程集》，第 274 页。

㉛ [宋] 程颢、程颐：《遗书》卷第十一，《二程集》，第 120 页。

㉜ A. C. Graham，*Two Chinese Philosophers: The Metaphysics of the Brothers Cheng*（LaSalle：Open Court，1992），p. 108.

引用文献

英文文献

Ackrill, J. L. 1980. "Aristotle on Eudaimonia," in A.O. Rorty (ed.), *Essays on Aristotle's Ethics* (Berkeley, CA: University of California Press).

Adams, Robert Merrihew. 1976. "Motive Utilitarianism," *Journal of Philosophy* 73, pp. 467–481.

——. 2006. *A Theory of Virtue: Excellence in Being for the Good* (Oxford: Oxford University Press).

Allinson, Robert. 1990. "The Ethics of Confucianism and Christianity: The Delicate Balance," *Ching Feng* 33, 3, pp. 158–175.

American Law Institute. 2000. "The Insanity Defense," in Joel Feinberg and Jules Coleman (eds.), *Philosophy of Law*, 6th ed. Belmont (CA: Wadsworth/Thompson Learning).

Ames, Roger T., and Henry Rosemont, Jr., trans. 1998. *The Analects of Confucius: A Philosophical Translation* (New York: Ballantine Books).

Analects, in James Legge (trans.), *Confucius: Confucian Analects, The Great Learning, & The Doctrine of the Mean* (New York: Dover), 1971 (translation modified).

Annas, Julia. 1993. *The Morality of Happiness* (Oxford: Oxford University Press).

——. 2006. "Virtue Ethics," in David Copp (ed.), *Oxford Handbook of Ethical Theory* (Oxford: Oxford University Press).

Anscombe, Elizabeth. 1958. "Modern Moral Philosophy," *Philosophy* 33, pp. 1 - 19.

Aquinas, Thomas. 1952. *The Summa Theologica*, in *The Great Books of the Western World*, vols. 19 - 20 (Chicago: The University of Chicago Press).

——. 1993. *Commentary on Aristotle's Nicomachean Ethics* (Notre Dame: Dumb Ox Books).

Aristotle. 1915. *Ethica Nicomachea*; *Ethica Eudemia*; *and Magna Moralia*, in W. D. Ross (ed.), *The Works of Aristotle*, vol. 9 (Oxford: Oxford University Press).

Audi, Robert. 1979. "Weakness of Will and Practical Judgment," *Noûs* 13, pp. 173 - 196.

——. 1989. "The Separation of Church and State and the Obligations of Citizenship," *Philosophy and Public Affairs* 20, pp. 66 - 76.

——. 1990. "Weakness of Will and Rational Action," *Australasian Journal of Philosophy* 68, pp. 270 - 281.

Augustine. 1952. *City of God*, *in Great Books of the Western World*, vol. 18 (Chicago, London, and Toronto: Encyclopedia Britannica).

Baker, C. Edwin. 1985. "Sandel on Rawls," *University of Pennsylvania Law Review* 133: 868 - 928.

Baldwin, Jason. 2004. "Hume's Knave and the Interest of Justice," *Journal of History of Philosophy* 42, pp. 277 - 296.

Bayles, Michael D. 1973. "The Complexity of 'Why Be Moral?'" *The Personalist* 54, pp. 309 - 317.

Beck, Lewis White. 1960. *A Commentary on Kant's Critique of Practical Reason* (Chicago: The University of Chicago Press).

Beitz, Charles R. 1989 *Political Equality: An Essay in Democratic Theory* (Princeton: Princeton University Press).

Benson, Mark A. 2005. "Conceptions of Self/No-self and Modes of Connection: Comparative Soteriological Structures in Classical Chinese Thought," *Journal of Religious Ethics* 33, pp. 293 - 331.

Bernstein, Richard. 1991. "Incommensurability and Otherness Revisited," in

Eliot Deutsch (ed.), *Culture and Modernity: East-West Philosophical Perspective* (Honolulu: University of Hawaii Press).
Bertram, B. C. R. 1976. "Kin Selection in Lions and in Evolution," in P. P. G. Bateson and R. A Hinde (eds.), *Growing Points in Ethology* (Cambridge: Cambridge University Press).
Bol, Peter. 1992. *This Culture of Ours: Intellectual Transitions in Tang and Sung China* (Stanford: Stanford University Press).
Boxill, Bernard. 1980. "How Injustice Pays," *Philosophy and Public Affairs* 9, pp. 359 - 371.
Bradley, F. H. 1935. *Ethical Studies* (Oxford: Oxford University).
Broadie, Alexander, and Elizabeth M. Pybus. 1992. "Kant's Treatment of Animals," in Ruth F. Chadwich (ed.), *Immanuel Kant: Critical Assessments*, Vol. 3, *Kant's Moral and Political Philosophy* (London and New York: Routledge).
Browning, Don. 1992. "Altruism and Christian Love," *Zygon* 27, pp. 421 - 436.
Bruce, J. P. 1922. *The Philosophy of Human Nature* (London: Methuen).
Buscemi, William. 1993. "The Ironic Politics of Richard Rorty," *The Review of Politics* 55, pp. 141 - 157.
Chan, Wing-tsit. 1963. A Source Book in Chinese Philosophy, ed. and trans. by Wing-tsit Chan (Princeton: Princeton University Press).
——. 1967. "Introduction," in *Reflections on Things at Hand*, Compiled by Chu Hsi and Lü Tsu-ch'ien, trans., with notes, by Wing-tsit Chan (New York: Columbia University Press).
——. 1978. "Patterns for Neo-Confucianism: Why Chu Hsi Differed from Ch'eng I," *Journal of Chinese Philosophy* 5: 101 - 126.
Chang, Carsun. 1963. *The Development of Neo-Confucian Thought*, vol.1 (New Haven: College and University Press).
Charlton, William. 1935. *Weakness of Will* (Oxford: Basil Blackwell).
Cheng, Chung-ying. 1991. *New Dimensions of Confucian and Neo-Confucian Philosophy* (Albany: State University of New York Press).
——. 1997. "On a Comprehensive Theory of *xing* (Naturality) in Song-Ming Neo-Confucian Philosophy: A Critical and Integrative Development," *Philosophy East and West* 47, pp. 33 - 47.
——. 2000. "Confucian Onto-Hermeneutics: Morality and Ontology," *Journal*

of Chinese Philosophy 27, pp. 33 - 68.
——. 2002. "Ultimate Origin, Ultimate Reality, and the Human Condition: Leibniz, Whitehead, and Zhu Xi," *Journal of Chinese Philosophy* 29, pp. 93 - 119.

Cohen, G. A. 2002. *If You're an Egalitarian, How Come You're So Rich?* (Cambridge MA: Harvard University Press).

Copp, David, and David Sobel. 2004. "Morality and Virtue: An Assessment of Some Recent Work in Virtue Ethics," *Ethics* 114, pp. 514 - 554.

Copp, David. 1997. "The Ring of Gyges: Overridingness and the Unity of Reason," *Social Philosophy and Policy* 14, pp. 86 - 106.

Cua, A. S. 2003a. "*Li:* Rites or Propriety," in A.S. Cua (ed.), *Encyclopedia of Chinese Philosophy* (New York and London: Routledge).

——. 2003b. "Reason and Principle," in A. S. Cua (ed.), *Encyclopedia of Chinese Philosophy* (New York: Routledge).

Dahl, Norman O. 1991. "Plato's Defense of Justice," *Philosophy and Phenomenological Research* 51, pp. 809 - 834.

Dallmayr, Fred. 2003. "Confucianism and the Public Sphere: Five Relationships Plus One?" *Dao: A Journal of Comparative Philosophy* 2, pp. 193 - 212.

Dancy, Jonathan. 1993. *Moral Reason* (Oxford, UK and Cambridge, US: Blackwell).

——. 2004. *Ethics without Principles* (Oxford: Oxford University Press).

——. 2009/2001. "Moral Particularism," *The Stanford Encyclopedia of Philosophy* (Spring 2009 Edition), Ed. by Edward N. Zalta. URL = <http://plato.stanford.edu/archives/spr2009/entries/moral-particularism/>.

Daniel Statman. 1997. "Introduction," in Daniel Statman (ed.), *Virtue Ethics: A Critical Reader* (Washington, DC: Georgetown University Press).

D'arcy, Martin Cyril. 1945. *The Mind and Heart of Love, Lion and Unicorn: A Study in Eros and Agape* (London: Farber and Faber).

Darwall, Stephen. 1983. *Impartial Reason* (Ithaca: Cornell University Press).

Davidson, Donald. 1969. "How Is Weakness of Will is Possible?" in his Essay on *Actions and Events* (Oxford: Clarendon).

——. 1982. "Paradoxes of Irrationality," in Richard Wollheim and James Hopkins (eds.), *Philosophical Essays on Freud* (Cambridge: Cambridge

University Press).

Davis, W. H. 1991. "Why Be Moral?" *Philosophical Inquiry: International Quarterly* 13, pp. 1 - 21.

Daxue, the. See *The Great Learning* in Chan 1963.

De Bary, Wm. Theodore. 1986. "Human Rites—An Essay on Confucianism and Human Rights," in Irene Eber (ed.), *Confucianism: The Dynamics of Tradition* (London: Macmillan).

——. 1991. *Learning for One's Self: Essays on the Individual in Neo-Confucian Thought* (New York: Columbia University Press).

Demos, Raphael. 1964. "A Fallacy in Plato's *Republic?*" *The Philosophical Review* 73, pp. 395 - 398.

Donaldson, Thomas. 2008. "Globalization and Its Ethics Significance," in Fritz Allhoff and Anand J. Vaidya (eds.), *Business in Ethical Focus: An Anthology* (Buffalo: Broadview).

Dorter, Kenneth. 1997. "Virtue, Knowledge, and Wisdom: Bypassing Self-Control," *Review of Metaphysics* 51, pp. 313 - 343.

——. 2009. "Metaphysics and Morality in Neo-Confucianism and Greece: Zhu Xi, Plato, Aristotle, and Plotinus," *Dao: A Journal of Comparative Philosophy* 8, pp. 255 - 276.

Fingarette, Herbert. 1972. *Confucius—The Secular as Sacred* (New York: Harper and Row).

Fletcher, Joseph. 1966. *Moral Responsibility: Situation Ethics at Work* (Louisville, KY: Westminster John Knox Press).

Foot, Philippa. 2001. *Natural Goodness* (Oxford: Oxford University Press).

Forthcoming, "The Patient Moral Relativism in the Zhuangzi," in Dennis Schilling and Richard King (eds.), *Zhuangzi: Ethics of Ease* (Harrassowitz).

Frankfurt, Harry. 2003. *Reason of Love* (Oxford: Oxford University Press).

Fu, Pei-jung. 2003. "Tian (T'ien): Heaven," in A. S. Cua(ed.), *Encyclopedia of Chinese Philosophy* (New York: Routledge).

Fung, Yu-lan (Feng, Youlan). 1953. *A History of Chinese Philosophy*, Vol. 2 (Princeton: Princeton University Press).

Gadamer, Hans-Georg. 1981. *Reason in the Age of Science* (Cambridge: MIT Press).

——. 1993. *Truth and Method*, trans. by Joel Weinsheimer and Donald G. Marshall (New York: Continuum).

Gauthier, David. 1982. "Three Against Justice: The Foole, the Sensible Knave, and the Lydian Shepherd," in *Midwest Studies in Philosophy* 7 (Morris: University of Minnesota Press).

Gerson, Lloyd. 1986. "Platonic Dualism," *Monist* 69, pp. 352 - 369.

Gewirth, Alan. 1978. *Reason and Morality* (Chicago and London: University of Chicago Press).

——. 1980. "The Golden Rule Rationalized," *Midwest Studies in Philosophy* 3, pp. 133 - 147.

Gosling, J. C. B. 1990. *Weakness of the Will* (London: Routledge).

Graham, A. C. 1992. *Two Chinese Philosophers* (LaSalle: Open Court).

Grandy, Richard. 1973. "Reference, Meaning, and Belief," *Journal of Philosophy* 70.14, pp. 439 - 452.

Grant, Colin. 1996. "For the Love of God: Agape," *Journal of Religious Ethics* 24, pp. 1 - 21.

Guthrie, W. K. C. 1975. *A History of Greek Philosophy*, volume 2 (Cambridge: Cambridge University Press).

Hall, David L., and Roger T. Ames. 1987. *Thinking through Confucius* (Albany: State University of New York Press).

Han, Yu. 1963. "An Inquiry on the Way," Yuan Dao, in Chan 1963.

Hansen, Chad. 1992. *A Daoist Theory of Chinese Thought: A Philosophical Interpretation* (Oxford: Oxford University Press).

Hare, R. M. 1963. *Freedom and Reason* (New York: Oxford University Press).

Harman, Gilbert. 2005. "Moral Particularism and Transduction," *Philosophical Issues* 15, pp. 44 - 55.

Hegel, G. W. F. 1991. *Elements of Philosophy of Right* (Cambridge: Cambridge University Press).

Heidegger, Martin. 1962. *Being and Time* (New York: Harper and Row).

Henderson, John B. 1991. *Scripture, Canon, and Commentary: A Comparison of Confucian and Western Exegesis* (Princeton: Princeton University Press).

Heyward, Carter. 1989. *Touching Our Strength: The Erotic as Power and Love of God* (New York: Harper and Row).

Höffe, Otfried. 1992. "'Even a Nation of Devils Needs the State': the Dilemma of Natural Justice," in Howard Lloyd Williams (ed.), *Essays on Kant's Political Philosophy* (Chicago: Chicago University Press).

Hill, Thomas, Jr. 2000. *Respect, Pluralism, and Justice: Kantian Perspective* (Oxford: Oxford University Press).

Hinton, David, trans. 1998. *The Analects* (Washington D.C.: Counterpoint).

Hobbes, Thomas. 1962. *Leviathan*, ed. by Michael Oakeshott (New York: Collier Books).

——. 1998. *Leviathan*, ed. by J. C. A. Gaskin (New York: Oxford University Press).

Hon, Tze-ki. 2003. "Cheng Hao" and "Cheng Yi," in A. S. Cua (ed.), *Encyclopedia of Chinese Philosophy* (New York: Routledge).

Hosmer, LaRue Tone. 1994. "Why Be Moral: A Different Rational for Managers," *Business Ethics Quarterly* 4, 2, pp. 191 - 204.

——. 1997. "Why Be Moral?: A Reply to Shaw and Corvino," *Business Ethics Quarterly* 7, 4, pp. 137 - 143.

Hospers, John. 1961. *Human Conduct: An Introduction to the Problems of Ethics* (Ithaca: Cornell University Press).

House of Lords. 2000. "The M'Naghten Rules," in Joel Feinberg and Jules Coleman (eds.), *Philosophy of Law*, 6th ed. Belmont (CA: Wadsworth/Thompson Learning).

Hsü, Leonard Shihlien. 1975. *The Political Philosophy of Confucianism* (London: Curzon Press).

Hsu, Fu-kuan. 1986. "Chu Hsi and Cheng Brothers," in Wing-tsit Chan (ed.), *Chu Hsi and Neo-Confucianism* (Honolulu: University of Hawaii).

Huang, Siu-Chi. 1999. *Essentials of neo-Confucianism: Eight Major Philosophers of the Song and Ming Periods* (Westport, CT: Greenwood).

Huang, Yong. 1995. "Religious Pluralism and Interfaith Dialogue," *International Journal for Philosophy of Religion* 37, pp. 127 - 144.

——. 1996. "The Father of Modern Hermeneutics in a Postmodern Age: A Reinterpretation of Schleiermacher's Hermeneutics," *Philosophy Today* 40.2, pp. 251 - 262.

——. 2001. *Religious Goodness and Political Rightness: Beyond the Liberal-*

Communitarian Debate, Harvard Theological Studies 49 (Harrisburg: Trinity Press International).

——. 2005a. "A Copper Rule Versus the Golden Rule: A Daoist-Confucian Proposal for Global Ethics," *Philosophy East and West* 55, pp. 394 - 425.

——. 2005b. "Confucian Love and Global Ethics: How the Cheng Brothers Would Help Respond to Christian Criticisms," *Asian Philosophy* 15, pp. 35 - 60.

——. 2006. "Interpretation of the Other: A Cultural Hermeneutics," in Inwon Choue, Samuel Lee, Pierre Sane (eds.), *Inter-regional Philosophical Dialogues: Democracy and Social Justice in Asia and the Arab World* (Seoul: Unesco/Korea National Commission of Unesco).

——. 2007. "Confucian Theology: Three Models," *Religion Compass* 1, pp. 455 - 478.

——. 2009a. "Cheng Hao (Cheng Mingdao) (1032 - 1085 CE)," *Internet Encyclopedia of Philosophy*, http://www.iep.utm.edu/c/chenghao.htm.

——. 2009b. "Rorty's Progress into Confucian Truth," in *Rorty*, *Pragmatism*, *and Confucian: With Responses by Richard Rorty*, ed. by Yong Huang. Albany: State University of New York Press.

——. 2010a. "Respecting Different Ways of Life: A Daoist Ethics of Virtue in the Zhuangzi," *Journal of Asian Studies* 69, pp. 1049 - 1070.

——. 2010b. "The Ethics of Difference in the Zhuangzi," *Journal of American Academy of Religion* 78, pp. 65 - 99.

——. 2011. "Can Virtue Be Taught and How?: Confucius on the Paradox of Moral Education," *Journal of Moral Education* 40, pp. 141 - 159.

——. 2013a. *Confucius: A Guide for the Perplexed* (London: Bloomsbury).

——. 2013b. "Confucius in Historical Perspective," in Chen Zu-yan (ed.), *Confucius: Eternal Sage* (San Francisco: Long River).

——. 2013c. "Virtue Ethics and Moral Responsibility: Confucian Conception of Moral Praise and Blame," *Journal of Chinese Philosophy* 40, pp. 381 - 399.

——. 2013d. "Liberal Neutrality, State Perfectionism, and Confucianism: A Neglected Dimension," University of Tokyo Center for Philosophy.

——. 2014a. "Toward a Benign Moral Relativism: From Agent/Critics-Centered to the Patient-Centered," in Yang Xiao and Yong Huang (eds.), *Moral*

Relativism and Chinese Philosophy: David Wong and His Critics (State University of New York Press).

——. 2014b. *Why Be Moral? Learning from the Cheng Brothers* (Albany: State University of New York Press).

——. 2018. "The Patient Moral Relativism in the *Zhuangzi*." *Philosophia* 46: 877 - 894.

Hume, David. 1957. *An Inquiry Concerning the Principles of Morals* (New York: Liberal Arts).

——. 1978. *A Treatise of Human Nature*, ed. by L. A. Selby-Bigge (Oxford: Oxford University Press).

Hurka, Thomas. 2001. *Virtue, Vice, and Value* (Oxford: Oxford University Press).

Hursthouse, Rosalind. 1999. *On Virtue Ethics* (Oxford: Oxford University Press).

——. 2004. "On the Grounding of the Virtue in Human Nature," in Jan Szaif (ed.), *What is Good for a Human Being?: Human Nature and Value* (Berlin & New York: Walter de Gruyter).

Ingen, John van. 1994. *Why Be Moral? The Egoistic Challenge* (New York: Peter Lang).

Irwin, Terence. 1991. "The Structure of Aristotelian Happiness," *Ethics* 101, pp. 382 - 391.

——. 1996. "Kant's Criticism of Eudaemonism," in Stephen Engstrom and Jennifer Whiting (eds.), *Aristotle, Kant, and the Stoics: Rethinking Happiness and Duty* (Cambridge: Cambridge University Press).

Ivanhoe, P. J. 2002. *Ethics in the Confucian Tradition* (Indianapolis: Hackett).

——. 2008. "A Confucian Perspective on *Justice, Gender, and the Family*," A Paper Presented at the International Conference on "Virtue: East and West," The Chinese University of Hong Kong, May 20 - 22.

Jiang, Xinyan. 2000. "What Kind of Knowledge Does a Weak-Willed Person Have? —A Comparative Study of Aristotle and the Ch'eng-Chu School," *Philosophy East & West*: 50, 2, pp. 242 - 253.

Kant, Immanuel. 1956a. *Groundwork of the Metaphysics of Morals*, trans. by H. J. Paton (New York: Harper & Row).

——. 1956b. *Critique of Practical Reason*, trans. by Lewis White Beck (New York: Macmillan).

——. 1964a. *Doctrine of Virtue*, ed. by M. Gregor (New York: Harper).

——. 1964b. *The Doctrine of Virtue: Part II of the Metaphysic of Morals* (Philadelphia: University of Pennsylvania Press).

——. 1965. *Critique of Pure Reason*, trans. by Norman Kemp Smith (New York: St. Martin's Press).

Kaufman, Gordon. 1993. *In Face of Mystery: A Constructive Theology* (Cambridge: Harvard University Press).

Küng, Hans. 1978. *On Being a Christian* (New York: Pocket Books).

——. 1989. "Confucianism: Ethical Humanism as Religion? A Christian Response," in Küng and Julia Ching, *Christianity and Chinese Religion* (New York: Doubleday), pp. 93 - 129.

Kraut, Richard. 1989. *Aristotle on the Human Good* (Princeton: Princeton University Press).

——. 1992. "The Defense of Justice in Plato's Republic," in Richard Kraut (ed.), *The Cambridge Companion to Plato* (Cambridge: Cambridge University Press).

——. 1998. "Egoism and Altruism," in *Routledge Encyclopedia of Philosophy* (New York and London: Routledge).

Kuhn, Thomas. 1976. "Theory-change as Structure-Change; Comments on the Sneed Formalism," *Erkenntnis* 10, pp. 179 - 199.

Kupperman, Joel. 1981. "Confucian Ethics and Weakness of Will," *Journal of Chinese Philosophy* 8, 1, pp. 1 - 8.

Lau, D. C., trans. 1979. *The Analects* (Middlesex, England: Penguin Books).

Lear, Gabriel Richardson. 2004. *Happy Lives and the Highest* Good: An Essay on Aristotle's Nicomachean Ethics (Princeton: Princeton University Press).

Legge, James, trans. 1971. *Confucian Analects*, in *Confucius: Confucian Analects*, *The Great Learning & The Doctrine of the Mean* (New York: Dover).

Lesses, Glen. 1987. "Weakness, Reason, and the Divided Soul in Plato's *Republic*," *History of Philosophy Quarterly* 4, pp. 147 - 161.

Lewis, Thomas A., Jonathan Wyn Schofer, Aaron Stalnaker, and Mark A.

Benkson. 2005. "Anthropos and Ethos: Categories of Inquiry and Procedures of Comparison," *Journal of Religious Ethics* 33, pp. 177 - 185.

Li, Chenyang. 2007. "Li as Cultural Grammar," *Philosophy East and West* 57, pp. 311 - 329.

Locke, John (n.d.). *An Essay Concerning Human Understanding* (London: George Routledge and Sons).

Louden Robert B. 1997. "Kant's Virtue Ethics," in Daniel Statman (ed.), *Virtue Ethics: A Critical Reader* (Washington, D.C.: Georgetown University Press).

MacIntyre, Alasdair. 1991. "Incommensurabillity, Truth, and the Conversation between Confucians and Aristotelians about the Virtues," in Eliot Deutsch (ed.), *Culture and Modernity: East-West Philosophical Perspective* (Honolulu: University of Hawaii Press).

——. 2010. "Relativism, Power, and Philosophy," in Michael Krausz (ed.), *Relativism: A Contemporary Anthology* (New York: Columbia University Press).

Mahoney, Timothy A. 1992. "Do Plato's Philosopher-Rulers Sacrifice Self-Interest to Justice?" *Phronesis* 37, 3, pp. 265 - 282.

McDowell, John. 1998a. *Mind, Value, and Reality* (Cambridge, MA: Harvard University Press).

——. 1998b. "Comments on 'Some Rational Aspects of Incontinence' [by T. H. Irwin]," *Southern Journal of Philosophy*, suppl. 27, pp. 89 - 102.

McIntyre, Allison. 1990. "Is Akratic Action Always Irrational?" in Owen Flanagan and Amelie Rorty (eds.), *Identity, Character, and Morality: Essays in Moral Psychology* (Cambridge, MA: MIT Press).

McKerlie, Dennis. 1991. "Friendship, Self-Love, and Concern for Others in Aristotle's Ethics," *Ancient Philosophy* 11, pp. 85 - 101.

Melden, A. I. 1948. "Why Be Moral?" *The Journal of Philosophy* 45, pp. 449 - 456.

Mencius. Trans. D. C. Lau. London: Penguin Books, 1970.

Midgley, Mary. 1995. *Beast and Man* (London: Routledge).

Mill, John Stuart. 1972. *Utilitarianism, On Liberty, Consideration on Representative Government*, ed. by H. B. Acton (London: Everyman's Library).

Morse, Stephen. 2003. "Inevitable Mens Rea," *Harvard Journal of Law & Public Policy* 27, pp. 51 - 64.

Murphy, Jeffrie. G. 1999. "A Paradox about the Justification of Punishment," in George Sher and Baruch A. Brody (eds.), *Social and Political Philosophy Contemporary Readings* (Orlando: Harcourt Brace College Publishers).

Needham, Joseph. 1956. *Science and Civiliation in China*, Vol. II of *History of Chinese Scientific Thoughts* (Cambridge: Cambridge University Press).

Neville, Robert. 2007. "A Comparison of Confucian and Christian Conceptions of Creativity," *Dao: A Journal of Comparative Philosophy* 6, pp. 125 - 130.

Neville, Robert Cummings. 1999. "Existential Conceptions of Love in Confucianism and Christianity," in Marko Zlomislic & David Goicoechea (eds.), *Jen, Agape, Tao with Tu Wei-ming* (Binghamton: Global Publications).

——. 2001a. *The Human Condition* (Albany: State University of New York Press).

——. 2001b. "Two Forms of Comparative Philosophy," *Dao: A Journal of Comparative Philosophy* 1,1, pp. 1 - 13.

Ni, Peimin. 2002. *Confucius* (Belmont, CA: Wadsworth).

Nielsen, Kai. 1989. *Why Be Moral* (Buffalo: Prometheus Books).

Nivison, David. 1980. "Mencius and Motivation," *Journal of American Academy of Religion* 47, pp. 417 - 432.

Nussbaum, Martha C. 1994. *The Therapy of Desire: Theory and Practice in Hellenistic Ethics* (Princeton, NJ: Princeton University Press).

——. 1995. "Aristotle on Human Nature and the Foundation of Ethics," in J. E. J. Altham and Ross Harrison (eds.), *World, Mind, and Ethics: Essays on the Ethical Philosophy of Bernard Williams* (Cambridge: Cambridge University Press).

Nygren, Anders. 1969. *Agape and Eros* (New York: Harper and Row).

Okin, Susan Moller. 1989. *Justice, Gender, and the Family* (New York: Basic Books).

——. 2005. "'Forty Acres and a Mule' for Women," *Politics, Philosophy and Economics* 4, pp. 233 - 248.

O'Neill, Onora. 1989. "Kant after Virtue," in her *Constructions of Reason: Exploration of Kant's Practical Philosophy* (Cambridge: Cambridge

University Press).

Origen. 1957. *The Song of Songs: Commentary and Homilies*, trans. and annotated by R. P. Lawson (Westminster, MD: The Newman Press).

Pang-White, Ann. 2000. "The Fall of Humanity: Weakness of the Will and Moral Responsibility in the Later Augustine," *Medieval Philosophy and Theology* 9, pp. 51 – 67.

——. 2003. "Augustine, *Akrasia*, and Manichaeism," *American Catholic Philosophical Quarterly* 77, 2, pp. 151 – 169.

Plato. 1963a. *Protagoras*, in Edith Hamilton and Huntington Cairns (eds.), *The Collected Dialogues of Plato* (Princeton: Princeton University Press).

——. 1963b. *Republic*, in Edith Hamilton and Huntington Cairns (eds.), *The Collected Dialogues of Plato* (Princeton: Princeton University Press).

Pope, Stephen. 1994. *The Evolution of Altruism and the Ordering of Love* (Washington, DC: Georgetown University Press).

Postema, Gerald J. 1988. "Hume's Reply to the Sensible Knave," *History of Philosophical Quarterly* 5, pp. 23 – 40.

Pound, Ezra, trans. 1956. *Confucian Analects* (London: Peter Own Limited).

Pugmire, David. 1982. "Motivated Irrationality," *Proceedings of the Aristotelian Society* 56, pp. 179 – 196.

Pybus, Elizabeth M., and Alexander Broadie. 1999. "Kant and the Maltreatment of Animals," in Ruth F. Chadwich (ed.), *Immanuel Kant: Critical Assessments*, Vol. 3, *Kant's Moral and Political Philosophy* (London and New York: Routledge).

Rawls, John. 1996. *Political Liberalism* (New York: Columbia University Press).

——. 1997. "The Idea of Public Reason Revisited," *University of Chicago Law Review* 64.3, pp. 765 – 807.

——. 1999. *A Theory of Justice*, revised edition (Cambridge, MA: Harvard University Press).

Regan, Tom. 1999. "Broadie and Pybus on Kant," in Ruth F. Chadwich (ed.), *Immanuel Kant: Critical Assessments*, Vol. 3, *Kant's Moral and Political Philosophy* (London and New York: Routledge).

Rhodes, Rosamond. 1992. "Hobbes's Unreasonable Fool," *The Southern*

Journal of Philosophy 30, pp. 93－102.

Ridley, Mark, and Richard Dawkins. 1981. "Natural Selection and Altruism," in Philippe Rushton and Richard M. Sorretino (eds.), *Altruism and Helping Behavior: Social, Personality, and Developmental Perspectives* (Hillsdale, NJ: Lawrence Erlbaum Associates).

Rorty, Richard. 1989. *Contingency, Irony, and Solidarity* (Cambridge: Cambridge University Press).

——. 1996. "Ambiguity and 'Rationality,'" *Constellations: An International Journal of Critical and Democratic Theory* 3, pp. 73－82.

——. 1997. "Justice as a Large Loyalty," in Ron Bontekoe and Marietta Stepaniants (eds.), *Justice and Democracy: Cross-Cultural Perspectives* (Honolulu: University of Hawaii Press).

——. 1998. *Truth and Progress: Philosophical Papers* (Cambridge: Cambridge University Press).

——. 1999. *Philosophy and Social Hope* (New York: Penguin Books).

——. 2000. "Is 'Cultural Recognition' a Useful Concept for Leftist Politics?" *Critical Horizons* 1, pp. 7－20.

——. 2004. "Trapped between Kant and Dewey: The Current Situation of Moral Philosophy," in Natalie Brender and Lary Krasnoff (eds.), *New Essays on the History of Autonomy: A Collection Honoring J. B. Schneewind* (Cambridge: Cambridge University Press).

Sachs, David. 1963. "A Fallacy in Plato's Republic," *The Philosophical Review* 72, pp. 141－158.

Sandel, Michael. 1982. *Liberalism and the Limits of Justice* (Cambridge: Harvard University Press).

Santas, Gerasimos X. 1997. "Does Aristotle Have a Virtue Ethics," in Daniel Statman (ed.), *Virtue Ethics: A Critical Reader* (Washington, D. C.: Georgetown University Press).

Sartre, Jean-Paul. 1947. *Existentialism* (New York: Philosophical Library).

Scanlon, T. M. 1996. "Self-Anchored Morality," in J. B. Schneewind (ed.), *Reason, Ethics, and Society* (Chicago & La Salle, Illinois: Open Court).

Schleiermacher, F. D. E. 1986. *Hermeneutics: The Handwritten Manuscripts* (Atlanta: Scholars Press).

Shaw, Bill, & John Corvino. 1996. "Hosmer and the 'Why Be Moral?' Question," *Business Ethics* 6, pp. 373 - 383.

Shen, Vincent. 2002. "Chen Daqi," in Antonio Cua (ed.), *Encyclopedia of Chinese Philosophy* (New York and London: Routledge).

Shun, Kwong-loi. 2002. "*Ren* 仁 and *Li* in the *Analects*," in *Confucius and the* Analects (Oxford: Oxford University Press).

——. 2009. "Studying Confucian and Comparative Ethics: Methodological Reflections," *Journal of Chinese Philosophy* 36, pp. 455 - 478.

Silk, J. B., A. Samuels, and P. Rodman. 1981. "The Influences of Kinship, Rank, and Sex on Affiliation and Aggression between Adult Female and Immature Bonnet Macaques," *Behavior* 78, pp. 111 - 177.

Sim, May. 2007. *Remastering Morals with Aristotle and Confucius* (Cambridge: Cambridge University Press).

Singer, Marcus. 1963. "The Golden Rule," *Philosophy: The Journal of the Royal Institute of Philosophy* 38, pp. 293 - 314.

Slingerland, Edward. 2003. trans. *Analects: With Selections from Traditional Commentaries* (Indianapolis and Cambridge: Hackett).

——. 2004a. "Conceptual Metaphor Theory as Methodology for Comparative Religion," *Journal of American Academy of Religion* 72, pp. 1 - 31.

——. 2004b. "Conceptions of the Self in the *Zhuangzi*: Conceptual Metaphor Analysis and Comparative Thought," *Philosophy East and West* 54, 3, pp. 322 - 342.

——. 2014. *Trying Not to Try: The Art and Science of Spontaneity* (New York: Crown).

Slote, Michael. 1992. *From Morality to Virtue* (Oxford: Oxford University Press).

——. 2001. *Morals from Motives* (Oxford: Oxford University Press).

Smith, Michael. 2003. "Rational Capacities, or: How to Distinguish Recklessness, Weakness, and Compulsion," in Sarah Stroud and Christine Tappolet (eds.), *Weakness of Will and Practical Irrationality* (Oxford: Clarendon).

Solomon, David. 1997. "Internal Objections to Virtue Ethics," in Daniel Statman (ed.), *Virtue Ethics: A Critical Reader* (Washington, D.C.: Georgetown University Press).

Stalnaker, Aaron. 2006. *Overcoming Our Evil: Human Nature and Spiritual Exercises in Xunzi and Augustine* (Washington, D. C.: Georgetown University Press).

Steward, Helen. 1998b. "Akrasia," *Routledge Encyclopedia of Philosophy* (London and New York: Routledge).

Stocker, Michael. 1997. "The Schizophrenia of Modern Ethical Theories," in in Roger Crisp and Michael Slote (eds.), *Virtue Ethics* (Oxford: Oxford University Press).

Stout, Jeffrey. 1988. *Ethics after Babel: The Languages of Morals and Their Discontents* (Boston: Beacon).

Swanton, Christine. 2003. *Virtue Ethics: A Pluralistic View* (Oxford : Oxford University Press).

Taylor, Charles. 1989. *The Sources of the Self: The Making of the Modern Identity* (Cambridge: Harvard University Press).

——. 1995. "A Most Peculiar Institution," in J. E. J. Altham and Ross Harrison (eds.), *World, Mind, and Ethics: Essays on the Ethical Philosophy of Bernard Williams* (Cambridge: Cambridge University Press).

Thompson, Michael. 1998. "Representation of Life," in Rosalind Hursthouse, Gavin Lawrence, and Warren Quinn (eds.), *Virtues and Reasons* (Oxford: Clarendon Press).

Tillich, Paul. 1960. *Love, Power, and Justice* (New York: Oxford University Press).

Toner, Christopher. 2006. "The Self-Centeredness Objection to Virtue Ethics," *Philosophy* 81, pp. 595-617.

——. 2008. "Sorts of Naturalism: Requirements for a Successful Theory," *Metaphilosophy* 39, 2, pp. 220-250.

Toulmin, Stephen. 1964. *An Examination of the Place of Reason in Ethics* (Cambridge: Cambridge University Press).

Tu, Weiming. 1979. *Humanity and Self-Cultivation: Essays in Confucian Thought* (Berkeley: Asian Humanities Press).

——. 1983. "Akrasia and Self-Cultivation in Mencius," in Venant Cauchy (ed.), *Philosophy and Culture*, (Montreal: Ed-Montmorency).

——. 1995. "Happiness in the Confucian Way," in Leroy S. Rouner (ed.), *In*

Pursuit of Happiness (Notre Dame, Indiana: University of Notre Dame Press).
——. 1999. "Humanity as Embodied Love: Exploring Filial Piety in a Global Ethical Perspective," in Marko Zlomislic (ed.), *Jen*, *Agape*, *Tao with Tu Wei-ming* (Binghamton: Global Publications).
——. 2007. "Creativity: A Confucian View," *Dao: A Journal of Comparative Philosophy* 6. 2, pp. 115 - 124.
Vacek, Edward Collins, S. J. 1996. "Love, Christian and Diverse: A Response to Colin Grant," *Journal of Religious Ethics* 24,1, pp. 29 - 34.
Van Norden, Bryan. 2007. *Virtue Ethics and Consequentialism in Early Chinese Philosophy* (Cambridge: Cambridge University Press).
Vlastos, Gregory. 1981. "Justice and Happiness in the *Republic*," in his *Platonic Studies* (Princeton: Princeton University Press).
Waley, Arthur, trans. 1971. *The Analects of Confucius* (London: George Allen and Unwin Ltd).
Walker, Arthur F. 1989. "The Problem of Weakness of Will," *Noüs* 23.5: 653 - 676.
Wang, Yangming. 1963. *Inquiry on the Great Learning*, in Wing-tsit Chan, *A Source Book in Chinese Philosophy* (Princeton: Princeton University Press).
Watson, Gary. 1977. "Skepticism about Weakness of Will, " *The Philosophical Review* 86, 3, pp. 316 - 339.
——. 1997. "On the Primacy of Character," in Daniel Statman (ed.), *Virtue Ethics: A Critical Reader* (Washington, D. C.: Georgetown University Press).
Wike, Victoria S. 1994. *Kant on Happiness in Ethics* (Albany: State University of New York Press).
Williams, Bernard. 1971. *Morality: An Introduction to Ethics* (New York: Harper).
——. 1982. *Moral Luck* (Cambridge: Cambridge University Press).
——. 1985. *Ethics and Limits of Philosophy* (Cambridge, MA: Harvard University Press).
——. 1995. "Replies," in J. E. J. Altham and Ross Harrison (eds.), *World*, *Mind*, *and Ethics: Essays on the Ethical Philosophy of Bernard Williams* (Cambridge: Cambridge University Press).
Wittgenstein, Ludwig. 1958. *Philosophical Investigation* (New York: Macmillan).

Wong, David. 1989. "Universalism versus Love with Distinction," *Journal of Chinese Philosophy* 16, pp. 251 - 272.

——. 1991. "Is There a Distinction between Reason and Emotion in Mencius?" *Philosophy East & West* 41, pp. 31 - 44.

——. 2006. *Natural Moralities: A Defense of Pluralistic Relativism* (Oxford: Oxford University Press).

——. 2009. "Comparative Philosophy: Chinese and Western," *The Stanford Encyclopedia of Philosophy*. Edward N. Zalta (ed.), URL = ＜http://plato.stanford.edu/archives/win2009/entries/comparphil-chiwes/＞.

Wong, Wai-ying. 2003. "The Status of *li* in the Cheng Brothers' Philosophy," *Dao: A Journal of Comparative Philosophy* 3.1, pp. 109 - 119.

Xunzi 荀子, in *Library of Chinese Classics: Chinese and English* (Changsha 长沙: Hu'nan Renmin Chubanshe 湖南人民出版社, and Beijing 北京: Waiwen Chubanshe 外文出版社).

Yu, Jiyuan. 2007. *The Ethics of Confucius and Aristotle: Mirrors of Virtue* (New York and London: Routledge).

Zhongyong, The. See *The Doctrine of Mean* in Chan 1963.

古典文献

[宋] 程颢、程颐

2004《二程集》(北京：中华书局)。

[清] 牛钮

1977《日讲易经解义》(台北：商务印书馆)。

[明] 王阳明

1992《王阳明全集》(上海：上海古籍出版社)。

[元] 萧镒

1995《四书待问》,《续修四库全书》(上海：上海古籍出版社)。

[宋] 张载

1978《张载集》(北京：中华书局)。

[宋] 张载

2000《张子正蒙》(上海：上海古籍出版社)。

[宋] 周敦颐

2000《周子通书》(上海：上海古籍出版社)。

[宋] 朱熹
1985《论语集注》,载《四书五经》(北京:中华书局)。
[宋] 朱熹
1986《朱子语类》(北京:中华书局)。

中文文献

蔡方鹿
1996《程颢程颐与中国文化》(贵阳:贵州人民出版社)。
蔡尚思
1982《孔子思想体系》(上海:上海人民出版社)。
陈大齐
1970《孔子学说论集》(台北:正中书局)。
1984《孔子学说》(台北:正中书局)。
1996《论语臆解》(台北:商务印书馆)。
陈来
1991《宋明理学》(沈阳:辽宁教育出版社)。
2000《朱子哲学研究》(上海:华东师范大学出版社)。
陈荣捷
1983《论朱熹与程颐之不同》,《中国哲学》第10辑,第77—94页。
1991《新儒学'理'之思想之演进》,《中国哲学思想论集·宋明篇》(台北:水牛出版社),第57—92页。
1996《宋明理学之概念与历史》(台北:"中央研究院"中国文哲研究所)。
陈钟凡
1996《两宋思想述评》(北京:东方出版社)。
程树德
1990《论语集释》(北京:中华书局)。
邓克铭
1993《宋代理概念之展开》(台北:文津出版社)。
杜维明
2002《杜维明文集》(武汉:武汉出版社)。
方克立
1997《中国哲学史上的知行观》(北京:人民出版社)。
冯日昌

1991《二程格物致知论》，载项维新、刘增福编《中国哲学思想论集·宋明篇》（台北：水牛出版社）。
冯友兰
1981《三松堂学术文集》（北京：北京大学出版社）。
1988《中国哲学史新编》第5册（北京：人民出版社）。
1995《中国哲学史新编》（北京：人民出版社）。
郭沫若
1996《十批判书》（北京：人民出版社）。
侯外庐等编
1995《中国思想通史》第1卷（北京：人民出版社）。
1997《宋明理学史（上）》（北京：人民出版社）。
胡适
1991《胡适学术著作集：中国哲学史》（北京：中华书局）。
1998《胡适学术文集·中国哲学史》（上）（北京：中华书局）。
荆门市博物馆
1998《郭店楚墓竹简》（北京：文物出版社）。
孔德明
1990《离经辨志与孔子研究》，载《传统文化的综合与创新》（北京：教育科学出版社）。
劳思光
2003《新编中国哲学史》卷三上（台北：中正书局）。
李明辉
2001《当代儒学的自我转化》（北京：中国社会科学出版社）。
李日章
1986《程颢·程颐》（台北：东大图书公司）。
李泽厚
1999《论语今读》（香港：天地图书公司）。
刘方元
1985《孟子今译》（南昌：江西人民出版社）。
刘笑敢
2008a《中国哲学与文化（第三辑）：经典诠释之定向》（桂林：广西师范大学出版社）。
2008b《中国哲学 妾身未明？——关于“反向格义”之讨论的回应》，《南京大学学报（哲学·人文科学·社会科学）》，第2期，第77—88页。

2009《诠释与定向：中国哲学研究方法之探究》(北京：商务印书馆)。
卢连章
2001《程颢程颐评传》(南京：南京大学出版社)。
吕思勉
1996《理学纲要》(北京：东方出版社)。
蒙培元
1989《理学范畴系统》(北京：人民出版社)。
牟宗三
1993《心体与性体》(台北：正中书局)。
潘富恩
1996《程颢程颐评传》(南宁：广西教育出版社)。
潘富恩 徐余庆
1988《程颢程颐理学思想研究》(上海：复旦大学出版社)。
庞朴
1999《“使由使之”解》,《光明日报》,10 月 22 日。
庞万里
1992《二程的哲学体系》(北京：北京航空航天大学出版社)。
彭忠德
2000《也说“民可使由之”章》,《光明日报》,5 月 16 日。
钱穆
1991《孔孟与程朱》,《中国哲学思想论集・宋明篇》(台北：水牛出版社)。
2001《宋明理学概述》(台北：兰台出版社)。
孙诒让撰、孙启治点校
2001《墨子闲诂》(北京：中华书局)。
唐君毅
1966《哲学概论》(卷二)(香港：孟氏教育基金)。
1985《中国哲学原论・导论篇》(台北：学生书局)。
1991《中国哲学原论・原性篇》(台北：学生书局)。
王昌铭
2004《对民可使由之的理解》,《语言文字周报》,8 月 24 日。
温伟耀
1996《成圣之道：北宋二程修养功夫论之研究》(台北：文史哲出版社)。
吴丕

2000《再论儒家“使民”思想》,《光明日报》,6 月 3 日。
萧公权
1999《中国政治思想史》,《现代中国学术经典：萧公权卷》(石家庄：河北教育出版社)。
徐复观
1992《孔子哲学中的创造形原则：论生即理与仁即生》,《孔子诞辰 2540 周年纪念学术讨论会论文集》(上海：三联书店)。
1999《中国人性论史 · 先秦篇》(台北：商务印书馆)。
2004《中国思想史论集》(上海：上海书店出版社)。
2004《中国思想史论集续编》(上海：上海书店出版社)。
杨伯峻(译注)
1980《论语》(北京：中华书局)。
2006《论语译注》(北京：中华书局)。
2008《孟子译注》(北京：中华书局)。
杨荣国
1973《反动阶级的“圣人”——孔子》(北京：人民出版社)。
杨天宇(译注)
2004《礼记译注》(上海：上海古籍出版社)。
杨天宇
1997《礼记译注》(上海：上海古籍出版社)。
尹振环
2000《别误解“民不可使知之”》,《光明日报》,7 月 18 日。
尤吾兵
2007《朱熹“理一分殊”中“分”之正名》,《南昌大学学报》38,第 6 期,第 12—14 页。
俞志慧
1997《〈论语 · 泰伯〉“民可使由之不可使知之”章心解》,《孔孟月刊》,第 1 期。
张德麟
1986《程明道思想研究》(台北：学生书局)。
周乾
2000《也论民可使由之》,《光明日报》,10 月 24 日。
周予同
1996《中国经学史论著选集》(上海：上海人民出版社)。
朱忠明、叶玉殿
1986《评二程的格物致知说》,《二程思想研究文集》(郑州：河南人民出版社)。

人名索引

名词索引

中文版后记

我在英文版的致谢中提到，本书各章的早期版本也曾经以中文发表，因此如果有朝一日出中文版的话，我要对这些论文的译者和出版者表示感谢。现在正是时候。第一章的内容由王晓红翻译，以《二程论“为什么要有道德”》为题发表于香港中文大学《中国哲学与文化》第四辑（2008年）；第三章的内容以《意志软弱何以不可能》为题发表于《中国儒学》第一辑（2006年）；第四章的部分内容曾以《儒家仁爱观与全球伦理：兼论基督教对儒家的批评》为题发表于《思想与文化》第二辑（2002年）；第五章的内容由崔雅琴翻译，以《礼：政治之域也有私人性》为题发表于《思想与文化》第九辑（2010年）；第六章以《二程兄弟的本体神学》为题发表于《哲学门》第六卷第二期（2005年）；第七章的内容由施忠连翻译，以《程颐：新儒家道的本体诠释学》为题发表于祝瑞开编《儒学与21世纪中国：建构、发展当代新儒学》（上海：学林出版社，2000年）；附录曾以《程颐对〈论语〉8.9及17.3的哲学解释》为题发表于《原道》第十五辑(2008年)(非常抱歉,我已经无法记起译者的姓名)。非常感谢有关的译者和编辑愿意采用和刊发这些不成熟的想法。另外,本书英文版出版以后,李晨阳教授曾在美国哲学学会年会上组织讨论,我对三位评论者的论文作了回应,这个回应由华东政法大学的崔雅琴老师译成中文,以《"为什么要有道德?"及关于二程哲学的若干其他问题》为题发表于《现代哲学》2020年第6期上,这里作为附录二收入本书。

但这次出版的中文版不是上述已经发表的这些中文文章的汇编,而是由崔雅琴老师根据已出的英文版完整翻译出来的。这不仅保证了全书翻译的风格和用词的一致性,而且崔雅琴老师在此之前翻译了我的大量文章,对我的思想比较了解,不仅翻译正确,而且中文用词恰当,在此我要表示最深的谢意。另外,在我寄给她英文原稿时,由于疏忽,寄了未出版稿,直到我在看到译稿时才发觉,又麻烦她根据出版稿校订,虽然两个版本差别不大,但白白浪费了她不少时间,在此我要表示最深的歉意。本书得以出版中文版,还要感谢刘旭先生,是他建议将本书收入他负责组稿的、由吴根友和万百安教授主编的"比较哲学翻译与研究"丛书;在本书的编辑和出版过程中,肖春茂先生也花费了大量精力;当然没有刘佩英副总编辑的大力支持,本书的面世也是不可能的。在此我要感谢所有这些朋友的支持。

黄　勇

香港中文大学十六苑

2021年4月21日